普通高等院校经济管理类"十三五"应用型规划教材
【会计系列】

税法
TAX LAW
|第2版|

主　编　吴力佳
副主编　胡小凤
参　编　王　玉　李　芳

机械工业出版社
China Machine Press

图书在版编目（CIP）数据

税法 / 吴力佳主编. —2版. —北京：机械工业出版社，2020.1（2023.9重印）
（普通高等院校经济管理类"十三五"应用型规划教材·会计系列）
ISBN 978-7-111-64166-7

I. 税⋯ II. 吴⋯ III. 税法 – 中国 – 高等学校 – 教材 IV. D922.22

中国版本图书馆CIP数据核字（2019）第252754号

"税法"作为高等院校经管类专业开设的必修课具有重要的地位，为了突出其在应用型本科教育中的位置，本书本着"理论适度、实务够用"的原则安排全书的内容。

本书共分为三大部分：第一部分为第一章，主要介绍税收、税法基本知识和基本理论；第二部分为第二章至第十章，主要介绍我国目前开征的税收实体法的各个税种，依次是增值税、消费税、目的税、关税、企业所得税、个人所得税、财产税、行为税、资源税；第三部分为第十一章，主要介绍税收征收管理法的相关制度和规定。

本书主要适用于应用型本科生，也可供研究型本科的非专业学生，以及高职高专学生、在职人员业余学习使用。

出版发行：机械工业出版社（北京市西城区百万庄大街22号 邮政编码：100037）
责任编辑：冯小妹　　　　　　　　　　　　　　责任校对：李秋荣
印　　刷：固安县铭成印刷有限公司　　　　　　版　　次：2023年9月第2版第8次印刷
开　　本：185mm×260mm　1/16　　　　　　　印　　张：26.5
书　　号：ISBN 978-7-111-64166-7　　　　　　定　　价：55.00元

客服电话：（010）88361066　68326294

版权所有·侵权必究
封底无防伪标均为盗版

前言

　　税法在国外大学的经济学、管理学、法学专业中都是一门主干课程,是系统掌握该国税收法律的基础课。在我国许多大学税法也成为经管与法学专业本科生或研究生的必修课,同时,在各种会计、审计、经济、司法等职称考试中,税法也是必不可少的重要内容。因此,税法教材的社会需求量越来越大,质量要求也越来越高。在这种情况下,我们编写了这本税法教材。本书紧密结合财经类与管理类高等教育专业的指导思想与培养目标,内容由浅入深,详略得当。与同类教材相比,本书具有以下特点:

　　(1)作者团队专业性强,编写态度严谨,基于打造税法精品图书的目标,本着对师生负责的态度,用心编写而成。本次再版根据最新税法法规及时进行了更新,并精心挑选了合乎实际的涉税实例。

　　(2)系统吸收了最新的税制内容。书中所涉及的所有税种的相关法规均以截至修订交稿日期(2021年8月)时的我国税法为主要依据,其中包括最新的新冠肺炎疫情防控下的税收政策,2021年6月10日通过的《中华人民共和国印花税法》,2021年9月1日施行的《中华人民共和国契税法》,北京2022年冬奥会和冬残奥会税收优惠政策,小规模纳税人、小微企业、个体工商户税费优惠政策,证券交易市场税收政策,增值税期末增量留抵退税政策,进项税额加计抵扣等税收政策,以体现教材的时效性。

　　(3)注重实务。注意税收理论与实际工作的结合,并设计了部分案例,突出应纳税额的计算和纳税申报。书中列示了大量企业纳税申报的基本表单,与实际接轨,是现行法规与企业纳税的全真模拟和实战演练。

　　(4)同步制作与主教材配套的教学资源,主要包括教学课件、内容讲解、教学案例、习题与项目实训答案、相关法规、视频动画等,欢迎任课教师选用。

为全面贯彻落实党的十九大精神，在习近平新时代中国特色社会主义背景下，我国继续实施积极财政政策，以结构性减税和税收法定原则为核心，加快税制改革的步伐，如修订《中华人民共和国增值税暂行条例》、完善企业所得税优惠政策、修订《中华人民共和国个人所得税法》和颁布《中华人民共和国环境保护税法》《中华人民共和国资源税法》等。因此，上一版的部分内容已不适应新税法的要求，有必要进行修订再版。本次修订保持了上一版的体系与结构，主要修订内容如下：

（1）根据2019年4月16日《关于调整增值税税率的通知》（财税〔2018〕32号），全书增值税按最新税率13%、9%、6%来编写，同时根据修订的《中华人民共和国增值税暂行条例》等的规定，对第二章增值税的征税范围、纳税人、小规模纳税人专用发票的使用和税收优惠以及计税管理等内容进行了相关的修改，同时删去了原"营改增"的部分。

（2）根据有关消费税和关税最新的法律制度，对第三章消费税法中的税目、税率、纳税环节、税收优惠和计税管理等内容进行了相应的修改，对第五章关税法中的税则与税率进行了相应的修改。

（3）根据有关所得税最新的法律制度，对第六章企业所得税法中的优惠政策和计税管理进行了修改。

（4）根据最新的《中华人民共和国环境保护税法》和《中华人民共和国环境保护税法实施条例》，新增了环境保护税法的相关内容。

（5）根据2018年最新的《中华人民共和国烟叶税法》对烟叶税进行了重新编写。

（6）根据2018年最新的《中华人民共和国个人所得税法》对第七章进行了重新编写。

（7）根据2019年最新的《中华人民共和国资源税法》对资源税进行了重新编写。

（8）根据2015年最新修订的《中华人民共和国税收征收管理法》，对第十一章税收征收管理法律制度进行了修改。

本书适用于高等院校财经类专业，亦可作为工商管理、市场营销、电子商务、国际贸易等其他专业的教学用书，同时可供在职的财务人员、企业管理人员以及其他相关人员自学或参考选用。

本书由湖南人文科技学院的吴力佳副教授担任主编，负责全书大纲的拟定，以及第一章至第五章、第八章至第十章的编写；胡小凤律师担任副主编，编写第七章；王玉老师编写第六章；李芳老师编写第十一章；最后本教材由朱阳生教授负责统稿、审稿。在本书的编写过程中，参考借鉴了国内外专家学者的专著和教材的相关内容，在此，我们表示衷心的感谢。

由于我国税制改革的不断深入、实践的不断变化，再加上编写时间仓促、编写人员水平有限，本书在结构和内容上难免存在一些疏漏和不足之处，敬请各位读者提出宝贵意见，以便我们及时修订完善。

吴力佳
2021年8月

Suggestion 教学建议

　　税法是经管类专业的主干课程之一，它阐述税法的基本概念、基本原理，全面系统且详细地介绍我国现行税收法律制度的各项规定，揭示税法运动发展的规律。它是经济学、税收原理及国家的方针政策在制度上的具体体现，也是诸如会计等后续课程的重要基础。

教学方式方法和教学手段建议

　　税法是一门实践性很强的学科，学生需要掌握的知识点非常多。为使教学达到预期效果，建议在理论教学（课堂讲授）为主的基础上，注重理论与实践相结合，重难点详细讲解，并辅以案例分析，启发引导学生分析问题、解决问题，从而使学生掌握各税种的概念、计算、优惠政策。同时，每个税种讲授完结，进行习题的演练，使学生掌握各税种的纳税申报。

学时分配建议（供参考）

序号	章节	学时	学时分配	
			讲授	演练
1	税法概述	4	4	
2	增值税法	14	10	4
3	消费税法	6	4	2

（续）

序号	章节	学时	学时分配	
			讲授	演练
4	目的税法	2	2	
5	关税法	4	4	
6	企业所得税法	10	8	2
7	个人所得税法	8	6	2
8	财产税法	6	6	
9	行为税法	2	2	
10	资源税法	4	4	
11	税收征收管理法律制度	4	4	
12	合计	64	54	10

目 录

前言
教学建议

第一部分

第一章 税法概述 /2
第一节 税收概述 /2
第二节 税法与税收法律关系 /6
第三节 税法要素 /13
第四节 我国税法体系 /19
本章小结 /21
练习题 /22

第二部分

第二章 增值税法 /26
第一节 增值税概述 /26
第二节 纳税人和扣缴义务人 /30
第三节 征税范围 /33

第四节 税率与征收率 /48
第五节 减免税收优惠 /54
第六节 增值税的计税方法 /64
第七节 一般计税方法增值税应纳税额计算 /66
第八节 简易计税方法增值税应纳税额计算 /88
第九节 进口货物应纳税额及扣缴义务人应扣增值税税额计算 /92
第十节 出口货物增值税的退（免）税 /95
第十一节 征收管理与纳税申报 /102
本章小结 /113
练习题 /114

第三章 消费税法 /122
第一节 消费税概述 /122
第二节 纳税人、征税范围、税目和税率 /125
第三节 消费税应纳税额的计算 /134
第四节 出口应税消费品退（免）税 /150

第五节 征收管理与纳税申报 /151
本章小结 /156
练习题 /156

第四章 目的税法 /163

第一节 城市维护建设税 /163
第二节 教育费附加 /169
第三节 烟叶税 /170
本章小结 /172
练习题 /173

第五章 关税法 /177

第一节 关税概述 /177
第二节 纳税人、征税对象和税率 /182
第三节 关税完税价格 /185
第四节 关税征收管理 /193
本章小结 /195
练习题 /196

第六章 企业所得税法 /200

第一节 企业所得税概述 /201
第二节 纳税义务人、征税对象、税率 /202
第三节 应纳税所得额的计算 /205
第四节 资产的税务处理 /216
第五节 税收优惠 /223
第六节 应纳税额的计算 /233
第七节 特别纳税调整 /241
第八节 征收管理 /244
本章小结 /248
练习题 /249

第七章 个人所得税法 /257

第一节 个人所得税概述 /257
第二节 个人所得税的基本内容 /259
第三节 个人所得税应纳税额的计算 /270

第四节 个人所得税的申报与缴纳 /290
本章小结 /293
练习题 /293

第八章 财产税法 /298

第一节 房产税 /298
第二节 车船税 /306
第三节 车辆购置税 /310
第四节 土地增值税 /314
本章小结 /322
练习题 /323

第九章 行为税法 /328

第一节 印花税 /328
第二节 契税 /335
本章小结 /343
练习题 /343

第十章 资源税法 /347

第一节 城镇土地使用税 /347
第二节 资源税 /354
第三节 耕地占用税 /363
第四节 环境保护税 /367
本章小结 /375
练习题 /376

第三部分

第十一章 税收征收管理法律制度 /382

第一节 税收征收管理法概述 /382
第二节 税务管理 /385
第三节 税款征收 /399
第四节 税务检查 /405
第五节 税务行政法制 /408
本章小结 /412
练习题 /413

part 1
第一部分

第一章 税法概述

Chapter1
第一章

税法概述

学习目标

1. 掌握税收与税法的概念、税收法律关系、税收的分类及税法的构成要素。
2. 了解税收的含义、我国现行税法体系的构成。
3. 理解税收的特征、职能及在社会经济发展中的作用。
4. 明确税收法律关系的主体和客体。
5. 熟悉税法的作用、地位、实施及与其他法律的关系。

重点与难点

税法的分类和税法构成要素。

第一节 税收概述

一、税收的概念

税收又称"赋税""租税""捐税",是国家为行使其职能并满足社会公共需要,凭借其政治权力,运用法律手段,按照法定标准,向社会成员强制、无偿征收而取得财政收入的一种形式。税收是政府财政收入的最重要来源(自1994年税制改革以来,税收收入占财政收入的比重都在90%以上),是一个具有特定含义的独立的经济概念,属于财政范畴。它是人类社会经济发展到一定历史阶段的产物。社会剩余产品和国家的存在是税收产生的基本前提。税收的概念可以从以下四个方面来理解。

（一）税收属于分配范畴，分配的对象是社会产品和国民收入

税收作为国家组织财政收入的一种形式，在社会再生产过程中属于分配环节，即税收是分配环节的重要组成部分，其分配的对象自然是社会产品和国民收入。国家征税的过程就是把一部分社会产品以价值形态从纳税人手中强制地转变为国家所有的过程。因此，税收属于分配范畴。

（二）国家征税凭借的是政治权力

税收存在于社会再生产的分配环节中，本质上是一种以国家为主体的特殊分配关系，分配是解决社会产品归谁占有、由谁支配以及占有多少的问题。这就说明，社会产品分配的实现需要依据一定的权力，或是依据生产资料的所有权，或是依据作为上层建筑的政治权力。作为国家，取得任何一种财政收入通常凭借国家的某种权力，国家征税的过程也是税收分配的过程，它凭借的是国家政治权力而不是财产权力。在征税时，国家的政治权力以法律、法规的形式来实现。

国家征税直接凭借其政治权力，这并不意味着政府可以不顾经济条件而任意征税，经济是政治的基础，每个国家都必须按照本国的具体经济条件确定对什么征税，征多少税。否则，滥用政治权力横征暴敛，必然会影响社会的稳定，阻碍生产力的发展。

（三）国家税收是履行其职能的需要

税收是为实现国家职能服务的，这是所有国家税收的共性。无论是奴隶制国家、封建制国家、资本主义国家，还是社会主义国家，为了维持其自身的存在与发展，必须耗用一定的资金和财物，而采用税收方式取得财政收入就是为了满足实现国家职能的需要。当然，现代社会国家的职能是多方面的，而税收一般用来满足诸如行政、国防、文化教育、科学卫生、社会保障等公共支出的需要。

（四）税收具有强制性、无偿性、固定性

国家筹集财政收入的方式除税收外，还有发行公债和收取各种规费等。税收分配方式与其他方式相比，具有无偿性、强制性和固定性的特征，习惯上称为税收的"三性"。无偿性是指国家征税后，税款作为国家的财政收入，既不直接归还纳税人，也不向纳税人支付任何报酬；强制性是指国家以社会管理者的身份，用法律法规等形式对征收捐税加以规定，并依照法律强制征收；固定性是指国家在征税之前，应以法律形式预先规定征税对象、征收标准、征税方法等，征纳双方必须遵守，不得随意变动。

税收的"三性"是一个完整的统一体，缺一不可，无偿性是税收的核心特征，强制性和固定性是对无偿性的保证和约束。税收的"三性"是税收本质的具体表现，是税收区别于其他财政收入形式的标志。可以这样认为，一种财政收入如果同时具备税收"三性"的形式特征，即便其名称不叫税，实质也是税收的一种。

二、税收的特点

（一）主体中有一方只能是国家

税收主体中有一方只能是代表国家行使征税职责的国家行政机关，包括我国各级税务机关、海关和财政机关。在税收法律关系中，国家不仅以立法者与执法者的身份参与税收法律关系的运行与调整，而且直接以税收法律关系主体的身份出现。这样，构成税收法律关系主体的一方可以是被认可负有纳税义务的法人和自然人，但另一方只能是国家。没有国家的参与，在一般当事人之间发生的法律关系就不可能成为税收法律关系。因为税收本身就是国家参与社会剩余产品分配而形成的特殊社会关系，没有国家的直接参与，就不能称其为税收分配，其法律关系自然也就不是税收法律关系。这与民法、经济法等法律部门中公民、法人等当事人之间也能构成法律关系是完全不同的，因此，固定有一方主体为国家，就成为税收法律关系的特点之一。

（二）体现国家单方面的意志

任何法律关系都体现国家的意志。在该前提下，一些法律关系也体现其主体的意志。例如，民事法律关系就是依主体双方意思表示一致达成协议产生的，双方意思表示一致是民事法律关系成立的要件之一。但是，税收法律关系只体现国家单方面的意志，不体现纳税人一方主体的意志。税收法律关系的成立、变更和消灭不以主体双方意思表示一致为要件。税收法律关系之所以只体现国家单方面的意志，是由于税收以无偿占有纳税人的财产或收入为目标，从根本上讲，双方不可能意思表示一致。在这里，国家意志是通过法律规定表现出来的。只要当事人发生了税法规定的应纳税的行为或事件，就产生了税收法律关系。纳税事宜不能由税务机关以税收法律关系一般当事人的身份与其他当事人商定，即税收法律关系的成立不以双方意思表示一致为要件。

（三）权利义务关系具有不对等性

税法作为一种义务性法规，其规定的权利、义务是不对等的。即在税收法律关系中，国家享有较多的权利，承担较少的义务；纳税人则相反，承担较多的义务，享有较少的权利。这种权利义务关系的不对等性，根源在于税收是国家无偿占有纳税人的财产或收益，必须采用强制手段才能达到目的。赋予税务机关较多的权利和要求纳税人承担较多的义务恰恰是确保税收的强制性，以实现税收职能的法律保证。在税收法律关系中，权利、义务的不对等性不仅表现在税法总体上，而且表现在各单行税法、法规中；不仅表现为实体利益上的不对等，而且表现为法律程序上的不对等。但是，国家与纳税人之间权利与义务的不对等性，只能存在于税收法律关系中。

（四）具有财产所有权或支配权单向转移的性质

在一般民事法律关系或经济法律关系中，大多涉及财产和经济利益。财产所有权和经济利益的让渡转移，通常是主体双方在平等协商、等价有偿原则的基础上进行的，财产或经济利益既可以由甲转给乙，也可以由乙转给甲。诸如涉及经济法的购销关系、租赁关系、借贷关系、偿付关系等都具有这一特征。然而，在税收法律关系中，纳税人履行纳税义务，缴纳税款，就意味着将自己拥有或支配的一部分财物无偿地交给国家，成为政府的财政收入，国家不再直接返还给纳税人。所以，税收法律关系中的财产转移具有无偿、单向、连续等特点，只要纳税人不中断税法规定应纳税的行为，税法不发生变更，税收法律关系就将一直延续下去。

三、税收的职能

税收的主要职能有财政职能、经济职能和监督职能。

（一）税收的财政职能

财政职能亦称"收入手段职能"。税收的财政职能就是指税收组织财政收入的职能，这是税收的基本职能。税收作为一种分配形式，通过参与国民收入的分配，把分散在纳税人手中的部分价值集中起来形成财政资金，以满足财政支出的需要。

（二）税收的经济职能

经济职能亦称"调节手段职能"。国家为了执行其管理社会和干预经济的职能，除需筹集必要的财政资金作为其物质基础外，还要制定一系列正确的经济政策，以及体现并执行诸政策的各种有效手段，才能得以实现。税收作为国家强制参与社会产品分配的主要形式，在筹集财政收入的同时，也改变了各阶级、阶层、社会成员及各经济组织的经济利益。物质利益的多寡，诱导着他们的社会经济行为。因此，国家有目的地利用税收体现其有关的社会经济政策，通过对各种经济组织和社会成员的经济利益的调节，使他们的微观经济行为尽可能符合国家预期的社会经济发展方向，以有助于社会经济的顺利发展，从而使税收成为国家调节社会经济活动的重要经济杠杆。税收自产生之日起，就具备调节社会经济杠杆的功能，但它的实现，受到一定社会形态下国家政治经济状况及国家任务的影响。社会主义市场经济体制下国家宏观调控体系的建立，对实现税收调节社会经济活动的职能，既提出了强烈要求，也提供了可能的条件。

（三）税收的监督职能

税收政策体现着国家的意志，税收制度是纳税人必须遵守的法律准绳，它约束纳税人的经济行为，使之符合国家的政治要求。因此，税收成为国家监督社会经济活动的强有力工具。税收监督社会经济活动的广泛性与深入性，是随商品经济发展和国家干预社会经济生活的程度而发展的。一般地说，商品经济越发达，经济生活越复杂，国家干预或调节社会经济生活的必要性就越强烈，税收监督也就越广泛而深入。

筹集财政收入的职能是最基本的，是实现调节社会经济生活和监督社会经济生活两项职能的基础条件。随着市场经济的发展，调节社会经济生活和监督社会经济生活的职能，也变得越来越重要。

第二节 税法与税收法律关系

一、税法的概念与特点

（一）税法的概念

税法是指有权的国家机关制定的有关调整税收分配过程中形成的权利义务关系的法律规范的总和。它是国家及纳税人依法征税、依法纳税的行为准则，其目的是保障国家利益和纳税人的合法权益，维护正常的税收秩序，保证国家的财政收入。税法的表现形式有法律、条例、决定、命令、规章等，是税收制度的主要构成内容，是税收制度的核心。

（二）税法的特点

税法的特点如下：

（1）从立法过程看，税法属于制定法，而不属于习惯法，即税法是由国家制定的，而不是由习惯做法或司法判例认可的。

（2）从法律性质看，税法属于义务性法规，而不属于授权性法规，即税法直接规定人们的某种义务，其显著特点是具有强制性。

（3）从内容看，税法属于综合法，而不属于单一法，即税法是由实体法、程序法、争讼法等构成的综合法律体系。

二、税法和税收的关系

税法是指有权的国家机关制定的有关调整税收分配过程中形成的权利义务关系的法律规范的总和。税法的调整对象是税收分配中形成的权利义务关系。

税收是指以国家为主体，为实现其职能，凭借政治权力，按照法律规定，强制、无偿取得财政收入的一种特定分配形式。从本质来看，税收是国家与纳税人之间形成的以国家为主体的社会剩余产品分配关系。从税收职能来看，税收具有财政调节经济、监督管理的职能。

税法和税收的区别：①税收是基于政治权力和法律规定的一种国家最主要的财政收入形式。②税收必须遵守税法的规定。③税法是税收制度的法律表现形式。

三、税法适用原则

税法适用原则是指税务行政机关和司法机关运用税收法律规范解决具体问题所必须遵循的准则。税法适用原则并不违背税法基本原则，并且在一定程度上体现着税法基本原则。但是与税法基本原则相比，税法适用原则含有更多的法律技术性准则，更为具体化。

（一）法律优位原则

其基本含义为法律的效力高于行政立法的效力。法律优位原则在税法中的作用主要体现在处理不同等级税法的关系上。法律优位原则明确了税收法律的效力高于税收行政法规的效力，对此还可以进一步推论为税收行政法规的效力优于税收行政规章的效力。效力低的税法与效力高的税法发生冲突时，效力低的税法是无效的。

（二）法律不溯及既往原则

法律不溯及既往原则是绝大多数国家所遵循的法律程序技术原则。其基本含义为：一部新法实施后，对新法实施之前人们的行为不得适用新法，而只能沿用旧法。在税法领域内坚持这一原则，目的在于维护税法的稳定性和可预测性，使纳税人能在知道纳税结果的前提下做出相应的经济决策，税收的调节作用才会较为有效。

（三）新法优于旧法原则

新法优于旧法原则也称后法优于先法原则，其含义为：新法、旧法对同一事项有不同的规定时，新法的效力优于旧法。其作用在于避免因法律修订带来新法、旧法对同一事项有不同的规定而引起法律适用的混乱，为法律的更新与完善提供法律适用上的保障。新法优于旧法原则在税法中普遍适用，但是当新税法与旧税法处于普通法与特别法的关系时，以及某些程序性税法引用"实体从旧，程序从新原则"时，可以例外。

（四）特别法优于普通法原则

其含义为对同一事项两部法律分别定有一般和特别规定时，特别规定的效力高于一般规定的效力。特别法优于普通法的原则打破了税法效力等级的限制，即居于特别法地位的级别较低的税法，其效力可以高于作为普通法的级别较高的税法。

（五）实体从旧、程序从新原则

这一原则的含义包括两个方面：一是实体税法不具备溯及力。即在纳税义务的确定上，以纳税义务发生时的税法规定为准，实体性的税法规则不具有向前的溯及力。二是程序性税法在特定条件下具备一定的溯及力。即对于新税法公布实施之前发生，却在新税法公布实施之后进入税款征收程序的纳税义务，原则上新税法具有约束力。

(六) 程序优于实体原则

程序优于实体原则是关于税收争讼法的原则，其基本含义为，在诉讼发生时税收程序法优于税收实体法。适用这一原则，是为了确保国家课税权的实现，不因争议的发生而影响税款的及时、足额入库。

四、税法的作用

正确认识税法在我国社会主义市场经济发展中的重要作用，对于我们在实际工作中准确把握和认真执行税法的各项规定是很有必要的。

(一) 税法是国家组织财政收入的法律保障

为了维护国家机器的正常运转以及促进国民经济的健康发展，必须筹集大量的资金，即组织国家财政收入。为了保证税收组织财政收入职能的发挥，必须通过制定税法，以法律的形式确定企事业单位和个人履行纳税义务的具体项目、数额和纳税程序，惩治逃避缴纳税款的行为，防止税款流失，保证国家依法征税，及时足额地取得税收收入。

(二) 税法是国家宏观调控的法律手段

我国建立和发展社会主义市场经济体制，一个重要的改革目标就是国家从过去习惯于用行政手段直接管理经济，向主要运用法律、经济手段宏观调控转变。税收是国家宏观调控的重要手段，通过制定税法，以法律的形式确定国家与纳税人之间的利益分配关系，调节社会成员的收入水平，调整产业结构和社会资源的优化配置，使之符合国家的宏观经济政策；同时，依照法律的平等原则，使经营单位和个人的税收负担公平，鼓励平等竞争，为市场经济的发展创造良好的条件。

(三) 税法对维护经济秩序有重要的作用

由于税法的贯彻执行涉及从事生产经营活动的所有单位和个人，一切经营单位和个人通过办理税务登记、建账建制、纳税申报，其各项经营活动都将纳入税法的规范和管理范围，从而较全面地反映纳税人的生产经营情况。这样，税法就确定了一个规范有效的纳税秩序和经济秩序，监督经营单位和个人依法经营，加强经济核算，提高经营管理水平。同时，税务机关按照税法规定对纳税人进行税务检查，严肃查处逃避缴纳税款及其他违反税法规定的行为，也将有效地打击各种违法经营活动，为国民经济的健康发展创造一个良好、稳定的经济秩序。

（四）税法能有效地保护纳税人的合法权益

由于国家征税直接涉及纳税人的切身利益，如果税务机关随意征税，就会侵犯纳税人的合法权益，影响纳税人的正常经营，这是法律所不允许的。因此，税法在确定税务机关征税权力和纳税人履行纳税义务的同时，相应地规定了税务机关应尽的义务和纳税人享有的权利，如纳税人享有延期纳税权、申请减税免税权、多缴税款要求退还权，如不服税务机关的处理决定可申请复议或有提起诉讼权等；税法还严格规定了对税务机关执法行为的监督制约制度，如进行税收征收管理必须按照法定的权限和程序行事，造成纳税人合法权益损失的要负赔偿责任等。因此，税法不仅是税务机关征税的法律依据，也是纳税人保护自身合法权益的重要法律依据。

（五）税法是维护国家权益，促进国际经济交往的可靠保证

在国际经济交往中，任何国家对在本国境内从事生产、经营的外国企业或个人都拥有税收管辖权，这是国家权益的具体体现。我国自1978年实行对外开放以来，在平等互利的基础上，不断扩大和发展与各国、各地区的经济交流及合作，建立和完善涉外税法。我国还与多个国家签订了避免双重征税的协定，为鼓励外商投资、发展国家间平等互利的经济技术合作关系提供了可靠的法律保障。

五、税法的分类

（一）按税法的基本内容和效力分类

按照税法的基本内容和效力，可分为税收基本法和税收普通法。

1. 税收基本法

税收基本法是税法体系的主体和核心，在税法体系中起着税收母法的作用。其基本内容一般包括税收制度的性质、税务管理机构、税收立法与管理权限、纳税人的基本权利与义务、税收征收范围（税种）等。税收基本法类似于中华人民共和国成立初期的《中国税政实施要则》。我国还没有制定统一的税收基本法，随着我国税收法制建设的发展和完善，将研究制定税收基本法。

2. 税收普通法

税收普通法是根据税收基本法的原则，对税收基本法规定的事项分别立法实施，如个人所得税法、税收征收管理法等。

（二）按税法的职能作用分类

按照税法的职能作用，可分为税收实体法和税收程序法。

1. 税收实体法

税收实体法也称实体法，是指规定税收法律关系主体所享有的权利和义务的法律规

范。税收实体法的要素主要有六个：纳税人、课税对象、税率、减税免税、纳税环节、纳税期限。一般来说，各单行税种法都属于税收实体法。

2. 税收程序法

税收程序法也称程序法，是使税收实体法赋予税收法律关系主体所享有的权利和义务得以主张和履行的法律机制，如税法中有关纳税期限、税款征收、缴纳方式的内容等。目前的税收征收管理法就是税收程序法。除此之外，还有一些程序法虽然不是专门规定税收问题的，但税务活动仍然需要遵守这些程序法的规定。这主要是指一些规定行政程序的行政法律或法规，如行政复议法、行政处罚法、行政诉讼法、国家赔偿法等。程序法还包括表明身份、回避、职能分离、听证、时限等制度。

（三）按税法的征收对象分类

按照税法的征收对象，可分为流转税税法、所得税税法、行为目的税税法、资源税税法、财产税税法。

1. 流转税税法

流转税类主要在生产、流通或者服务业中发挥作用，包括增值税、消费税和关税。其特点是与商品生产、流通、消费有着密切的联系，不受成本费用的影响且收入具有"刚性"，有利于国家发挥对经济的宏观调控作用。流转税税法为世界各国，尤其是为发展中国家所重视和运用，流转税类是我国现行税制中最大的一类税收。

2. 所得税税法

其特点是可以直接调节纳税人收入，发挥公平税负、调整分配关系的作用。

所得税类主要对生产者的利润和个人的纯收入发挥作用，包括企业所得税和个人所得税。其特点是可以直接调节纳税人的收入水平，发挥税收公平税负和调整分配关系的作用。所得税税法为世界各国所普遍运用，尤其是在市场和经济管理水平较高的国家更受重视。

3. 行为目的税税法

行为目的税类对特定对象和特定的行为发挥作用，包括印花税、筵席税（已停征）、城市维护建设税、固定资产投资方向调节税（已停征）、土地增值税、车辆购置税、契税。其特点是可选择面广，设置和废止相对灵活，可以因时因地制定具体征管办法，有利于国家限制和引导某些特定行为而达到预期的目的。行为目的税税法一般是国家为实现某些经济政策、限制特定行为，并为一定目的而制定的。

4. 资源税税法

资源税税法是调整资源税征纳关系的法律规范的总称，包括资源税、城镇土地使用税等税法。资源税类分为一般资源税和级差资源税。其特点是调节因自然资源或客观原因所形成的级差收入，避免资源浪费，保护和合理使用国家自然资源。资源税税法一般针对利用自然资源、设备等资源所获得收益或级差收入的征税需要而制定。

5. 财产税税法

财产税类主要对纳税人财产的价值或数量发挥作用,包括房产税、车船税、土地使用税、耕地占用税。其特点是避免利用财产投机取巧以及财产的闲置浪费,促进财产的节约和合理利用。因此,财产税税法一般以"课征财产富有者以平均社会财富""课征财产闲置者以促进合理使用"为根本目的,满足国家财政收入的需要。

(四)按税收管辖权分类

按照税收管辖权划分,可分为对内税法、涉外税法和国际税法。

对内税法,是指用于调整国家税务机关和国内经济组织或个人之间的税收征收与缴纳关系的法律规范。这类税法仅适用于国家经济组织和公民个人,如原来的车船使用税、房产税等。随着我国税制改革的进一步深化,纯粹的对内税法将不复存在。

涉外税法,是指用于调整国家税务机关与具有涉外因素的组织或个人之间的征收与缴纳关系的法律规范。涉外因素一般存在主体、客体和法律事实等。我国新修订的企业所得税法和个人所得税法都是典型的涉外税法。

国际税法,是指用于调整国家、政府之间以及一国政府与跨国纳税人之间,关于税收权益的分配关系的法律规范,它包括政府间的双边或多边税收协定、关税互惠公约、"经合范本""联合国范本"、国际税收惯例、一国政府与跨国纳税人之间的征纳关系等。

六、税收法律关系

税收法律关系是指国家与纳税人之间在税收分配及管理活动中,以国家强制力保证实施的,具有经济内容的权利与义务的关系。

税收法律关系的实质,既是税收征纳关系在法律上的体现——侧重于国家依法强制征税和纳税人依法无偿纳税的内容,又是税收分配关系在法律上的表现——侧重于国民收入在国家和纳税人之间的分配和再分配以及国家由此形成自身财政收入的全过程。

(一)税收法律关系的构成

税收法律关系和其他法律关系一样都是由主体、客体和内容三方面构成。

1. 税收法律关系的主体

税收法律关系的主体是指参与税收法律关系,享有权利和承担义务的人,包括征税主体和纳税主体。

征税主体是指参与税收法律关系,享有国家税收征管权力和履行国家税收征管职能,依法对纳税主体进行税收征收管理的国家机关。从严格意义上来讲,只有国家才是征税主体,但是国家征税的权力总是通过立法授权具体的国家职能机关来行使的。因此,我国征税主体是指包括国家各级政权机关和具体履行税收征收管理职能的各级财政机关、税务机关或海关两个层次在内的统一体。

纳税主体包括自然人、法人和其他组织,在华的外国企业、组织、外籍人、无国籍人,以及在华虽没有机构、场所,但有来源于中国境内所得的外国企业和组织。对税收法律关系中纳税主体的确定,我国采用的是属地兼属人的原则。

在税收法律关系中,主体双方的法律地位是平等的,但因为主体双方是行政管理者与被管理者的关系,所以双方的权利与义务是不对等的,这与一般民事法律关系中主体双方权利与义务平等是不一样的,这是税收法律关系的一个重要特征。

2. 税收法律关系的客体

税收法律关系的客体是税收法律关系主体的权利和义务所共同指向的对象,表现为征税对象,包括物、货币和行为。例如,所得税法律关系的客体就是生产经营所得和其他所得,财产法律关系的客体就是财产,流转税法律关系的客体就是货物销售收入或劳务收入。

税收法律关系的客体是征税主体和纳税主体的权利和义务得以存在的客观基础,同时也是国家利用税收杠杆进行调整和控制的目标。国家在一定时期根据客观经济形势发展的需要,通过扩大或缩小征税范围调整征税对象,以达到限制或鼓励国民经济中某些产业、行业发展的目的。

3. 税收法律关系的内容

税收法律关系的内容是税收法律关系的主体所享有的权利和所承担的义务,这是税收法律关系中最实质的东西,也是税法的灵魂。它规定权利主体可以享有哪些权利,不可以享有哪些权利,若违反规定就要承担一定的法律责任。

税务机关的权利主要表现在依法进行征税、进行税务检查以及对违章者进行处罚。其义务主要是向纳税人宣传、辅导税法,及时将征收的税款解缴国库。

纳税人在履行纳税义务的过程中依法享有 14 项权利:知情权、保密权、税收监督权、纳税申报方式选择权、申请延期申报权、申请延期缴纳税款权、申请退还多缴税款权、依法享受税收优惠权、委托税务代理权、陈述与申辩权、对未出示税务检查证和税务检查通知书的拒绝检查权、税收法律救济权、依法要求听证的权利和索取有关税收凭证的权利。

依照宪法、税收法律和行政法规的规定,纳税人在纳税过程中承担 10 项义务:依法进行税务登记的义务;依法设置账簿、保管账簿和有关资料,以及依法开具、使用、取得和保管发票的义务;财务会计制度和会计核算软件备案的义务;按照规定安装、使用税控装置的义务;按时如实申报的义务;按时缴纳税款的义务;代扣代收税款的义务;接受依法检查的义务;及时提供信息的义务;报告其他涉税信息的义务。

(二)税收法律关系的产生、变更与消灭

税法是引起税收法律关系的前提条件,但税法本身并不能产生具体的税收法律关

系。税收法律关系的产生、变更和消灭必须有能够引起税收法律关系产生、变更或消灭的客观情况，也就是由税收法律事实来决定。税收法律事实可以分为税收法律事件和税收法律行为。

税收法律事件是指不以税收法律关系权利主体的意志为转移的客观事件，例如，自然灾害可以导致税收减免，从而改变税收法律关系内容的变化。税收法律行为是指税收法律关系主体在正常意志支配下做出的活动，例如，纳税人开业经营即产生税收法律关系，纳税人转业或停业就造成税收法律关系的变更或消灭。

第三节 税法要素

税法要素又称课税要素，是指各种单行税法具有的共同的基本构成要素的总称。税法构成要素一般包括总则、纳税义务人、征税对象、税目、税率、纳税环节、纳税期限、纳税地点、减税免税、罚则、附则等项目。

一、纳税义务人

纳税义务人（简称纳税人）也称纳税主体，是指按照税法规定直接负有缴纳税款义务的单位和个人，纳税义务人是税款的法律承担者。纳税义务人既可以是自然人，也可以是法人。

（一）自然人

自然人是对能够独立享受法律规定的民事权利，并承担相应民事义务的普通人的总称。凡是在我国居住，可享受民事权利并承担民事义务的中国人、外国人或无国籍人，以及不在我国居住，但受我国法律管辖的中国人或外国人，都属于负有纳税义务的自然人。

（二）法人

法人，是指依照法定程序成立，有一定的组织机构和法律地位，能以自己的名义独立支配属于自己的财产、收入，承担法律义务，行使法律规定的权利的社会组织。如企业、事业单位、国家机关、社会团体、学校等都属于法人。法人若拥有税法规定的应税财产、收入和特定行为，就对国家负有纳税义务。

在实际纳税工作中要注意纳税人与扣缴义务人的区别。扣缴义务人，即依法负有代扣代缴、代收代缴义务的单位和个人。确定扣缴义务人有利于加强税收的源泉控制，简化征税手续，减少税款流失。但扣缴义务人不是纳税主体，而是纳税人和税务机关的中介。如果扣缴义务人按照税务机关和税法的要求，认真履行了扣缴义务，税务机关将给予其一定的手续费；反之，如果他们未按规定代扣代缴，使代扣代缴的税款不能按时缴入国库或帮助纳税人偷逃税款，就要追究其法律责任。

在实际工作中还要注意纳税人和负税人的联系和区别。纳税人是直接向税务机关缴纳税款的单位和个人，负税人是实际负担税款的单位和个人。纳税人如果能够通过一定途径把税款转嫁或转移出去，就不再是负税人。否则，纳税人同时也是负税人。

二、征税对象和计税依据

（一）征税对象

征税对象又称课税对象，主要是指税收法律关系中征纳双方权利与义务所指向的物或行为。征税对象是征税的目的物，即对什么征税，是征税的客体，是一种税区别于另一种税的主要标志。征税对象体现不同税种征税的基本界限，决定着不同税种名称的由来以及各种税种在性质上的差别，并对税源、税收负担等产生直接影响。

（二）计税依据

计税依据又叫税基，是据以计算征税对象应纳税款的直接数量依据，它解决对征税对象的计算问题，是征税对象的量的规定，是应纳税额计算的基础。税基具体分为三种：一是从价计征，即计税金额；二是从量计征，即以征税对象的实物单位量（如重量、体积等）为计税依据；三是复合计税，即同时包含征税对象的计税金额和实物单位。

（三）征税对象与计税依据的关系

征税对象与计税依据的关系主要是：①征税对象是指征税的目的物，计税依据则是在目的物已经确定的前提下，对目的物据以计算税款的依据或标准；②征税对象是从质的方面对征税所做的规定，计税依据则是从量的方面对征税所做的规定，是征税对象量的表现。

三、税目

税目是税法中规定应征税的具体项目，是征税对象的具体化，反映各税种具体的征税范围，是对征税对象质的界定，体现每个税种的征税广度。凡列入税目的即为应税项目，未列入税目的，则不属于应税项目，并非所有的税种都需要规定税目，有些税种不分征税对象的具体项目，一律按照征税对象的应纳数额采用同一税率计征税款，因此一般无须设置税目，如企业所得税。税目一般分为列举税目和概括税目两种：①列举税目就是将每一种商品或经营项目等，采用一一列举的方法，分别规定税目，必要时还可以在税目之下划分若干子目，如消费税。②概括税目是对同一征税对象用集中概括的方法将其分类归并。列举税目和概括税目各有优缺点，应配合运用。

四、税率

税率是对征税对象的征收比例或征收额度。税率是计算税额的尺度，也是衡量税负轻重的重要标志，体现征税的深度。在其他因素不变的情况下，税率的高低直接决定税收负担率的高低，关系到国家财政收入的多少和纳税人负担的轻重，关系到国家和纳税人之间的经济利益，同时也反映着国家在一定时期内的财政经济政策。因此，税率是体现税收政策的中心环节。

税率是一个总的概念，在实际应用中可以分为两种形式：一种是按绝对量形式规定的固定征收额度，即定额税率，它适用于从量计征的税种；另一种是按相对量形式规定的征收比例，这种形式又可分为比例税率和累进税率，它适用于从价计征的税种。

（一）比例税率

比例税率是指对同一征税对象或同一税目，不论数额大小只规定一个比例，都按同一比例征税，税额与课税对象成正比例关系。比例税率的基本特点是：税率不随课税对象数额的变动而变动，便于按不同的产品设计不同的税率。比例税率主要包括：①单一比例税率（如增值税）；②差别比例税率，可分为产品差别比例税率（如消费税、关税等）、行业差别比例税率（如电信业增值税）和地区差别比例税率（如城市维护建设税）。

比例税率在各国税制中运用得十分广泛，其优点主要体现在三个方面：首先是分配结果的透明度比较高，税负一目了然；其次是纳税人名义税率相等，形式上比较公平；最后是物价、汇价、企业组织结构的变化带来纳税人所得增加时，税负的增加比较平缓，易为纳税人接受。但比例税率也有两大不足之处：一是缺乏弹性，适应性不强；二是对不同收入水平的纳税人和征税对象存在着实际上的不公平。因此，比例税率主要适用于对商品流转额的课税。

（二）累进税率

累进税率，是指对同一征税对象，随着数额的增大，征收比例也逐渐增高的税率。分级是累进税率的最显著特点。这是因为，这种税率形式是预先将课税对象按绝对数的大小划分成若干级次，并相应规定每一级次的税率。至于课税对象具体分成多少级，则应视国家调节收入的需要，以及各收入层次纳税人的负税能力而定。

累进税率又分为三种，即全额累进税率、超额累进税率和超率累进税率。

1. 全额累进税率

全额累进税率是指按征税对象的绝对额划分等级，以纳税人征税对象的全部数额为基础，确定与之相适应的级距税率，计算应纳税额的一种累进税率。即征税对象的全部数额都按其相应等级的累进税率计算。全额累进税率实际上是按征税对象数额的大小，分等级规定的一种差别比例税率。

2. 超额累进税率

超额累进税率是指按征税对象的绝对额划分征税级距，以纳税人的征税对象的所属等级同时适用几个税率分别计算，将计算结果相加后得出应纳税额的一种累进税率。即采用超额累进税率时征税对象数额超过某一等级时，仅就超过部分按高一级税率计算征税。我国现行税法中个人所得税采用这种税率。

超额累进税率是各国普遍采用的一种税率。为解决超额累进税率计算税款比较复杂的问题，在实际工作中引入了"速算扣除数"的概念，通过预先计算出的速算扣除数，即可直接计算应纳税额，不必再分级分段计算。速算扣除数是按全额累进税率和超额累进税率计算的应纳税额的差额。

用公式表示为：

速算扣除数 = 按全额累进方法计算的税额 − 按超额累进方法计算的税额
　　　　　 = 上一级最高绝对数 ×（本级税率 − 上一级税率）+ 上一级速算扣除数

3. 超率累进税率

超率累进税率是指以征税对象数额的相对率划分若干级距，分别规定相应的差别税率，相对率每超过一个级距的，对超过的部分就按照高一级的税率计算征收。超率累进税率与超额累进税率原理相同。目前我国的土地增值税采用这一税率，具体计算方法在此不再赘述。

（三）定额税率

定额税率是税率的一种特殊形式。它不是按照课税对象规定征收比例，而是按照征税对象的计量单位规定固定税额，所以又称固定税额，一般适用于从量计征的税种，如城镇土地使用税、车船税等。定额税率的基本特点是：税率与课税对象的价值量无关，不受课税对象价值量变化的影响，适用于对价格稳定、质量等级和品种规格单一的大宗产品征税的税种。

对税率的其他相关概念介绍如下。

（1）名义税率与实际税率。名义税率与实际税率是分析纳税人负担时常用的概念。名义税率是指税法规定的税率。实际税率是指实际负担率，即纳税人在一定时期内实际缴纳税额占其课税对象实际数额的比例。实际税率常常低于名义税率。

（2）边际税率与平均税率。边际税率是指当收入再增加一些时，这部分增加的收入所纳税额与增加的收入的比例。平均税率是相对于边际税率而言的，指全部税额与全部收入之比。

在比例税率条件下，边际税率等于平均税率。在累进税率条件下，边际税率往往高于平均税率。边际税率的提高还会带动平均税率的上升。边际税率上升的幅度越大，平均税率的提高就越多，调节收入的能力也就越强，但对纳税人的负向激励也越大。通过两者的比较，易于获得税率的累进程度和税负的变化情况。

(3) 零税率与负税率。零税率是指税率为零，是免税的一种方式，表明课税对象的持有人虽负有纳税义务，但不需缴纳税款。通常适用于两种情况：一是在所得税中，对所得中的免税部分规定税率为零，目的是保证所得少者的生产和生活需要；二是在商品税中，对出口商品规定税率为零，即退还出口商品在生产制造和流转环节已纳的税款。

负税率是指政府利用税收形式对所得额低于某一特定标准的家庭或个人予以补贴的比例。负税率主要用于负所得税的计算。

五、其他要素

（一）纳税环节

纳税环节主要是指税法规定的征税对象在从生产到消费的流转过程中应当缴纳税款的环节。如流转税在生产和流通环节纳税，所得税在分配环节纳税等。按照确定纳税环节的多少，可以分为一次课征和多次课征。一次课征即同一税种在商品流转过程中，只选择某一环节征收的制度，如我国的消费税和资源税就是一次征收；多次课征即同一税种在商品流转过程中选择两个或两个以上的环节纳税，我国的增值税就是多环节课税的一种税。

（二）纳税期限

纳税期限是指税法规定的纳税主体向征税机关缴纳税款的具体时间。纳税期限是衡量征纳双方是否按时行使征税权利和履行纳税义务的尺度，是税收的强制性和固定性特征在时间上的体现。

（1）按期纳税。我国现行的按期纳税分别为1日、3日、5日、10日、15日、一个月或一个季度。纳税人的具体纳税期限，由主管税务机关根据纳税人应纳税额的大小分别核定。

（2）按次纳税。根据纳税行为的发生次数确定纳税期限，如我国的关税、契税、耕地占用税等。

（3）按年计征，分期预缴。即按一定的期限预缴税款，年度结束后汇算清缴，多退少补。分期预缴一般是按月或按季预缴，我国现行的企业所得税、房产税、土地使用税采用这一方式。

（三）纳税地点

纳税地点是指缴纳税款的场所，即指纳税人应向何地征税机关申报纳税并缴纳税款。纳税地点一般为纳税人的住所地，也有营业地、财产所在地或特定行为发生地。纳税地点关系到征税管辖权和是否方便纳税等问题，在税法中明确规定纳税地点，有利于防止漏征或重复征税。我国现行税制规定的纳税地点大致有以下几种情况。

（1）在机构所在地纳税，即纳税人向其机构所在地主管税务机关纳税，如增值税、消费税。

（2）在劳务提供地纳税，即纳税人向劳务提供地的主管税务机关纳税，如营业税。

（3）在财产、资源所在地纳税，如资源税、土地增值税等。

（4）进出口货物向报关地海关申报纳税。

（四）减免税

减免税是指根据国家一定时期的政治、经济、社会政策要求，对生产经营活动中的某些特殊情况给予减轻或免除税收负担的照顾。对应征税款依法减少征收为减税，对应征税款全部免除纳税义务为免税。减税、免税规定是为了解决按税制规定的税率征税时所不能解决的具体问题而采取的一种措施，是在一定时期内给予纳税人的一种税收优惠，同时也是税收的统一性和灵活性相结合的具体体现。正确制定并严格执行减税、免税规定，可以更好地贯彻国家的税收政策，发挥税收调节经济的作用。减税、免税项目由国务院规定，任何地区、部门不得规定减税、免税项目。

1. 减免税的基本形式

（1）税基式减免。

税基式减免是通过直接缩小计税依据的方式实现的减免税，具体包括改变起征点、免征额、项目扣除以及跨期结转等。

起征点是征税对象达到一定数额开始征税的起点，对征税对象数额未达到起征点不征税，达到起征点的按全部数额征税。免征额是在征税对象的全部数额中免予征税数额，对免征额的部分不征税，仅对超过免征额的部分征税。项目扣除则是指在征税对象中扣除一定项目的数额，以其余额作为依据计算税额。跨期结转是指将以前纳税年度的经营亏损从本纳税年度经营利润中扣除。

（2）税率式减免。

税率式减免是通过直接降低税率的方式实行的减免税，包括低税率、零税率等。例如，企业所得税中，对于符合小型微利条件的企业适用20%的税率，而对于国家重点扶持的高新技术企业，则适用15%的税率。相对于25%的基本税率，20%和15%的企业所得税税率就是税率式减免。

（3）税额式减免。

税额式减免是通过直接减少应纳税额的方式实行的减免税，包括全部免征、减半征收、核定减免率等。

2. 减免税的分类

（1）从时间上可划分为定期减免和不定期减免。

前者限于在规定的期限内给予减免税，过期一般不再继续给予减免照顾；后者是对特定纳税人和特定征税对象在一定范围内给予的减免税，没有固定的减免时间限制。

（2）从性质上可划分为政策减免、困难减免和一般减免。

政策减免，是指配合国家有关政策所给予的减免税；困难减免，是指对纳税人因特殊情况纳税有困难而给予的减免税；一般减免，是指其他一般性的减免税。

（3）从与税法的关系上可划分为法定减免和非法定减免。

前者是指基本税法中明文规定的减免税；后者是指基本税法规定以外的由行政法规规定的减免税。

（五）总则

总则主要包括立法依据、立法目的和适用原则。

（六）罚则

罚则是税收法律关系的主体因违反税法而应当承担的法律后果。违法行为是承担法律责任的前提，而罚则是追究法律责任的必然结果，它是税收强制性特征的具体体现。税法规定的法律责任形式主要有三种：一是经济责任，包括补交税款、加收滞纳金等；二是行政责任，包括吊销税务登记证、罚款、税收保全及强制执行等；三是刑事责任，对违反税法情节严重构成犯罪的行为，要依法承担刑事责任。

（七）附则

附则一般都规定与该法紧密相关的内容，如该法的解释权、生效时间等。

第四节　我国税法体系

一、税收的立法机关和立法程序

我国的立法体制是全国人民代表大会及其常务委员会行使法权制定法律；国务院及所属各部委有权根据宪法和法律制定行政法规和规章；地方人民代表大会及其常务委员会在不与宪法、法律、行政法规相抵触的前提下有权制定地方性法规，但要报全国人民代表大会常务委员会和国务院备案；民族自治地方的人民代表大会有权依照当地民族政治、经济和文化的特点，制定自治条例和单行条例。

各级有权机关根据国家立法体制规定所制定的一系列税收法律、法规和规范性文件，构成了我国的税收法律体系。

1. 全国人民代表大会及其常务委员会制定的税收法律

在国家税收中，凡是基本的、全局性的问题，例如，国家税收的性质，税收法律关系中征纳双方权利与义务的确定，税种的设置，税目、税率的确定等，都需要全国人民代表大会及其常务委员会以税收法律的形式制定实施，并且在全国范围内无论对国内纳税人还是涉外纳税人都普遍适用。在现行税法中,《中华人民共和国企业所得税法》(以下简称《企业所得税法》)、《中华人民共和国个人所得税法》(以下简称《个人所得税法》)、《中华人民共和国税收征收管理法》(以下简称《税收征收管理法》)等都是税收法律。除宪法外,在税收法律体系中,税收法律具有最高的法律效力,是其他机关制定税收法规、规章的法律依据,其他各级机关制定的税收法规、规章不得与宪法和税收法律相抵触。

2. 全国人民代表大会及其常务委员会授权立法

授权立法是指全国人民代表大会及其常务委员会根据需要授权国务院制定某些具有法律效力的暂行规定或者条例。授权立法与制定行政法规不同。国务院经授权立法所制定的规定或条例等,具有国家法律的性质和地位,它的法律效力高于行政法规,在立法程序上还需报全国人民代表大会常务委员会备案。例如,国务院从1994年1月1日起实施工商税制改革,制定实施了增值税、消费税、土地增值税的暂行条例。授权立法在一定程度上解决了我国经济体制改革和对外开放工作需要法律保障的当务之急,税收暂行条例的制定和公布施行,也为全国人民代表大会及其常务委员会的立法工作提供了有益的经验和条件,并为在条件成熟时将这些条例上升为法律做好了准备。

3. 国务院制定的税收行政法规

行政法规作为一种法律形式,在地位上低于宪法、法律,但高于地方法规、部门规章、地方规章,在全国范围内普遍适用。行政法规的立法目的在于保证宪法和法律的实施。行政法规不得与宪法、法律相抵触,否则无效。国务院发布的《中华人民共和国企业所得税法实施条例》(以下简称《企业所得税法实施条例》)、《中华人民共和国税收征收管理法实施细则》等都是税收行政法规。

4. 地方人民代表大会及其常务委员会制定的税收地方性法规

地方人民代表大会及其常务委员会制定税收地方性法规不是毫无限制的,而是要严格按照税收法律的授权行事。目前除了海南省、民族自治地区按照全国人民代表大会授权立法规定,在遵循宪法、法律和行政法规的原则基础上,可以制定有关税收的地方性法规外,其他省、直辖市一般都无权制定税收地方性法规。

5. 国务院税务主管部门制定的税收部门规章

有权制定税收部门规章的税务主管机关是财政部、国家税务总局及海关总署,其制定规章的范围包括对有关税收法律、法规的具体解释,以及对税收征收管理的具体规定、办法等。税收部门规章在全国范围内具有普遍适用的效力,但不得与税收法律、行政法规相抵触。例如,财政部颁布的《中华人民共和国增值税暂行条例实施细则》(以下简称《增值税暂行条例实施细则》)、国家税务总局颁布的《税务代理试行办法》等都属于税收部门规章。

6. 地方政府制定的税收地方规章

地方政府制定税收规章,必须在税收法律、法规明确授权的前提下进行,并且不得与税收法律、法规相抵触。没有税收法律、法规的授权,地方政府无权制定税收规章,凡越权制定的税收规章没有法律效力。例如,国务院发布实施的城市维护建设税、车船税、房产税等地方性税种暂行条例，都规定省、自治区、直辖市人民政府可根据条例制定实施细则。

二、我国现行税法体系

在税法体系中，关税由海关征收，其他税种由税务机关负责征收管理。除税收实体法外，我国对税收征收管理使用的法律制度，是按税收征管机关不同而规定的。由税务机关负责征收的税种，按照全国人大常委会发布实施的《税收征收管理法》执行；由海关负责征收的税种按照《中华人民共和国海关法》（以下简称《海关法》）及《中华人民共和国进出口关税条例》（以下简称《进出口关税条例》）等执行。税收实体法和税收征收管理的程序法构成了我国现行的税法体系。

三、国税与地税的合并

改革国税地税征管体制，将省级和省级以下国税地税机构合并，具体承担所辖区域内的各项税收、非税收入征管等职责。国税地税机构合并后，实行以国家税务总局为主，与省（区、市）人民政府双重领导管理体制。

本章小结

1. 税收是国家为行使其职能并满足社会公共需要，凭借其政治权力，运用法律手段，按照法定标准，向社会成员强制、无偿征收而取得财政收入的一种形式。

2. 税收作为一种凭借国家政治权力进行的社会产品分配形式，本身具有鲜明的强制性、无偿性、固定性，这些特征是税收区别于财政收入的基本标志。

3. 税法是国家制定的用以调整国家与纳税人之间征纳活动的权利与义务关系的法律规范的总称。它是国家依法征税、纳税人依法纳税的行为规范。

4. 税法分类是指按一定标准把性质、内容、特点相同或相似的税法归为一类。按照税法的基本内容和功能效用的不同，可分为税收基本法、税收实体法和税收程序法；按照税法所规定的征税对象不同，可分为流转税税法、所得税税法、资源税税法、财产税税法和行为目的税税法等。

5. 税法构成要素一般包括总则、纳税义务人、征税对象、税目、税率、纳税环节、纳税期限、纳税地点、减免税、罚则、附则等项目。

6. 税收法律关系是指国家与纳税人之间在税收分配及管理活动中，以国家强制力保证实施的，具有经济内容的权利与义务的关系。税收法律关系由税收法律关系的主体、税收法律关系的客体和税收法律关系的内容三部分构成。

7. 我国现行的税收法律体系，大体上经历了中华人民共和国税制的建立、税制建设中的简并、新时期的税制建设、1994年的税制改革和21世纪以来的税制改革五个阶段，是在税制的建立和改革完善中逐步形成的。

练习题

一、单项选择题

1. 税收是国家财政收入的主要形式，国家征税凭借的是（　　）。
   A. 国家权力　　　　B. 政治权力　　　　C. 行政权力　　　　D. 财产权力

2. 某纳税人某月取得收入 250 元，税率为 10%，假定起征点和免征额均为 240 元，则按起征点和免征额办法计算，分别应纳（　　）。
   A. 25 元和 1 元　　B. 25 元和 24 元　　C. 24 元和 1 元　　D. 1 元和 0 元

3. 税收法律关系中的主体是指（　　）。
   A. 征税主体　　　　B. 纳税主体　　　　C. 税务机关　　　　D. 征纳双方

4. 纳税人是指直接（　　）的单位和个人。
   A. 最终负担税款
   B. 负有纳税义务
   C. 代收代缴税款
   D. 向税务机关缴纳税款

5. 税法构成要素中，用以区别不同税种的标志是（　　）。
   A. 征税对象　　　　B. 税目　　　　　　C. 纳税环节　　　　D. 纳税人

6. 目前我国大多数税种实行（　　）。
   A. 定额税率　　　　B. 比例税率　　　　C. 复合税率　　　　D. 累进税率

7. 以下税种属于中央税的是（　　）。
   A. 增值税　　　　　B. 关税　　　　　　C. 印花税　　　　　D. 个人所得税

8. 以下税种属于地方税的是（　　）。
   A. 消费税　　　　　B. 资源税　　　　　C. 契税　　　　　　D. 企业所得税

9. 税收负担可以转嫁的税，属于（　　）。
   A. 价内税　　　　　B. 间接税　　　　　C. 直接税　　　　　D. 从价税

10. 以下税种属于中央政府与地方政府共享收入的是（　　）。
    A. 关税　　　　　　B. 消费税　　　　　C. 土地增值税　　　D. 个人所得税

二、多项选择题

1. 税收的形式特征包括（　　）。
   A. 普遍性　　　　　B. 强制性　　　　　C. 无偿性　　　　　D. 固定性

2. 下列有关税收概念的说法正确的有（　　）。
   A. 征税的主体是国家
   B. 国家征税的依据是其政治权力
   C. 税收分配的客体是行为
   D. 税收具有强制性、无偿性、固定性

3. 以计税依据为标准，税收可以分为（　　）。
   A. 直接税　　　　　B. 间接税　　　　　C. 从价税　　　　　D. 从量税

4. 下列税种属于流转税的有（　　）。
   A. 关税　　　　　B. 增值税　　　　　C. 消费税　　　　　D. 印花税
5. 下列机构中，能代表国家行使征税权力的有（　　）。
   A. 税务机关　　　B. 中国人民银行　　C. 海关　　　　　　D. 企业主管部门
6. 按税法内容的不同，现行税法可以分为（　　）。
   A. 税收程序法　　B. 税收实体法　　　C. 税收基本法　　　D. 税收普通法
7. 税法构成要素中，（　　）是基本要素。
   A. 纳税人　　　　B. 征税对象　　　　C. 纳税期限　　　　D. 税率
8. 国家税务主管机关的权力有（　　）。
   A. 制定税收法律　B. 依法征税　　　　C. 进行税务检查　　D. 对违章者进行处罚

三、判断题

1. 税法是税收的存在形式，税收则是税法确定的内容。（　　）
2. 税收法律关系中的征纳双方法律地位平等，但权利、义务不对等。（　　）
3. 所得税一般是直接税，流转税一般是间接税。（　　）
4. 税收实体法的核心要素只有税率。（　　）
5. 税目是征税对象的具体化，体现征税的深度。（　　）
6. 税率是征税对象的具体化。（　　）
7. 增值税是单一环节征税。（　　）
8. 按照税法的法律效力，可以将税法划分为税收法律、税收行政法规、税收地方性法规等。（　　）
9. 税收的主要职能有财政职能、经济职能、监督职能。（　　）
10. 累进税率按其累计依据和累进方式不同，分为全额累计税率、超额累计税率和超率累进税率。（　　）

part 2
第二部分

第二章　增值税法

第三章　消费税法

第四章　目的税法

第五章　关税法

第六章　企业所得税法

第七章　个人所得税法

第八章　财产税法

第九章　行为税法

第十章　资源税法

Chapter2
第二章

增值税法

学习目标

1. 熟悉增值税纳税人的分类及标准,以及一般纳税人的登记管理。
2. 掌握增值税征税范围的基本内容,以及视同销售货物、混合销售行为和兼营的征税规定。
3. 掌握增值税税率的基本类型和征收率的适用范围,了解跨境应税行为适用零税率的范围。
4. 掌握增值税法定减免项目、起征点、增值税税控专用设备和技术维护费用抵扣增值税优惠,了解财政部、国家税务总局规定的其他增值税优惠及营改增相关增值税优惠。
5. 掌握增值税一般计税方法的计算原理及应纳税额的计算。
6. 掌握简易计税方法的计算原理及应纳税额的计算。
7. 了解进口货物和扣缴义务人增值税应纳税额的计算。
8. 熟悉增值税征收管理规定。

重点与难点

重点:增值税的征税范围、纳税义务人和税目税率。
难点:增值税应纳税额的计算与纳税申报。

第一节 增值税概述

增值税是以商品在流转过程中产生的增值额作为计税依据而征收的一种流转税。

1993年12月13日中华人民共和国国务院令第134号发布了《中华人民共和国增值税暂行条例》（以下简称《增值税暂行条例》），自1994年1月1日起施行。2008年11月10日中华人民共和国国务院令第538号公布了修订后的《增值税暂行条例》。该条例自2009年1月1日起施行，2009年1月1日起在全国实施增值税转型改革，由生产型增值税转型为消费型增值税。2011年底，经国务院批准，财政部、国家税务总局联合下发营业税改增值税试点方案，2012年1月1日，在上海交通运输业和部分现代服务业开展营业税改增值税试点。自2013年8月1起，在全国范围内对交通运输业和部分现代服务业实行营业税改征增值税的试点工作。2014年1月1日起，铁路运输和邮政服务业列入"营改增"试点范围。2014年6月1日起电信业也列入试点范围。自2016年5月1日起，在全国范围内全面推开营业税改征增值税试点，建筑业、房地产业、金融业、生活服务业等全部营业税纳税人纳入试点范围，由缴纳营业税改为缴纳增值税。试点完成后，营业税将彻底退出历史舞台。

虽然增值税在我国的开征历史较短，但已成为我国的第一大税种，占全部税收收入的比重超过1/3，特别是"营改增"之后，几乎与所有企业息息相关，因此熟练掌握增值税业务十分重要。

一、增值税的概念

增值税是以单位和个人生产经营过程中取得的增值额为课税对象征收的一种税。从计税原理上说，增值税是对商品生产、流通、劳务服务中多个环节的新增价值或商品的附加值征收的一种流转税。增值税实行价外税，也就是由消费者负担，有增值才征税，没增值不征税。

二、增值税的类型

增值税按对外购固定资产所含税金扣除方式的不同，可以划分为生产型增值税、收入型增值税和消费型增值税。我国2008年12月31日前主要采用生产型增值税，自2009年1月1日起全面实行消费型增值税。

（一）生产型增值税

它是指在计算应纳税额时，只允许从当期销项税额中扣除原材料等劳动对象的已纳税额，而不允许扣除固定资产价值中所含有税款的增值税，而将其计入固定资产成本。作为课税对象的法定增值额既包括新创造的价值，又包括当期计入成本的固定资产部分，大致为理论增值额与固定资产折旧之和。从整个社会经济情况来看，它相当于国民生产总值，故称为生产型增值税。这种类型增值税的法定增值额大于理论增值额，对固定资产耗费形成的价值存在重复征税，不利于鼓励投资，但有利于确保财政收入。少数发展中国家和我国（2008年12月底前）实行的增值税主要属于这种类型。在生产型增值税模式下，增值税课税基数大体相当于国民生产总值的统计口径，不允许扣除任何外购固定资产的增值税，而将其计入固定资产成本。

(二) 收入型增值税

收入型增值税是指在计算应纳税额时，除扣除中间产品已纳税款，还允许在当期销项税额中扣除固定资产当期折旧部分所含的增值税。作为课税对象的法定增值额为工资、奖金、利息、利润和其他增值性费用之和。从整个社会经济情况来看，它相当于国民收入，故称为收入型增值税。这种类型增值税的法定增值额与理论增值额相同，是一种标准的增值税。由于外购固定资产的价值以计提折旧的方式逐步转入产品价值之中，而不同企业的折旧方法又不尽相同，且缺乏统一的结转凭证，难以操作，影响了这种增值税类型的推广应用。拉丁美洲一些国家的增值税大多选择这种类型。在收入型增值税模式下，增值税课税基数相当于国民收入部分，外购固定资产价款只允许扣除当期计入产品价值的折旧费部分。

(三) 消费型增值税

它是指在计算应纳税额时，除扣除中间产品已纳税款，对纳税人购入固定资产的已纳税款，也允许一次性地从当期销项税额中全部扣除，从而使纳税人用于生产应税产品的全部外购生产资料都不负担增值税。作为课税对象的法定增值税额为当期全部销售额中收入额扣除全部外购生产资料价款后的余额。从整个社会经济情况来看，它相当于全部消费资料的价值，故称为消费型增值税。由于外购固定资产的成本可凭发票一次性全部扣除，既便于操作，又便于管理，因而是最能体现增值税优越性的一种类型，但这种方式会在一定程度上减少财政收入。西方发达国家大多实行这种增值税，2009年1月1日开始，我国实行增值税转型，全面实施消费型增值税。在消费型增值税模式下，增值税课税基数仅限于消费资料价值的部分，允许将当期购入用于生产、经营的固定资产的税款一次性全部扣除。

三种增值税类型比较如表 2-1 所示。

表 2-1　三种增值税类型比较

类型	特点	优点	缺点	我国情况
生产型增值税	1.法定增值额不允许扣除任何外购固定资产价款 2.法定增值额大于理论增值额	保证财政收入	重复征税，不利于鼓励投资	1994～2008年
收入型增值税	1.对外购固定资产只允许扣除当期计入产品价值的折旧部分 2.法定增值额等于理论增值额	完全避免重复征税	给以票扣税造成困难	
消费型增值税	1.当期购入固定资产价款一次全部扣除 2.法定增值额小于理论增值额	体现增值税优越性，便于操作	减少财政收入	2009年1月1日至今

三、增值税的特点

(一) 不重复征税,具有税收中性

增值税在计税原理上是以商品或劳务价值中的增值额为征税对象,可避免对同一对象重复征税。由于同一货物在其各个生产、流通环节中税负大致相同,因此增值税对生产经营活动以及消费行为基本不发生影响。增值税具有中性税收的特点,从而有利于生产的专业化分工,提高社会经济资源的利用效率。

(二) 税源广阔,具有普遍性

随着营业税退出历史舞台,增值税相比以前税源更充裕了,现阶段只要在流转环节产生了增值额就应纳增值税,增值税的课税对象是商品生产、流通过程中或提供劳务时实现的增值额,即人们在生产劳动中新创造的价值额。由于人们不论是从事矿产资源开发、工业品生产,还是经营商品批发、零售业务或提供服务,都会在劳动过程中创造商品和劳动的附加值,因此,增值税可以课征于社会经济活动的各个部门、领域和环节。

(三) 实行税款抵扣制度,具有可操作性

由于新增值额或商品附加值在商品流通过程中是一个难以准确计算的数据,因此,在增值税的实际操作上采用税款抵扣法计算。可根据货物或应税劳务销售额,按照规定的税率计算税款,然后从中扣除上一道环节已纳增值税税款,其余额即为纳税人应缴纳的增值税税款。这种计算办法同样体现了不重复征税的特点。

(四) 逐环节价外征收,具有转嫁性

增值税是在商品交易额或劳务价值之外,由卖方向买方收取,由买方所承担的税款,它会通过其销售活动全部转移给下一个环节(下一个买方)而得到足额补偿。因此,从形式上讲,增值税税收负担由不能再行转嫁的最终消费者承担。

四、增值税计税方法

增值税计税方法分为直接计算法和间接计算法两种类型。

(一) 直接计算法

直接计算法是指首先计算出应税货物或劳务的增值额,然后用增值额乘以适用税率求出应纳税额的方法。这种方法的增值额很难准确计算,因此很少被采用。

(二) 间接计算法

间接计算法是指不直接根据增值额计算增值税,而是首先以每一生产经营环节上发生的货物或劳务的销售额为计税依据,按规定税率计算出应税货物的整体税负,然后从

整体税负中扣除法定的外购项目在以前环节已纳税款，求出应纳税额的方法。

这种方法简便易行，计算准确，既适用于单一税率，又适用于多档税率，是实行增值税的国家广泛采用的计税方法。

五、我国增值税制度建立、发展及营改增历程

我国于1979年引入增值税，并在部分城市试行。1982年财政部制定了《增值税暂行办法》，自1983年1月1日开始在全国试行。1984年第二步利改税和全面工商税制改革时，在总结经验的基础上，国务院发布了《中华人民共和国增值税条例（草案）》，并于当年10月试行。1993年税制改革，增值税成为改革的重点，国务院于1993年12月发布了《增值税暂行条例》，并于1994年1月1日起在全国范围内推行增值税。此时的增值税属于生产型增值税。

为了进一步完善税收制度，国家决定实行增值税转型试点，并于2004年7月1日开始在东北、中部等部分地区试行，试点工作运行顺利，达到了预期目标。为此，国务院决定全面实施增值税转型改革，修订了《增值税暂行条例》，于2008年11月经国务院第34次常务会议审议通过，于2009年1月1日起在全国范围内实行消费型增值税。

为了促进第三产业发展，从2012年1月1日起，在上海市试点将交通运输业和部分现代服务业营业税改征增值税。2012年9月起，试点地区扩大到北京市、天津市、江苏省、安徽省、浙江省（含宁波市）、福建省（含厦门市）、湖北省、广东省（含深圳市）8个省市。北京市于2012年9月1日，江苏省、安徽省于2012年12月1日，福建省、广东省于2012年11月1日，天津市、浙江省、湖北省于2012年12月1日，分别进行试点。2013年8月1日起，营业税改征增值税试点在全国范围内推开，并将广播影视作品的制作、播映、发行纳入试点行业。2014年1月1日起，铁路运输业和邮政企业在全国范围实施营业税改征增值税试点。2014年6月1日起，电信业纳入营业税改征增值税试点范围。2016年5月1日起，在全国范围内全面推开营业税改征增值税试点，建筑业、房地产业、金融业、生活服务业纳入试点范围。至此，营业税全部改征增值税，营业税成为我国税收制度发展史的组成部分，流通环节由增值税全覆盖。自2018年5月1日起，全国调整了增值税税率，并统一了增值税小规模纳税人标准。

第二节 纳税人和扣缴义务人

一、纳税人

根据《增值税暂行条例》和《营业税改征增值税试点实施办法》（财税〔2016〕36号）的规定，在中华人民共和国境内销售货物、提供加工修理修配劳务、销售服务、销售无形资产或不动产以及进口货物的单位和个人为增值税的纳税人，应当依照本条例缴纳增值税。所称单位，是指企业、行政单位、事业单位、军事单位、社会团体及其他单位。

所称个人，是指个体工商户和其他个人。

单位以承包、承租、挂靠方式经营的，承包人、承租人、挂靠人（以下统称承包人）以发包人、出租人、被挂靠人（以下统称发包人）名义对外经营并由发包人承担相关法律责任的，以该发包人为纳税人；否则，以承包人为纳税人。

采用承包、承租、挂靠的经营方式时，区分以下两种情况界定纳税人。

（1）同时满足以下两个条件的，以发包人为纳税人：

1）以发包人名义对外经营。

2）由发包人承担相关法律责任。

（2）不同时满足上述两个条件的，以承包人为纳税人。

两个或者两个以上的纳税人，经财政部和国家税务总局批准可以视为一个纳税人合并纳税，具体办法由财政部和国家税务总局另行制定。

纳税人应当按照国家统一的会计制度进行增值税会计核算。

报关进口货物以进口货物的收货人或办理报关手续的单位和个人为进口货物的纳税人。代理进口货物以海关开具的完税凭证上的纳税人为纳税人。

建筑企业与发包人签订建筑合同后，以内部授权或第三方协议等方式，授权集团内其他纳税人为发包人提供建筑服务并由第三方直接与发包人结算工程款的，由第三方缴纳增值税并向发包人开具增值税专用发票，与发包人签订建筑合同的建筑企业不缴纳增值税。

二、增值税纳税人的分类及标准

增值税纳税人按照年销售额的大小和会计核算水平划分为两类，即小规模纳税人和一般纳税人。这两类纳税人在税款计算方法、适用税率以及管理办法上都有所不同。对一般纳税人实行凭发票扣税的计税方法，对小规模纳税人规定简易的计税方法和征收管理办法。

小规模纳税人是指年销售额在规定标准以下，并且会计核算不健全，不能按规定报送有关税务资料的增值税纳税人。

财税〔2018〕33号文件规定，自2018年5月1日起，增值税小规模纳税人标准统一为年应税销售额500万元及以下。按照《增值税暂行条例实施细则》第二十八条规定，已登记为一般纳税人的单位和个人，在2019年12月31日（这一政策在新冠肺炎疫情暴发后延长至2020年12月31日）前，可转登记为小规模纳税人。

"年应税销售额"是指纳税人在连续不超过12个月或四个季度的经营期内（含未取得收入的月份）累计应征增值税的销售额，包括纳税申报销售额、稽查查补销售额、纳税评估调整销售额、税务机关代开发票销售额、免税销售额。销售服务、无形资产或者不动产（以下简称"应税行为"）有扣除项目的纳税人，其应税行为年应税销售额按未扣除之前的销售额计算。纳税人偶然发生的销售无形资产、转让不动产的销售额，不计入应税行为年应税销售额。"会计核算不健全"，是指不能按照国家统一的会计制度规定设置账簿，根据合法、有效凭证进行核算。

下列单位和个人有特殊规定：

（1）年应税销售额超过小规模纳税人标准的其他个人按小规模纳税人纳税。

（2）年应税销售额超过小规模纳税人规定标准但不经常发生应税行为的单位和个体工商户，以及非企业性单位、不经常发生应税行为的企业，可选择按小规模纳税人纳税。

（3）小规模纳税人会计核算健全，能够提供准确税务资料，可以向主管税务机关办理登记，不作为小规模纳税人，依照《增值税暂行条例》有关规定计算应纳税额。

小规模纳税人实行简易征税办法，并且一般不使用增值税专用发票，但基于增值税征收管理中一般纳税人与小规模纳税人之间客观存在的经济往来的实情，自 2020 年 2 月 1 日起，增值税小规模纳税人（其他个人除外）发生涉及增值税的经济行为，需要开具增值税专用发票的，可以自愿使用增值税发票管理系统自行开具。未选择自行开具增值税专用发票的小规模纳税人，税务机关不再为其开具增值税专用发票。

三、纳税人管理

增值税一般纳税人资格实行登记制度，政策依据为国家税务总局发布的，自 2018 年 2 月 1 日起执行的《增值税一般纳税人登记管理办法》。

（一）一般纳税人的登记管理

（1）年应税销售额超过财政部、国家税务总局规定的小规模纳税人的标准（以下简称"规定标准"）的，除另有规定外，应向主管税务机关办理一般纳税人登记。

（2）年应税销售额未超过规定标准的纳税人，会计核算健全，能够提供准确税务资料的，可以向主管税务机关办理一般纳税人登记。

（3）下列纳税人不办理一般纳税人登记：

1）按照政策规定，选择按照小规模纳税人纳税的。

2）年应税销售额超过规定标准的其他个人。

（二）一般纳税人登记程序

纳税人应当向其机构所在地主管税务机关办理一般纳税人登记手续。登记程序如下：

（1）纳税人向主管税务机关填报"增值税一般纳税人登记表"，如实填写固定生产经营场所等信息，并提供税务登记证件。

（2）纳税人填报内容与税务登记信息一致的，主管税务机关当场登记。

（3）纳税人填报内容与税务登记信息不一致的，或者不符合填列要求的，税务机关应当场告诉纳税人需要补正的内容。

（三）办理登记的时限

纳税人在年应税销售额超过规定标准的月份（或季度）所属申报期结束后 15 日内按

规定办理相关手续；未按规定时限办理的，主管税务机关应当在规定时限结束后 5 日内制作"税务事项通知书"，告知纳税人应当在 5 日内向主管税务机关办理相关手续；逾期仍不办理的，次月起按销售额依照增值税税率计算应纳税额，不得抵扣进项税额，直至纳税人办理相关手续为止。

（四）其他纳税人的管理

纳税人年应税销售额超过财政部、国家税务总局规定标准，且符合有关政策规定，选择按小规模纳税人纳税的，应当向主管税务机关提交书面说明。个体工商户以外的其他个人年应税销售额超过规定标准的，不需要向主管税务机关提交书面说明。

纳税人自一般纳税人生效之日起，按照增值税一般计税方法计算应纳税额，并可以按照规定领用增值税专用发票，财政部、国家税务总局另有规定的除外。"生效之日"，是指纳税人办理登记的当月 1 日或者次月 1 日，由纳税人在办理登记手续时自行选择。

四、扣缴义务人

中华人民共和国境外的单位或者个人在境内提供应税劳务，在境内未设有经营机构的，以其境内代理人为扣缴义务人；没有代理人的，购买方为扣缴义务人。财政部和国家税务总局另有规定的除外。

境外单位或个人在境内销售服务、无形资产或不动产，但在境内未设经营机构的，以购买方为扣缴义务人。

第三节 征税范围

一、增值税征税范围的一般规定

自 2016 年 5 月 1 日起，"营改增"试点在全国范围内全面推开，增值税的征税范围涵盖了生产、批发、零售各环节的销售货物、进口货物、提供加工与修理修配劳务，以及销售服务、无形资产和不动产。

（一）销售货物

这里所称的货物是一个增值税法规中的特定概念。货物是指有形动产，包括电力、热力、气体在内。境内销售货物，是指销售货物的起运地或所在地在我国境内。销售货物，是指有偿转让货物的所有，能从购买方取得货币、货物或其他经济利益。

（二）进口货物

进口货物是指申报进入我国海关境内的货物。确定一项货物是否属于进口货物，必须看其是否办理了报关进口手续。对于进口货物，除依法征收关税外，还应在进口环节征收增值税。税法规定，凡进入我国海关的货物，应于进口报关时向海关缴纳进口环节增值税。

（三）提供加工与修理修配劳务

加工劳务，是指受托加工货物，即委托方提供原料及主要材料，受托方按照委托方的要求制造货物并收取加工费的业务。修理修配劳务，是指受托对损伤和丧失功能的货物进行修复，使其恢复原状和功能的业务。加工、修理修配劳务，是指有偿提供加工、修理修配劳务。

> **特别提醒**
> （1）上述所指加工、修理修配的对象是有形动产。
> （2）单位或者个体工商户聘用的员工为本单位或者雇主提供加工、修理修配劳务不征增值税。

（四）销售服务

销售服务，是指"营改增"应税服务，包括交通运输服务、邮政服务、电信服务、建筑服务、金融服务、现代服务、生活服务。

1. 交通运输服务

交通运输服务，是指利用运输工具将货物或者旅客送达目的地，使其空间位置得到转移的业务活动，包括陆路运输服务、水路运输服务、航空运输服务和管道运输服务。

（1）陆路运输服务。

陆路运输服务，是指通过陆路（地上或者地下）运送货物或者旅客的运输业务活动，包括铁路运输服务和其他陆路运输服务。

①铁路运输服务，是指通过铁路运送货物或者旅客的运输业务活动。

②其他陆路运输服务，是指铁路运输以外的陆路运输业务活动，包括公路运输、缆车运输、索道运输、地铁运输、城市轻轨运输等。

> **特别提醒**
> 出租车公司向使用本公司自有出租车的出租车司机收取的管理费用，按照陆路运输服务缴纳增值税。

（2）水路运输服务。

水路运输服务，是指通过江、河、湖、川等天然、人工水道或者海洋航道运送货物或者旅客的运输业务活动。

水路运输的程租、期租业务，属于水路运输服务。

程租业务，是指运输企业为租船人完成某一特定航次的运输任务并收取租赁费的业务。

期租业务，是指运输企业将配备有操作人员的船舶承租给他人使用一定期限，承租期内听候承租方调遣，不论是否经营，均按天向承租方收取租赁费，发生的固定费用均由船东负担的业务。

（3）航空运输服务。

航空运输服务，是指通过空中航线运送货物或者旅客的运输业务活动。

特别提醒

航空运输的湿租业务，属于航空运输服务。湿租业务，是指航空运输企业将配备有机组人员的飞机承租给他人使用一定期限，承租期内听候承租方调遣，不论是否经营，均按一定标准向承租方收取租赁费，发生的固定费用均由承租方承担的业务。

特别提醒

航天运输服务，按照航空运输服务缴纳增值税。航天运输服务，是指利用火箭等载体将卫星、空间探测器等空间飞行器发射到空间轨道的业务活动。

（4）管道运输服务。

管道运输服务，是指通过管道设施输送气体、液体、固体物质的运输业务活动。

特别提醒

（1）无运输工具承运业务，按照交通运输服务缴纳增值税。无运输工具承运业务，是指经营者以承运人身份与托运人签订运输服务合同，收取运费并承担承运人责任，然后委托实际承运人完成运输服务的经营活动。

（2）自2018年1月1日起，纳税人已售票但客户逾期未消费取得的运输逾期票证收入，按照"交通运输服务"缴纳增值税。

（3）在运输工具舱位承包业务中，发包人和承包方均按照"交通运输服务"缴纳增值税。

（4）在交通运输舱位互换业务中，互换舱位的双方均按照"交通运输服务"缴纳增值税。

2. 邮政服务

邮政服务，是指中国邮政集团公司及其所属邮政企业提供邮件寄递、邮政汇兑和机要通信等邮政基本服务的业务活动，包括邮政普遍服务、邮政特殊服务和其他邮政服务。

（1）邮政普遍服务。

邮政普遍服务，是指函件、包裹等邮件寄递，以及邮票发行、报刊发行和邮政汇兑等业务活动。函件，是指信函、印刷品、邮资封片卡、无名址函件和邮政小包等。包裹，是指按照封装上的名址递送给特定个人或者单位的独立封装的物品，其重量不超过50千克，任何一边的尺寸不超过150厘米，长、宽、高合计不超过300厘米。

（2）邮政特殊服务。

邮政特殊服务，是指义务兵平常信函、机要通信、盲人读物和革命烈士遗物的寄递等业务活动。

（3）其他邮政服务。

其他邮政服务，是指邮册等邮品销售、邮政代理等业务活动。

3. 电信服务

电信服务，是指利用有线、无线的电磁系统或者光电系统等各种通信网络资源，提供语音通话服务，传送、发射、接收或者应用图像、短信等电子数据和信息的业务活动，包括基础电信服务和增值电信服务。

（1）基础电信服务。

基础电信服务，是指利用固网、移动网、卫星、互联网，提供语音通话服务的业务活动，以及出租或者出售带宽、波长等网络元素的业务活动。

（2）增值电信服务。

增值电信服务，是指利用固网、移动网、卫星、互联网、有线电视网络，提供短信和彩信服务、电子数据和信息的传输及应用服务、互联网接入服务等业务活动。

特别提醒

（1）卫星电视信号落地转接服务，按照增值电信服务缴纳增值税。

（2）自2016年2月1日起，纳税人通过楼宇、隧道等室内通信分布系统，为电信企业提供的语音通话和移动互联网等无线信号室分系统传输服务，分别按照基础电信服务和增值电信服务缴纳增值税。

4. 建筑服务

建筑服务，是指各类建筑物、构筑物及其附属设施的建造、修缮、装饰，线路、管道、设备、设施等的安装以及其他工程作业的业务活动，包括工程服务、安装服务、修缮服务、装饰服务和其他建筑服务。

（1）工程服务。

工程服务，是指新建、改建各种建筑物、构筑物的工程作业，包括与建筑物相连的各种设备或者支柱、操作平台的安装或者装设工程作业，以及各种窑炉和金属结构工程作业。

（2）安装服务。

安装服务，是指生产设备、动力设备、起重设备、运输设备、传动设备、医疗实验设备以及其他各种设备、设施的装配、安置工程作业，包括与被安装设备相连的工作台、梯子、栏杆的装设工程作业，以及被安装设备的绝缘、防腐、保温、油漆等工程作业。

特别提醒

固定电话、有线电视、宽带、水、电、燃气、暖气等经营者向用户收取的安装费、初装费、开户费、扩容费以及类似收费，按照安装服务缴纳增值税。

（3）修缮服务。

修缮服务，是指对建筑物、构筑物进行修补、加固、养护、改善，使之恢复原来的使用价值或者延长其使用期限的工程作业。

（4）装饰服务。

装饰服务，是指对建筑物、构筑物进行修饰装修，使之美观或者具有特定用途的工程作业。物业服务企业为业主提供的装修服务，按照"建筑服务"缴纳增值税。

（5）其他建筑服务。

其他建筑服务，是指上列工程作业之外的各种工程作业服务，如钻井（打井）、拆除建筑物或者构筑物、平整土地、园林绿化、疏浚（不包括航道疏浚）、建筑物平移、搭脚手架、爆破、矿山穿孔、表面附着物（包括岩层、土层、沙层等）剥离和清理等工程作业。纳税人将建筑施工设备出租给他人使用并配备操作人员的，按照"建筑服务"缴纳增值税。

5. 金融服务

金融服务，是指经营金融保险的业务活动，包括贷款服务、直接收费金融服务、保险服务和金融商品转让。"保本收益、报酬、资金占用费、补偿金"，是指合同中明确承诺到期本金可全部收回的投资收益，金融商品持有期间（含到期）取得的非保本的上述收益，不属于利息或者利息性质的收入，不征收增值税。

（1）贷款服务。

贷款，是指将资金贷与他人使用而取得利息收入的业务活动。

各种占用、拆借资金取得的收入，包括金融商品持有期间（含到期）利息（保本收益、报酬、资金占用费、补偿金等）收入、信用卡透支利息收入、买入返售金融商品利息收入、融资融券收取的利息收入，以及融资性售后回租、押汇、罚息、票据贴现、转贷等业务取得的利息及利息性质的收入，按照贷款服务缴纳增值税。

融资性售后回租，是指承租方以融资为目的，将资产出售给从事融资性售后回租业务的企业后，从事融资性售后回租业务的企业将该资产出租给承租方的业务活动。

以货币资金投资收取的固定利润或者保底利润，按照贷款服务缴纳增值税。

（2）直接收费金融服务。

直接收费金融服务，是指为货币资金融通及其他金融业务提供相关服务并且收取费用的业务活动，包括货币兑换、账户管理、电子银行、信用卡、信用证、财务担保、资产管理、信托管理、基金管理、金融交易场所（平台）管理、资金结算、资金清算、金融支付等服务。

（3）保险服务。

保险服务，是指投保人根据合同约定，向保险人支付保险费，保险人对于合同约定的可能发生的事故因其发生所造成的财产损失承担赔偿保险金责任，或者当被保险人死亡、伤残、疾病或者达到合同约定的年龄、期限等条件时承担给付保险金责任的商业保险行为。保险服务包括人身保险服务和财产保险服务。

人身保险服务，是指以人的寿命和身体为保险标的的保险业务活动。

财产保险服务，是指以财产及其有关利益为保险标的的保险业务活动。

（4）金融商品转让。

金融商品转让，是指转让外汇、有价证券、非货物期货和其他金融商品所有权的业务活动。

其他金融商品转让包括基金、信托、理财产品等各类资产管理产品和各种金融衍生品的转让。纳税人购入基金、信托、理财产品等各类资产管理产品持有至到期，不属于金融商品转让。

6. 现代服务

现代服务，是指围绕制造业、文化产业、现代物流产业等提供技术性、知识性服务的业务活动，包括研发和技术服务、信息技术服务、文化创意服务、物流辅助服务、租赁服务、鉴证咨询服务、广播影视服务、商务辅助服务和其他现代服务。

（1）研发和技术服务。

研发和技术服务，包括研发服务、合同能源管理服务、工程勘察勘探服务、专业技术服务。

①研发服务，也称技术开发服务，是指就新技术、新产品、新工艺或者新材料及其系统进行研究与试验开发的业务活动。

②合同能源管理服务，是指节能服务公司与用能单位以契约形式约定节能目标，节能服务公司提供必要的服务，用能单位以节能效果支付节能服务公司投入及其合理报酬的业务活动。

③工程勘察勘探服务，是指在采矿、工程施工前后，对地形、地质构造、地下资源蕴藏情况进行实地调查的业务活动。

④专业技术服务，是指气象服务、地震服务、海洋服务、测绘服务、城市规划、环境与生态监测服务等专项技术服务。

（2）信息技术服务。

信息技术服务，是指利用计算机、通信网络等技术对信息进行生产、收集、处理、加工、存储、运输、检索和利用，并提供信息服务的业务活动，包括软件服务、电路设计及测试服务、信息系统服务、业务流程管理服务和信息系统增值服务。

①软件服务，是指提供软件开发服务、软件维护服务、软件测试服务的业务活动。

②电路设计及测试服务，是指提供集成电路和电子电路产品设计、测试及相关技术支持服务的业务活动。

③信息系统服务，是指提供信息系统集成、网络管理、网站内容维护、桌面管理与维护、信息系统应用、基础信息技术管理平台整合、信息技术基础设施管理、数据中心、托管中心、信息安全服务、在线杀毒、虚拟主机等业务活动，包括网站对非自有的网络游戏提供的网络运营服务。

④业务流程管理服务，是指依托信息技术提供的人力资源管理、财务经济管理、审计管理、税务管理、物流信息管理、经营信息管理和呼叫中心等服务的活动。

⑤信息系统增值服务，是指利用信息系统资源为用户附加提供的信息技术服务，包括数据处理、分析和整合，数据库管理，数据备份，数据存储，容灾服务，电子商务平台等。

（3）文化创意服务。

文化创意服务，包括设计服务、知识产权服务、广告服务和会议展览服务。

①设计服务，是指把计划、规划、设想，通过文字、语言、图画、声音、视觉等形式传递出来的业务活动，包括工业设计、内部管理设计、业务运作设计、供应链设计、造型设计、服装设计、环境设计、平面设计、包装设计、动漫设计、网游设计、展示设计、网站设计、机械设计、工程设计、广告设计、创意策划、文印晒图等。

②知识产权服务，是指处理知识产权事务的业务活动，包括对专利、商标、著作权、软件、集成电路布图设计的登记、鉴定、评估、认证、检索服务。

③广告服务，是指利用图书、报纸、杂志、广播、电视、电影、幻灯、路牌、招贴、橱窗、霓虹灯、灯箱、互联网等各种形式为客户的商品、经营服务项目、文体节目或者通告、声明等委托事项进行宣传和提供相关服务的业务活动，包括广告代理和广告的发布、播映、宣传、展示等。

④会议展览服务，是指为商品流通、促销、展示、经贸洽谈、民间交流、企业沟通、国际往来等举办或者组织安排的各类展览和会议的业务活动。

宾馆、旅馆、旅社、度假村和其他经营性住宿场所提供会议场地及配套服务的活动，按照"会议展览服务"缴纳增值税。

（4）物流辅助服务。

物流辅助服务，包括航空服务、港口码头服务、货运客运场站服务、打捞救助服务、装卸搬运服务、仓储服务和收派服务。

①航空服务，包括航空地面服务和通用航空服务。

航空地面服务，是指航空公司、飞机场、民航管理局、航站等向在境内航行或者在境内机场停留的境内外飞机或者其他飞行器提供的导航等劳务性地面服务的业务活动，包括旅客安全检查服务、停机坪管理服务、机场候机厅管理服务、飞机清洗消毒服务、空中飞行管理服务、飞机起降服务、飞行通信服务、地面信号服务、飞机安全服务、飞机跑道管理服务、空中交通管理服务等。

通用航空服务，是指为专业工作提供飞行服务的业务活动，包括航空摄影、航空培训、航空测量、航空勘探、航空护林、航空吊挂播撒、航空降雨、航空气象探测、航空海洋监测、航空科学实验等。

②港口码头服务，是指港务船舶调度服务、船舶通信服务、航道管理服务、航道疏浚服务、灯塔管理服务、航标管理服务、船舶引航服务、理货服务、系解缆服务、停泊和移泊服务、海上船舶溢油清除服务、水上交通管理服务、船只专业清洗消毒检测服务和防止船只漏油服务等为船只提供服务的业务活动。

港口设施经营人收取的港口设施保安费按照港口码头服务缴纳增值税。

③货运客运场站服务，是指货运客运场站提供货物配载服务、运输组织服务、中转换乘服务、车辆调度服务、票务服务、货物打包整理、铁路线路使用服务、加挂铁路客车服务、铁路行包专列发送服务、铁路到达和中转服务、铁路车辆编解服务、车辆挂运服务、铁路接触网服务、铁路机车牵引服务等业务活动。

④打捞救助服务，是指提供船舶人员救助、船舶财产救助、水上救助和沉船沉物打捞服务的业务活动。

⑤装卸搬运服务，是指使用装卸搬运工具或者人力、畜力将货物在运输工具之间、装卸现场之间或者运输工具与装卸现场之间进行装卸和搬运的业务活动。

⑥仓储服务，是指利用仓库、货场或者其他场所代客贮放、保管货物的业务活动。

⑦收派服务，是指接受寄件人委托，在承诺的时限内完成函件和包裹的收件、分拣、派送服务的业务活动。

收件服务，是指从寄件人处收取函件和包裹，并运送到服务提供方同城的集散中心的业务活动。

分拣服务，是指服务提供方在其集散中心对函件和包裹进行归类、分发的业务活动。

派送服务，是指服务提供方从其集散中心将函件和包裹送达同城的收件人的业务活动。

（5）租赁服务。

租赁服务，包括融资租赁服务和经营租赁服务。

①融资租赁服务，是指具有融资性质和所有权转移特点的租赁活动。即出租人根据承租人所要求的规格、型号、性能等条件购入有形动产或者不动产租赁给承租人，合同期内租赁物所有权属于出租人，承租人只拥有使用权，合同期满付清租金后，承租人有权按照残值购入租赁物，以拥有其所有权。不论出租人是否将租赁物销售给承租人，均属于融资租赁。

按照标的物的不同，融资租赁服务可分为有形动产融资租赁服务和不动产融资租赁服务。

融资性售后回租不按照本税目缴纳增值税。

②经营租赁服务，是指在约定时间内将有形动产或者不动产转让他人使用且租赁物所有权不变更的业务活动。

按照标的物的不同，经营租赁服务可分为有形动产经营租赁服务和不动产经营租赁服务。

将建筑物、构筑物等不动产或者飞机、车辆等有形动产的广告位出租给其他单位或者个人用于发布广告，按照经营租赁服务缴纳增值税。

车辆停放服务、道路通行服务（包括过路费、过桥费、过闸费等）等，按照不动产经营租赁服务缴纳增值税。

特别提醒

水路运输的光租业务、航空运输的干租业务，属于经营租赁。

光租业务，是指运输企业将船舶在约定的时间内出租给他人使用，不配备操作人员，不承担运输过程中发生的各项费用，只收取固定租赁费的业务活动。

干租业务，是指航空运输企业将飞机在约定的时间内出租给他人使用，不配备机组人员，不承担运输过程中发生的各项费用，只收取固定租赁费的业务活动。

（6）鉴证咨询服务。

鉴证咨询服务，包括认证服务、鉴证服务和咨询服务。

①认证服务，是指具有专业资质的单位利用检测、检验、计量等技术，证明产品、服务、管理体系符合相关技术规范的强制性要求或者标准的业务活动。

②鉴证服务，是指具有专业资质的单位受托对相关事项进行鉴证，发表具有证明力的意见的业务活动，包括会计鉴证、税务鉴证、法律鉴证、职业技能鉴定、工程造价鉴证、工程监理、资产评估、环境评估、房地产土地评估、建筑图纸审核、医疗事故鉴定等。

③咨询服务，是指提供信息、建议、策划、顾问等服务的活动，包括金融、软件、技术、财务、税收、法律、内部管理、业务运作、流程管理、健康等方面的咨询。

特别提醒

翻译服务和市场调查服务，按照咨询服务缴纳增值税。

（7）广播影视服务。

广播影视服务包括广播影视节目（作品）制作服务、发行服务和播映（含放映，下同）服务。

①广播影视节目（作品）制作服务，是指进行专题（特别节目）、专栏、综艺、体育、动画片、广播剧、电视剧、电影等广播影视节目和作品制作的服务。具体包括与广播影视节目和作品相关的策划，采编，拍摄，录音，音视频文字图片素材制作，场景布置，后期的剪辑，翻译（编译），字幕制作，片头、片尾、片花制作，特效制作，影片修复，编目和确权等业务活动。

②广播影视节目（作品）发行服务，是指以分账、买断、委托等方式，向影院、电台、电视台、网站等单位和个人发行广播影视节目（作品）以及转让体育赛事等活动的报道及播映权的业务活动。

③广播影视节目（作品）播映服务，是指在影院、剧院、录像厅及其他场所播映广播影视节目（作品），以及通过电台、电视台、卫星通信、互联网、有线电视等无线或者有线装置播映广播影视节目（作品）的业务活动。

（8）商务辅助服务。

商务辅助服务，包括企业管理服务、经纪代理服务、人力资源服务和安全保护服务。

①企业管理服务，是指提供总部管理、投资与资产管理、市场管理、物业管理、日常综合管理等服务的业务活动。

②经纪代理服务，是指各类经纪、中介、代理服务，包括金融代理、知识产权代理、货物运输代理、代理报关、法律代理、房地产中介、职业中介、婚姻中介、代理记账、拍卖等。

货物运输代理服务，是指接受货物收货人、发货人、船舶所有人、船舶承租人或者船舶经营人的委托，以委托人的名义，为委托人办理货物运输、装卸、仓储和船舶进出港口、引航、靠泊等相关手续的业务活动。

代理报关服务，是指接受进出口货物的收、发货人委托，代为办理报关手续的业务活动。

③人力资源服务，是指提供公共就业、劳务派遣、人才委托招聘、劳动力外包等服务的业务活动。纳税人提供安全保护服务，比照劳务派遣服务政策执行。

④安全保护服务，是指提供保护人身安全和财产安全，维护社会治安等的业务活动，包括场所住宅保安、特种保安、安全系统监控以及其他安保服务。纳税人提供武装守护押运服务，按照"安全保护服务"缴纳增值税。

（9）其他现代服务。

其他现代服务，是指除研发和技术服务、信息技术服务、文化创意服务、物流辅助服务、租赁服务、鉴证咨询服务、广播影视服务和商务辅助服务以外的现代服务。

①纳税人为客户办理退票而向客户收取的退票费、手续费等收入，按照"其他现代服务"缴纳增值税。

②纳税人对安装运行后的电梯提供的维护保养服务，按照"其他现代服务"缴纳增值税。

③纳税人对安装运行后的机器设备提供的维护保养服务，按照"其他现代服务"缴纳增值税。

7. 生活服务

生活服务，是指为满足城乡居民日常生活需求提供的各类服务活动，包括文化体育服务、教育医疗服务、旅游娱乐服务、餐饮住宿服务、居民日常服务和其他生活服务。提供餐饮服务的纳税人销售的外卖食品，按照"餐饮服务"缴纳增值税。

（1）文化体育服务。

文化体育服务，包括文化服务和体育服务。

①文化服务，是指为满足社会公众文化生活需求提供的各种服务。文化服务包括文

艺创作、文艺表演、文化比赛，图书馆的图书和资料借阅，档案馆的档案管理，文物及非物质遗产保护，组织举办宗教活动、科技活动、文化活动，提供游览场所。

纳税人在游览场所经营索道、摆渡车、电瓶车、游船等取得的收入，按照"文化体育服务"缴纳增值税。

②体育服务，是指组织举办体育比赛、体育表演、体育活动，以及提供体育训练、体育指导、体育管理的业务活动。

（2）教育医疗服务。

教育医疗服务，包括教育服务和医疗服务。

①教育服务，是指提供学历教育服务、非学历教育服务、教育辅助服务的业务活动。

学历教育服务，是指根据教育行政管理部门确定或者认可的招生和教学计划组织教学，并颁发相应学历证书的业务活动，包括初等教育、初级中等教育、高级中等教育、高等教育等。

非学历教育服务，包括学前教育、各类培训、演讲、讲座、报告会等。

教育辅助服务，包括教育测评、考试、招生等服务。

②医疗服务，是指提供医学检查、诊断、治疗、康复、预防、保健、接生、计划生育、防疫服务等方面的服务，以及与这些服务有关的提供药品、医用材料器具、救护车、病房住宿和伙食的业务。

（3）旅游娱乐服务。

旅游娱乐服务，包括旅游服务和娱乐服务。

①旅游服务，是指根据旅游者的要求，组织安排交通、游览、住宿、餐饮、购物、文娱、商务等服务的业务活动。

②娱乐服务，是指为娱乐活动同时提供场所和服务的业务。

旅游娱乐服务具体包括歌厅、舞厅、夜总会、酒吧、台球、高尔夫球、保龄球、游艺（包括射击、狩猎、跑马、游戏机、蹦极、卡丁车、热气球、动力伞、射箭、飞镖）。

（4）餐饮住宿服务。

餐饮住宿服务，包括餐饮服务和住宿服务。

①餐饮服务，是指通过同时提供饮食和饮食场所的方式为消费者提供饮食消费服务的业务活动。

②住宿服务，是指提供住宿场所及配套服务等的活动，包括宾馆、旅馆、旅社、度假村和其他经营性住宿场所提供的住宿服务。

特别提醒

纳税人以长（短）租形式出租酒店式公寓并提供配套服务的，按照住宿服务缴纳增值税。

（5）居民日常服务。

居民日常服务，是指主要为满足居民个人及其家庭日常生活需求提供的服务，包括市容市政管理、家政、婚庆、养老、殡葬、照料和护理、救助救济、美容美发、按摩、桑拿、氧吧、足疗、沐浴、洗染、摄影扩印等服务。

（6）其他生活服务。

其他生活服务，是指除文化体育服务、教育医疗服务、旅游娱乐服务、餐饮住宿服务和居民日常服务之外的生活服务。

纳税人提供植物养护服务，按照"其他生活服务"缴纳增值税。

（五）销售无形资产

销售无形资产，是指转让无形资产所有权或者使用权的业务活动。无形资产，是指不具实物形态，但能带来经济利益的资产，包括技术、商标、著作权、商誉、自然资源使用权和其他权益性无形资产。

技术，包括专利技术和非专利技术。

自然资源使用权，包括土地使用权、海域使用权、探矿权、采矿权、取水权和其他自然资源使用权。

其他权益性无形资产，包括基础设施资产经营权、公共事业特许权、配额、经营权（包括特许经营权、连锁经营权、其他经营权）、经销权、分销权、代理权、会员权、席位权、网络游戏虚拟道具、域名、名称权、肖像权、冠名权、转会费等。

（六）销售不动产

销售不动产，是指转让不动产所有权的业务活动。不动产，是指不能移动或者移动后会引起性质、形状改变的财产，包括建筑物、构筑物等。

建筑物，包括住宅、商业营业用房、办公楼等可供居住、工作或者进行其他活动的建造物。

构筑物，包括道路、桥梁、隧道、水坝等建造物。

特别提醒

(1) 转让建筑物有限产权或者永久使用权的，转让在建的建筑物或者构筑物所有权的，以及在转让建筑物或者构筑物时一并转让其所占土地的使用权的，按照销售不动产缴纳增值税。

(2) 确定一项经济行为是否需要缴纳增值税，根据《国务院关于做好全面推开营改增试点工作的通知》，除另有规定外，一般应同时具备四个条件：①应税行为发生在中华人民共和国境内；②应税行为属于《销售服务、无形资产、不动产注释》范围内的业务活动；③应税服务是为他人提供的；④应税行为是有偿的。

（七）非经营活动的确认

销售服务、无形资产或者不动产，是指有偿提供服务、有偿转让无形资产或者不动产，但属于下列非经营活动的情形除外：

（1）行政单位收取的同时满足以下条件的政府性基金或者行政事业性收费。

①由国务院或者财政部批准设立的政府性基金，由国务院或者省级人民政府及其财政、价格主管部门批准设立的行政事业性收费。

②收取时开具省级以上（含省级）财政部门监（印）制的财政票据。

③所收款项全部上缴财政。

（2）单位或者个体工商户聘用的员工为本单位或者雇主提供取得工资的服务。

（3）单位或者个体工商户为聘用的员工提供服务。

（4）财政部和国家税务总局规定的其他情形。

（八）境内销售服务、无形资产或者不动产的含义

（1）在境内销售服务、无形资产或者不动产，是指：

1）服务（租赁不动产除外）或者无形资产（自然资源使用权除外）的销售方或者购买方在境内。

2）所销售或者租赁的不动产在境内。

3）所销售自然资源使用权的自然资源在境内。

4）财政部和国家税务总局规定的其他情形。

（2）下列情形不属于在境内销售服务或者无形资产：

1）境外单位或者个人向境内单位或者个人销售完全在境外发生的服务。

2）境外单位或者个人向境内单位或者个人销售完全在境外使用的无形资产。

3）境外单位或者个人向境内单位或者个人销售完全在境外使用的有形动产。

4）财政部和国家税务总局规定的其他情形。

（3）境外单位或者个人销售的服务（不含租赁不动产）在以下两种情况下属于在我国境内销售服务，应照章缴纳增值税：

1）境外单位或者个人向境内单位或者个人销售的完全在境内发生的服务，属于在境内销售服务。例如，境外某一工程公司到境内给境内某单位提供工程勘察勘探服务。

2）境外单位或者个人向境内单位或者个人销售的未完全在境外发生的服务，属于在境内销售服务。例如，境外某一咨询公司与境内某一公司签订咨询合同，就这家境内公司开拓境内、境外市场进行实地调研并提出合理化管理建议，境外咨询公司提供的咨询服务同时在境内和境外发生，属于在境内销售服务。

（4）境外单位或者个人销售的无形资产在以下两种情况下属于在我国境内销售无形资产，应该照章缴纳增值税：

1）境外单位或者个人向境内单位或者个人销售的完全在境内使用的无形资产，属于

在境内销售无形资产。例如，境外 A 公司向境内 B 公司转让 A 公司在境内的连锁经营权。

2）境外单位或者个人向境内单位或者个人销售的未完全在境外使用的无形资产，属于在境内销售无形资产。例如，境外 C 公司向境内 D 公司转让一项专利技术，该专利技术同时用于 D 公司在境内和境外的生产线。

上述一般规定中所说的有偿，是指从购买方取得货币、货物或者其他经济利益。其他经济利益是指非货币、货物形式的收益，具体包括固定资产（不含货物）、生物资产（不含货物）、无形资产（包括特许权）、股权投资、存货、不准备持至到期的债券投资、服务以及有关权益等。

（九）属于征税范围的特殊项目

（1）航空运输企业已售票但未提供航空运输服务取得的逾期票证收入，按照航空运输服务征收增值税。

（2）纳税人取得的中央财政补贴，不属于增值税应税收入，不征收增值税。

（3）融资性售后回租业务中，承租方出售资产的行为不属于增值税的征收范围，不征收增值税。

（4）药品生产企业销售自产创新药的销售额，为向购买方收取的全部价款和价外费用，其提供给患者后续免费使用的相同创新药，不属于增值税视同销售范围。创新药是指经食品药品监督管理部门批准注册，批准前未曾在中国境内外上市销售，通过合成或者半合成方法制得的原料药及其制剂。

（5）根据国家指令无偿提供的铁路运输服务、航空运输服务，属于《营业税改征增值税试点实施办法》第十四条规定的用于公益事业的服务。

（6）存款利息不征增值税。

（7）被保险人获得的保险赔付不征收增值税。

（8）房地产主管部门或者其指定的机构、公积金管理中心、开发企业以及物业管理单位收取的住宅专项维修资金，不征收增值税。

（9）纳税人在资产重组过程中，通过合并、分立、出售、置换等方式，将全部或者部分实物资产以及与其相关联的债权、负债和劳动力一并转让给其他单位和个人，不属于增值税征税范围。

二、视同销售货物的行为的征税规定

增值税视同销售行为是指为了平衡税收负担，控制逃税，对不完全具备一般意义上的销售行为，税法规定应当视同销售征收增值税的行为。根据现行增值税法的规定，单位或者个体工商户的下列行为，无论会计上是否做销售处理，在税法上都视同销售货物：

（1）将货物交付其他单位或者个人代销。

（2）销售代销货物。

（3）设有两个以上机构并实行统一核算的纳税人，将货物从一个机构移送其他机构用于销售，但相关机构设在同一县（市）的除外。

（4）将自产或者委托加工的货物用于非应税项目。

（5）将自产、委托加工的货物用于职工福利或者个人消费。

（6）将自产、委托加工或者购进的货物作为投资，提供给其他单位或者个体工商户。

（7）将自产、委托加工或者购进的货物分配给股东或者投资者。

（8）将自产、委托加工或者购进的货物无偿赠送给其他单位或者个人。

（9）单位或者个体工商户向其他单位或者个人无偿销售服务、无偿转让无形资产或者不动产，但用于公益事业或者以社会公众为对象的除外。

（10）财政部和国家税务总局规定的其他情形。

上述10种情况应该确定为视同销售行为，均要征收增值税。之所以要把以上10种没有实现销售的行为作为视同销售行为，或者是为了堵塞税收漏洞，使得从不同渠道取得的货物有相同的税负，如（3）（4）（5）项，或者是为了防止增值税专用发票的抵扣链条断裂，如（1）（2）（6）（7）项。

特别提醒

视同销售行为第（4）项中，不包括外购货物。换句话说，将购进货物用于（4）的，不属于增值税的视同销售行为，而属于增值税的进项税额不得抵扣的情形。

【例2-1】（多项选择题）下列各项中属于视同销售行为应当计算销项税额的有（　　）。

A. 将自产的货物用于个人消费　　　　B. 将购买的货物委托外单位加工
C. 将购买的货物无偿赠送他人　　　　D. 将购买的货物用于集体福利

答案：AC

三、混合销售行为

一项销售行为如果既涉及货物又涉及服务，为混合销售行为。"货物"是指《增值税暂行条例》中规定的有形动产；"服务"是指属于增值税征收范围的交通运输服务、建筑服务、金融服务、邮政服务、电信服务、现代服务、生活服务。判定混合销售行为成立必须同时满足以下两个标准：

（1）销售行为必须是一项。

（2）该项行为必须既涉及货物销售，又涉及应税行为。

税务处理：从事货物的生产、批发或者零售的单位和个体工商户的混合销售行为，按照销售货物缴纳增值税；其他单位和个体工商户的混合销售行为，按照销售服务缴纳增值税。上述从事货物的生产、批发或者零售的单位和个体工商户，包括以从事货物的生产、批发或者零售为主，并兼营销售服务的单位和个体工商户在内。

四、兼营行为的征税规定

兼营行为是指纳税人的经营范围既包括销售货物和加工修理修配劳务，又包括销售服务、无形资产或者不动产，但销售货物、加工修理修配劳务，以及销售服务、无形资产或者不动产不同时发生在同一项销售行为中。

纳税人兼营销售货物、劳务、服务、无形资产或者不动产，适用不同税率或者征收率的，应当分别核算适用不同税率或者征收率的销售额；未分别核算销售额的，按照以下方法适用税率或征收率：

（1）兼有不同税率的应税销售行为，从高适用税率。

（2）兼有不同征收率的应税销售行为，从高适用征收率。

（3）兼有不同税率和征收率的应税销售行为，从高适用税率。

（4）纳税人销售活动板房、机器设备、钢结构件等自产货物的同时提供建筑、安装服务，不属于《国务院关于做好全面推开营改增试点工作的通知》第四十条规定的混合销售，应当分别核算货物和建筑服务的销售额，分别适用不同的税率或征收率。

纳税人兼营免税、减税项目的，应当分别核算免税、减税项目的销售额；未分别核算的，不得免税、减税。

混合销售行为与兼营行为的比较如表2-2所示。

表2-2 混合销售行为与兼营行为的比较

行为类别	差异		相同
	判断标准	税务处理	
混合销售行为	一项销售行为既涉及货物又涉及非应税劳务；销售货物与提供非应税劳务之间存在因果关系	按"经营主业"缴纳增值税	两种行为的经营范围都有销售货物、提供劳务两类经营项目
兼营行为	销售货物、提供劳务使用不同的税率或征收率，并且不同时发生在一项销售行为中	按"核算水平"分别核算的，按增值税适用税率，否则从高征税	

第四节 税率与征收率

由于我国增值税纳税人分为两类，因此，对一般纳税人采用税款抵扣制度，对小规模纳税人采用简易征收办法。前者主要使用税率，针对特殊业务也使用征收率计算纳税；而后者则使用征收率计算纳税。

一、增值税税率

一般纳税人适用的税率有13%、9%、6%、0等。

（一）基本税率

增值税基本税率为13%，适用于一般纳税人除适用低税率和零税率之外的销售货物和进口货物、提供加工修理修配劳务、有形动产租赁服务。

(二) 低税率

增值税低税率有9%和6%两档。

1. 纳税人销售或者进口下列货物，税率为9%

（1）粮食等农产品、食用植物油、食用盐。

（2）自来水、暖气、冷气、热水、煤气、石油液化气、天然气、二甲醚、沼气、居民用煤炭制品。

（3）图书、报纸、杂志、音像制品、电子出版物。

（4）饲料、化肥、农药、农机（不包括农机零部件）、农膜。

（5）不动产租赁服务。

（6）销售不动产。

（7）建筑服务。

（8）运输服务。

（9）邮政服务。

（10）基础电信服务。

（11）转让土地使用权。

2. 适用6%税率

（1）增值电信服务。

（2）金融服务。

（3）现代服务（有形动产租赁、不动产租赁服务除外）。

（4）生活服务。

（5）销售无形资产（含转让补充耕地指标，不含转让土地使用权）。

(三) 零税率

1. 零税率适用范围

纳税人出口货物及部分跨境服务，增值税适用零税率。出口货物适用零税率后续讲解。境内的单位和个人跨境服务增值税适用零税率范围如下。

（1）国际运输服务。国际运输服务，包括在境内载运旅客或者货物出境、在境外载运旅客或者货物入境和在境外载运旅客或者货物。

（2）航天运输服务。

（3）向境外单位提供的完全在境外消费的下列服务：研发服务、合同能源管理服务、设计服务、广播影视节目（作品）的制作和发行服务、软件服务、电路设计及测试服务、信息系统服务、业务流程管理服务、离岸服务外包业务、转让技术。

2. 程租、期租和湿租业务零税率适用范围

（1）境内单位或个人提供租赁服务，如果租赁的交通工具用于国际运输服务和港澳台运输服务，由出租方按规定申请适用增值税零税率。

（2）境内的单位和个人向境内单位或个人提供期租、湿租服务，如果承租方利用租赁的交通工具向其他单位或者个人提供国际运输服务和港澳台运输服务，由承租方适用增值税零税率。境内的单位或个人向境外单位或个人提供期租、湿租服务，由出租方适用增值税零税率。

（3）境内单位和个人以无运输工具承运方式提供的国际运输服务，由境内实际承运人适用增值税零税率；无运输工具承运业务的经营者适用增值税免税政策。

（4）境内单位和个人发生的与香港、澳门、台湾有关的应税行为，除另有规定外，参照上述规定执行。

3. 关于完全在境外消费的界定

完全在境外消费是指：

服务的实际接受方在境外，且与境内的货物和不动产无关。

无形资产完全在境外使用，且与境内的货物和不动产无关。

财政部和国家税务总局规定的其他情形。

4. 放弃零税率的规定

境内单位和个人销售适用增值税零税率的服务或无形资产的，可以放弃适用增值税零税率，选择免税或按规定缴纳增值税。放弃适用增值税零税率后，36个月内不得再申请适用增值税零税率。

增值税适用税率汇总如表2-3所示。

表2-3 增值税适用税率汇总

税率类型	税率	适用范围
基本税率	13%	销售或进口货物、提供应税劳务、有形动产租赁服务
低税率	9%	销售或进口税法列举的货物 提供交通运输服务、建筑服务、邮政服务、基础电信服务、不动产租赁服务，以及销售不动产、转让土地使用权
低税率	6%	提供现代服务（租赁除外）、金融服务、生活服务、增值电信服务，以及销售无形资产（转让土地使用权除外）
零税率	0	出口货物、劳务或者境内单位和个人发生的跨境应税行为

二、征收率

小规模纳税人由于会计核算不健全，无法准确核算进项税额和销项税额，因此，在增值税征收管理中，采用简易计税，按其销售额与规定的征收率计算缴纳增值税。按现行增值税法律规定，对于一般纳税人生产销售特定货物时，也可采用简易计税方法，按规定的征收率计算增值税。因此，我们认为：小规模纳税人只选用征收率计征增值税，一般纳税人采用简易计税方法时也适用征收率计征增值税。

增值税征收率是指对特定的货物或特定的纳税人发生应税销售行为在某一生产流通环节应纳税额与销售额的比率。增值税征收率适用于两种情况：一是小规模纳税人，二是一般纳税人发生应税销售行为按规定可以选择简易计税方法计税的。

（一）小规模纳税人适用征收率的情形

（1）小规模纳税人销售货物、加工修理修配劳务、服务、无形资产，适用3%的征收率。

（2）小规模纳税人销售自己使用过的固定资产，按3%征收率减按2%征收增值税，并且只能开具普通发票，不得由税务机关代开增值税专用发票。

$$应纳增值税 = 含税销售额 / (1+3\%) \times 2\%$$

（3）小规模纳税人销售自己使用过的其他物品，按3%的征收率征收增值税。

$$应纳增值税 = 含税销售额 / (1+3\%) \times 3\%$$

（4）小规模纳税人销售不动产（含房地产开发企业中的小规模纳税人销售自行开发的房地产项目），适用5%的征收率。

（5）出租不动产，适用5%的征收率。但个人出租住房，应按5%的征收率减按1.5%计征增值税。

$$应纳增值税 = 含税销售额 / (1+5\%) \times 1.5\%$$

（二）一般纳税人适用征收率的情形

一般纳税人简易计税的项目有很多，总体来说分为销售货物简易计税、"营改增"项目简易计税、强制简易计税三类。

1. 销售货物简易计税

（1）一般纳税人销售自己使用过的物品（根据财务会计制度已经计提折旧的固定资产）属于《增值税暂行条例》第十条规定不得抵扣且未抵扣进项税额的固定资产，按简易办法依3%征收率减按2%征收率征收增值税。

（2）现行旧货政策。纳税人销售旧货，按简易办法依3%征收率减按2%征收率征收增值税，按下列公式确定应纳税额：

$$应纳税额 = 销售额 \times 2\% = 含税销售额 / (1+3\%) \times 2\%$$

特别提醒

使用过的固定资产是自己使用过的账上作为固定资产管理并计提折旧的资产；使用过的物品是指价值小，不作为固定资产管理并核算的包装物、低值易耗品。自己使用过的物品不可称为旧货。

增值税纳税人销售自己使用过的固定资产、物品或旧货的税务处理如表2-4所示。

表 2-4 增值税纳税人销售自己使用过的固定资产、物品或旧货的税务处理

纳税人	销售情形	税务处理	应纳税额计算公式
一般纳税人	销售旧货和 2008 年 12 月 31 日前购进或者自制的固定资产	按简易办法，依 3% 征收率减按 2% 计税	售价÷（1+3%）×2%
	销售自己使用过的 2009 年 1 月 1 日后购进或者自制的固定资产	按正常销售货物适用税率计税。该固定资产的进项税额在购进当期已抵扣	售价÷（1+13%）×13%
小规模纳税人（其他个人除外）	销售旧货和自己使用过的固定资产	依 3% 征收率减按 2% 计税	售价÷（1+3%）×2%
	销售自己使用过的除固定资产以外的物品	依 3% 征收率计税	售价÷（1+3%）×3%

（3）一般纳税人销售自产的下列货物，可选择按照简易办法依照 3% 征收率计算缴纳增值税：

1）县级及县级以下小型水力发电单位生产的电力。小型水力发电单位是指各类投资主体建设的装机容量为 5 万千瓦以下（含 5 万千瓦）的小型水力发电单位。

2）自产的建筑用和生产建筑材料所用的砂、土、石料。

3）以自己采掘的砂、土、石料或其他矿物连续生产的砖、瓦、石灰（不含黏土实心砖、瓦）。

4）用微生物、微生物代谢产物、动物毒素、人或动物的血液或组织，自产制成的生物制品。

5）自产的自来水。

6）自产的以水泥为原料生产的商品混凝土。

2."营改增"项目简易计税

一般纳税人发生以下应税行为，可选简易计税，一经选择，36 个月内不得变更。

（1）"营改增"试点一般纳税人提供的公共交通运输服务，包括轮客渡、公交客运、地铁、城市轻轨、出租车、长途客运、班车，可选择按征收率 3% 计税。注意，铁路旅客运输服务不得简易计税；公共交通不包括铁路（高铁）、航空、游轮、邮轮。

（2）2017 年 12 月 31 日以前，被认定为动漫企业的"营改增"试点一般纳税人，为开发动漫产品提供的动漫脚本编撰、形象设计、背景设计、动画设计、分镜、动画制作、摄制、描线、上色、画面合成、配音、配乐、音效合成、剪辑、字幕制作、压缩转码（面向网络动漫、手机动漫格式适配）服务，以及在境内转让动漫版权（包括动漫品牌、形象或者内容的授权及再授权），可选择按征收率 3% 计税。

（3）"营改增"试点一般纳税人提供的电影放映服务、仓储服务、装卸搬运服务、收派服务和文化体育服务，可选择按征收率 3% 计税。

（4）"营改增"试点一般纳税人，以本地区试点实施之日前购进或者自制的有形动产为标的物，提供的经营租赁服务，可选择按征收率 3% 计税。

（5）在纳入"营改增"试点之日前签订的尚未执行完毕的有形动产租赁合同，可选择按征收率 3% 计税。

（6）清包工工程、甲供工程、建筑工程老项目的建筑服务，可选择按征收率 3% 计税。

1）销售电梯的同时提供安装服务，其安装服务可按甲供工程选择简易计税。

2）物业服务企业为业主提供的装修服务，按照"建筑服务"缴纳增值税。

（7）销售外购（2016年4月30日前取得）老不动产、自建老不动产，可选择按征收率5%计税。

（8）房地产企业出售其（2016年4月30日前取得）开发的老项目，可选择按征收率5%计税。

（9）出租（2016年4月30日前取得）老不动产、老土地，可选择按征收率5%计税。

1）以经营租赁方式将土地出租，按照不动产经营租赁，可选择按征收率5%计税。

2）试点前开工的一级公路、二级公路、桥、闸通行费，可选择按征收率5%计税。

（10）农村信用社、村镇银行、农村资金互助社、由银行业机构全资发起设立的贷款公司、法人机构在县（县级市、区、旗）及县以下地区的农村合作银行和农村商业银行提供金融服务收入，可选择按征收率3%计税。

（11）农行"三农金融事业部"试点县域支行，提供农户贷款、农村企业和农村各类组织贷款取得的利息收入，可选择按征收率3%计税。

（12）一般纳税人提供非学历教育服务，可选择按征收率3%计税。

（13）一般纳税人提供教育辅助服务，可选择按征收率3%计税。

（14）非企业性单位中的一般纳税人提供的研发和技术服务、信息技术服务、鉴证咨询服务，以及销售技术、著作权等无形资产，可选择按征收率3%计税。

（15）一般纳税人提供劳务派遣服务，以取得的全部价款和价外费用为销售额，按照一般计税方法计算缴纳增值税；也可以选择差额纳税，以取得的全部价款和价外费用，扣除代用工单位支付给劳务派遣员工的工资、福利和为其办理社会保险及住房公积金后的余额为销售额，按照简易计税方法依5%的征收率计算缴纳增值税。

1）安全保护服务，扣除代付工资、福利、社保及住房公积金，差额按征收率5%计税。

2）纳税人提供人力资源外包服务，按照经纪代理服务缴纳增值税，其销售额不包括受客户单位委托代为向客户单位员工发放的工资和代理缴纳的社会保险、住房公积金。向委托方收取并代为发放的工资和代理缴纳的社会保险、住房公积金，不得开具增值税专用发票，可以开具普通发票。

（16）转让2016年4月30日前取得的土地使用权，可以减去土地原价，差额按征收率5%计税。

（17）老不动产融资租赁合同，可选择按征收率5%计税。

（18）物业管理纳税人，向服务接受方收取的自来水水费，扣除支付的自来水水费，可选择按征收率3%计税。

3. 强制简易计税

建筑工程总承包单位为房屋建筑的地基与基础、主体结构提供工程服务，建设单位自行采购全部或部分钢材、混凝土、砌体材料、预制构件的，适用简易计税方法计税（注：没有选择权）。

三、兼营行为的税率选择

纳税人发生应税销售行为适用不同税率或者征收率的，应当分别核算适用不同税率或者征收率的销售额，未分别核算销售额的，按照以下方法适用税率或者征收率：

（1）兼有不同税率的应税销售行为，从高适用税率。

（2）兼有不同征收率的应税销售行为，从高适用征收率。

（3）兼有不同税率和征收率的应税销售行为，从高适用税率。

（4）纳税人销售活动板房、机器设备、钢结构件等自产货物的同时提供建筑、安装服务，不属于《国务院关于做好全面推开营改增试点工作的通知》第四十条规定的混合销售，应分别核算货物和建筑服务的销售额，分别适用不同的税率和征收率。

四、扣缴增值税适用税率

境内的购买方为境外单位和个人扣缴增值税的，按照适用税率扣缴增值税。

第五节　减免税收优惠

一、法定减免税项目

根据《增值税暂行条例》规定，下列项目免征增值税：

（1）农业生产者销售的自产农产品。

农业生产者，包括从事农业生产的单位和个人。农业产品是指种植业、养殖业、林业、牧业、水产业生产的各类植物、动物的初级产品。对上述单位和个人销售的外购农产品，以及单位和个人外购农产品生产、加工后销售的仍属于规定范围的农业产品，不属于免税的范围，应当按照规定的税率征收增值税。

（2）避孕药品和用具。

（3）古旧图书，是指向社会收购的古书和旧书。

（4）直接用于科学研究、科学试验和教学的进口仪器、设备。

（5）外国政府、国际组织无偿援助的进口物资和设备。

（6）由残疾人的组织直接进口供残疾人专用的物品。

（7）销售自己使用过的物品。自己使用过的物品，是指其他个人自己使用过的物品。

二、财政部、国家税务总局规定的其他增值税优惠

（一）农业类

（1）对承担粮食收储任务的国有粮食购销企业销售的粮食，免征增值税。

（2）其他粮食企业经营粮食用于军队用粮、救灾救济粮、水库移民口粮等项目，免

征增值税；粮食部门经营的退耕还林还草补助粮，凡符合国家规定标准的，比照"救灾救济粮"免征增值税。

（3）2016年1月1日至2020年12月31日，继续对进口种子（苗）、种畜（禽）、鱼种（苗）和种用野生动植物种源（种子种源）免征进口环节增值税。

（4）销售饲料（不含宠物饲料），免征增值税。

（二）资源综合利用产品和劳务

纳税人销售自产的资源综合利用产品和提供资源综合利用劳务，可享受增值税即征即退政策。

（三）研发机构采购国产设备全额退还增值税

（1）为鼓励科学研究和技术开发，减轻研发机构研发成本，自2019年1月1日至2020年12月31日，继续对研发机构（包括内资研发机构和外资研发中心）采购国产设备全额退还增值税。

（2）已办理增值税退税的国产设备，自增值税发票开票3年内，设备移作他用或所有权转移的，研发机构须按规定向税务机关补缴增值税。

（四）制造业

自2021年4月1日起，将运输设备、电气机械、仪器仪表、医药、化学纤维制造业企业纳入先进制造业企业增值税留抵退税政策范围，实行按月全额退还增量留抵税额。

三、特定减免税项目和临时减免税项目

（一）免征增值税项目

1. 保障民生
（1）托儿所、幼儿园提供的保育和教育服务。

托儿所、幼儿园，是指经县级以上教育部门审批成立、取得办园许可证的实施0~6岁学前教育的机构，包括公办和民办的托儿所、幼儿园、学前班、幼儿班、保育院、幼儿园。

（2）养老机构提供的养老服务。

养老机构，是指依照民政部《养老机构设立许可办法》（民政部令第48号）设立并依法办理登记的为老年人提供集中居住和照料服务的各类养老机构；养老服务，是指上述养老机构按照民政部《养老机构管理办法》（民政部令第49号）的规定，为收住的老年人提供的生活照料、康复护理、精神慰藉、文化娱乐等服务。

（3）残疾人福利机构提供的育养服务。

（4）婚姻介绍服务。

（5）殡葬服务。

殡葬服务，是指收费标准由各地价格主管部门会同有关部门核定，或者实行政府指导价管理的遗体接运（含抬尸、消毒）、遗体整容、遗体防腐、存放（含冷藏）、火化、骨灰寄存、吊唁设施设备租赁、墓穴租赁及管理等服务。

（6）医疗机构提供的医疗服务。

（7）符合条件的家政服务企业提供家政服务取得的收入。

2. 符合规定的教育服务

（1）学历教育，是指受教育者经过国家教育考试或者国家规定的其他入学方式，进入国家有关部门批准的学校或者其他教育机构学习，获得国家承认的学历证书的教育形式。具体包括以下几种。

① 初等教育：普通小学、成人小学。

② 初级中等教育：普通初中、职业初中、成人初中。

③ 高级中等教育：普通高中、成人高中和中等职业学校（包括普通中专、成人中专、职业高中、技工学校）。

④ 高等教育：普通本专科、成人本专科、网络本专科、研究生（博士、硕士）、高等教育自学考试、高等教育学历文凭考试。

（2）提供教育服务免征增值税的收入，是指对列入规定招生计划的在籍学生提供学历教育服务取得的收入，具体包括：经有关部门审核批准并按规定标准收取的学费、住宿费、课本费、作业本费、考试报名费收入，以及学校食堂提供餐饮服务取得的伙食费收入。除此之外的收入，包括学校以各种名义收取的赞助费、择校费等，不属于免征增值税的范围。

（3）政府举办的从事学历教育的高等、中等和初等学校（不含下属单位），举办进修班、培训班取得的全部归该学校所有的收入。

全部归该学校所有，是指举办进修班、培训班取得的全部收入进入该学校统一账户，并纳入预算全额上缴财政专户管理，同时由该学校对有关票据进行统一管理和开具。

举办进修班、培训班取得的收入进入该学校下属部门自行开设账户的，不予免征增值税。

（4）政府举办的职业学校设立的主要为在校学生提供实习场所并由学校出资自办、由学校负责经营管理、经营收入归学校所有的企业，从事《销售服务、无形资产或者不动产注释》中"现代服务"（不含融资租赁服务、广告服务和其他现代服务）、"生活服务"（不含文化体育服务、其他生活服务和桑拿、氧吧）业务活动取得的收入。

（5）境外教育机构与境内从事学历教育的学校开展中外合作办学，提供学历教育服务取得的收入。

3. 特殊群体提供的应税服务

（1）残疾人员本人为社会提供的服务。

（2）学生勤工俭学提供的服务。

4. 农业类

（1）农业机耕、排灌、病虫害防治、植物保护、农牧保险以及相关技术培训业务，家禽、牲畜、水生动物的配种和疾病防治。

（2）自2020年1月1日起，动物诊疗机构提供的动物疾病预防、诊断、治疗和动物绝育手术等动物诊疗服务，属于《关于全面推开营业税改征增值税试点的通知》（财税〔2016〕36号）附件3"营业税改征增值税试点过渡政策的规定"第一条第十项所称"家禽、牲畜、水生动物配种和疾病防治"。

5. 文化类服务

（1）纪念馆、博物馆、文化馆、文物保护单位管理机构、美术馆、展览馆、书画院、图书馆在自己的场所提供文化体育服务取得的第一道门票收入。

（2）寺院、宫观、清真寺和教堂举办文化、宗教活动的门票收入。

（3）个人转让著作权。

（4）2019年1月1日至2023年12月31日，对电影主管部门（包括中央、省、地市及县级）按照各自职能权限批准从事电影制片、发行、放映的电影集团公司（含成员企业）、电影制片厂及其他电影企业取得的销售电影拷贝（含数字拷贝）收入、转让电影版权（包括转让和许可使用）收入、电影发行收入以及在农村取得的电影放映收入。

（5）2019年1月1日至2023年12月31日，对广播电视运营服务企业收取的有线数字电视基本收视维护费和农村有线电视基本收视费。

6. 特殊运输相关的服务

（1）台湾航运公司、航空公司从事海峡两岸海上直航、空中直航业务在大陆取得的运输收入。

（2）纳税人提供的直接或者间接国际货物运输代理服务。

7. 以下利息收入

（1）2019年12月31日前，金融机构农户小额贷款的利息收入。

（2）国家助学贷款取得的利息收入。

（3）国债、地方政府债利息收入。

（4）人民银行对金融机构的贷款的利息收入。

（5）住房公积金管理中心用住房公积金在指定的委托银行发放的个人住房贷款取得的利息收入。

（6）外汇管理部门在从事国家外汇储备经营过程中，委托金融机构发放的外汇贷款取得的利息收入。

（7）统借统还业务中，企业集团或企业集团中的核心企业以及集团所属财务公司按不高于支付给金融机构的借款利率水平或者支付的债券票面利率水平，向企业集团或者集团内下属单位收取的利息。

统借方向资金使用单位收取的利息，高于支付给金融机构借款利率水平或者支付的债券票面利率水平的，应全额缴纳增值税。

8. 被撤销金融机构以货物、不动产、无形资产、有价证券、票据等财产清偿债务

9. 保险收入

（1）保险公司开办的一年期以上人身保险产品取得的保费收入。

（2）境内保险公司向境外保险公司提供的完全在境外消费的再保险服务取得的收入。

10. 下列金融商品转让收入

（1）合格境外投资者（QFII）委托境内公司在我国从事证券买卖业务取得的收入。

（2）香港市场投资者（包括单位和个人）通过沪港通买卖上海证券交易所上市 A 股取得的收入。

（3）香港市场投资者（包括单位和个人）通过基金互认买卖内地基金份额取得的收入。

（4）证券投资基金（封闭式证券投资基金，开放式证券投资基金）管理人运用基金买卖股票、债券取得的收入。

（5）个人从事金融商品转让业务取得的收入。

（6）自 2018 年 11 月 7 日起至 2021 年 11 月 6 日止，对境外机构投资境内债券市场取得的债券利息收入。

（7）对社保基金会、社保基金投资管理人在运用社保基金投资过程中，提供贷款服务取得的全部利息及利息性质的收入和金融商品转让收入。

11. 金融同业往来利息收入

（1）金融机构与人民银行所发生的资金往来业务。包括人民银行对一般金融机构贷款，以及人民银行对商业银行的再贴现等。商业银行购买央行票据、与央行开展货币掉期和货币互存等业务也属于金融机构与人民银行所发生的资金往来业务。

（2）银行联行往来业务。同一银行系统内部不同行、处之间所发生的资金账务往来业务。境内银行与其境外的总机构、母公司之间，以及境内银行与其境外的分支机构、全资子公司之间的资金往来业务也属于银行联行往来业务。

（3）金融机构间的资金往来业务，是指经人民银行批准，进入全国银行间同业拆借市场的金融机构之间通过全国统一的同业拆借网络进行的短期（一年以下含一年）无担保资金融通行为。

（4）金融机构之间开展的转贴现业务。

12. 符合条件的合同能源管理项目

13. 福利彩票、体育彩票的发行收入

14. 住房服务类

（1）个人销售自建自用住房。

（2）2019 年 1 月 1 日至 2020 年 12 月 31 日，公共租赁住房经营管理单位出租公共租赁住房。

(3）涉及家庭财产分割的个人无偿转让不动产、土地使用权。

（4）个人将购买的2年以上（含2年）的住房对外销售，免征增值税，适用于北京、上海、广州、深圳以外的地区。

（5）个人将购买的2年以上（含2年）的普通住房对外销售，免征增值税，适用于北京、上海、广州、深圳。

15. 土地使用权及自然资源使用权

（1）将土地使用权转让给农业生产者用于农业生产。

（2）土地所有者出让土地使用权和土地使用者将土地使用权归还给土地所有者。

（3）县级以上地方人民政府或自然资源行政主管部门出让、转让或收回自然资源使用权（不含土地使用权）。

16. 就业类

（1）随军家属就业。

为安置随军家属就业而新开办的企业，自领取税务登记证之日起，其提供的应税服务3年内免征增值税。

从事个体经营的随军家属，自办理税务登记事项之日起，其提供的应税服务3年内免征增值税。

（2）军队转业干部就业。

从事个体经营的军队转业干部，自领取税务登记证之日起，其提供的应税服务3年内免征增值税。

为安置自主择业的军队转业干部就业而新开办的企业，凡安置自主择业的军队转业干部占企业总人数60%（含）以上的，自领取税务登记证之日起，其提供的应税服务3年内免征增值税。

17. 社会团体收取的会费

各党派、共青团、工会、妇联、中科协、青联、台联、侨联收取党费、团费、会费，以及政府间国际组织收取会费，属于非经营活动，不征收增值税。

（二）民生类临时免税政策

（1）自2019年1月1日至2020年12月31日，对边销茶生产企业销售自产的边销茶及经销企业销售的边销茶免征增值税。

（2）自2012年1月1日起，对从事蔬菜批发、零售的纳税人销售的蔬菜免征蔬菜流通环节增值税。

（3）自2012年10月1日起，对从事农产品批发、零售的纳税人销售的部分鲜活肉蛋产品免征增值税。

（4）自2019年1月1日至2020年12月31日，对饮水工程运营管理单位向农村居民提供生活用水取得的自来水销售收入，免征增值税。

（三）减按征税率计税或免税

（1）自 2019 年 3 月 1 日起，增值税一般纳税人生产销售和批发、零售罕见病药品，可选择按照简易办法依照 3% 征收率计算缴纳增值税。

（2）自 2018 年 5 月 1 日起，增值税一般纳税人生产销售和批发、零售抗癌药品，可选择按照简易办法依照 3% 征收率计算缴纳增值税。

（3）自 2019 年 1 月 1 日至 2020 年 12 月 31 日，继续对国产抗艾滋病药品免征生产环节和流通环节增值税。

（四）孵化服务

自 2019 年 1 月 1 日至 2021 年 12 月 31 日，对国家级、省级科技企业孵化器、大学科技园和国家备案众创空间向在孵化对象提供孵化服务取得的收入，免征增值税。

（五）货物期货交割

自 2018 年 11 月 30 日至 2023 年 11 月 29 日，对经国务院批准对外开发的货物期货品种保税交割业务，暂时免征增值税。

（六）扶贫货物捐赠

（1）自 2019 年 1 月 1 日至 2022 年 12 月 31 日，对单位或个体工商户将自产、委托加工或购买的货物通过公益性社会组织、县级及以上人民政府及其组成部门和直属机构，或直接无偿捐赠给目标脱贫地区的单位和个人，免征增值税。

（2）在 2015 年 1 月 1 日至 2018 年 12 月 31 日期间已发生的符合上述条件的扶贫货物捐赠，可追溯执行上述增值税政策。

（3）在《关于扶贫货物捐赠免征增值税政策的公告》（财政部 税务总局 国务院扶贫办公告 2019 年第 55 号）发布之前已征收入库的按上述规定应予免征的增值税税款，可抵减纳税人以后月份应缴纳的增值税税款或者办理税款退库。已向购买方开具增值税专用发票的，应将专用发票追回后方可办理免税。无法追回专用发票的，不予免税。

（七）北京 2022 年冬奥会和冬残奥会

（1）对奥林匹克转播服务公司、奥林匹克频道服务公司、国际奥委会电视与市场开发服务公司、奥林匹克文化与遗产基金、官方计时公司取得的与北京冬奥有关的收入，免征增值税。

（2）对国际赞助计划、全球供应计划、全球特许计划的赞助商、供应商、特许商及其分包商根据协议向北京 2022 年冬奥会和冬残奥会组织委员会提供指定的货物或服务，免征增值税、消费税。

（3）国际奥委会及相关实体的境内机构因赞助、捐赠北京冬奥会及根据协议出售货物或服务免征增值税的，对应的进项税额可用于抵扣本企业其他应税项目所对应的销项税额，对在 2022 年 12 月 31 日仍无法抵扣的留抵税额可予以退还。

（八）新冠病毒疫情防控

（1）疫情防控重点保障物资生产企业可以按月向主管税务机关申请全额退还增值税增量留抵税额（增量留抵税额，是指与 2019 年 12 月底相比新增加的期末留抵税额）。

（2）对纳税人运输疫情防控重点保障物资收入，免征增值税。

（3）对纳税人提供公共交通运输服务、生活服务，以及为居民提供必需生活物资快递收派服务取得的收入，免征增值税。

（4）对单位和个体工商户将自产、委托加工、购买的货物，通过公益性社会组织和县级以上人民政府及其部门等国家机构，或者直接向承担疫情防治任务的医院，无偿捐赠用于应对新型冠状病毒感染的肺炎疫情的，免征增值税。

（5）境外捐赠人无偿向受赠人捐赠的用于防控新冠肺炎疫情的进口物资，免征进口税收。

（6）自 2020 年 3 月 1 日至 5 月 31 日，对湖北省增值税小规模纳税人，适用 3% 征收率的应税销售收入，免征增值税。

（7）自 2020 年 3 月 1 日至 5 月 31 日，除湖北省外，其他省、自治区、直辖市的增值税小规模纳税人，适用 3% 征收率的应税销售收入，减按 1% 征收率征收增值税。

（九）销售二手车

自 2020 年 5 月 1 日至 2023 年 12 月 31 日，从事二手车经销业务的纳税人销售其收购的二手车，减按 0.5% 征收率征收增值税。

（十）供热企业

自 2019 年 1 月 1 日至 2020 年供暖期结束，对供热企业向居民个人供热取得的采暖费收入免征增值税。享受免征增值税的采暖收入必须与其他收入分别核算，否则不得享受免征增值税优惠政策。

四、增值税即征即退政策

（1）一般纳税人提供管道运输服务，对其增值税实际税负超过 3% 的部分实行增值税即征即退政策。

（2）经人民银行、银监会或者商务部批准从事融资租赁业务的试点纳税人中的一般纳税人，提供有形动产融资租赁服务和有形动产融资性售后回租服务，对其增值税实际税负超过 3% 的部分实行增值税即征即退政策（该项政策 2016 年制定，故此处为

"银监会")。

（3）对飞机维修劳务增值税实际税负超过 6% 的部分实行由税务机关即征即退的政策。

（4）对销售自产的利用风力生产的电力实现的增值税实行即征即退 50% 的政策。

（5）自 2018 年 5 月 1 日至 2020 年 12 月 31 日，对动漫企业增值税一般纳税人销售其自主开发生产的动漫软件，按照 16% 的税率征收增值税后，对其增值税实际税负超过 3% 的部分，实行即征即退政策。

（6）增值税一般纳税人销售其自行开发生产的软件产品，按 17% 税率征收增值税后，对其增值税实际税负超过 3% 的部分实行即征即退政策。

五、先征后退政策

自 2018 年 1 月 1 日起至 2020 年 12 月 31 日，执行下列增值税先征后退政策。

（1）对下列出版物在出版环节执行增值税 100% 先征后退的政策：

1）中国共产党和各民主党派的各级组织的机关报纸和机关期刊，各级人大、政协、政府、工会、共青团、妇联、残联、科协的机关报纸和机关期刊，新华社的机关报纸和机关期刊，军事部门的机关报纸和机关期刊。

上述各级组织不含其所属部门。机关报纸和机关期刊增值税先征后退范围掌握在一个单位一份报纸和一份期刊以内。

2）专为少年儿童出版发行的报纸和期刊，中小学的学生课本。

3）专为老年人出版发行的报纸和期刊。

4）少数民族文字出版物。

5）盲文图书和盲文期刊。

6）经批准在内蒙古、广西、西藏、宁夏、新疆五个自治区内注册的出版单位出版的出版物。

7）列入《关于延续宣传文化增值税和营业税优惠政策的通知》附件 1 的图书、报纸和期刊。

（2）对下列出版物在出版环节执行增值税先征后退 50% 的政策：

1）各类图书、期刊、音像制品、电子出版物，但《关于延续宣传文化增值税和营业税优惠政策的通知》第一条第（一）项规定执行增值税 100% 先征后退的出版物除外。

2）列入《关于延续宣传文化增值税和营业税优惠政策的通知》附件 2 的报纸。

（3）对下列印刷、制作业务执行增值税 100% 先征后退的政策：

1）对少数民族文字出版物的印刷或制作业务。

2）列入《关于延续宣传文化增值税和营业税优惠政策的通知》附件 3 的新疆维吾尔自治区印刷企业的印刷业务。

（4）自 2018 年 1 月 1 日起至 2020 年 12 月 31 日，免征图书批发、零售环节增值税。

（5）自2018年1月1日起至2020年12月31日，对科普单位的门票收入，以及县级及以上党政部门和科协开展科普活动的门票收入免征增值税。

（6）已按软件产品享受增值税退税政策的电子出版物不得再按《关于延续宣传文化增值税和营业税优惠政策的通知》申请增值税先征后退政策。

六、小规模纳税人免税规定

为贯彻落实全国两会（十三届全国人大四次会议和全国政协十三届四次会议）精神以及中共中央办公厅、国务院办公厅印发的《关于进一步深化税收征管改革的意见》，按照《财政部 税务总局关于明确增值税小规模纳税人免征增值税政策的公告》（财政部 税务总局公告2021年第11号）的规定，国家税务总局将小规模纳税人免税销售额提高到15万元，具体如下：

（一）小规模纳税人发生增值税应税销售行为，合计月销售额未超过15万元（以1个季度为1个纳税期的，季度销售额未超过45万元，下同）的，免征增值税。

小规模纳税人发生增值税应税销售行为，合计月销售额超过15万元，但扣除本期发生的销售不动产的销售额后未超过15万元的，其销售货物、劳务、服务、无形资产取得的销售额免征增值税。

（二）适用增值税差额征税政策的小规模纳税人，以差额后的销售额确定是否可以享受《国家税务总局关于小规模纳税人免征增值税征管问题的公告》规定的免征增值税政策。

《增值税纳税申报表（小规模纳税人适用）》中的"免税销售额"相关栏次，填写差额后的销售额。

（三）按固定期限纳税的小规模纳税人可以选择以1个月或1个季度为纳税期限，一经选择，一个会计年度内不得变更。

（四）《中华人民共和国增值税暂行条例实施细则》第九条所称的其他个人，采取一次性收取租金形式出租不动产取得的租金收入，可在对应的租赁期内平均分摊，分摊后的月租金收入未超过15万元的，免征增值税。

（五）按照现行规定应当预缴增值税税款的小规模纳税人，凡在预缴地实现的月销售额未超过15万元的，当期无需预缴税款。《国家税务总局关于小规模纳税人免征增值税征管问题的公告》下发前已预缴税款的，可以向预缴地主管税务机关申请退还。

（六）小规模纳税人中的单位和个体工商户销售不动产，应按其纳税期、本公告第五条以及其他现行政策规定确定是否预缴增值税；其他个人销售不动产，继续按照现行规定征免增值税。

（七）已经使用金税盘、税控盘等税控专用设备开具增值税发票的小规模纳税人，月销售额未超过15万元的，可以继续使用现有设备开具发票，也可以自愿向税务机关免费换领税务Ukey开具发票。

七、优先适用零税率

纳税人发生应税销售行为同时适用免税和零税率规定的,优先适用零税率。

八、增值税税控系统专用设备和技术维护费用抵减增值税税额处理

增值税纳税人初次购买增值税税控系统专用设备支付的费用,可凭购买增值税税控系统专用设备取得的增值税专用发票,在增值税应纳税额中全额抵减(价税合计额);非初次购买增值税税控系统专用设备支付的费用,由其自行负担,不得在增值税应纳税额中抵减。

增值税纳税人缴纳的技术维护费,可凭技术维护服务单位开具的技术维护费发票,在增值税应纳税额中全额抵减。

增值税一般纳税人支付的上述两项费用在增值税应纳税额中全额抵减的,其增值税专用发票不再作为增值税抵扣凭证,其进项税额不得从销项税额中抵扣。

九、起征点

增值税起征点的适用范围限于个人,包括个体工商户和其他个人,但不适用于认定为一般纳税人的个体工商户。自2011年11月1日起,增值税起征点的幅度如下:

(1)销售货物的,为月销售额5 000～20 000元。

(2)销售应税劳务的,为月销售额5 000～20 000元。

(3)按次纳税的,为每次(日)销售额300～500元。

(4)个人发生应税行为的销售额未达到增值税起征点的,免征增值税;达到起征点的,全额计算缴纳增值税。自2021年4月1日至2022年12月31日,将小微企业、个体工商户等小规模纳税人的增值税起征点,由现行月销售额10万元提高到15万元。

上述所称销售额,是指小规模纳税人的销售额,为不含增值税的销售额。省、自治区、直辖市财政厅(局)和国家税务局应在规定的幅度内,根据实际情况确定本地区适用的起征点,并报财政部、国家税务总局备案。

第六节 增值税的计税方法

增值税的计税方法,包括一般计税方法、简易计税方法和扣缴计税方法。

一、一般计税方法

一般纳税人发生应税销售行为适用一般计税方法计税。其计算公式是:

$$当期应纳增值税税额 = 当期销项税额 - 当期进项税额$$

二、简易计税方法

小规模纳税人发生应税销售行为适用简易计税方法计税。简易计税方法的公式是：

当期应纳增值税税额 = 当期销售额（不含增值税）× 征收率

一般纳税人发生财政部和国家税务总局规定的特定应税销售行为，也可以选择适用简易计税方法计税，但是不得抵扣进项税额。其主要包括以下情况：

（1）县级及县级以下小型水力发电单位生产的自产电力。小型水力发电单位，是指各类投资主体建设的装机容量为 5 万千瓦以下（含 5 万千瓦）的小型水力发电单位。

（2）自产建筑用和生产建筑材料所用的砂、土、石料。

（3）以自己采掘的砂、土、石料或其他矿物连续生产的砖、瓦、石灰（不含黏土实心砖、瓦）。

（4）自己用微生物、微生物代谢产物、动物毒素、人或动物的血液或者组织制成的生物制品。

（5）自产的自来水。

（6）自来水公司销售自来水。

（7）自产的商品混凝土（仅限于以水泥为原料生产的水泥混凝土）。

（8）单采血浆站销售非临床用人体血液。

（9）寄售商店代销寄售物品（包括居民个人寄售的物品在内）。

（10）典当业销售死当物品。

（11）药品经营企业销售生物制品。

（12）公共交通运输服务。公共交通运输服务，包括轮客渡、公交客运、地铁、城市轻轨、出租车、长途客运、班车。

班车，是指按固定路线、固定时间运营并在固定站点停靠的运送旅客的陆路运输服务。

（13）经认定的动漫企业为开发动漫产品提供的动漫脚本编撰、形象设计、背景设计、动画设计、分镜、动画制作、摄制、描线、上色、画面合成、配音、配乐、音效合成、剪辑、字幕制作、压缩转码（面向网络动漫、手机动漫格式适配）服务，以及在境内转让动漫版权（包括动漫品牌、形象或者内容的授权及再授权）。

（14）电影放映服务、仓储服务、装卸搬运服务、收派服务和文化体育服务。

（15）以纳入营改增试点之日前取得的有形动产为标的物提供的经营租赁服务。

（16）在纳入营改增试点之日前签订的尚未执行完毕的有形动产租赁合同。

（17）以清包工方式提供的建筑服务。以清包工方式提供的建筑服务，是指施工方不采购建筑工程所需的材料或只采购辅助材料，并收取人工费、管理费或者其他费用的建筑服务。

（18）为甲供工程提供的建筑服务。甲供工程，是指全部或部分设备、材料、动力由工程发包方自行采购的建筑工程。

（19）销售2016年4月30日前取得的不动产。

（20）房地产开发企业销售自行开发的房地产老项目。房地产老项目，是指：

1）《建筑工程施工许可证》注明的合同开工日期在2016年4月30日前的建筑工程项目。

2）未取得《建筑工程施工许可证》的，建筑工程承包合同注明的开工日期在2016年4月30日前的建筑工程项目。

（21）出租2016年4月30日前取得的不动产。

（22）提供非学历教育服务。

（23）一般纳税人收取试点前开工的一级公路、二级公路、桥、闸通行费。

（24）一般纳税人提供人力资源外包服务。

（25）一般纳税人2016年4月30日前签订的不动产融资租赁合同，或以2016年4月30日前取得的不动产提供融资租赁服务。

（26）纳税人转让2016年4月30日前取得的土地使用权。

（27）一般纳税人提供劳务派遣服务，可以选择差额纳税，以取得的全部价款和价外费用，扣除代用工单位支付的劳务派遣员工的工资、福利和为其办理社会保险及住房公积金后的余额为销售额，按照简易计税方法依5%的征收率计算缴纳增值税。

（28）一般纳税人销售电梯的同时提供安装服务，其安装服务可以按照甲供工程选择适用简易计税方法计税，纳税人对安装运行后的电梯提供的维护保养服务，按照"其他现代服务"缴纳增值税。

一般纳税人发生财政部和国家税务总局规定的特定应税销售行为，一经选择适用简易计税方法计税，36个月内不得变更。

三、扣缴计税方法

境外的单位或者个人在境内销售劳务，在境内未设有经营机构的，以其境内代理人为扣缴义务人；在境内没有代理人的，以购买方为扣缴义务人。扣缴义务人按照下列公式计算应扣缴税额：

$$应扣缴税额 = 接受方支付的价款 \div (1+税率) \times 税率$$

第七节 一般计税方法增值税应纳税额计算

一、一般计税方法增值税应纳税额计算原理

增值税一般纳税人销售货物或者提供应税劳务，应纳税额的计算一般采用购进扣税法，等于当期销项税额抵扣当期进项税额后的余额。当期销项税额小于当期进项税额时，当期进项税额不足抵扣的部分可以结转下期继续抵扣。其计算公式如下：

$$当期应纳税额 = 当期销项税额 - 当期进项税额 - 上期留抵$$

二、销项税额

所谓销项税额，是指纳税人因销售货物或者提供应税劳务，按照销售额或劳务收入和规定的税率计算并向购买方收取的增值税税额。销项税额的计算公式为：

$$销项税额 = 销售额 \times 适用税率$$

作为一般纳税人的销售方来说，在进项税额未抵扣前，其收取的销项税额还不是当期应纳的增值税税额。

由公式可知：销项税额的计算取决于销售额和适用税率两个因素。当适用税率确定时，销项税额的大小主要取决于销售额的大小。

一般计税方法的销售额不包括销项税额，纳税人采用销售额和销项税额合并定价方法的，按照下列公式计算销售额：

$$销售额 = 含税销售额 / (1 + 税率)$$

下面介绍在不同情况下销售额的确定。

（一）一般销售方式下的销售额

销售额是指纳税人因销售货物或者提供应税劳务而向购买方收取的全部价款和价外费用。由于增值税采用价外计税方式，用不含增值税价作为计税依据，因此，计算销项税额的销售额不含增值税，但是包含价外费用。所谓价外费用，是指价外向购买方收取的手续费、补贴、基金、集资费、返还利润、奖励费、违约金、滞纳金、延期付款利息、赔偿金、代收款项、代垫款项、包装费、包装物租金、储备费、优质费、运输装卸费以及其他各种性质的价外收费。但下列项目不包括在内。

（1）受托加工应征消费税的消费品所代收代缴的消费税。

（2）同时符合以下条件的代垫运输费用：①承运部门的运输费用发票开具给购买方的；②纳税人将该项发票转交给购买方的。

【例2-2】 甲公司销售给乙公司某类商品15 000件，每件不含税售价为20.5元，交由A运输公司运输，代垫运输费用6 800元，运费发票已转交给乙公司。该商品使用的增值税税率为13%。

要求：计算甲公司上述业务增值税销项税额。

【解析】 甲公司代垫运费符合"承运部门的运费发票开具给购买方，并由纳税人将发票转交给购买方"的条件，因此，收取的代垫运费不属于价外费用。

$$销项税额 = 15\,000 \times 20.5 \times 13\% = 39\,975（元）$$

（3）同时符合以下条件的代为收取的政府性基金或者行政事业性收费：①由国务院或者财政部批准设立的政府性基金，由国务院或者省级人民政府及其财政、价格主管部门批准设立的行政事业性收费；②收取时开具省级以上财政部门印制的财政票据；③所收款项全额上缴财政。

【例2-3】 甲公司为一般纳税人,某月销售农用机械一批,取得不含税销售额430 000元,另收到包装费15 000元。

要求: 计算甲公司上述业务增值税销项税额。

【解析】 包装费属价外费用,应视同含税收入。农用机械增值税适用税率为9%。

销项税额 =430 000×9%+15 000÷(1+9%)×9%=39 938.53(元)

(4) 销售货物的同时因代办保险等而向购买方收取的保险费,以及向购买方收取的代购买方缴纳的车辆购置税、车辆牌照费。

应当注意的是,由于增值税属于价外税,计算销项税额的销售额是不含增值税的金额,而实际工作中常常发生销售额和销项税额合并定价收取的情况,这样就形成含税收入。因此,计算销项税额的时候需将含税收入换算为不含税收入,否则会导致重复纳税的现象。

换算公式为:

不含税销售额 = 含税销售额 ÷ (1+ 税率或征收率)

根据国家税务总局规定:对增值税一般纳税人(包括纳税人自己或代其他部门)向购买方收取的价外费用和包装物押金(因为逾期时,不可能单独再向对方索要增值税,而是在收取押金时一并收取增值税)均应视为含税收入,所以在征税时需要换算成不含税收入再并入销售额。

通常下列情况是含增值税的,需要做价税分离:

1) 商业企业零售价。
2) 普通发票上注明的销售额(一般纳税人和小规模纳税人都有这种情况)。
3) 价税合并收取的金额。
4) 价外费用一般为含税收入。
5) 包装物押金一般为含税收入。
6) 建筑安装合同上的货物金额(主要涉及销售自产货物并提供建筑业劳务的合同)。

(二) 特殊销售方式下的销售额

在市场经济中,为了促销,企业会采取各种销售方式,不同的销售方式下销售额的确定是不同的,进而对增值税的影响也是不同的。

1. 折扣销售

(1) 折扣销售(商业折扣)。折扣销售又称价格折扣,先折扣后销售,是指销货方为鼓励购买者多买而给予的价格折让,即购买越多,价格折扣越多。商业折扣一般从销售价格中直接折算,即购买方所付的价款和销售方所收的货款,都是按打折以后的实际售价来计算的。销售额和折扣额在同一张发票上分别注明的,按折扣后的金额计算销项税额;将折扣额另开发票的,折扣额不得冲减销售额,按折扣前的金额计算销项税额。

(2) 销售折扣(现金折扣)。销售折扣是指销货方为鼓励买方在一定期限内早日付款,而给予的一种折让优惠。销售折扣发生在销货之后,属于融资行为,折扣额不得从销售额中减除。

（3）实物折扣。实物折扣按销售中"无偿赠送"处理，实物款额不能从原销售额中减除，多付出的实物视同销售计算增值税。

（4）销售退回或折让。这是指货物售出后，由于品种、质量等原因购货方要求予以退货或要求销货方给予购货方的一种价格折让。由于是货物的品种和质量问题而引起的销售额减少，对手续完备的销售退回或折让而退还给购买方的增值税，可从发生销售退回或折让的当期的销项税额中扣减。对于销售回扣，其实质是一种变相的商业贿赂，不得从销售额中减除。

纳税人发生应税行为，开具增值税专用发票后，发生开票有误或者销售折让、中止、退回等情形的，应当按照国家税务总局的规定开具红字增值税专用发票；未按照规定开具红字增值税专用发票的，不得按规定扣减销项税额或者销售额。

【例2-4】 某商场为增值税一般纳税人，2019年5月1日批发销售给A企业空调100台，合同标价不含税1 800元/台，因此批量购买给予7折优惠，同时约定付款条件为"5/10，2/20，N/30"。商场开具发票时将折扣额与销售额开在一张专用发票上，当月10日收到A企业支付的全部货款。

要求：计算该商场上述销售业务增值税销项税额。

【解析】商场采取的是"折扣销售"与"销售折扣"相结合的促销方式。其中，7折优惠属于折扣销售，发票开具符合税法规定，折扣额准予扣除；约定"5/10，2/20，N/30"的付款条件属于销售折扣，折扣额不得扣除。

$$销售额 = 100 \times 1\,800 \times 70\% = 126\,000（元）$$
$$销项税额 = 126\,000 \times 13\% = 16\,380（元）$$

2. 以旧换新

所谓以旧换新销售，是指纳税人在销售过程中，折价收回同类旧货物，并以折价款部分冲减货物价款的销售方式。

（1）一般商品。计算增值税时，按新货同期销售价格确定销售额，不得减除旧货收购价格。

【例2-5】 某商城为增值税一般纳税人，采取"以旧换新"方式向消费者以新冰箱换旧冰箱，售新冰箱2 000台，新冰箱零售价0.226万元，旧冰箱每台作价0.02万元，每台冰箱取得差价款0.206万元。

要求：计算应缴纳的增值税。

【解析】
$$应缴纳的增值税 = 2\,000 \times 0.226 \div (1+13\%) \times 13\% = 52（万元）$$

（2）金银首饰。税法规定，对金银首饰以旧换新业务，可以按照销售方实际收取的不含增值税的全部价款征收增值税。

【例2-6】 某首饰商城为增值税一般纳税人,采取"以旧换新"方式向消费者销售金项链2 000条,新项链每条零售价0.25万元,旧项链每条作价0.22万元,每条项链取得差价款0.03万元。

要求:计算应缴纳的增值税。

【解析】

$$应缴纳的增值税 = 2\,000 \times 0.03 \div (1+13\%) \times 13\% = 6.90(万元)$$

3. 以物易物

以物易物是指购销双方不是以货币结算,而是以同等价款的货物相互结算,实现货物购销的一种方式。以物易物时购销双方均应做正常的购销业务处理,以各自收到或发出的货物核算销售额并计算应纳或应扣的增值税。对换出的货物必须计算销项税额。对换入的货物,如果能够取得增值税专用发票,可以抵扣其进项税额;如果未取得增值税专用发票,不得抵扣其进项税额。

4. 还本销售

还本销售是指纳税人在销售货物后,在一定期限内由销售方一次或分次退还给购货方全部或部分价款。这种方式实际上是一种筹资方式,是以货物换取资金的使用价值、到期还本不付息的方法。还本销售计算增值税的销售额就是货物的销售价格,不能扣除还本支出。

5. 包装物押金计税的规定

包装物押金分为以下两种类型:

(1)一般包装物押金。如果包装物不是作价随同产品销售,而是收取押金,且单独核算又未过期,对此项押金则不应并入应税产品的销售额中征税。但对因逾期未收回的包装物不再退还的和已收取1年以上的押金应并入应税产品的销售额,按照所包装货物适用税率征收增值税,如果为应税消费品,则应按照应税消费品的适用率征收消费税。

(2)酒类产品包装物押金。对生产企业销售酒类产品(黄酒、啤酒除外)时收取的包装物押金,无论押金是否返还及会计上如何核算,均需并入酒类产品销售额中征税,逾期不再缴税。黄酒、啤酒包装物押金同一般包装物押金。

6. 直销企业的税务处理

直销企业先将货物销售给直销员,直销员再将货物销售给消费者的,直销企业的销售额为其向直销员收取的全部价款和价外费用。直销员将货物销售给消费者时,应按照现行规定缴纳增值税。

直销企业通过直销员向消费者销售货物,直接向消费者收取货款,直销企业的销售额为其向消费者收取的全部价款和价外费用。

7. 贷款服务的销售额

贷款服务,以提供贷款服务取得的全部利息及利息性质的收入为销售额。

银行提供贷款服务按期计收利息的,结息日当日计收的全部利息收入,均应计入结息日所属期的销售额,按照现行规定计算缴纳增值税。

8. 直接收费金融服务

直接收费金融服务,以提供直接收费金融服务收取的手续费、佣金、酬金、管理费、服务费、经手费、开户费、过户费、结算费、转托管费等各类费用为销售额。

(三)按差额确定的销售额

虽然原营业税的征税范围全行业均纳入了增值税的征收范围,但是目前仍然有无法通过抵扣机制避免重复征税的情况存在,因此引入了差额征税的办法,解决纳税人税收负担增加的问题。以下项目属于按差额确定销售额。

(1)金融商品转让,按照卖出价扣除买入价后的余额为销售额。

转让金融商品出现的正负差,按盈亏相抵后的余额为销售额。若相抵后出现负差,可结转下一纳税期与下期转让金融商品销售额相抵,但年末时仍出现负差的,不得转入下一个会计年度。

证券公司、保险公司、金融租赁公司、证券基金管理公司、证券投资基金,以及其他经人民银行、银监会、证监会、保监会批准成立且经营金融保险业务的机构发放贷款后,自结息日起90天内发生的应收未收利息按现行规定缴纳增值税,自结息日起90天后发生的应收未收利息暂不缴纳增值税,待实际收到利息时按规定缴纳增值税。

金融商品的买入价,可以选择按照加权平均法或者移动加权平均法进行核算,选择后36个月内不得变更。

金融商品转让,不得开具增值税专用发票。

单位将其持有的限售股在解禁流通后对外转让的,按照以下规定确定买入价:

1)上市公司实施股权分置改革时,在股票复牌之前形成的原非流通股股份,以及股票复牌首日至解禁日期间由上述股份孳生的送、转股,以该上市公司完成股权分置改革后股票复牌首日的开盘价为买入价。

2)公司首次公开发行股票并上市形成的限售股,以及上市首日至解禁日期间由上述股份孳生的送、转股,以该上市公司股票首次公开发行(IPO)的发行价为买入价。

3)因上市公司实施重大资产重组形成的限售股,以及股票复牌首日至解禁日期间由上述股份孳生的送、转股,以该上市公司因重大资产重组股票停牌前一交易日的收盘价为买入价。

(2)经纪代理服务的销售额。

1)经纪代理服务,以取得的全部价款和价外费用,扣除向委托方收取并代为支付的政府性基金或者行政事业性收费后的余额为销售额。向委托方收取的政府性基金或者行政事业性收费,不得开具增值税专用发票。

2)航空运输销售代理企业提供境内机票代理服务,以取得的全部价款和价外费用,扣除向客户收取并支付给航空运输企业或其他航空运输销售代理企业的境内机票净结算款和相关费用后的余额为销售额。其中,支付给航空运输企业的款项,以国际航空运输协会（IATA）开账与结算计划（BSP）对账单或航空运输企业的签收单据为合法有效凭证；支付给其他航空运输销售代理企业的款项，以代理企业间的签收单据为合法有效凭证。航空运输销售代理企业就取得的全部价款和价外费用，向购买方开具行程单，或开具增值税普通发票。

3）拍卖行受托拍卖取得的手续费或佣金收入，按照"经纪代理服务"缴纳增值税。

（3）融资租赁和融资性售后回租业务。

1）经人民银行、银监会或者商务部批准从事融资租赁业务的试点纳税人，提供融资租赁服务，以取得的全部价款和价外费用，扣除支付的借款利息（包括外汇借款和人民币借款利息）、发行债券利息和车辆购置税后的余额为销售额。

2）经人民银行、银监会或者商务部批准从事融资租赁业务的试点纳税人，提供融资性售后回租服务，以取得的全部价款和价外费用（不含本金），扣除对外支付的借款利息（包括外汇借款和人民币借款利息）、发行债券利息后的余额作为销售额。

3）试点纳税人根据2016年4月30日前签订的有形动产融资性售后回租合同，在合同到期前提供的有形动产融资性售后回租服务，可继续按照有形动产融资租赁服务缴纳增值税。

继续按照有形动产融资租赁服务缴纳增值税的试点纳税人，经人民银行、银监会或者商务部批准从事融资租赁业务的，根据2016年4月30日前签订的有形动产融资性售后回租合同，在合同到期前提供的有形动产融资性售后回租服务，可以选择以下方法之一计算销售额：

①以向承租方收取的全部价款和价外费用，扣除向承租方收取的价款本金，以及对外支付的借款利息（包括外汇借款和人民币借款利息）、发行债券利息后的余额为销售额。

纳税人提供有形动产融资性售后回租服务，计算当期销售额时可以扣除的价款本金，为书面合同约定的当期应当收取的本金。无书面合同或者书面合同没有约定的，为当期实际收取的本金。

试点纳税人提供有形动产融资性售后回租服务，向承租方收取的有形动产价款本金，不得开具增值税专用发票，可以开具普通发票。

②以向承租方收取的全部价款和价外费用，扣除支付的借款利息（包括外汇借款和人民币借款利息）、发行债券利息后的余额为销售额。

4）经商务部授权的省级商务主管部门和国家经济技术开发区批准的从事融资租赁业务的试点纳税人，2016年5月1日后实收资本达到1.7亿元的，从达到标准的当月起按照上述第1）、2）、3）点规定执行；2016年5月1日后实收资本未达到1.7亿元但注册资本达到1.7亿元的，在2016年7月31日前仍可按照上述第1）、2）、3）点规定执行；2016年8月1日后开展的融资租赁业务和融资性售后回租业务不得按照上述第1）、2）、3）点规定执行。

（4）航空运输企业的销售额，不包括代收的机场建设费和代售其他航空运输企业客票而代收转付的价款。

（5）客运场站服务，以其取得的全部价款和价外费用，扣除支付给承运方运费后的余额为销售额。

（6）纳税人提供旅游服务，可以选择以取得的全部价款和价外费用，扣除向旅游服务购买方收取并支付给其他单位或者个人的住宿费、餐饮费、交通费、签证费、门票费和支付给其他接团旅游企业的旅游费用后的余额为销售额。

（7）试点纳税人提供建筑服务适用简易计税方法的，以取得的全部价款和价外费用扣除支付的分包款后的余额为销售额。

（8）房地产开发企业中的一般纳税人销售其开发的房地产项目（选择简易计税方法的房地产老项目除外），以取得的全部价款和价外费用，扣除受让土地时向政府部门支付的土地价款后的余额为销售额。"向政府部门支付的土地价款"，包括土地受让人向政府部门支付的征地和拆迁补偿费用、土地前期开发费用和土地出让收益等。

1）房地产开发企业、项目公司、政府部门三方签订变更协议或补充合同，将土地受让人变更为项目公司。

2）政府部门出让土地的用途、规划等条件不变的情况下，签署变更协议或补充合同时，土地价款总额不变。

3）项目公司的全部股权由受让土地的房地产开发企业持有。

（9）纳税人转让不动产缴纳增值税差额扣除的有关规定。

1）纳税人转让不动产，按照有关规定差额缴纳增值税的，如因丢失等原因无法提供取得不动产时的发票，可向税务机关提供其能证明契税金额的完税凭证等资料进行差额扣除。

2）纳税人以契税计税金额进行差额扣除的，按照下列公式计算增值税应纳税额。

① 2016 年 4 月 30 日及以前缴纳契税的：

增值税应纳税额 =［全部交易价格（含增值税）− 契税计税金额（含营业税）］÷
（1+5%）×5%

② 2016 年 5 月 1 日及以后缴纳契税的：

增值税应纳税额 =［全部交易价格（含增值税）÷（1+5%）− 契税计税金额
（不含增值税）］×5%

（10）纳税人按照上述规定，从全部价款和价外费用中扣除价款，应当取得符合法律、行政法规和国家税务总局规定的有效凭证，否则不得扣除。有效凭证包括：

1）支付给境内单位或者个人的款项，以发票为合法有效凭证。

2）支付给境外单位或者个人的款项，以该单位或者个人的签收单据为合法有效凭证。税务机关对签收单据有疑义的，可以要求其提供境外公证机构的确认证明。

3）缴纳的税款，以完税凭证为合法有效凭证。

4）扣除的政府性基金、行政事业性收费或者向政府支付的土地价款，以省级以上（含省级）财政部门监（印）制的财政票据为合法有效凭证。

5）国家税务总局规定的其他凭证。

(四)视同销售货物行为的销售额的确定

由于视同销售行为一般不以资金形式反映,因而就会出现视同销售而无销售价款的情形。因此,税法规定,当纳税人发生视同销售无价款结算的情形时,应由税务机关按下列顺序确定其销售额:

(1)按纳税人最近时期同类货物的平均销售价格确定。
(2)按其他纳税人最近时期同类货物的平均销售价格确定。
(3)按组成计税价格确定。

组成计税价格公式一:

$$组成计税价格 = 成本 \times (1+ 成本利润率)$$

用这个公式的货物不涉及消费税,公式里的成本利润率一般使用10%。

组成计税价格公式二:

$$组成计税价格 = 成本 \times (1+ 成本利润率) + 消费税$$

或:

$$组成计税价格 = [成本 \times (1+ 成本利润率) + 从量消费税] \div (1- 从价消费税税率)$$

用这个公式的货物属于应征消费税的货物,其组成计税价格中应加计消费税额,这里的消费税额包括从价计算、从量计算、复合计算的全部消费税额。公式中的成本利润率要按照消费税法一章国家税务总局规定的成本利润率确定。

【例2-7】 某服装厂为增值税一般纳税人,2019年8月将自产的一批新产品服装200件作为福利发给本厂职工。已知服装尚未投放市场,没有同类服装销售价格,每件服装成本500元。

要求:计算该批服装增值税销售额。

【解析】根据税法规定,纳税人将自产服装200件作为福利发给本厂职工的行为视同销售行为,应缴纳增值税。因服装尚没有市场同类价格,可按组成计税价格确定其销售价格。

$$该批服装增值税销售额 = 成本 \times (1+ 成本利润率)$$
$$= 200 \times 500 \times (1+10\%)$$
$$= 110\,000 (元)$$

三、进项税额

进项税额是纳税人购进货物、加工修理修配劳务、服务、无形资产、不动产,支付或者负担的增值税税额。

进项税额与销项税额是互相对应的两个概念。在购销业务中,对于销售方而言,在收回货款的同时,收回销项税额;对于购买方而言,在支付货款的同时,支付进项税额。也就是说,销售方的销项税额就是购买方的进项税额。

对于任何一个增值税一般纳税人，在经营过程中，都会同时以卖方和买方的身份存在，既会有收取的销项税额，也会有支付的进项税额。增值税一般纳税人采用购进扣税法计税时，当期应纳税额的多少，不仅取决于销项税额，还与可抵扣的进项税额有关。但是并非所有支付或负担的增值税都可以在销项税额中抵扣，税法对哪些进项税额可以抵扣，哪些进项税额不能抵扣做了严格的规定。增值税的进项税额按照是否允许抵扣分为两种情况：准予抵扣的进项税额、不得从销项税额中抵扣的进项税额。

（一）准予抵扣的进项税额

（1）以票抵扣。

纳税人购进货物、加工修理修配劳务、服务、无形资产、不动产取得下列法定扣税凭证，可根据凭证上注明的增值税税额直接抵扣，不需要纳税人计算：

1）从销售方取得的增值税专用发票（含《机动车销售统一发票》，下同）。增值税专用发票具体包括以下两种。

①《增值税专用发票》。《增值税专用发票》是增值税一般纳税人发生应税销售行为开具的发票。

②《机动车销售统一发票》。《机动车销售统一发票》是增值税一般纳税人从事机动车零售业务开具的发票。

2）从海关取得的海关进口增值税专用缴款书。对海关开具的增值税专用缴款书上标明有两个单位名称，既有代理进口单位名称，又有委托进口单位名称的，只准予其中取得专用缴款书原件的一个单位抵扣税款。

3）从境外单位或者个人购进劳务、服务、无形资产或者境内的不动产，从税务机关或者扣缴义务人取得的代扣代缴款的完税凭证。

纳税人凭完税凭证抵扣进项税额的，应当具备书面合同、付款证明和境外单位的对账单或者发票。资料不全的，其进项税额不得从销项税额中抵扣。

【例 2-8】 甲公司为增值税一般纳税人，本年 7 月，接受某境外公司为其提供的咨询服务，甲公司支付境外公司咨询服务费折合人民币 100 万元。境外公司在境内未设有经营机构。甲公司代扣代缴境外公司咨询服务费收入的增值税税额，并取得解缴税款的完税凭证。

要求：计算甲公司本年 7 月支付境外公司咨询服务费可以抵扣的进项税额。

【解析】 中华人民共和国境外（下称境外）单位或者个人在境内发生应税行为，在境内未设有经营机构的，以购买方为增值税扣缴义务人。因此，由接受服务方（购买方）甲公司代扣代缴境外公司咨询服务费收入的增值税额 = $100 \div (1+6\%) \times 6\% = 5.66$（万元）。甲公司取得解缴税款的完税凭证，那么甲公司在计算当月应纳税额时可凭完税凭证抵扣进项税额 5.66 万元。

【例 2-9】 甲建筑企业为增值税一般纳税人，本年 7 月，取得新项目（适用一般计税方法）的建筑收入 327 万元（含增值税），当月外购汽油 10 万元，购入运输车辆 40 万元，支付给分包建筑方 50 万元，以上支出均为不含税金额，且按规定取得了抵扣凭证。

要求：计算甲建筑企业本年 7 月的应纳增值税。

【解析】

应纳增值税 =327÷（1+9%）×9%-10×13%-40×13%-50×9%=27-1.3-5.2-4.5=16（万元）

【例 2-10】 甲建筑企业为增值税一般纳税人，本年 7 月 1 日，承接 A 工程项目，7 月 31 日，发包方按进度支付工程价款 218 万元，该项目当月发生工程成本 100 万元，其中，购买材料、动力、机械等取得的增值税专用发票上注明的金额为 60 万元。对 A 工程项目，甲建筑企业适用一般计税方法计算增值税。

要求：计算甲建筑企业本年 7 月的应纳增值税。

【解析】

甲建筑企业增值税销项税额 =218÷（1+9%）×9%=18（万元）

甲建筑企业增值税进项税额 =60×13%=7.8（万元）

甲建筑企业应纳增值税 =18-7.8=10.2（万元）

（2）计算抵扣。

1）一般免税农产品。

自 2019 年 4 月 1 日起，纳税人购进农产品，原适用 10% 扣除率的，扣除率调整为 9%。纳税人购进用于生产或者委托加工 13% 税率货物的农产品，按照 10% 的扣除率计算进项税额。具体按下列规定抵扣进项税额：

①纳税人购进农产品，取得一般纳税人开具的增值税专用发票或海关进口增值税专用缴款书的，以增值税专用发票或海关进口增值税专用缴款书上注明的增值税额为进项税额；按照简易计税方法依照 3% 征收率计算缴纳增值税的小规模纳税人取得增值税专用发票的，以增值税专用发票上注明的金额和 9% 的扣除率计算进项税额；取得农产品销售发票或收购发票用于生产初级农产品的，以农产品销售发票或收购发票上注明的农产品买价和 9% 的扣除率计算进项税额。

②纳税人购进农产品用于深加工生产销售或委托加工 13% 税率的农产品，按照 10% 的扣除率计算进项税额。

③纳税人从批发、零售环节购进适用免征增值税政策的蔬菜、部分鲜活肉蛋而取得的普通发票，不得作为计算抵扣进项税额的凭证。

④纳税人购进农产品既用于生产销售或委托受托加工 13% 税率货物又用于生产销售其他货物服务的，应当分别核算用于生产销售或委托受托加工 13% 税率货物和其他货物服务的农产品进项税额。未分别核算的，统一以增值税专用发票或海关进口增值税专用缴款书上注明的增值税额为进项税额，或以农产品收购发票或销售发票上注明的农产品买价和 9% 的扣除率计算进项税额。

⑤销售发票，是指农业生产者销售自产农产品适用免征增值税政策而开具的普通发票。

进项税额 = 买价 ×9%（或 10%）

【例2-11】甲公司为一般纳税人,2019年5月有两笔购进玉米业务:①从某农场购进其自产玉米一批,收购凭证上注明的价款为65 830元;②从某供销社(一般纳税人)购进玉米,取得增值税专用发票,注明销售额300 000元。购进的玉米用于非农产品(适用13%税率货物)的加工生产。

要求:计算上述两笔业务允许抵扣的进项税额及玉米的采购成本。

【解析】第①笔业务应按收购凭证上注明的价款和9%的扣除率计算进项税额;第②笔业务应根据增值税专用发票注明的销售额及10%税率计算进项税额。

进项税额 =65 830×9%+300 000×10%=35 924.7(元)

采购成本 =65 830×(1−9%)+300 000=359 905.3(元)

【例2-12】甲公司(生产企业)为增值税一般纳税人,主要生产A、B两种产品,本年7月发生下列业务:

(1)1日,购入原材料一批,取得增值税专用票,价款为300 000元,税额为39 000元,且专用发票本月认证。同时支付运费价税合计21 800元。取得增值税专用发票,注明运费金额20 000元,税额1 800元。货款及运费均以银行存款支付。

(2)3日,购进一批免税农产品,农产品收购凭证上注明的价款为95 000元,款项以银行存款支付。该批免税农产品当月全部领用用于生产增值税率为13%的货物。

(3)9日,收到乙企业投资的原材料,双方协议作价1 500 000元(不含税),该原材料的增值税税率为13%,取得防伪税控增值税专用发票一张,且专用发票本月认证。

要求:计算甲公司当期的进项税额。

【解析】

甲公司当期的进项税额 =39 000+95 000×10%+1 500 000×13%=243 500(元)

2)特殊农产品——烟叶税。

烟叶税纳税人按规定缴纳的烟叶税,准予并入烟叶产品的买价计算增值税的进项税额,并在计算缴纳增值税时予以抵扣。购进烟叶准予抵扣的增值税进项税额,按照《中华人民共和国烟叶税法》(2017年12月27日第十二届全国人民代表大会常务委员会第三十一次会议通过,自2018年7月1日起实施,以下简称《烟叶税法》)规定,相关计算公式如下:

烟叶税应纳税额 =购买烟叶实际支付的价款总额 × 税率(20%)

准予抵扣的进项税额 =(购买烟叶实际支付的价款总额 + 烟叶税应纳税额)× 扣除率(9%)

纳税人收购烟叶实际支付的价款总额包括纳税人支付给烟叶生产销售单位和个人的烟叶收购价款和价外补贴。其中,价外补贴统一按烟叶收购价款的10%计算。

【例2-13】某卷烟厂为增值税一般纳税人,主要生产A牌卷烟及雪茄烟,2019年8月从烟农手中购进烟叶,买价100万元并按规定支付了10%的价外补贴,将其运往甲企业委托加工烟丝,发生运费8万元,取得增值税专用发票。

要求：计算上述业务允许抵扣的进项税额，并确定烟叶的采购成本。

【解析】

准予抵扣的进项税额 =100×（1+10%）×（1+20%）×9%+8×9%=12.6（万元）

收购烟叶的成本 =100×（1+10%）×（1+20%）×91%+8=128.12（万元）

（3）不动产进项税额抵扣规定。

自2019年4月1日起，《营业税改征增值税试点有关事项的规定》（财税〔2016〕36号印发）第一条第（四）项第1点、第二条第（一）项第1点停止执行，纳税人取得不动产或者不动产在建工程的进项税额不再分两年抵扣。此前按照上述规定尚未抵扣完毕的待抵扣进项税额，可自2019年4月税款所属期起从销项税额中抵扣。

（4）收费公路通行费增值税抵扣规定。

自2018年1月1日起，纳税人支付的道路、桥、闸通行费，按照以下规定抵扣进项税额。

1）纳税人支付的道路通行费，按照收费公路通行费增值税电子普通发票上注明的增值税额抵扣进项税额。

2018年1月1日至6月30日，纳税人支付的高速公路通行费，如暂未能取得收费公路通行费增值税电子普通发票，可凭取得的通行费发票（不含财政票据，下同）上注明的收费金额，按照下列公式计算可抵扣的进项税额：

高速公路通行费可抵扣进项税额 = 高速公路通行费发票上注明的金额 ÷（1+3%）×3%

2018年1月1日至12月31日，纳税人支付的一级公路、二级公路通行费，如暂未能取得收费公路通行费增值税电子普通发票，可凭取得的通行费发票上注明的收费金额，按照下列公式计算可抵扣进项税额：

一级、二级公路通行费可抵扣进项税额 = 一级、二级公路通行费发票上注明的金额 ÷（1+5%）×5%

2）纳税人支付的桥、闸通行费，暂凭取得的通行费发票上注明的收费金额，按照下列公式计算可抵扣的进项税额：

桥、闸通行费可抵扣进项税额 = 桥、闸通行费发票上注明的金额 ÷（1+5%）×5%

3）通行费，是指有关单位依法或者依规设立并收取的过路、过桥、过闸费用。

《财政部 国家税务总局关于收费公路通行费增值税抵扣有关问题的通知》（财税〔2016〕86号）自2018年1月1日起停止执行。

（5）自2018年1月1日起，纳税人租入固定资产、不动产，既用于一般计税方法计税项目，又用于简易计税方法计税项目、免征增值税项目、集体福利或者个人消费的，其进项税额准予从销项税额中全部抵扣。

（6）自用的应征消费税的摩托车、汽车、游艇，2013年8月1日（含）以后购入的，其进项税额准予从销售税额中抵扣。

（7）纳税人购进国内旅客运输服务，其进项税额允许从销项税额中抵扣。

1）取得增值税电子普通发票的，为发票上注明的税额。

2）取得注明旅客身份信息的航空运输电子客票行程单的，按照下列公式计算进项税额：

$$航空旅客运输进项税额 =（票价 + 燃油附加费）÷（1+9\%）× 9\%$$

3）取得注明旅客身份信息的铁路车票的，按照下列公式计算进项税额：

$$铁路旅客运输进项税额 = 票面金额 ÷（1+9\%）× 9\%$$

4）取得注明旅客身份信息的公路、水路等其他客票的，按照下列公式计算进项税额：

$$公路、水路等其他旅客运输进项税额 = 票面金额 ÷（1+3\%）× 3\%$$

（8）自2019年4月1日至2021年12月31日，允许生产、生活性服务业纳税人按照当期可抵扣进项税额加计10%，抵减应纳税额（以下称加计抵减政策）。

1）生产、生活性服务业纳税人，是指提供邮政服务、电信服务、现代服务、生活服务（以下称四项服务）取得的销售额占全部销售额的比重超过50%的纳税人。四项服务的具体范围按照《销售服务、无形资产、不动产注释》（财税〔2016〕36号印发）执行。

2）2019年3月31日前设立的纳税人，自2018年4月至2019年3月期间的销售额（经营期不满12个月的，按照实际经营期的销售额）符合上述规定条件的，自2019年4月1日起适用加计抵减政策。

3）2019年4月1日后设立的纳税人，自设立之日起3个月的销售额符合上述规定条件的，自登记为一般纳税人之日起适用加计抵减政策。

4）纳税人确定适用加计抵减政策后，当年内不再调整，以后年度是否适用，根据上年度销售额计算确定。

5）纳税人可计提但未计提的加计抵减额，可在确定适用加计抵减政策当期一并计提。

（9）增值税一般纳税人从境外单位或者个人购进服务、无形资产或者不动产，按照规定应当扣缴增值税的，准予从销项税额中抵扣的进项税额为自税务机关或者扣缴义务人取得的解缴税款的完税凭证上注明的增值税额。

（二）不得从销项税额中抵扣的进项税额

按《增值税暂行条例》和《国务院关于做好全面推开营改增试点工作的通知》及其他相关政策规定，下列项目的进项税额不得从销项税额中抵扣。

（1）用于简易计税方法计税项目、免征增值税项目、集体福利或者个人消费的购进货物、加工修理修配劳务、服务、无形资产和不动产。

其中涉及的固定资产、无形资产、不动产指专用于上述项目的固定资产、无形资产（不包括其他权益性无形资产）、不动产。但是发生兼用于上述不允许抵扣项目情况的，进项税额准予全部抵扣。

另外纳税人购进其他权益性无形资产无论是专用于简易计税方法计税项目、免征增值税项目、集体福利或者个人消费，还是兼用于上述不允许抵扣项目，均可以抵扣进项税额。

纳税人的交际应酬消费属于个人消费，即交际应酬消费不属于生产经营中的生产投入和支出。

（2）非正常损失的购进货物，以及相关劳务和交通运输服务。

（3）非正常损失的在产品、产成品所耗用的购进货物（不包括固定资产）、劳务和交通运输服务。

上述（2）（3）项所说的非正常损失，是指因管理不善造成货物被盗、丢失、霉烂变质，以及因违反法律法规造成货物或者不动产被依法没收、销毁、拆除的情形。

（4）非正常损失的不动产，以及该不动产所耗用的购进货物、设计服务和建筑服务。

（5）非正常损失的不动产在建工程所耗用的购进货物、设计服务和建筑服务。纳税人新建、改建、扩建、修缮、装饰不动产，均属于不动产在建工程。

上述（4）（5）项所说的非正常损失，是指因违反法律法规造成不动产被依法没收、销毁、拆除的情形。

上述第（4）（5）项所称货物，是指构成不动产实体的材料和设备，包括建筑装饰材料和给排水、采暖、卫生、通风、照明、通信、煤气、消防、中央空调、电梯、电气、智能化楼宇设备及配套设施。

（6）纳税人接受贷款服务向贷款方支付的与该笔贷款直接相关的投融资顾问费、手续费、咨询费等费用，其进项税额不得从销项税额中抵扣。

（7）财政部和国家税务总局规定的其他情形。

（8）一般计税方法的纳税人，兼营简易计税方法计税项目、免征增值税项目而无法划分不得抵扣的进项税额，按照下列公式计算不得抵扣的进项税额：

不得抵扣的进项税额＝当期无法划分的全部进项税额 ×（当期简易计税方法计税项目销售额＋免征增值税项目销售额）÷ 当期全部销售额

主管税务机关可以按照上述公式依据年度数据对不得抵扣的进项税额进行清算。

（9）一般纳税人已抵扣进项税额的固定资产、无形资产或者不动产，发生《增值税暂行条例》和《国务院关于做好全面推开营改增试点工作的通知》规定不得从销项税额中抵扣进项税额情形的，按照下列公式计算不得抵扣的进项税额：

不得抵扣的进项税额＝固定资产、无形资产或者不动产净值 × 适用税率

固定资产、无形资产或者不动产净值，是指纳税人根据财务会计制度计提折旧或摊销后的余额。

（10）有下列情形之一者，应当按照销售额和增值税税率计算应纳税额，不得抵扣进项税额，也不得使用增值税专用发票：

1）一般纳税人会计核算不健全，或者不能够提供准确税务资料的。

2）应当办理一般纳税人资格登记而未办理的。

该规定是为了加强对符合一般纳税人条件的纳税人的管理，防止利用一般纳税人和小规模纳税人的两种不同的征税办法少缴税款。

（三）抵减发生期进项税额的规定（进项税额转出）

已抵扣进项税额的购进货物、劳务、服务及无形资产或者不动产，发生税法规定不

得抵扣的行为时，其已抵扣的进项税额应从当期税额中扣减，即做进项税额转出处理。

（1）能确定原已抵扣进项税额的，按原抵扣的进项税额转出。

【例2-14】 甲企业于2020年12月外购原材料，取得防伪税控增值税专用发票，注明金额200万元，增值税26万元，运输途中发生损失5%，经查实属非正常损失；向农民收购一批免税农产品，收购凭证上注明的买价为40万元；支付运输费用，取得的增值税专用发票上注明的运费为3万元，购进后将其中的60%用于企业职工食堂。

要求：计算准予抵扣的进项税额。

【解析】运输途中发生损失5%，经查实属于非正常损失，进项税额不得抵扣；购进农产品用于企业职工食堂部分，进项税额不得抵扣。

准予抵扣的进项税额 = $26×(1-5\%)+(40×9\%+3×9\%)×(1-60\%) \approx 26.25$（万元）

【例2-15】 某化妆品厂为增值税一般纳税人，2020年10月材料领用情况如下：在建的职工文体中心领用外购材料，购进成本为25万元，其中包括运费5万元；生产车间领用外购原材料，购进成本为125万元。

要求：计算进项税额转出额。

【解析】将购进材料用于集体福利，不可以抵扣进项税额，应做进项税额转出处理。

进项税额转出 = $(25-5)×13\%+5×9\%=3.05$（万元）

【例2-16】 甲食品公司2021年9月购进的免税农产品（已抵扣进项税额）因保管不善发生霉烂，账面成本为3 000元，其中包括费用成本100元，已抵扣进项税额。

要求：计算进项税额转出额。

【解析】

进项税额转出 = $(3\,000-100)÷(1-9\%)×9\%+100×9\% \approx 295.81$（元）

（2）无法准确确定需转出的进项税额时，按当期实际成本乘以征税时该货物或应税劳务适用税率计算应扣减的进项税额。即：

进项税额转出 = 实际成本 × 税率

（3）按净值的进项税额转出。

已抵扣进项税额的固定资产、无形资产或者不动产，发生除简易计税方法计税项目、免征增值税项目以外的税法规定不得抵扣情形的，按下列公式计算不得抵扣的进项税额：

不得抵扣的进项税额 = 固定资产、无形资产或者不动产净值 × 适用税率

（4）分解计算不得抵扣增值税进项税额。

一般纳税人兼营简易方法计税项目、免征增值税项目而无法划分不得抵扣的进项税额时，按下列公式计算不得抵扣的进项税额：

不得抵扣的进项税额 = 当期无法划分的全部进项税额 ×（当期简易计税方法计税项目销售额 + 免征增值税项目销售额）÷ 当期全部销售额

【例 2-17】 某企业为增值税一般纳税人,兼营增值税应税项目和免税项目。2021年 5 月应税项目取得不含税销售额 1 200 万元,免税项目取得销售额 1 000 万元;当月购进用于应税项目的材料支付价款 700 万元,购进用于免税项目的材料支付价款 400 万元,当月购进应税项目和免税项目共同用的自来水支付进项税额 0.6 万元,购进共同的电力支付价款 8 万元,进项税额无法在应税项目和免税项目之间准确划分,当月购进项目均取得增值税专用发票,并在当月通过认证并抵免。

要求: 计算该企业当月应纳增值税税额。

【解析】

当月购进自来水、电力不予抵扣的进项税额 =(0.6+8×13%)×1 000÷(1 000+1 200)
=0.745 5(万元)

当月应纳增值税税额 =1 200×13%-700×13%-(0.6+8×13%-0.745 5)=64.105 5(万元)

(四)进项税额加计抵扣计算

进项税额加计抵扣政策是针对特定行业的阶段性税收优惠政策,其实质是在计算增值税应纳税额时对应纳税额扣减的一个税收优惠举措,如表 2-5 所示。

表 2-5 进项税额加计抵扣政策的相关内容

内容	政策	
实施行业	生产、生活性服务业纳税人,是指提供邮政服务、电信服务、现代服务、生活服务("四项服务")取得的销售额占全部销售额的比重超过 50% 的纳税人。	生活性服务业纳税人,是指提供文化体育服务、教育医疗服务、旅游娱乐服务、餐饮住宿服务、居民日常服务和其他生活服务取得的销售额占全部销售额的比重超过 50% 的纳税人。
实施阶段	起始时间:2019 年 4 月 1 日	起始时间:2019 年 10 月 1 日
	截止时间:2021 年 12 月 31 日	
基本政策	按照当期可抵扣进项税额加计 10%,抵减应纳税额	按照当期可抵扣进项税额加计 15%,抵减应纳税额
计算公式	纳税人按照现行规定不得从销项税额中抵扣的进项税额,不得计提加计抵减额;已计提加计抵减额的进项税额,按规定作进项税额转出的,应在进项税额转出当期,相应调减加计抵减额。计算公式如下: 当期计提加计抵减额 = 当期可抵扣进项税额 × 规定比例(10% 或 15%) 当期可抵减加计抵减额 = 上期末加计抵减额余额 + 当期计提加计抵减额 − 当期调减加计抵减额	
加计抵减规则	(1)抵减前应纳税额等于零的,当期可抵减加计抵减额全部结转下期抵减; (2)抵减前的应纳税额大于零,且大于当期可抵减加计抵减的,当期可抵减加计抵减额全部从抵减前的应纳税额中抵减; (3)抵减前应纳税额大于零,且小于或等于当期可抵减加计抵减额的,以当期可抵减加计抵减额抵减应纳税额至零,未抵减完的当期可抵减加计抵减额,结转下期继续抵减。	
不得抵减规则	纳税人出口货物劳务、发生跨境应税行为不适用加计抵减政策	

【例 2-18】 某平面设计公司符合增值税进项税额加计抵扣政策的销售额比例条件,2020 年 12 月该公司取得不含税收入 300 万元,发生进行税额 10 万元,由于管理不善丢

失一批原材料，需做进项税额转出 1 万元。

要求：计算该公司 2020 年 12 月应缴纳的增值税额。

【解析】

$$当期销项税额 = 300 \times 6\% = 18（万元）$$
$$当期进项税额加计抵减额 = (10-1) \times 10\% = 0.9（万元）$$
$$当期应纳增值税税额 = 18 - (10-1) - 0.9 = 8.1（万元）$$

四、一般计税方法应纳税额计算

一般计税方法计算增值税的计算公式如下：

$$应纳税额 = 当期销项税额 - 当期进项税额$$

由于应纳税额等于销项税额减去进项税额，为了准确确定应纳税额，在实际操作中就要正确把握销项税额和进项税额的认定。

（一）计算应纳税额的时间限定

有些纳税人为了逃避缴纳税款，一方面隐瞒或滞后记录当期实现的销售额，另一方面虚报或提前记录当期发生的进项税额。为了避免这种违法行为的发生，税法首先对销售的货物或提供的应税劳务应计入当期销项税额以及抵扣的进项税额的时间做了限定。

1. 对计算销项税额的时间限定

关于销项税额的"当期"就是增值税纳税义务发生时间。销售货物或应税劳务，为收讫销售款或取得索取销售款凭据的当天；先开具发票的，为开具发票的当天。

（1）采取直接收款方式销售货物，不论货物是否发出，均为收到销售款或取得索取销售款凭据的当天。

（2）采取托收承付和委托银行收款方式销售货物，为发出货物并办妥托收手续的当天。

（3）采取赊销和分期收款方式销售货物，为书面合同约定的收款日期的当天；无书面合同或合同没有收款日期的，为发出货物的当天。

（4）采取预收货款方式销售货物，为货物发出的当天。但生产工期超过 12 个月的大型机械设备、船舶、飞机等货物，为收到预收款或者书面合同约定的收款日期的当天。

（5）委托其他纳税人代销货物，为收到代销单位销售的代销清单或收到全部或部分货款的当天；未收到代销清单及货款的，其纳税义务发生时间为发出代销商品满 180 天当天。

（6）销售应税劳务，为提供劳务同时收讫销售款或者取得索取销售款凭据的当天。

（7）纳税人发生视同销售货物行为，为货物移送的当天。

（8）对于纳税人提供建筑服务、租赁服务采取预收款方式的，为收到预收款的当天。

（9）纳税人发生视同销售服务、无形资产或者不动产情形的，为服务、无形资产转让完成的当天或者不动产权属变更的当天。

2. 对进项税额抵扣的时间限定

（1）防伪税控专用发票进项税额抵扣的时限。

增值税一般纳税人取得增值税专用发票，应在开具之日起 360 天内到税务机关办理认证或登录增值税发票选择确认平台确认。认证通过后，非纳税辅导期管理的一般纳税人，应在认证通过的次月申报期内申报抵扣进项税额；纳税辅导期管理的一般纳税人，在交叉稽核比对无误后，方可抵扣进项税额。但增值税一般纳税人因下列客观原因造成增值税扣税凭证逾期的，可按照《逾期增值税扣税凭证抵扣管理办法》的规定，申请办理逾期抵扣手续。

（2）海关完税凭证进项税额抵扣时限。

一般纳税人进口货物取得属于增值税扣税范围的海关缴款书，应自开具之日起 360 天内向主管税务机关报送"海关完税凭证抵扣清单"（电子数据），申请稽核比对。对稽核比对结果为相符的海关缴款书，纳税人应在税务机关提供稽核比对结果的当月纳税申报期内申报抵扣，逾期不予抵扣。

（3）纳税信用 A、B 级增值税一般纳税人的发票认证规定。

2016 年 3 月 1 日起对纳税信用 A 级增值税一般纳税人，2016 年 5 月 1 日起对纳税信用 B 级增值税一般纳税人，2016 年 12 月 1 日起对纳税信用 C 级增值税一般纳税人，取消增值税发票认证，对其取得销售方使用增值税发票系统升级版开具的增值税发票，可不再进行扫描认证，通过增值税发票税控开票软件登录本省增值税发票查询平台，查询、选择用于申报抵扣或出口退税的增值税发票信息，未查询到对应发票信息的，仍可进行扫描认证。

（二）扣减当期销项税额的处理

纳税人在销售货物发生销售退回或销售折让时，销货方对当期销项税额调整按下列规定执行：因销货退回或折让而退还给购买方的增值税，应从发生销售退回或折让当期的销项税额中扣减。

（三）扣减当期进项税额的处理

1. 进货退回或折让的税务处理

《增值税暂行条例》及《增值税暂行条例实施细则》规定，增值税一般纳税人因销售货物退回或者折让而退还给购买方的增值税额，应从发生销售货物退回或者折让当期的销项税额中扣减；因购进货物退回或者折让而收回的增值税额，应从发生购进货物退回或者折让当期的进项税额中扣减。

2. 对商业企业向供货方收取的返还收入的税务处理

自 2004 年 7 月 1 日起，对商业企业向供货方收取的与商品销售量、销售额挂钩（例如以一定比例、金额、数量计算）的各种返还收入，均应按照平销返利行为的有关规定冲减当期增值税进项税额。当期应冲减进项税额的计算公式为：

$$当期应冲减进项税额 = 当期取得的返还资金 \div (1+所购货物适用增值税税率) \times 所购货物适用增值税税率$$

需要注意的是，商业企业向供货方收取的各种返还收入，一律不得开具增值税专用发票。另外，收到的返还收入为含税收入，计算增值税税额应将其转换为不含税收入。

（四）增值税税控系统专用设备和技术维护费用抵减增值税处理

（1）增值税纳税人初次购买增值税税控系统专用设备支付的费用，可凭购买增值税税控系统专用设备取得的增值税专用发票，在增值税应纳税额中全额抵减（价税合计额）；非初次购买增值税税控系统专用设备支付的费用，由其自行负担，不得在增值税应纳税额中抵减。

（2）增值税纳税人缴纳的技术维护费，可凭技术维护服务单位开具的技术维护费发票，在增值税应纳税额中全额抵减。

（3）增值税一般纳税人支付的上述两项费用在增值税应纳税额中全额抵减的，其增值税专用发票不作为增值税抵扣凭证，其进项税额不得从销项税额中抵扣。

（五）进项税额不足抵扣时的处理

增值税实行购进扣税法，当企业当期购进的货物较多时，会出现当期销项税额因小于当期进项税额而不足抵扣的情况。根据税法规定，当期进项税额不足抵扣的部分可以结转下期继续抵扣。

原增值税一般纳税人兼有应税服务的，截至本地区试点实施之日前的增值税期末留抵税额，不得从应税行为的销项税额中抵扣。

（六）对一般纳税人注销时进项税额的处理

一般纳税人注销或被取消辅导期一般纳税人资格，转为小规模纳税人时，其存货不做进项税额转出处理，其留抵税额也不予以退税。

【例2-19】 某运输企业为一般纳税人，2019年10月取得交通运输收入109万元（含税），当月外购汽油10万元，购入运输车辆20万元（不含税金额，取得增值税专用发票），发生的联运支出为50万元（不含税金额，取得货物运输业专用发票）。

要求：计算该纳税人2019年10月应纳增值税额。

【解析】

当期可抵扣的进项税额 =10×13%+20×13%+50×9%=1.3+2.6+4.5=8.4（万元）

当期销项税额 =109÷（1+9%）×9%=9（万元）

2019年10月应纳税额 =9-8.4=0.6（万元）

（七）一般纳税人一般计税方法增值税应纳税额计算案例分析

一般纳税人增值税应纳税额的计算步骤如下：

第一步，计算当期销项税额。

第二步，分析确定或计算确定当期允许抵扣的进项税额（包括进项税额转出）。

第三步，根据公式"当期应纳税额＝当期销项税额－当期进项税额"，计算当期实际应纳税额。

【例2-20】 某生产企业为增值税一般纳税人，2020年10月份发生以下经济业务：

（1）购进生产用原材料一批，已验收入库，取得增值税专用发票，注明价款500 000元，税额为65 000元。另支付购货运输费50 000元，取得增值税专用发票，注明税额4 500元。

（2）购进生产用设备一台，取得增值税专用发票，注明价款200 000元，税额26 000元。

（3）向农业生产者个人购入免税农产品一批（用于非农产品生产），取得经税务机关批准的收购凭证300 000元。

（4）购入自用小轿车一辆，取得增值税专用发票，注明货款700 000元，税额91 000元。

（5）将本企业生产的一批产品用于企业办公楼建造，该产品成本价100 000元，市场不含税销售价为180 000元。

（6）销售甲商品给某商场，开具增值税专用发票，注明货款700 000元，税额91 000元。

（7）销售乙商品给某公司，开具货物零售普通发票，注明价款226 000元。

（8）接受某单位委托加工应税产品一批，收取委托方提供的原材料58 7000元，收到加工费19 775元。

要求：计算该企业10月应缴纳的增值税税额。

【解析】

第一步，计算进项税额。

购进材料取得增值税专用发票，其支付的增值税允许抵扣。

购进生产经营用固定资产取得增值税专用发票，支付的增值税允许抵扣。

向农业生产者购进农产品，取得经税务机关批准的收购凭证，按农产品买价和9%的扣除率计算的增值税允许抵扣。

自2013年8月1日起，纳税人购进自用的消费品小轿车，支付的增值税允许抵扣。

允许抵扣进项税额合计 = 65 000+4 500+26 000+300 000×9%+91 000=213 500（元）

第二步，计算销项税额。

将自产产品用于企业办公楼建造属于视同销售，应计征增值税，有同类产品市场价的按市场价计税。

销售甲商品给某商场应计征增值税。

销售乙商品给某公司应计征增值税，开具普通发票的含税价应换算为不含税价计税。

接受外单位委托加工收取的加工费应按不含税价计征增值税。

销项税额合计 = 180 000×13%+91 000+226 000÷（1+13%）×13%+19 775÷（1+13%）×13%= 142 675（元）

第三步，计算10月应纳税额。

当期应纳税额 = 142 675−213 500=−70 825（元）

五、增值税期末留抵退还政策

为助力经济高质量发展，财政部、国家税务总局2018年对部分行业实施增值税期末留抵税额予以退还，自 2019 年 4 月 1 日起，试行增值税期末留抵税额退税制度；自 2019 年 6 月 1 日起，对部分先进制造业纳税人实施相对宽松的增值税期末留抵退还政策。具体政策如表 2-6 所示。

表 2-6　增值税期末留抵退还政策

内容	政策	
行业	不限	部分先进制造业
起始时间	2019 年 4 月 1 日	2019 年 6 月 1 日
纳税人条件	同时符合以下条件： （1）自 2019 年 4 月税款所属期起，连续六个月（按季纳税的，连续两个季度）增量留抵税额均大于零，且第六个月增量留抵税额不低于 50 万元； （2）纳税信用等级为 A 级或 B 级； （3）申请退税前 36 个月未发生骗取留抵退税、出口退税或虚开增值税专用发票情形； （4）申请退税前 36 个月未因偷税被税务机关处罚两次及以上的； （5）自 2019 年 4 月 1 日起未享受即征即退、先征后返（退）政策的。[举例] 纳税人 2019 年 3 月末增值税留抵税额为 10 万元，2019 年 4~8 月留抵税额均高于 10 万元，9 月末的留抵税额大于 60 万元，且符合（2）（3）（4）（5）中的条件，纳税人才能在 9 月结束的次月申请留抵退税。	同时符合以下条件： （1）增量留抵税额大于零； （2）纳税信用等级为 A 级或者 B 级； （3）申请退税前 36 个月未发生骗取留抵退税、出口退税或虚开增值税专用发票情形； （4）申请退税前 36 个月未因偷税被税务机关处罚两次及以上； （5）自 2019 年 4 月 1 日起未享受即征即退、先征后返（退）政策； （6）纳税人按照《国民经济行业分类》，生产并销售非金属矿物制品、通用设备、专业设备及计算机、通信和其他电子设备销售额占全部销售额比重超过 50% 的纳税人； （7）自 2021 年 4 月 1 日起，将运输设备、电气机械、仪器仪表、医药、化学纤维等制造业企业纳入先进制造业企业增值税留抵退还政策范围，实行按月全额退还增量留抵税额。[举例] 纳税人 2019 年 3 月末增值税留抵税额为 10 万元，2019 年 9 月末的留抵税额高于 10 万元，且符合（2）（3）（4）（5）（6）中的条件，纳税人可在 9 月结束的次月申请留抵退税。
退税标准及计算	允许退还的增量留抵税额＝增量留抵税额 × 进项构成比例 × 60% 增量留抵税额，是指与 2019 年 3 月底相比新增加的期末留抵税额。进项构成比例，为 2019 年 4 月至申请退税前一税款所属期内已抵扣的增值税专用发票（含税控机动车销售统一发票）、海关进口增值税专用缴款书、解缴税款完税凭证上注明的增值税额占同期全部已抵扣进项税额的比重。 注：进项构成比例的分子中不含计算抵扣的进项税额。	允许退还的增量留抵税额＝增量留抵税额 × 进项构成比例
申请时间	纳税人应在增值税纳税申报期内，向主管税务机关申请退还留抵税额。 纳税人既申请免抵退税又申请增量留抵退税的，税务机关应先办理免抵退税；办理免抵退税后仍符合增量留抵退税的，再办理留抵退税。	

【例 2-21】　某按月纳税的纳税信用为 A 级的服装生产企业（增值税一般纳税人）无违规违章行为，未享受增值税即征即退政策、先征后退政策。该企业 2019 年 3 月末增值税留抵税额 10 万元，4 月至 9 月末增值税留抵税额分别是 19 万元、28 万元、13 万元、35 万元、58 万元、62 万元。2019 年 4~9 月已抵扣进项税额 250 万元，其中取得增值税专用发票 190 万元、海关进口增值税发票专用缴款书 35 万元、农产品收购发票对应进项税额 25 万元。

要求：
（1）计算该企业进项构成比例；
（2）计算该企业申报的留抵退税额。

【解析】
（1）进项构成比例＝（190+35）÷250＝90%。
（2）该企业 2019 年 4～9 月连续 6 个月的增量留抵税额分别为 9 万元、18 万元、3 万元、25 万元、48 万元、52 万元，均大于零且第 6 个月的增量留抵税额不低于 50 万元，符合增值税增量留抵退税政策。

该企业申报的留抵退税额＝（62−10）×90%×60%＝28.08（万元）

第八节　简易计税方法增值税应纳税额计算

一、简易计税方法计税原理

简易计税方法下，增值税应纳税额为销售额与征收率的乘积。公式表示为：

$$应纳税额＝销售额×征收率$$

小规模纳税人应纳税额适用简易计税方法，一般纳税人在特殊情况下也可选择简易计税方法计征增值税。

上述两种增值税计税方法中，销售额均为不含增值税销售额，无论是一般纳税人还是小规模纳税人，其内涵相同。纳税人采用销售额和应纳税额合计定价方法的，应按照下列公式进行换算：

$$销售额＝含税销售额÷（1+税率或征收率）$$

二、小规模纳税人应纳税额计算

（一）销售货物、劳务和服务，增值税应纳税额计算

小规模纳税人销售货物、劳务和服务，增值税适用简易计税方法计征，不得抵扣进项税额。其计算公式为：

$$应纳税额＝销售额×征收率$$

公式中销售额与增值税一般纳税人计算应纳增值税的销售额规定内容一致，不包括按征收率收取的增值税额。

【例 2-22】 某食品厂为增值税小规模纳税人，8 月购进一批模具，取得增值税普通发票，注明价税合计金额为 4 000 元；以赊销方式销售一批饼干，货已发出，开具了增值税普通发票，注明价税合计金额为 60 000 元，截至当月底收到 50 000 元货款。

要求： 计算该食品厂当月应纳增值税税额。

【解析】小规模纳税人应纳增值税采用简易计税方法，适用征收率为3%，则：

应纳增值税 =60 000÷（1+3%）×3%=1 747.57（元）

（二）销售自己使用过的固定资产、物品及旧货，增值税应纳税额计算

小规模纳税人（除其他个人外）销售自己使用过的固定资产和旧货，按3%征收率减按2%征收增值税。其计算公式为：

应纳增值税 = 含税销售额÷（1+3%）×2%

【例2-23】 某酒厂为增值税小规模纳税人，2021年8月销售自己使用过6年的机器设备，取得含税销售额120 000元，销售自己使用过的包装物，取得含税销售额60 000元。

要求：计算该酒厂上述业务应纳增值税税额。

【解析】销售自己使用过的固定资产按3%征收率减按2%征收增值税，销售自己使用过的物品按3%的征收率征收增值税。

应纳增值税 =120 000÷（1+3%）×2%+60 000÷（1+3%）×3%=4 077.67（元）

（三）小规模纳税人购进税控收款机进项税额的抵扣

增值税小规模纳税人购置税控收款机，经主管税务机关审核批准后，可凭购进税控收款机时取得的增值税专用发票，按照发票上注明的增值税税额，抵扣当期应纳增值税；或者按照购进税控收款机时取得的普通发票上注明的价款，依下列公式计算可抵扣的税额：

可抵扣的税额 = 价款÷（1+13%）×13%

当期应纳税额不足抵扣的，未抵扣的部分可在下期继续抵扣。

【例2-24】 某企业为增值税小规模纳税人，主要从事汽车修理和装潢业务。2021年9月企业提供汽车修理业务取得收入21万元，销售汽车装饰用品取得收入15万元；购进的修理用配件被盗，账面成本0.6万元。

要求：计算该企业应纳增值税税额。

【解析】

应纳增值税 =（21+15）÷（1+3%）×3%=1.05（万元）

【例2-25】 某商业零售企业为增值税小规模纳税人，2021年8月购进货物（商品）取得普通发票，共计支付金额120 000元；经主管税务机关核准购进税控收款机一台并取得普通发票，支付金额5 850元；本月内销售货物取得零售收入共计158 080元。

要求：计算该企业8月应缴纳的增值税。

【解析】

应纳增值税 =158 080÷（1+3%）×3%-5 850÷（1+13%）×13%≈3 931.26（元）

三、一般纳税人按简易计税方法计税的规定

一般纳税人发生下列应税行为可以选择适用简易计税方法计税。

（一）应税服务

（1）提供公共交通运输服务，包括轮客渡、公交客运、地铁、城市轻轨、出租车、长途客运、班车。

特别提醒
铁路客运服务不得选择简易办法。

（2）经认定的动漫企业为开发动漫产品提供的动漫脚本编辑、形象设计、背景设计、动画设计、分镜、动画制作、摄制、描线、上色、画面合成、配音、配乐、音效合成、剪辑、字幕制作、压缩转码（面向网络动漫、手机动漫格式适配）服务，以及在境内转让动漫版权（包括动漫品牌、形象或者内容的授权及再授权）。

（3）电影放映服务、仓储服务、装卸搬运服务、收派服务和文化体育服务。

（4）以纳入"营改增"试点之日前的有形动产为标的物提供的经营租赁服务。

（5）在纳入"营改增"试点之日前签订的尚未执行完毕的有形动产租赁合同。

（二）建筑服务

试点纳税人提供建筑服务适用简易计税方法的，以取得的全部价款和价外费用扣除支付的分包款后的余额为销售额。适用简易计税方法的有以下几种：

（1）一般纳税人以清包工方式提供的建筑服务。

以清包工方式提供建筑服务是指施工方不采购建筑所需的材料或只采购辅助材料，并收取人工费、管理费或者其他费用的建筑服务。

（2）一般纳税人为甲供工程提供的建筑服务。

甲供工程是指全部或部分设备、材料、动力由工程发包方自行采购的建筑工程。

一般纳税人销售自产机器设备的同时提供安装服务，应分别核算机器设备和安装服务的销售额，安装服务可以按照甲供工程选择适用简易计税方法计税。

（3）一般纳税人为建筑工程老项目提供的建筑服务。

建筑工程老项目是指《建筑工程施工许可证》注明的合同开工日期在2016年4月30日前的建筑工程项目；未取得《建筑工程施工许可证》的，建筑工程承包合同注明的开工日期在2016年4月30日前的建筑工程项目。

（三）销售不动产

（1）一般纳税人（非房企）销售其2016年4月30日前取得的不动产，可选择适用

简易计税方法：

1）取得的不动产（非自建），以取得的全部价款和价外费用减去该项不动产购置原价或者取得不动产时的作价后的余额为销售额，按照5%的征收率计算应纳税额。

2）自建的不动产，以取得的全部价款和价外费用为销售额，按照5%的征收率计算应纳税额。

纳税人按照上述计税方法在不动产所在地预缴税款后，向机构所在地主管税务机关进行纳税申报。

（2）房地产开发企业，属于一般纳税人，销售自行开发的房地产老项目，可以选择适用简易计税方法按照5%的征收率计税。采取预收款方式销售所开发的房地产项目，在收到预收款时按照3%的预征率预缴增值税。

（四）不动产经营租赁服务

（1）一般纳税人出租其2016年4月30日前取得的不动产，可选择简易计税方法，按照5%的征收率计算应纳税额。

不动产与机构所在地不在同一县（市），应按照上述计税方法在不动产所在地预缴税款后，向机构所在地主管税务机关进行纳税申报。

（2）公路经营企业中的一般纳税人收取试点前开工的高速公路的车辆通行费，可选择简易计税方法，减按3%的征收率计算应纳税额。

一般纳税人出租其2016年5月1日后取得的、与机构所在地不在同一县（市）的不动产，应按照3%的征收率在不动产所在地预缴税款。

（五）其他应税行为及规定

（1）增值税一般纳税人（固定业户）临时到外省、市销售货物的，必须向经营地税务机关出示"外出经营活动税收管理证明"（简称"外管证"）回原地纳税和开发票；未持"外管证"的，经营地税务机关按3%的征收率征税。

（2）一般纳税人销售下列货物可选择按简易办法依3%的征收率计算增值税：

1）自产货物，包括县级及县级以下小型水力发电单位生产的电力，建筑用和生产建筑材料所用的砂、土、石料，以自己采掘的砂、土、石料或其他矿物连续生产的砖瓦、石灰，用微生物、微生物代谢产物、动物毒素、人或动物的血液或组织制成的生物制品，自来水，商品混凝土（仅限于以水泥为原料生产的水泥混凝土）。

2）经营货物，包括寄售商店代销的寄售物品（包括居民个人寄售的物品在内）、典当业销售的死当物品、批准的免税商店零售的免税品。

3）属于一般纳税人的自来水公司销售的自来水。

4）自2016年4月1日起，兽用药品经营企业销售兽用生物制品。

5）自2017年7月1日起，药品经营企业销售生物制品。

一般纳税人选择简易办法计算缴纳增值税后，36个月内不得变更。

第九节　进口货物应纳税额及扣缴义务人应扣增值税税额计算

一、进口货物的征税范围及纳税人

（一）进口货物的征税范围

（1）根据《增值税暂行条例》的规定，申报进入中华人民共和国海关境内的货物，均应缴纳增值税。个人携带或者邮寄进境自用物品的增值税，连同关税一并计征。

确定一项货物是否属于进口，必须首先看其是否有报关进口手续。一般来说，境外产品要输入境内，都必须向我国海关申报进口，并办理有关报关手续。只要是报关进口的应税货物，不论其是国外产制还是我国已出口而转销国内的货物，是进口者自行采购还是国外捐赠的货物，是进口者自用还是作为贸易或其他用途等，除另有规定外，均应按照规定缴纳进口环节的增值税。

（2）从其他国家或地区进口《跨境电子商务零售进口商品清单》范围内的以下商品，适用于跨境电子商务零售进口增值税税收政策。

1）所有通过与海关联网的电子商务交易平台交易，能够实现交易、支付、物流电子信息"三单"比对的跨境电子商务零售进口商品。

2）未通过与海关联网的电子商务交易平台交易，但快递、邮政企业能够统一提供交易、支付、物流等电子信息，并承诺承担相应法律责任进境的跨境电子商务零售进口商品。

不属于跨境电子商务零售进口的个人物品，以及无法提供交易、支付、物流等电子信息的跨境电子商务零售进口商品，按现行规定执行。

（二）进口货物的纳税人

进口货物的收货人（承受人）或办理报关手续的单位和个人，为进口货物增值税的纳税义务人。代理进口货物以海关开具的完税凭证上的纳税人为增值税纳税人。进口货物增值税纳税人的范围较宽，包括了国内一切从事进口业务的企业单位、事业单位、机关团体和个人。

二、进口货物的适用税率

进口货物增值税税率可参照本章第四节所述货物的税率。

我国在规定对进口货物征税的同时，对某些进口货物也做出了减免税或不征税的规定，还规定了实行保税的货物不征增值税。如以"来料加工、进料加工"贸易方式进口国外的原材料、零部件等在国内加工后复出口的，对进口的料、件按规定给予免税或减税。对于国外过境或转口货物，也给予免税或减税。进口货物的适用税率与国内购销货物相同。

对跨境电子商务零售进口商品的单次交易限值为人民币 5 000 元，在个人年度交易限值 26 000 元以内进口的跨境电子商务零售进口商品，关税税率暂设为 0。

三、进口货物应纳税额的计算

进口货物应纳增值税税额的计算公式为:
$$应纳增值税税额 = 组成计税价格 \times 税率$$

组成计税价格是指在没有实际销售价格时,按照税法规定计算出作为计税依据的价格。组成计税价格构成分两种情况。

(1) 如果进口货物不征收消费税,则上述公式中组成计税价格为:
$$组成计税价格 = 关税完税价格 + 关税 = 关税完税价格 \times (1 + 关税税率)$$

(2) 如果进口货物征收消费税,则组成计税价格为:
$$组成计税价格 = 关税完税价格 + 关税 + 消费税$$

或:
$$组成计税价格 = (关税完税价格 + 关税) \div (1 - 消费税税率)$$

按照《海关法》和《进出口关税条例》的规定,一般贸易下进口货物的关税完税价格是以海关审定的成交价格为基础的到岸价格。到岸价格,包括货价,以及货物运抵我国关境内输入地点起卸前的包装费、运费、保险费和其他劳务费等费用。

之所以对进口货物征收关税、增值税、消费税,是因为出口这些货物的出口国在出口时并没有征出口关税、增值税、消费税,到我国口岸时这些货物的价格与国内同等商品的税负差异很大。

纳税人在计算进口货物的增值税时应该注意以下问题:

(1) 进口货物增值税的组成计税价格中包括已纳关税税额,如果进口货物属于消费税应税消费品,其组成计税价格中还要包括进口环节已纳消费税税额。

(2) 在计算进口环节的应纳增值税税额时不得抵扣任何税额,即在计算进口环节的应纳增值税税额时,不得抵扣发生在我国境外的各种税金。

(3) 按照《海关法》和《进出口关税条例》的规定,一般贸易下进口货物的关税完税价格是以海关审定的成交价格为基础的到岸价格。到岸价格,包括货价,以及货物运抵我国关境内输入地点起卸前的包装费、运费、保险费和其他劳务费等费用。特殊贸易下进口的货物,由于进口时没有"成交价格"可作依据,为此,《进出口关税条例》对这些进口货物制定了确定其完税价格的具体办法。

(4) 纳税人进口货物取得的合法海关完税凭证,是计算增值税进项税额的唯一依据,其价格差额部分以及从境外供应商取得的退还或返还的资金,不做进项税额转出处理。

(5) 跨境电子商务零售进口商品按照货物征收关税和进口环节增值税、消费税,以实际交易价格(包括货物零售价格、运费和保险费)作为完税价格。

(6) 跨境电子商务零售进口商品的进口环节增值税、消费税取消免征税额,暂按法定应纳税额的70%征收,超过单次限值、累加后超过个人年度限值的单次交易,以及完税价格超过5 000元单次交易限值但低于26 000元年度交易限值的单件不可分割商品,均按照一般贸易的税率缴纳税金。

(7) 国家在规定对进口货物征税的同时,对某些进口货物制定了减免税的特殊规定,如属于"来料加工、进料加工"贸易方式进口国外的原材料、零部件等在国内加工后复出口的,对进口的料、件按规定给予免税或减税,但这些进口免、减税的料件若不能加工复出口,而是销往国内的,就要予以补税。对进口货物是否减免税由国务院统一规定,任何地点、部门都无权规定减免税项目。

四、进口环节增值税的管理

进口环节的增值税由海关代征。个人携带或者邮寄进境自用物品的增值税,连同关税一并计征。具体办法由国务院关税税则委员会会同有关部门制定。

进口货物增值税纳税义务发生时间为报关进口的当天,应当由进口人或其代理人向报关地海关申报纳税,自海关填发海关进口增值税专用缴款书之日起15日内缴纳税款。

跨境电子商务零售进口商品自海关放行之日起30日内退货的,可申请退税,并相应调整个人年度交易总额。

跨境电子商务零售进口商品购买人(订购人)的身份信息应进行认证;未进行认证的,购买人(订购人)身份信息应与付款人一致。

进口货物增值税的征收管理,依据《税收征收管理法》《海关法》《进出口关税条例》和《中华人民共和国海关进出口税则》(以下简称《海关进出口税则》)的有关规定执行。

【例2-26】某商场2019年5月进口一批货物,该批货物的成交价格为80万元,另该批货物运抵我国海关前发生的运输费、保险费等共计20万元。货物报关后,商场按规定缴纳了进口环节的增值税并取得了海关开具的完税凭证。假定该批进口货物在国内全部销售,取得不含税销售额200万元。货物进口关税税率为10%,增值税税率为13%。

要求:
(1)计算关税的完税价格。
(2)计算进口环节应缴纳的进口关税。
(3)计算进口环节应缴纳增值税的组成计税价格。
(4)计算进口环节应缴纳增值税税额。
(5)计算国内销售环节的销项税额。
(6)计算国内销售环节应缴纳增值税税额。

【解析】
(1)关税的完税价格 =80+20=100(万元)。
(2)应缴纳进口关税 =100×10%=10(万元)。
(3)进口环节应缴纳增值税的组成计税价格 =100+10=110(万元)。
(4)进口环节应缴纳增值税税额 =110×13%=14.3(万元)。
(5)国内销售环节的销项税额 =200×13%=26(万元)。
(6)国内销售环节应缴纳增值税税额 =26-14.3=11.7(万元)。

五、扣缴义务人应扣税额计算

境外单位或个人在中国境内发生应税行为,但在境内未设立经营机构的,扣缴义务人应按扣缴计税方法扣缴增值税税额。计算公式为:

$$应扣缴税额 = 接受方支付的价款 \div (1+税率) \times 税率$$

【例2-27】 境外公司为某纳税人提供咨询服务,合同价款为106万元,该外公司没在境内设立经营机构,应以服务购买方为增值税扣缴义务人。

要求: 计算购买方应当扣缴的税额。

【解析】

$$应扣缴增值税税额 = 106 \div (1+6\%) \times 6\% = 6(万元)$$

第十节 出口货物增值税的退(免)税

出口货物以不含国内流转税的价格参与全球市场竞争,是国际通行惯例。我国依据国际惯例实行出口货物退(免)税政策,目的是平衡税负,使本国出口货物与其他国家(地区)的货物有相对平等的税收条件,从而增加出口,促进外向型经济的发展。

出口货物退(免)税是指在国际贸易业务中,对报关出口的货物、劳务和服务退还在国内各生产环节和流转环节按税法规定已缴纳的增值税,或免征应缴纳的增值税。

一、出口货物退(免)税的基本政策

我国根据实际情况,为鼓励企业出口,在出口时采取退税与免税相结合的政策。目前我国出口体制尚不成熟,拥有出口经营权的企业还限于小部分须经国家批准的企业,并且我国生产的某些货物,如稀有金属等,还不能满足国内的需要,因此,对某些非生产性企业和国家紧缺的货物限制从事出口业务或限制该货物出口,不予出口退(免)税。目前,我国的出口货物税收政策分为以下三种形式。

(一)出口免税并退税

该政策是指对货物、劳务和服务在出口销售环节不征增值税,对货物、劳务和服务在出口前实际承担的税收负担,按规定的出口退税率计算后予以退还。

(二)出口免税不退税

该政策是指出口环节免征增值税,对于适用该范围的货物、劳务或服务,由于在前一道生产、销售或出口环节是免税的,其价格本身就不含增值税,因此也就不需要退税。

出口免税不退税政策主要适用于出口企业或其他单位出口规定的货物,具体是指:增值税小规模纳税人出口货物;避孕药品和用具,古旧图书;软件产品;含黄金、铂金成分的货物,钻石及其饰品;国家计划内出口的卷烟;已使用过的设备;非出品企业委托出口的货物;非列名生产企业出口的非视同自产货物;农业生产者自产农产品;油画、花生果仁、黑大豆等财政部和国家税务总局规定的出口免税的货物；外贸企业取得普通发票、废旧物资收购凭证、农产品收购发票、政府非税收入票据货物；来料加工复出口货物；特殊区域内的企业出口的特殊区域内的货物；以人民币现金作为结算方式的边境地区出口企业从所在省（自治区）的边境口岸出口到接壤国家的一般贸易边境小额贸易出口货物。

（三）出口不免税也不退税

出口不免税是由于某些货物国家限制或禁止其出口，因此在出口环节照常对其征税；出口不退税是指对这些货物出口不退还出口前其所负担的税款。

二、适用"免税并退税"政策的出口货物、劳务和服务范围

对于下列出口货物、劳务和服务，除适用增值税免税政策和征税政策规定外，实行免税并退税政策。

（一）出口企业出口货物

出口企业是指生产企业和外贸企业。

出口货物是指向海关报关后实际离境并销售给境外单位或个人的货物，分为自营出口货物和委托出口货物两类。

（二）出口企业或其他单位视同出口货物

（1）出口企业对外援助、对外承包、境外投资的出口货物。

（2）出口企业经海关报关进入国家批准的出口加工区、保税物流园区、保税港区、综合保税区等特殊区域，并销售给特殊区域内单位或境外单位、个人的货物。

（3）免税品经营企业销售的货物，国家规定不允许经营和限制出口的货物、卷烟和超出免税品经营企业经营范围的货物除外。

（4）出口企业或其他单位销售给用于国际金融组织或外国政府贷款国际招标建设项目的中标机电产品。

（5）生产企业向海上石油天然气开采企业销售的自产的海洋工程结构物。

（6）出口企业或其他单位销售给国际运输工具上的货物，包括外轮供应公司、远洋运输供应公司销售给外轮、远洋国轮的货物，以及自2011年1月1日起，国内航空供应公司生产销售给国内和国外航空公司国际航班的航空食品。

（7）出口企业或其他单位销售给特殊区域内生产企业生产耗用且不向海关报关而输入特殊区域的水（包括蒸汽）、电力、燃气。

（三）出口企业对外提供加工修理修配劳务

对外提供加工修理修配劳务是指对进境复出口货物或从事国际运输的运输工具进行加工修理修配。

（四）一般纳税人提供适用零税率的应税服务

自 2016 年 5 月 1 日起，单位和个人跨境应税行为适用增值税零税率。具体内容在本章第四节已讲述过，此处不重复。

三、增值税出口退税率

（一）退税率的一般规定

除财政部和国家税务总局根据国务院决定而明确的增值税出口退税率外，出口货物退税率为其适用税率。

（二）出口应税服务的退税率

应税服务退税率为应税服务适用的增值税税率。

（三）退税率的特殊规定

（1）外贸企业购进按简易办法征税的出口货物、从小规模纳税人购进的出口货物，其退税率分别为简易办法实际执行的征收率、小规模纳税人征收率。上述出口货物取得增值税专用发票的，退税率按照增值税专用发票上的税率和出口货物退税率孰低的原则确定。

（2）出口企业委托加工修理修配货物，其加工修理修配费用的退税率，为出口货物的退税率。

（3）适用不同退税率的货物劳务，应分开报关、核算并申报退（免）税，未分开报关、核算或划分不清的，从低适用退税率。

四、增值税退（免）税办法选择

出口货物劳务适用增值税退（免）税政策的，具体执行办法有两种：免抵退税办法和免退税办法。

（一）免抵退税办法

1. 免抵退税的含义

免抵退税是指生产企业出口自产货物（含视同自产货物）、对外提供加工修理修配劳务，免征出口环节增值税，对相应的进项税额抵减应纳税额，未抵减完的部分予以退还。

2. 免抵退税办法适用范围

（1）生产企业出口自产货物。

（2）视同自产货物，具体范围如下。

1）持续经营以来从未发生骗取出口退税、虚开或接受虚开增值税专用发票（善意取得虚开增值税专用发票除外）行为且同时符合下列条件的生产企业出口的外购货物，可视同自产货物,适用增值税退(免)税政策:已取得增值税一般纳税人资格;已持续经营2年及2年以上;纳税信用等级A级;上一年度销售5亿元以上;外购出口的货物与本企业自产货物同类型或具相关性。

2)持续经营以来从未发生骗取出口退税、虚开或接受虚开增值税专用发票(善意取得虚开增值税专用发票除外)行为但不能同时符合上述第1)条规定的条件的生产企业,出口的外购货物符合下列条件之一的,可视同自产货物申报适用增值税退(免)税政策:用于对外承包工程项目下的货物;用于境外投资的货物;用于对外援助的货物;生产自产货物的外购设备和原材料(农产品除外)。

(3)对外提供加工修理修配劳务。

(4)列名的生产企业出口非自产货物。

(二)免退税办法

免退税办法,也叫先征后退法,是指对不具有生产能力的出口企业或其他单位出口货物劳务,免征增值税,相应的进项税额予以退还。

免退税办法适用于有进口经营权的外贸企业直接出口或委托其他外贸企业代理出口的货物,以及其他特准退税的企业出口的货物。

(三)境外单位和个人提供适用零税率的应税服务的退免税办法

境内单位和个人提供适用零税率的应税服务,按下列规定选择适用的退(免)税。

(1)对适用简易计税方法的,实行免征增值税办法。

(2)对适用增值税一般计税方法的,按下列规定选择:

1)生产企业实行免抵退税办法。

2)外贸企业外购的研发服务和设计服务出口实行免退税办法。

3)外贸企业自行开发的研发服务和设计服务出口,视同生产企业连同其出口货物统一实行免抵退税办法。

五、增值税退(免)税的计税依据

出口货物劳务增值税退(免)税的计税依据,按出口货物劳务的出口发票(外销发票)、其他普通发票或购进货物劳务的增值税专用发票、海关进口增值税专用缴款书确定。

(一)生产企业出口货物的规定

(1)生产企业出口货物劳务(进料加工复出口货物除外)增值税退(免)税计税依据,为出口货物劳务的实际离岸价(FOB)。

(2)生产企业进料加工复出口货物增值税退(免)税计税依据,为出口货物离岸价扣除出口货物所含的海关进口料件的金额后的余额。

（3）生产企业国内购进无进项税额且不计提进项税额的免税原材料加工后出口的货物的计税依据，为出口货物的离岸价（FOB）扣除出口货物所含的国内购进免税原材料的金额后的余额。

（二）外贸企业出口货物的规定

（1）外贸企业出口货物（委托加工修理修配货物除外）增值税退（免）税依据，为购进出口货物的增值税专用发票注明的金额或海关进口增值税专用缴款书注明的完税价格。

（2）外贸企业出口委托加工修理修配货物增值税退（免）税依据，为加工修理修配费用增值税专用发票注明的金额。

（三）零税率应税服务

1. 实行免抵退税办法的退（免）税计税依据

（1）以铁路运输方式载运旅客的，为按照铁路合作组织清算规则清算后的实际运输收入。

（2）以铁路运输方式载运货物的，为按照铁路运输进款清算办法清算后的实际运输收入。

（3）以航空运输方式载运货物或旅客的，如果国际运输或港澳台运输各航段由多个承运人承运，为中国航空结算有限责任公司清算后的实际收入；如果国际运输或港澳台运输各航段由一个承运人承运，为提供航空运输服务取得的收入。

（4）其他实行免抵退办法的增值税零税率应税服务，为提供应税服务取得的收入。

2. 实行免退税办法的退（免）税计税依据

实行免退税办法的退（免）税计税依据，为购进应税服务的增值税专用发票或税收缴款凭证上的金额。

六、增值税免抵退税和免退税的计算

出口货物在适用免税并退税的政策时，会涉及计算退税的问题。根据企业性质的不同，我国《出口货物退（免）税管理办法》规定了两种退税计算办法。一是免抵退税办法，主要适用于出口自产货物和视同自产货物及对外提供加工修理修配劳务的生产企业、出口非自产货物的列名生产企业以及提供适用零税率的应税服务的增值税一般纳税人；二是免退税办法，主要适用于不具有生产能力的出口企业或其他单位。

（一）生产企业出口免抵退税的处理

第一步，当期应纳税额的计算：

①当期应纳税额＝当期内销货物的销项税额－（当期进项税额－当期免抵退税不得免征和抵扣税额）－上期留抵税额

②当期免抵退税不得免征和抵扣税额＝出口货物离岸价×汇率×（出口货物适用税率－出口货物退税率）－当期免抵退税不得免征的抵扣税额抵减额

③当期免抵退税不得免征和抵扣税额＝当期免税购进原材料价格×（出口货物适用税率－出口货物退税率）

如果当期没有免税购进原材料，前述公式中的③不用计算。

若上述计算结果为正数，说明从内销货物销项税额中抵扣后仍有余额，该余额则为企业当期应纳的增值税税额，无退税额；若计算结果为负数，则"当期期末留抵税额＝当期应纳税额绝对值"，即有应退税额。应退税额的大小在下面的步骤中确定。

第二步，当期免抵退税额的计算：

①当期免抵退税额＝当期出口货物离岸价×汇率×出口货物退税率－当期免抵退税额抵减额

②当期免抵退税额抵减额＝当期免税购进原材料价格×出口货物退税率

如果当期没有免税购进原材料，上述公式中的②不用计算。

第三步，当期应退税额和免抵税额的计算：

①当期应纳税额≥0，则：

当期应退税额＝0

②当期应纳税额＜0，且当期期末留抵税额≤当期免抵退税额，则：

当期应退税额＝当期期末留抵税额

当期免抵税额＝当期免抵退税额－当期应退税额

当期应纳税额＜0，且当期期末留抵税额＞当期免抵退税额，则：

当期应退税额＝当期免抵退税额

当期免抵税额＝0

当期期末留抵税额为当期增值税纳税申报表中的"期末留抵税额"。

【例2-28】 甲公司为自营出口的生产企业、增值税一般纳税人，出口货物的征税税率为13%，退税税率为11%。2019年5月的有关经营业务为：购进原材料一批，取得的增值税专用发票注明增值税税额为60万元，其外购货物进项税额准予抵扣且通过认证；上月末留抵税款5万元；本月内销货物增值税销项税额为100万元，本月出口货物的离岸价格折合人民币300万元。

要求： 计算该企业当期的免抵退税额。

【解析】

当期免抵退税不得免征和抵扣税额＝300×（13%－11%）＝6（万元）

当期应纳税额＝100－（60－6）－5＝100－54－5＝41（万元）

出口货物免抵退税额＝300×11%＝33（万元）

因为当期应纳税额＞0，所以当期不退税，应该缴税，税额为41万元。

即当期实际退税额＝0。

当期免抵税额＝当期免抵退税额－当期实际退税额＝33－0＝33（万元）

【例2-29】 丙公司为自营出口的生产企业、增值税一般纳税人，其出口货物的征税税率为13%，退税税率为11%。2019年4月其相关经营业务活动为：购入原材料一批，取得的增值税专用发票注明的价款为500万元，其增值税准予抵扣且通过认证；上期期末留抵税款5万元；本月内销货物不含税销售额为300万元，本月出口货物的离岸价格折合人民币500万元。

要求：计算该企业当期的免抵退税额。

【解析】

当期免抵退税不得免征和抵扣税额 =500×（13%-11%）=10（万元）
当期应纳税额 =300×13%-（500×13%-10）-5=39-55-5=-21（万元）
出口货物免抵退税额 =500×11%=55（万元）

因为当期应纳税额＜0，所以当期应该退税。且由于|当期应纳税额|＜免抵退税额，所以当期实际退税额 =|当期应纳税额|=21（万元）。

当期免抵税额 = 当期免抵退税额 – 当期实际纳税额 =55-21=34（万元）

期末留抵结转下期继续抵扣税额为0。

【例2-30】丁公司为自营出口的生产企业、增值税一般纳税人，其出口货物的征税税率为13%，退税税率为11%。2019年6月的有关经营业务为：购进原材料一批，取得的增值税专用发票注明增值税税额为60万元，外购货物进项税额准予抵扣且通过认证；上月末留抵税款5万元；本月内销货物增值税销项税额为10万元，本月出口货物的离岸价格折合人民币300万元。

要求：计算该企业当期的免抵退税额。

【解析】

当期免抵退税不得免征和抵扣税额 =300×（13%-11%）=6（万元）
当期应纳税额 =10-（60-6）-5=10-54-5=-49（万元）
出口货物免抵退税额 =300×11%=33（万元）

因为当期应纳税额＜0，所以当期应该退税。且由于|当期应纳税额|＞免抵退税额，所以，当期实际退税额 = 免抵退税额 =33（万元）。

当期免抵税额 = 当期免抵退税额 – 当期实际退税额 =33-33=0（万元）

6月期末留抵结转下期继续抵扣税额为16(=49-33)万元。

(二) 外贸企业出口免退税的计算办法

不具有生产能力的出口企业（简称外贸企业）或者其他单位出口货物劳务，免征增值税，相应进项税额予以退还。

1. 外贸企业出口委托加工修理修配货物以外的货物

外贸企业收购货物直接出口或委托其他外贸企业代理出口货物，按照增值税退（免）税计税依据和该货物适用的退税率计算退税。公式如下：

应退税额 = 增值税退（免）税计税依据 × 出口货物退税率

外贸企业出口货物（委托加工修理修配货物除外）增值税退（免）税的计税依据，为购进出口货物的增值税专用发票注明的金额或海关进口增值税专用缴款书注明的完税价格。

【例2-31】 某企业为自营出口的外贸企业、增值税一般纳税人，其出口货物的征税税率为13%，退税税率为11%。2019年7月的有关经营业务为：购进商品一批，取得的增值税专用发票注明价款为1 000万元；本月出口货物的离岸价格折合人民币1 500万元。

要求：计算该企业当期的应退税额。

【解析】

$$应退税额 = 1\,000 \times 11\% = 110（万元）$$

2. 外贸企业出口委托加工修理修配货物

外贸企业委托生产企业加工修理修配收回后报关出口的货物：

$$应退税额 = 委托加工修理修配的增值税退（免）税计税依据 \times 出口货物退税率$$

外贸企业出口委托加工修理修配货物增值税退（免）税的计税依据，为加工修理修配费用增值税专用发票注明的金额。外贸企业应将加工修理修配使用的原材料（进料加工海关保税进口料件除外）作价销售给受托加工修理修配的生产企业，受托加工修理修配的生产企业应将原材料成本并入加工修理修配费用开具发票。

【例2-32】 某外贸企业从国内采购原材料，不含税价格100万元，进项税额13万元；企业作价110万元将原材料销售给某加工厂委托其加工产品，价税合计收取124.3万元；加工厂收取加工费不含税20万元，合计开具增值税专用发票不含税金额130万元，销售税额16.9万元；外贸企业从加工厂收回加工产品后报关出口。假设退税率为11%。

要求：计算其应退税额。

【解析】

$$应退税额 = 130 \times 11\% = 14.3（万元）$$

（三）与增值税退（免）税相关的其他规定

（1）退税率低于适用税率的，相应计算出的差额部分的税款计入进口货物劳务成本。

（2）出口企业既有适用增值税免抵退项目，也有增值税即征即退、先征后退项目的，增值税即征即退和先征后退项目不参与出口项目免抵退税计算。出口企业应分别核算增值税免抵退项目和增值税即征即退、先征后退项目，并分别申请享受增值税即征即退、先征后退和免抵退税政策。

第十一节　征收管理与纳税申报

一、增值税纳税义务发生时间

纳税义务发生时间，是纳税人发生应税行为应当承担纳税义务的起始时间。

(一) 一般规定

对纳税义务发生时间，一般有以下规定：

(1) 纳税人销售货物或者提供应税劳务，其纳税义务发生时间为收讫销售款项或者取得索取销售款项凭据的当天；先开具发票的，为开具发票的当天。

(2) 纳税人进口货物，其纳税义务发生时间为报关进口的当天。

(3) 增值税扣缴义务发生时间为纳税人增值税纳税义务发生的当天。

(二) 具体规定

纳税人收讫销售款项或者取得索取销售款项凭据的当天，按销售结算方式的不同，具体分为：

(1) 采取直接收款方式销售货物，不论货物是否发出，其纳税义务发生时间均为收到销售款或者取得索取销售款凭据的当天。

(2) 采取托收承付和委托银行收款方式销售货物，其纳税义务发生时间为发出货物并办妥托收手续的当天。

(3) 采取赊销和分期收款方式销售货物，纳税义务发生时间为书面合同约定的收款日期的当天，无书面合同的或者书面合同没有约定收款日期的，纳税义务发生时间为货物发出的当天。

(4) 采取预收货款方式销售货物，纳税义务发生时间为货物发出的当天，但生产销售生产工期超过12个月的大型机械设备、船舶、飞机等货物，纳税义务发生时间为收到预收款或者书面合同约定的收款日期的当天。

(5) 纳税人提供建筑服务、租赁服务采取预收款方式的，其纳税义务发生时间为收到预收款的当天。

(6) 委托其他纳税人代销货物，纳税义务发生时间为收到代销单位的代销清单或者收到全部或者部分货款的当天。未收到代销清单及货款的，纳税义务发生时间为发出代销货物满180天的当天。

(7) 销售应税劳务，纳税义务发生时间为提供劳务同时收讫销售款或者取得索取销售款的凭据的当天。

(8) 纳税人从事金融商品转让的，纳税义务发生时间为金融商品所有权转移的当天。

(9) 纳税人发生视同销售行为，其纳税义务发生时间为货物移送、服务及无形资产转让完成的当天或者不动产权属变更的当天。

(10) 增值税扣缴义务发生时间为纳税人增值税纳税义务发生的当天。

二、纳税期限

增值税的纳税期限分别为1日、3日、5日、10日、15日、1个月或者1个季度。纳税人的具体纳税期限，由主管税务机关根据纳税人应纳税额的大小分别核定。以1个季度为纳税期限的规定适用于小规模纳税人、银行、财务公司、信托投资公司、信用社，以及财政部和国家税务总局规定的其他纳税人。不能按照固定期限纳税的,可以按次纳税。

纳税人以1个月或者1个季度为1个纳税期的,自期满之日起15日内申报纳税;以1日、3日、5日、10日或者15日为1个纳税期的,自期满之日起5日内预缴税款,于次月1日起15日内申报纳税并结清上月应纳税款。

纳税人进口货物的,应当自海关填发海关进口增值税专用缴款书之日起15内缴纳税款。

扣缴义务人解缴税款的期限,按照前两款规定执行。

三、纳税地点

(1) 固定业户向其机构所在地的主管税务机关申报纳税。

固定业户到外县(市)销售货物或者提供应税劳务,应当向其机构所在地的主管税务机关申请开具外出经营活动税收管理证明,并向其机构所在地的主管税务机关申报纳税;未开具证明的,应当向销售地或者劳务发生地的主管税务机关申报纳税;未向销售地或者劳务发生地的主管税务机关申报纳税的,由其机构所在地的主管税务机关补征税款。

总机构和分支机构不在同一县(市)的,应当分别向各自所在地的主管税务机关申报纳税;经财政部和国家税务总局或者其授权的财政和税务机关批准,可以由总机构汇总向总机构所在地的主管税务机关申报纳税;跨县(市)提供建筑服务或者销售取得的不动产,应按规定在建筑服务发生或不动产所在地预缴税款后,向机构所在地主管税务机关进行纳税申报。

(2) 非固定业户销售货物或者应税劳务,应当向销售地或者劳务发生地的主管税务机关申报纳税;未向销售地或者劳务发生地的主管税务机关申报纳税的,由其机构所在地或者居住地的主管税务机关补征税款。

(3) 其他个人提供建筑服务,销售或者租赁不动产,转让自然资源使用权,应向建筑服务发生地、不动产所在地、自然资源所在地主管税务机关申报纳税。

(4) 纳税人跨县(市)提供建筑服务,在建筑服务发生地预缴税款后,向机构所在地主管税务机关进行纳税申报。

(5) 纳税人销售不动产,在不动产所在地预缴税款后,向机构所在地主管税务机关进行纳税申报。

(6) 纳税人租赁不动产,在不动产所在地预缴税款后,向机构所在地主管税务机关进行纳税申报。

(7) 进口货物,应当向报关地海关申报纳税。

(8) 扣缴义务人应当向其机构所在地或者居住地的主管税务机关申报缴纳其扣缴的税款。

四、增值税的纳税申报

(一) 申报程序

一般纳税人办理纳税申报,需要经过专用发票认证(或选择抵扣)、抄税、报税、办理申报等程序。

1. 专用发票认证（或选择抵扣）

增值税专用发票的认证方式可选择手工认证和网上认证。手工认证是单位办税员月底持专用发票"抵扣联"到所属主管税务机关服务大厅"认证窗口"进行认证。网上认证是纳税人月底前通过扫描仪将发票抵扣联扫入认证专用软件，生成电子数据，将数据文件传给税务机关完成认证。自2018年4月1日起，纳税信用A级、B级、M级、C级纳税人对取得的增值税专用发票可以不再进行认证，通过增值税发票税控开票软件登录本省增值税发票查询平台，查询、选择用于申报抵扣或者出口退税的增值税发票信息。

2. 抄税

抄税是在当月的最后一天，通常在次月1日早上开票前，利用防伪税控开票系统进行抄税处理，将本月开具增值税专用发票的信息读入IC卡的过程。抄税完成后本月不允许再开具发票。经过抄税，税务机关确保了所有开具的销项发票都进入金税系统。

3. 报税

报税是在报税期内，一般单位在每个月15日前，将IC卡拿到税务机关，由税务人员将IC卡的信息读入税务机关的金税系统。经过报税，税务机关确保了所有抵扣的进项发票都进入金税系统。此时，可以在系统内由系统自动进行比对，确保任何一张抵扣的进项发票都有销项发票与其对应。

4. 办理申报

申报工作可分为上门申报和网上申报。上门申报是指在申报期内，携带填写的申报表、资产负债表、利润表及其他相关材料到主管税务机关办理纳税申报，税务机关审核后将申报表退还一联给纳税人。网上申报是指纳税人在征税期内，通过互联网将增值税纳税申报表主表、附表及其他必报资料的电子信息传送至电子申报系统。纳税人应从办理税务登记的次月1日起15日内，不论有无销售额，均按主管税务机关核定的纳税期限按期向当地税务机关申报。

5. 税款缴纳

税务机关将申报表单据送到开户银行，由银行进行自动转账处理。未实行税库银联网的纳税人，需自己到税务机关指定的银行进行现金缴纳。

（二）申报资料

1. 必需填报资料

（1）增值税纳税申报表（一般纳税人适用）和反映本期销售情况明细的附列资料（一），反映本期进项税额明细的附列资料（二），反映"营改增"纳税人服务、不动产和无形资产扣除明细的附列资料（三），反映税额抵减情况表附列资料（四），反映不动产分期抵扣计算表附列资料（五），增值税减免税申报明细表，"营改增"税负分析测算明细表。

（2）备份数据软盘和IC卡。

（3）资产负债表和利润表。

2. 其他必报资料

（1）《海关完税凭证抵扣清单》。

（2）《代开发票抵扣清单》。

（3）主管税务机关规定的其他必报资料。

3. 备查资料

（1）已开具的普通发票存根联。

（2）符合抵扣条件并且在本期申报抵扣的增值税专用发票抵扣联。

（3）海关进口货物完税凭证、购进农产品普通发票存根联原件及复印件。

（4）收购发票。

（5）代扣代缴税款凭证存根联。

（6）主管税务机关规定的其他备查资料。

备查资料是否需要在当期报送，由各级国家税务局确定。

【工作实例：增值税应纳税额的计算及申报表的填写】

华美汽车集团为增值税一般纳税人，2019年5月份尚未抵扣完的进项税额为5 100元，该企业2019年6月的有关经营业务如下：

①以交款提货方式销售A型小汽车10辆给汽车销售公司，每辆不含税售价15万元，开具增值税专用发票注明应收价款150万元，款项全部收回。

②销售B型小汽车50辆给特约经销商，每辆不含税售价12万元，向特约经销商开具了增值税专用发票，注明价款600万元、增值税78万元。

③企业将某单位逾期未退还包装物押金4万元转作其他业务收入。

④购进机械设备取得增值税专用发票，注明价款20万元，进项税额2.6万元，支付运费取得增值税专用发票，注明运费5万元，税款0.45万元，该设备当月投入使用。

⑤当月购进原材料取得税控专用发票，注明金额600万元，进项税额78万元，支付购进原材料的运费取得增值税专用发票，注明运费20万元，税款1.8万元，支付装卸费取得增值税专用发票，注明装卸费3万元，税款0.18万元。

⑥企业以商业汇票方式购入包装物一批，取得增值税专用发票，价款6万元，增值税税额为0.78万元。

⑦企业因材料质量问题将上月所购材料退还给供货方，收回价款4万元，增值税税额为0.52万元。

⑧委托某企业加工一批材料，发出原材料成本200万元，支付加工费10万元（不含税），材料加工完成后验收入库。

⑨企业将购进的钢材转用于企业职工集体福利。按企业材料成本计算方法确定，该材料成本52万元，其进项税额为6.76万元。

⑩当月因管理不善而发生意外事故，损失库存原材料金额35万元，经批准，计入营业外支出。

要求：计算该集团本月应缴纳的增值税税额。

【操作步骤】

第一步：逐笔分析经济业务，确定是销项税额还是进项税额，并计算出具体数额。

①销售 A 型小汽车给汽车销售公司应纳增值税，则：

$$销项税额 = 1\,500\,000 \times 13\% = 195\,000（元）$$

②销售 B 型小汽车给特约经销商应纳增值税，则：

$$销项税额 = 780\,000（元）$$

③逾期未退还包装物押金应纳增值税，由于押金是含税价，应换算成不含税价后征收增值税，则：

$$销项税额 = [40\,000/(1+13\%)] \times 13\% \approx 4\,601.77（元）$$

④购进生产经营用固定资产取得增值税专用发票和货物运输业增值税专用发票，其进项税额允许抵扣，则：

$$允许抵扣的进项税额 = 26\,000 + 4\,500 = 30\,500（元）$$

⑤购进材料取得增值税专用发票和货物运输业专用发票，其进项税额允许抵扣，则：

$$允许抵扣的进项税额 = 780\,000 + 18\,000 + 1\,800 = 799\,800（元）$$

⑥购进包装物取得增值税专用发票，其进项税额允许抵扣，则：

$$允许抵扣的进项税额 = 7\,800（元）$$

⑦因材料质量问题将上月所购材料退还给供货方，根据红字增值税专用发票，其税额应冲减可抵扣的进项税额，则：

$$进项税额 = -5\,200（元）$$

⑧委托加工支付加工费，其进项税额允许抵扣，则：

$$允许抵扣的进项税额 = 100\,000 \times 13\% = 13\,000（元）$$

⑨企业将购进货物改变用途于其他方面的，其进项税额应做转出，则：

$$进项税额转出 = 67\,600（元）$$

⑩管理不善，发生原材料意外损失，其进项税额应做转出，则：

$$进项税额转出 = 350\,000 \times 13\% = 45\,500（元）$$

第二步：计算本期销项税额。

$$本期销项税额 = 195\,000 + 780\,000 + 4\,601.77 = 979\,601.77（元）$$

第三步：计算本期可抵扣的进项税额。

$$当期进项税额 = 30\,500 + 799\,800 + 7\,800 - 5\,200 + 13\,000 = 845\,900（元）$$

$$进项税额转出 = 67\,600 + 45\,500 = 113\,100（元）$$

第四步：计算本期增值税实际应纳税额。

当期应纳税 = 当期销项税额 − 当期进项税额 + 进项税额转出 − 上期留抵税额

$$= 979\,601.77 - 845\,900 + 113\,100 - 5\,100 = 241\,701.77（元）$$

【增值税纳税申报表的填写】

第一步，申报期内，凭"应交税费——应交增值税"明细账，填写增值税纳税申报表附列资料（一）（二），如表 2-7 和表 2-8 所示。

表 2-7 增值税纳税申报表附列资料（一）

（本期销售情况明细）

纳税人名称（公章）：华美汽车集团　　税款所属期：2019年6月1日至2019年6月30日　　金额单位：元（列至角分）

项目及栏次			开具税控增值税专用发票		开具其他发票		未开具发票		纳税检查调整		合计			服务、不动产和无形资产扣除项目本期实际扣除金额	含税（免税）销售额	扣除后销项（应纳）税额
			销售额	销项（应纳）税额	销售额	销项（应纳）税额	销售额	销项（应纳）税额	销售额	销项（应纳）税额	销售额	销项（应纳）税额	价税合计			
			1	2	3	4	5	6	7	8	9=1+3+5+7	10=2+4+6+8	11=9+10	12	13=11-12	14=13÷(100%+税率或征收率)×税率或征收率
一、一般计税方法计税	全部征税项目	13%税率的货物及加工修理修配劳务 1	7 500 000	975 000			34 482.76	5 517.24			7 534 482.76	980 517.24				
		13%税率的服务、不动产和无形资产 2											—	—	—	—
		9%税率的货物及加工修理修配劳务 3														
		9%税率的服务、不动产和无形资产 4													—	—
		6%税率 5														

其中：即征即退项目	即征即退货物及加工修理修配劳务	6	—	—	—	—	—	—	—	—
	即征即退服务、不动产和无形资产	7	—	—	—	—	—	—	—	—
二、简易计税方法计税	全部征税项目	6%征收率	8							
		5%征收率的货物及加工修理修配劳务	9a			—			—	
		5%征收率的服务、不动产和无形资产	9b			—			—	
		4%征收率	10			—			—	
		3%征收率的货物及加工修理修配劳务	11			—			—	
		3%征收率的服务、不动产和无形资产	12			—			—	
		预征率 %	13a							
		预征率 %	13b							
		预征率 %	13c			—				—

（续）

项目及栏次			开具税控增值税专用发票		开具其他发票		未开具发票		纳税检查调整		合计			服务、不动产和无形资产扣除项目本期实际扣除金额	扣除后	
			销售额	销项（应纳）税额	销售额	销项（应纳）税额	销售额	销项（应纳）税额	销售额	销项（应纳）税额	销售额	销项（应纳）税额	价税合计		含税（免税）销售额	销项（应纳）税额
			1	2	3	4	5	6	7	8	9=1+3+5+7	10=2+4+6+8	11=9+10	12	13=11-12	14=13÷(100%+税率或征收率)×税率或征收率
二、简易计税方法计税	其中：即征即退项目	即征即退货物及加工修理修配劳务														
		即征即退服务、不动产和无形资产	15	—	—	—	—	—	—	—	—	—	—	—	—	—
三、免抵退税		货物及加工修理修配劳务	16	—	—	—	—	—	—	—	—	—	—	—	—	—
		服务、不动产和无形资产	17	—	—	—	—	—	—	—	—	—	—	—	—	—
四、免税		货物及加工修理修配劳务	18	—	—	—	—	—	—	—	—	—	—	—	—	—
		服务、不动产和无形资产	19	—	—	—	—	—	—	—	—	—	—	—	—	—

表 2-8 增值税纳税申报表附列资料（二）

（本期进项税额明细）

税款所属期：2019 年 6 月 1 日至 2019 年 6 月 30 日

纳税人名称：（公章）华美汽车集团　　金额单位：元（列至角分）

一、申报抵扣的进项税额				
项　目	栏　次	份　数	金　额	税　额
（一）认证相符的防伪税控增值税专用发票	1=2+3	7	6 640 000	1 044 400.00
其中：本期认证相符且本期申报抵扣	2	7	6 640 000	1 044 400.00
前期认证相符且本期申报抵扣	3			
（二）其他扣税凭证	4			
其中：海关进口增值税专用缴款书	5			
农产品收购发票或者销售发票	6			
代扣代缴税收缴款凭证	7			
其他	8			
（三）本期用于购建不动产的扣税凭证	9	—	—	—
（四）本期不动产允许抵扣进项税额	10	—	—	—
（五）外贸企业进项税额抵扣证明	11			—
当期申报抵扣进项税额合计	12=1+4-9+10+11	7	6 640 000	1 044 400.00
二、进项税额转出额				
项　目	栏　次		税　额	
本期进项税额转出额	13=14 至 23 之和		145 600.00	
其中：免税货物用	14			
集体福利、个人消费	15		83 200.00	
非正常损失	16		56 000.00	
简易征收办法征税货物用	17			
免抵退税办法出口货物不得抵扣进项税额	18			
纳税检查调减进项税额	19			
红字专用发票通知单注明的进项税额	20			
上期留抵税额抵减欠税	21			
上期留抵税额退税	22			
其他应做进项税额转出的情形	23		6 400.00	
三、待抵扣进项税额				
项　目	栏　次	份　数	金　额	税　额
（一）认证相符的防伪税控增值税专用发票	24	—	—	—
期初已认证相符但未申报抵扣	25			
本期认证相符且本期未申报抵扣	26			
期末已认证相符但未申报抵扣	27			
其中：按照税法规定不允许抵扣	28			
（二）其他扣税凭证	29=30 至 33 之和			
其中：海关进口增值税专用缴款书	30			
农产品收购发票或者销售发票	31			
代扣代缴税收缴款凭证	32			
其他	33			
	34			

(续)

四、其他				
项目	栏次	份数	金额	税额
本期认证相符的全部防伪税控增值税专用发票	35	7	6 640 000	1 044 400.00
代扣代缴税额	36	—		

第二步，根据"应交税费——应交增值税"明细账，以及附列资料（一）（二），填写增值税纳税申报表，如表2-9所示。

表2-9 增值税纳税申报表

（增值税一般纳税人）

根据国家税收法律法规及增值税相关规定制定本表。纳税人不论有无销售额，均应按主管税务机关核定的纳税期限按期填报本表，并向当地税务机关申报。

税款所属期：2019年6月1日至2019年6月30日　　填表日期：2019年7月14日

纳税人识别号					所属行业：制造业	
纳税人名称	（公章）	法定代表人姓名		注册地址		营业地址
开户银行及账号		企业登记注册类型				电话号码

项目		栏次	一般项目		即征即退项目	
			本月数	本年累计	本月数	本年累计
销售额	（一）按适用税率征税货物及劳务销售额	1	7 534 482.76			
	其中：应税货物销售额	2	7 534 482.76			
	应税劳务销售额	3				
	纳税检查调整的销售额	4				
	（二）按简易征收办法征税货物销售额	5				
	其中：纳税检查调整的销售额	6				
	（三）免抵退税办法出口货物销售额	7			—	—
	（四）免税货物及劳务销售额	8			—	—
	其中：免税货物销售额	9			—	—
	免税劳务销售额	10			—	—
税款计算	销项税额	11	1 205 517.24			
	进项税额	12	1 044 400.00			
	上期留抵税额	13	5 100.00		—	—
	进项税额转出	14	145 600.00			
	免抵退货物应退税额	15			—	—
	按适用税率计算的纳税检查应补缴税额	16			—	—
	应抵扣税额合计	17=12+13-14-15+16	903 900.00	—	—	—
	实际抵扣税额	18（如17＜11，则为17，否则为11）	903 900.00			

税款计算	应纳税额	19=11-18	301 617.24			
	期末留抵税额	20=17-18			—	—
	简易征收办法计算的应纳税额	21				
	按简易征收办法计算的纳税检查应补缴税额	22			—	—
	应纳税额减征额	23				
	应纳税额合计	24=19+21-23	301 617.24			
税款缴纳	期初未缴税额（多缴为负数）	25				
	实收出口开具专用缴款书退税额	26				
	本期已缴税额	27=28+29+30+31				
	①分次预缴税额	28			—	
	②出口开具专用缴款书预缴税额	29				
	③本期缴纳上期应纳税额	30				
	④本期缴纳欠缴税额	31				
	期末未缴税额（多缴为负数）	32=24+25+26-27	301 617.24			
	其中：欠缴税额（≥0）	33=25+26-27			—	—
	本期应补（退）税额	34=24-28-29	301 617.24			
	即征即退实际退税额	35			—	
	期初未缴查补税额	36			—	
	本期入库查补税额	37			—	
	期末未缴查补税额	38=16+22+36-37			—	—
授权声明	如果你已委托代理人申报，请填写下列资料： 为代理一切税务事宜，现授权_____（地址）为本纳税人的代理申报人，任何与本申报表有关的往来文件，都可寄予此人。 授权人签字：			申报人声明	此纳税申报表是根据《中华人民共和国增值税暂行条例》的规定填报的，我相信它是真实的、可靠的、完整的。 声明人签字：	

主管税务机关：　　　　　　接收人：　　　　　　接收日期：

本章小结

增值税是对纳税人在生产经营过程中实现的增值额征收的一种税。我国的增值税是指对在中华人民共和国境内销售货物、进口货物或提供加工修理修配劳务和应税行为的单位和个人，以其实现的增值税为征税对象征收的一种税。

增值税法是国家制定的用以调整国家与增值税纳税人之间征纳活动的权利和义务关系的法律规范。它的基本法律依据是2008年11月国务院发布的《增值税暂行条例》和财政部制定的《增值税暂行条例实施细则》等。

凡在中国境内销售货物、进口货物和提供加工修理修配劳务,以及提供应税行为的单位和个人为增值税的纳税人,包括基本税率(13%)、低税率(9%、6%)和零税率4档税率,以及按简易办法计征的征收率(5%、3%等)。

增值税一般纳税人应纳增值税税额是销项税额减去进项税额后的余额。销项税额指纳税人销售货物或提供应税劳务,按照应税销售额和规定税率计算并向买方收到的增值税税额;进项税额指纳税人购进货物或接受应税劳务所支付或负担的增值税税额。

增值税实行出口免税并退税、出口免税不退税、出口不免税也不退税的政策。其中,免税指对货物在出口环节不征增值税;退税指对货物在出口前实际承担的税收负担,按规定的退税率计算后予以退还。

练习题

一、单项选择题

1. 我国现行的增值税采用（　　）。
   A. 价内税　　　　　B. 价外税　　　　　C. 定额税　　　　　D. 累进税
2. 下列选项中适用13%税率的是（　　）。
   A. 生产销售啤酒　　　　　　　　　B. 生产销售煤炭
   C. 生产销售石油液化气　　　　　　D. 生产销售暖气
3. 下列选项中,免征增值税的是（　　）。
   A. 销售农业机械　　B. 销售煤炭　　C. 销售日用百货　　D. 销售自产的农产品
4. 现行增值税纳税人概念中所称中华人民共和国境内是指销售货物的（　　）在我国境内。
   A. 起运地　　　　B. 最终销售地　　　C. 货物支付地　　　D. 企业所在地
5. 下列选项中,应办理一般纳税人登记的是（　　）。
   A. 从事货物生产或提供应税劳务的纳税人,年应税销售额在50万元以上的
   B. 个体工商户以外的其他个人
   C. 从事货物批发或零售的纳税人,年应税销售额在80万元以上的
   D. 从事销售服务、无形资产或不动产的纳税人,年应税销售额为500万元以上的
6. 纳税人提供的下列劳务不征增值税的是（　　）。
   A. 汽车的修配　　　B. 房屋的修理　　　C. 委托加工白酒　　　D. 自制服装
7. 增值税一般纳税人销售货物或者应税劳务,采用销售额和销项税额合并定价方法的,其计算销售额的公式是（　　）。
   A. 销售额=含税销售额÷(1+税率)　　　B. 销售额=不含税销售额÷(1+税率)
   C. 销售额=含税销售额÷(1-税率)　　　D. 销售额=不含税销售额÷(1-税率)
8. 某服装厂将自产的服装作为福利发给本厂职工,该批产品制造成本共计10万元,利

润率为10%，按当月同类产品的平均售价计算为18万元，计征增值税的销售额为（　　）万元。

A. 10　　　　　　B. 9　　　　　　C. 11　　　　　　D. 18

9. 纳税人当期的进项税额大于当期的销项税额时，对不足抵扣部分的处理办法是（　　）。

A. 税务部门予以退税　　　　　　B. 不再给予抵扣

C. 可抵扣以前欠税　　　　　　　D. 结转下期继续抵扣

10. 某商场为增值税一般纳税人，因管理不善发生火灾，库存外购冰箱10台损坏，每台零售价1 440元，每台进价1 000元（不含税），不得抵扣的进项税额为（　　）元。

A. 1 300　　　　B. 1 482　　　　C. 572　　　　D. 1 600

11. 下列外购项目中，（　　）不得抵扣进项税额。

A. 用于非应税项目　B. 无偿赠送他人　C. 对外投资　D. 用于换取生产资料

12. 增值税的纳税期限为（　　）。

A. 5日、10日、15日、1个月

B. 1日、5日、10日、15日、1个月

C. 1日、3日、5日、15日、1个月

D. 1日、3日、5日、15日、1个月或1个季度

13. 在免抵退税办法中，当期应退税额应根据（　　）原则确定。

A. "期末留抵税额"与"当期免抵退税额"孰小

B. "期末留抵税额"与"当期免抵退税额"孰大

C. "当期应纳税额"与"当期免抵退税额"孰小

D. "当期应纳税额"与"当期免抵退税额"孰大

14. 某电器生产企业自营出口自产货物，2019年1月末计算出的留抵税款为8万元，当期免抵退税额为12万元，则当期免抵税额为（　　）万元。

A. 8　　　　　　B. 12　　　　　　C. 4　　　　　　D. 15

15. 下列选项中，不属于现代服务的是（　　）。

A. 文化创意服务　B. 融资租赁服务　C. 教育医疗服务　D. 商务辅助服务

二、多项选择题

1. 应交增值税的行业有（　　）。

A. 商品流通行业　B. 建筑业　　C. 交通运输业　　D. 制造业

2. 划分一般纳税人和小规模纳税人的标准有（　　）。

A. 销售额达到规定标准　　　　　B. 经营效益好

C. 会计核算健全　　　　　　　　D. 有上级主管部门

3. 下列各项中，属于增值税征税范围的有（　　）。

A. 销售钢材　　B. 销售自来水　　C. 销售电力　　D. 销售房屋

4. 单位和个人提供的下列劳务，应征增值税的有（　　）。

A. 汽车的修配　　　B. 房屋的修理　　　C. 受托加工的白酒　　　D. 房屋的装潢

5. 下列项目，属于免征增值税的有（　　）。
   A. 农业生产者销售自产的粮食　　　B. 药厂销售避孕药品
   C. 销售自己使用过的固定资产　　　D. 机械厂销售农业机具

6. 下列情况下，不能开具增值税专用发票的有（　　）。
   A. 向消费者销售货物或者提供应税劳务
   B. 销售免税货物
   C. 小规模纳税人销售货物或者提供应税劳务
   D. 商场销售劳保用品

7. 某单位外购货物，按增值税有关规定不能作为进项税额抵扣的有（　　）。
   A. 外购的生产性固定资产　　　B. 外购货物用于免税项目
   C. 外购货物用于集体福利　　　D. 外购货物用于无偿赠送他人

8. 按现行增值税制度规定，下列行为中应按"提供加工修理修配劳务"征收增值税的有（　　）。
   A. 商店服务部为顾客修理手表　　　B. 企业受托为另一企业加工服装
   C. 企业为另一企业修理锅炉　　　D. 汽车修配厂为本厂修理汽车

9. 增值税法规定，对销售除（　　）以外的其他酒类产品而收取的包装物押金，无论是否返还、会计上如何核算，均应并入当期销售额计征增值税。
   A. 啤酒　　　B. 黄酒　　　C. 白酒　　　D. 药酒

10. 增值税的计税依据销售额中，价外费用不包含的项目有（　　）。
    A. 包装物租金　　　B. 委托加工应税消费品代收代缴的消费税
    C. 增值税款　　　D. 包装费、装卸费

11. 甲厂用自产锅炉换取乙厂的钢材作为生产材料，双方互开了增值税发票，下列说法中正确的有（　　）。
    A. 甲厂应计算销项税　　　B. 甲厂应抵扣进项税
    C. 乙厂应计算销项税　　　D. 乙厂应抵扣进项税

12. 下列关于纳税义务发生时间的表述中，正确的有（　　）。
    A. 委托其他纳税人代销货物，其纳税义务发生时间为收到代销款的当天
    B. 销售应税劳务的，其纳税义务发生时间为提供劳务同时收讫销售额或取得索取销售额的凭据的当天
    C. 企业采取分期收款方式销售货物的，其纳税义务的发生时间为书面合同规定的收款日期
    D. 先开具发票的，其纳税义务的发生时间为开具发票的当天

13. 下列关于增值税纳税地点的陈述中，正确的有（　　）。
    A. 进口货物应当向报送地海关申报纳税
    B. 固定业户应当向其机构所在地或者居住地主管税务机关申报纳税

C. 固定业户到外县（市）销售货物的，应当向其机构所在地的主管税务机关申请办理外出经营活动税务管理证明

D. 非固定业户应当向应税行为发生地的主管税务机关申报纳税；未申报纳税的，由其机构所在地或者居住地的主管税务机关补征税款

14. 我国的出口退（免）税有下列几种方法（　　）。
    A. 出口不免税也不退税　　　　　　B. 出口免税不退税
    C. 出口不免税退税　　　　　　　　D. 出口免税并退税

15. 下列关于纳税人以特殊方式销售货物的税务处理的叙述，正确的有（　　）。
    A. 纳税人用以物易物方式销售货物，双方都必须做购销处理
    B. 纳税人用以旧换新方式销售货物（金银首饰除外），按新货物的同期销售价格确定销售额
    C. 纳税人以折扣方式销售货物，若将折扣额另开增值税专用发票，可从销售额中减除折扣额
    D. 纳税人以还本方式销售货物，不得从销售额中减除还本支出

16. 下列属于增值税征税范围的有（　　）。
    A. 单位聘用的员工为本单位提供的运输业务
    B. 航空运输企业提供的湿租业务
    C. 出租车公司向使用本公司自有出租车的司机收取的管理费用
    D. 广告公司提供的广告代理业务

17. 下列选项中，属于在境内销售服务、无形资产或者不动产的有（　　）。
    A. 服务（租赁不动产除外）的销售方在境内
    B. 所销售的不动产在境外
    C. 所销售自然资源使用权的自然资源在境内
    D. 服务（租赁不动产除外）的购买方在境内

18. 以下属于免征增值税项目的有（　　）。
    A. 托儿所、幼儿园提供的保育和教育服务
    B. 养老机构提供的养老服务
    C. 残疾人福利机构提供的育养服务
    D. 残疾人员本人为社会提供的服务

19. 下列关于增值税减免税的表述中，正确的有（　　）。
    A. 农业生产者销售自产农产品免征增值税
    B. 增值税小规模纳税人月销售额不超过3万元的免征增值税
    C. 非营利性医疗机构自产自用的制剂免征增值税
    D. 从事蔬菜批发、零售的纳税人销售的蔬菜免征增值税

20. 下列货物中，适用9%增值税税率的有（　　）。
    A. 图书　　　　B. 报纸　　　　C. 杂志　　　　D. 音像制品

三、判断题

1. 纳税人出口货物，税率为零，因此一般纳税人的税率有两档，即基本税率和零税率。（　　）
2. 免征增值税的农业产品按照买价的12%的扣除率计算进项税额，准予抵扣。（　　）
3. 增值税专用发票只限于增值税的一般纳税人和小规模纳税人领购使用，非增值税纳税人不得领购使用。（　　）
4. 小规模纳税人一律按照销售额3%的征收率计算应纳税款，不得抵扣进项税额。（　　）
5. 小规模纳税人符合规定条件，需开具专用发票的，可由当地税务机关代开增值税专用发票。（　　）
6. 增值税的计税依据是不含增值税的价格，它的最终承担者是经营者。（　　）
7. 应纳税额等于当期销项税额减当期进项税额，因此，所有的进项税额都可以抵扣，不足部分可以结转下期继续抵扣。（　　）
8. 商业企业采取分期付款方式购进货物的，凡是发生销售方先全额开具专用发票，购货方再按规定分期付款情况的，应在每次支付款项以后申报抵扣进项税额。（　　）
9. 纳税人采取折扣方式销售货物，销售额和折扣额不在同一张发票上分别注明的，可按折扣后销售额征收增值税。（　　）
10. 增值税一般纳税人将外购货物作为福利发放给职工，应视同销售计征增值税。（　　）
11. 进口货物纳税义务发生的时间为报关进口后15天。（　　）
12. 总机构和分支机构不在同一县（市）的，应当分别向各自所在地主管税务机关申报纳税。（　　）
13. 委托其他纳税人代销货物，纳税义务发生时间为收到代销单位的代销清单或者收到全部或者部分货款的当天。未收到代销清单及货款的，为发出代销货物满180天的当天。（　　）
14. 纳税人销售货物或者应税劳务，先开具发票的，其增值税纳税义务发生时间为实际收到款项的当天。（　　）
15. "生产型增值税"与"消费型增值税"的区别在于是否允许企业对购入固定资产所含税金进行抵扣。（　　）

四、业务题

1. 甲企业（一般纳税人）销售给乙公司5 000套服装，每套不含税价格为80元，由于乙公司购买数量多，甲企业按原价的8折优惠销售（针对销售业务开具了一张发票），并提供1/10，n/20的销售折扣。乙公司于10日内付款。

　　要求：计算甲企业此项业务的计税销售额。

2. 某家电生产企业为增值税一般纳税人，本月向市职工活动中心赠送自产液晶电视10台，每台电视的成本价3 000元，市场销售价格5 000元（不含税）；赠送新研制的新型节能空调5台，每台成本价8 000元，市场上尚无同类产品销售。家电产品的成本利润率为10%。

要求：计算该家电企业本月的计税销售额。

3. 某企业是增值税一般纳税人，2019年6月有关生产经营业务如下：

（1）销售机器一批，开出的增值税专用发票上注明销售额为10 000元，税额为1 300元，另开出一张普通发票，收取包装费226元。

（2）销售三批同一规格、质量的货物，每批各2 000件，不含增值税销售价分别为每件200元、180元和60元。经税务机关认定，第三批销售价格每件60元明显偏低且无正当理由。

（3）将自产的一批新产品3A牌外套300件作为福利发给本企业的职工。已知3A牌外套尚未投放市场，没有同类外套销售价格，每件外套成本600元。

要求：计算该企业当月的增值税销项税额。

4. 某工业企业（增值税一般纳税人）2019年5月购销业务情况如下：

（1）购进生产原料一批，取得的增值税专用发票上注明的价、税款分别为23万元、2.99万元，专用发票当月通过认证并申报抵扣，另支付运费（取得发票）3万元。

（2）购进钢材20吨，已验收入库；取得的增值税专用发票上注明的价、税款分别是8万元、1.04万元，专用发票当月通过认证并申报抵扣。

（3）直接向农民收购用于生产加工的农产品一批，经税务机关批准的收购凭证上注明的价款为42万元。

（4）以托收承付方式销售产品一批，货物已发出并办妥银行托收手续，但货款未到，向买方开具的增值税专用发票注明销售额为42万元。

（5）将本月外购的20吨钢材及库存的同价钢材20吨移送本企业修建的产品仓库。

（6）期初留抵进项税额0.5万元。

要求：计算该企业当期应纳增值税额。

5. 某商业企业是增值税一般纳税人，2019年4月初留抵税额2 000元，4月发生下列业务：

（1）购入商品一批，取得认证税控发票，价款10 000元，税款1 300元。

（2）3个月前从农民手中收购的一批粮食毁损，账面成本5 220元。

（3）从农民手中收购大豆1吨，税务机关规定的收购凭证上注明收购款为1 500元。

（4）从小规模纳税人处购买商品一批，取得税务机关代开的发票，价款30 000元，税款900元，款已付，货物未入库，发票已认证。

（5）购买建材一批用于修缮仓库，价款20 000元，税款2 600元。

（6）零售日用商品，取得含税收入150 000元。

（7）将2个月前购入的一批布料捐赠受灾地区，账面成本20 000元，同类不含税销售价格30 000元。

（8）外购电脑20台，取得增值税专用发票，每台不含税单价6 000元，购入后5台办公使用，5台捐赠希望小学，另外10台全部零售，零售价每台8 000元。

假定相关可抵扣进项税的发票均经过认证并申报抵扣。

要求：

（1）计算当期全部可从销项税中抵扣的增值税进项税合计数（考虑转出的进项税）。

（2）计算当期增值税销项税。

（3）计算当期应纳的增值税。

6. 某生产企业为增值税一般纳税人，2019年6月外购原材料取得防伪税控系统开具的增值税专用发票，注明进项税额137.7万元并通过主管税务机关认证。当月内销货物取得不含税销售额150万元，外销货物取得收入115万美元（美元与人民币的比价为1∶6.8），该企业适用增值税税率13%，出口退税率为11%。

要求：计算该企业6月免抵退税额。

7. 某家用电器商场为增值税一般纳税人，2019年5月发生如下经济业务：

（1）销售特种空调取得含税销售收入16万元，同时提供安装服务收取安装费2万元。

（2）销售电视机80台，每台含税零售单价为2 400元，每售出一台可取得厂家给予的返利收入200元。

（3）代销一批数码相机并开具普通发票，企业按含税销售总额的5%提取代销手续费15 000元，当月尚未将代销清单交付给委托方。

（4）当月该商场其他商品含税销售额为169 500元。

（5）购进热水器50台，不含税单价800元，货款已付；购进DVD播放机100台，不含税单价600元；两项业务取得的增值税专用发票均已通过税务机关认证；还有40台DVD播放机未向厂家付款。

（6）购置生产设备一台，取得的增值税专用发票上注明的价款为7万元，增值税税额为9 100元。

（7）另知该商场上期有未抵扣进项税额6 000元，当期获得的增值税专用发票以及运费发票已经通过认证并申报抵扣。

要求：依据增值税纳税申报表的口径，进行相关计算。

（1）计算该商场5月应抵扣的进项税额。

（2）计算该商场5月的销项税额。

（3）计算该商场5月的应纳增值税税额。

8. 2019年9月，某电视机厂生产出最新型号的彩色电视机，每台不含税销售单价为5 000元。当月发生如下经济业务：

（1）9月5日，向各大商场销售电视机2 000台，对这些大商场在当月20天内付清2 000台电视机购货款均给予了5%的销售折扣。

（2）9月8日，发货给外省分支机构200台，用于销售，并支付发货运费等费用1 000元，其中，取得运输单位开具的货票上注明的运费为600元，建设基金为100元，装卸费为100元，保险费为100元，保管费为100元。

（3）9月10日，采取以旧换新方式，从消费者个人手中收购旧型号电视机，销售新型号电视机100台，每台旧型号电视机折价为500元。

（4）9月15日，购进生产电视机用原材料一批，取得的增值税专用发票上注明价款为2 000 000元，增值税税额为260 000元，材料已经验收入库。

（5）9月20日，向全国第九届冬季运动会赠送电视机20台。

（6）9月23日，从国外购进两台电视机检测设备，取得的海关开具的完税凭证上注明增值税税额为180 000元。

要求： 计算该企业9月份应纳增值税税额。

9. 位于县城的某运输公司为增值税一般纳税人，具备国际运输资质，2019年7月经营业务如下：

（1）国内运送旅客，按售票统计取得价税合计金额174.4万元；运送旅客至境外，按售票统计取得价税合计金额52.32万元。

（2）运送货物，开具增值税专用发票注明运输收入金额260万元、装卸收入金额18万元。

（3）提供仓储服务，开具增值税专用发票注明仓储收入金额70万元、装卸收入金额6万元。

（4）修理、修配各类车辆，开具普通发票注明价税合计金额30.51万元。

（5）销售使用过的未抵扣进项税额的货运汽车6辆，开具普通发票注明价税合计金额24.72万元。

（6）进口轻型商用客车3辆自用，经海关核定的成交价共计57万元，运抵我国境内输入地点起卸前的运费为6万元，保险费为3万元。

（7）购进小汽车4辆自用，每辆单价16万元，取得销售公司开具的增值税专用发票注明金额64万元，税额8.32万元，另支付销售公司运输费用，取得的运输业增值税专用发票注明运费金额4万元，税额0.36万元。

（8）购进汽油取得的增值税专用发票注明金额10万元，税额1.3万元，90%用于公司运送旅客，10%用于公司接送员工上下班；购进矿泉水一批，取得的增值税专用发票注明金额2万元，税额0.26万元，70%赠送给公司的旅客，30%用于公司集体福利（其他相关资料：假定进口轻型商用客车的关税税率为20%，消费税税率为5%）。

要求：

（1）计算业务（1）的销项税额。

（2）计算业务（2）的销项税额。

（3）计算业务（3）的销项税额。

（4）计算业务（4）的销项税额。

（5）计算业务（5）应缴纳的增值税。

（6）计算业务（6）进口轻型商用客车应缴纳的增值税。

（7）计算业务（7）购进小汽车可抵扣的进项税额。

（8）计算业务（8）购进汽油、矿泉水可抵扣的进项税额。

（9）计算该公司7月应向主管税务机关缴纳的增值税。

Chapter3
第三章

消费税法

学习目标

1. 了解消费税的概念与特点。
2. 熟悉消费税纳税人、征税范围和税率。
3. 掌握自产销售、自产自用、委托加工、进口应税消费品应纳税额计税依据。
4. 掌握批发环节、零售环节应税消费品应纳税额计算。
5. 掌握外购或委托加工应税消费品、连续生产应税消费品已纳税款扣除的计算。
6. 熟悉消费税纳税义务发生时间、纳税地点及纳税期限。

重点与难点

重点：消费税的征税范围、纳税义务人和税目税率。

难点：消费税应纳税额的计算与纳税申报。

第一节 消费税概述

在我国的税制结构体系中，消费税是增值税的配套税种，征税的目的是调节产业结构，限制某些奢侈品、高能耗产品的生产，正确引导消费，保证国家的财政收入。消费税与增值税同为流转税，一般而言，凡是征收消费税的物品都要征收增值税，且税率为13%。但与增值税为价外税不同，消费税是价内税，其征税环节不一样，计税依据也不完全相同。在学习消费税时，需要先熟悉消费税的基本知识。

一、消费税的概念

根据《中华人民共和国消费税暂行条例》（以下简称《消费税暂行条例》）的规定，消费税是对在我国境内从事生产、委托加工和进口应税消费品的单位和个人，就其销售额或销售数量，在特定环节征收的一种税。消费税随价格转嫁给消费者负担，消费者是实际的负税人。

我国消费税是1994年国家税制改革中新设置的一个税种，当时选择了烟、酒、化妆品、护肤护发品、贵重首饰及珠宝玉石、鞭炮及焰火、汽油、柴油、汽车轮胎、摩托车、小汽车11类应税产品作为征税对象。

随着社会经济的发展，为了进一步完善消费税税制，财政部、国家税务总局于2006年3月21日联合发布了《关于调整和完善消费税政策的通知》，从当年4月1日起，对我国消费税税目、税率及相关政策进行调整，扩大了石油制品的消费税征税范围，新设成品油税目；为了增强人们的环保意识、引导消费和节约木材资源，增加木制一次性筷子、实木地板税目；为了合理引导消费，间接调节收入分配，增加高尔夫球及球具税目；为了体现对高档消费品的税收调节，增加高档手表税目。

2008年11月5日，国务院第34次常务会议修订通过《消费税暂行条例》，自2009年1月1日起施行。2014年取消了轮胎的消费税。为了促进节能环保，经国务院批准，自2015年2月1日起对电池、涂料征收消费税。2016年调整了高档化妆品税率、超豪华小汽车税率。

《关于成品油消费税征收管理有关问题的公告》规定，外购、进口和委托加工收回的汽油、柴油、石脑油、燃料油、润滑油用于连续生产应税成品油的，应凭借增值税发票选择确认平台确认的成品油专用发票、海关进口消费税专用缴款书，以及税收缴款书（代扣代收专用），按规定计算扣除已纳消费税税款，其他凭证不得作为消费税扣除凭证。

二、我国消费税的特点

（一）消费税的征收范围具有选择性

我国消费税不是对所有消费品都征收，只针对部分消费品征收，是从人们普遍消费的大量商品中有选择性地确定一些特殊商品来征收。我国消费税的征税范围就是《消费税暂行条例》消费税税目税率表上明确列举的15类应税消费品，对没有列举的商品则不征收消费税。

（二）消费税的征税环节具有单一性

消费税的纳税环节主要确定在生产环节和进口环节。也就是说，除个别消费品（金银首饰）在零售环节纳税外，应税消费品通常是在消费品生产、委托加工或进口的某一环节一次性征收消费税,之后再继续转销该消费品,不再征收消费税。这与增值税在多环节征税是不同的。

(三) 消费税的平均税率水平比较高

消费税属于国家运用税收杠杆对某些特殊消费品进行调节的税种。为了有效体现国家政策、引导消费结构,消费税的平均税率水平一般定得比较高,并且不同征税项目的税负差异较大,需要限制或控制消费的消费品,通常税负较重。

(四) 消费税的征收方法具有灵活性

消费税的征收方法有从量定额、从价定率和复合计税三种。对有的消费品采用制定单位税额的方式,依消费品的数量实行从量定额的征收方法;对有的消费品采用制定比例税率的方式,依消费品的价格实行从价定率的征收方法;同时,对卷烟和白酒两类消费品则采用从价征收和从量征收的复合计税方法。

(五) 税收负担的转嫁性

增值税实行价外计税,而消费税是价内税,即消费税含在应税消费品价格之中。因此,消费税无论在哪个环节征收,只要在价内计税,消费品中所含的消费税款最终都是由购买应税消费品者负担,生产销售应税消费品的企业和个人虽是纳税人,但其所缴纳的税款最终转嫁到了消费者身上。

三、消费税的作用

(一) 调节消费结构,引导消费方向

消费税的课征范围只限于国家限制的少数商品,而对列入其征税范围的商品,国家还要根据一定时期的消费政策,分别确定高低不同的税率,以体现国家调节消费的意图。由于消费税通常采用较高的税率,税负最终由消费者负担,因此消费税是消费者在选择其消费方向时要考虑的重要因素。

(二) 及时、足额地组织财政收入

消费税以应税消费品的销售额或销售数量及组成计税价格为计税依据,税额会随着销售额的增加而不断增长。同时,只要消费品实现销售,也就产生了缴纳消费税的义务。因此,消费税对及时、足额地保证财政收入起着重要的作用。

(三) 适当缓解社会分配不公的矛盾

我国改革开放之后,社会成员之间的贫富差距日益加剧,导致了社会矛盾在某种程

度上的激化。由于个人生活水平的高低很大程度地体现在其支付能力上，因此，国家对奢侈品或高档消费品征收消费税，在一定程度上加重了高收入者的消费负担，从而可在一定程度上缓解社会分配不公的矛盾。

消费税与增值税异同比较如表 3-1 所示。

表 3-1　消费税与增值税异同比较

	不同	相同
征收范围	消费税征税范围目前为 15 种应税消费品，而增值税的征税范围包括在境内发生应税销售行为以及进口货物等	对于应税消费品既要缴纳增值税，也要缴纳消费税。在某一指定的环节两个税同时征收时，从价定率方法下两者的计税依据相同
征税环节	消费税（一般）是一次性征收，而增值税在货物的每一个流转环节全部征收	
计税方法	消费税是从价征收、从量征收和复合征收，根据应税消费品选择一种计税方法；而增值税是根据纳税人选择计税方法，只有从价定率计税	

第二节　纳税人、征税范围、税目和税率

一、纳税人和扣缴义务人

消费税纳税人是指在中华人民共和国境内生产、委托加工、进口应税消费品的单位和个人。具体来说，生产销售（包括自用）应税消费品的，以生产销售的单位和个人为纳税人，由生产者直接纳税；委托加工应税消费品的，以委托加工的单位和个人为纳税人，由受托方代收代缴；进口应税消费品的，由从事进口的单位或代理人为纳税人，个人携带或邮寄入境的应税消费品，以携带入境者或收件人为纳税人，由海关代征。自 2009 年 5 月 1 日起，对卷烟在批发环节加征一道从价消费税，自 2016 年起对超豪华小汽车在零售环节加征一道消费税，因此，从事卷烟批发、超豪华小汽车零售的单位和个人也是消费税纳税人。这里所谓的"中华人民共和国境内"，是指生产、委托加工和进口应税消费品的起运地或所在地在中国境内。 单位，是指企业、行政单位、事业单位、军事单位、社会团体及其他单位。 个人，是指个体工商户及其他个人。

为确保消费税源泉扣税，税法同时规定受托加工应税消费品的单位（除个体经营者外）负有扣缴消费税的义务，海关负有扣缴进口环节消费税的义务。

二、征税范围

消费税一般实行单一环节征收，除卷烟在批发环节加征一道从价税和超豪华小汽车在零售环节加征一道从价税外，消费税在应税消费品的生产、委托加工、进口及零售环节缴纳。

（一）征税范围的确定原则

（1）特殊消费品。特殊消费品是指对人类健康、社会秩序、生态环境等方面造成危

害的特殊消费品，如烟、酒、鞭炮、焰火等。

（2）奢侈品、非生活必需品，如贵重首饰、高档化妆品等。

（3）高能耗及高档消费品，如小汽车、摩托车等。

（4）不可再生和替代的资源类消费品，如汽油、柴油等。

（5）促进节能环保的消费品，如电池、涂料等。

（二）消费税的征税范围

1. 生产应税消费品

生产应税消费品销售是消费税征收的主要环节。同时，除了生产应税消费品并直接对外销售应缴纳消费税外，纳税人将生产的应税消费品用于生产非应税消费品、在建工程、管理部门、馈赠、赞助、奖励等方面也应缴纳消费税。

2. 进口应税消费品

单位和个人进口的货物属于消费税征税范围的，在报关进口环节也要缴纳消费税。为了减少征税成本，进口环节缴纳的消费税由海关代征。

3. 委托加工应税消费品

委托方提供原料和主要材料，受托方只收取加工费和代垫部分辅助材料加工的应税消费品称为委托加工应税消费品。委托加工应税消费品的委托方应当按照消费税法的有关规定缴纳消费税，由受托方（除个人外）代收代缴税款。

4. 零售应税消费品

从 1995 年 1 月 1 日起，金银首饰消费税由在生产销售环节征收改为在零售环节征收。改在零售环节征收消费税的金银首饰仅限于金基、银基合金首饰，以及金、银和金基、银基合金的镶嵌首饰。从 2002 年 1 月 1 日起，对钻石及钻石饰品由在生产、进口环节征税改为在零售环节征税。零售环节适用税率为 5%，在纳税人销售金银首饰、钻石及钻石饰品时征收。自 2016 年 12 月 1 日起，对超豪华小汽车，在生产（进口）环节按现行税率征收消费税的基础上，在零售环节加征消费税，税率为 10%。

5. 批发应税消费品

从 2009 年 5 月 1 日起，在卷烟批发环节加征一道从价税，对在中华人民共和国境内从事卷烟批发业务的单位和个人，批发销售的所有牌号规格的卷烟，按照纳税人批发卷烟的销售额（不含增值税）征收 5% 的消费税。自 2015 年 5 月 10 日起，卷烟批发环节从价税税率由 5% 提高至 11%，并按 0.005 元/支加征从量税。纳税人应将卷烟销售额与其他商品销售额分开核算，未分开核算的，一并征收消费税。纳税人销售给纳税人以外的单位和个人的卷烟于销售时纳税。纳税人之间销售的卷烟不缴纳消费税。卷烟批发企业的总机构与分支机构不在同一地区的，由总机构申报纳税。卷烟消费税在生产和批发两个环节征收后，批发企业在计算纳税时不得扣除已含的生产环节的消费税税款。

三、消费税的税目

自 2006 年 4 月 1 日修订之后,按照《消费税暂行条例》的规定,消费税的征收范围具体划分为 15 个税目,有的税目还划分为若干子目。

(一) 烟

凡是以烟叶为原料加工生产的产品,不论使用何种辅料,均属于本税目的征收范围。这个税目下面分为三个子目,包括卷烟(进口卷烟、白包卷烟、手工卷烟和未经国务院批准纳入计划的企业及个人生产的卷烟)、雪茄烟和烟丝。

(1)卷烟按价格和来源分为两类:①甲类卷烟,是指每标准条(200 支)不含增值税调拨价在 70 元(含)以上的卷烟、进口卷烟和政府规定的其他卷烟(如白包卷烟、手工卷烟);②乙类卷烟,是指每标准条不含增值税调拨价在 70 元以下的卷烟。

(2)雪茄烟。雪茄烟的征收范围包括各种规格、型号的雪茄烟。

(3)烟丝。烟丝的征收范围包括以烟叶为原料生产加工的不经卷制的散装烟,如斗烟、莫合烟、烟末、水烟、黄红烟丝等。

(二) 酒

酒是指酒精度在 1 度以上的各种酒类饮料。本税目包括白酒、黄酒(包括各种原料酿制的黄酒和度数超过 12 度(含)的土甜酒)、啤酒和其他酒(包括药酒,不包括调味料酒)4 个子目。

(1)白酒是指以高粱、玉米、大米、小麦、薯类等为原料,经过糖化、发酵后,采用蒸馏方法酿制的酒。

(2)黄酒是指以糯米、粳米、玉米、大米、小麦、薯类等为原料,经加温、糖化、发酵压榨酿制的酒。其征税范围包括各种原料酿制的黄酒和酒度超过 12 度(含)的土甜酒。

(3)啤酒是指以大麦或其他粮食为原料,加入啤酒花,经糖化、发酵、过滤酿制的含有二氧化碳的酒。其征税范围包括各种包装和散装的啤酒。

> **特别提醒**
>
> 对饮食业、商业、娱乐业举办的啤酒屋(啤酒坊)利用啤酒生产设备生产的啤酒,应当征收消费税;无醇啤酒比照啤酒征税;"果啤"也属于啤酒,应征消费税。

(4)其他酒是指除白酒、黄酒、啤酒以外的,酒精度在 1 度以上的各种酒,包括糠麸白酒、其他原料白酒、土甜酒、复制酒、果木酒、汽酒、药酒等。根据国家税务总局公告 2011 年第 53 号规定,对以蒸馏酒或食用酒精为酒基,同时符合以下条件的配制酒,按"其他酒"适用税率征收消费税:①具有国家相关部门批准的国食健字或卫食健字文号;②酒精度低于 38 度(含)。

以发酵酒为酒基，酒精度低于20度（含）的配制酒，也按"其他酒"征税。其他配制酒，按白酒税率征收消费税。

> **特别提醒**
> 调味料酒不征收消费税。

（三）高档化妆品

高档化妆品是指生产（进口）环节销售（完税）价格（不含增值税）在10元/毫升（克）或15元/片（张）及以上的美容、修饰类化妆品和护肤类化妆品。

> **特别提醒**
> 舞台、戏剧、影视演员化妆用的上妆油、卸妆油、油彩，不属于消费税征税范围。

2016年10月1日起取消对普通美容、修饰类化妆品征收消费税，将"化妆品"税目名称更名为"高档化妆品"。征收范围包括高档美容、修饰类化妆品，以及高档护肤类化妆品和成套化妆品。税率调整为15%。

（四）贵重首饰及珠宝玉石

贵重首饰包括以金、银、白金、宝石、珍珠、钻石、翡翠、珊瑚、玛瑙等贵重、稀有物质及其他金属、人造宝石等制作的纯金银首饰及镶嵌首饰。

珠宝玉石包括钻石、珍珠、松石、青金石、欧泊石、橄榄石、长石、玉、石英、玉髓、石榴石、锆石、尖晶石、黄玉、碧玺、金绿玉、刚玉、琥珀、珊瑚、煤玉、龟甲、合成刚玉、合成宝石、双合石、玻璃仿制品。

> **特别提醒**
> 宝石坯是经采掘、打磨、初级加工的珠宝玉石半成品，应按规定征收消费税。

（五）鞭炮、焰火

鞭炮是指多层纸密裹火药，以药引线制成的一种爆炸品；焰火指烟火剂。

> **特别提醒**
> 对体育上用的发令纸、鞭炮药引线，不按本税目征收消费税。

（六）成品油

本税目下设汽油、柴油、溶剂油、航空煤油、石脑油、润滑油、燃料油七个子目。

（1）汽油是指用原油或其他原料生产的辛烷值不小于66的可用作汽油发动机燃料的各种轻质汽油。以汽油、汽油组分调和生产的甲醇汽油、乙醇汽油也属于本税目。

（2）柴油是指用原油或其他原料生产的倾点或凝点在-50号至30号的可用作柴油发动机燃料的各种轻质柴油，以及以柴油组分为主，经调和精制可以用作柴油发动机的非标油。

从2009年1月1日起，对同时符合下列条件的纯生物柴油免征消费税：

1）生产原料中废弃的动物油和植物油用量所占比重不低于70%。

2）生产的纯生物柴油符合国家《柴油机燃料调合用生物柴油（BD100）》标准。

对不符合上述规定的生物柴油，或者以柴油、柴油组分调和生产的生物柴油照章征收消费税。

（3）溶剂油是用原油或其他原料生产的用于涂料、油漆、食用油、印刷油墨、皮革、农药、橡胶、化妆品生产和机械清洗、胶粘行业的轻质油。橡胶填充油、溶剂油原料，属于溶剂油征税范围。

（4）航空煤油也叫喷气燃料，是以原油或其他原料生产的用作喷气发动机和喷气推进系统燃料的各种轻质油。

（5）石脑油又叫化工轻油，是以原油或其他原料生产的用于化工原料的轻质油。

（6）润滑油是用原油或其他原料生产的用于内燃机、机械加工过程的润滑产品。

（7）燃料油也称重油、渣油，是用原油或其他原料生产的主要用作电厂发电、锅炉用燃料、加热炉燃料、冶金和其他工业炉燃料。自2012年11月1日起，催化料、焦化料属于燃料油的征税范围，应征收消费税。

自2009年1月1日起，对成品油生产企业在生产成品油过程中，作为燃料、动力及原料消耗的自产成品油，免征消费税。对用于其他用途或直接对外销售的成品油照章征收消费税。

（七）摩托车

本税目征收范围包括轻便摩托车和摩托车两种。

（1）轻便摩托车是指最大设计车速不超过50千米/小时、发动机汽缸总工作容量不超过50毫升的两轮机动车。

（2）摩托车是指最大设计车速超过50千米/小时、发动机汽缸总工作容量不超过50毫升、空车重量不超过400公斤的两轮或三轮机动车。

> **特别提醒**
>
> 自2014年12月1日起，汽车轮胎和气缸容量250毫升（不含）以下的小排量摩托车不再征收消费税。

（八）小汽车

汽车是指由动力驱动、具有4个或4个以上车轮的非轨道承载的车辆。本税目下设乘用车、中轻型商用客车和超豪华小汽车3个子目。

（1）乘用车，即包括驾驶员座位在内最多不超过9个座位（含）的，在设计和技术特征上用于载运乘客和货物的各类乘用车。

（2）中轻型商用客车，即包括驾驶员座位在内座位数在10～23座（含23座）的，在设计和技术特性上用于载运乘客和货物的各类中轻型商用客车。用排气量小于1.5升（含）的乘用车底盘（车架）改装、改制的车辆属于乘用车征收范围。用排气量大于1.5升（含）的乘用车底盘（车架）或用中轻型商用客车底盘（车架）改装、改制的车辆属于中轻型商用客车征收范围。

> **特别提醒**
> 车身长度大于7米（含），并且座位在10～23座（含）的商用客车，不属于中轻型商用客车，不征消费税。

（3）超豪华小汽车，即每辆零售价格130万元（不含增值税）及以上的乘用车和中轻型商用客车。

> **特别提醒**
> （1）电动汽车、沙滩车、雪地车、卡丁车、高尔夫车不属于消费税征收范围，不征收消费税。
> （2）对于企业购进货车或厢式货车改装生产的商务车、卫星通信车等专用汽车不征收消费税。
> （3）对超豪华小汽车，在生产（进口）环节按现行税率征收消费税的基础上，在零售环节加征消费税，税率为10%。

（九）高尔夫球及球具

高尔夫球及球具是指从事高尔夫球运动所需的各种专用装备，包括高尔夫球、高尔夫球杆及高尔夫球包（袋）等。本税目征收范围包括高尔夫球、高尔夫球杆、高尔夫球包（袋）。高尔夫球杆的杆头、杆身和握把也属于本税目的征收范围。

（十）高档手表

高档手表是指销售价格（不含增值税）每只在10 000元（含）以上的各类手表。

（十一）游艇

游艇是指长度大于 8 米小于 90 米，船体由玻璃钢、钢、铝合金、塑料等多种材料制作，可以在水上移动的水上浮载体。按照动力划分，游艇分为无动力艇、帆艇和机动艇。本税目征收范围包括艇身长度大于 8 米（含）小于 90 米（含），内置发动机，可以在水上移动，一般为私人或团体购置，主要用于水上运动和休闲娱乐等非营利活动的各类机动艇。

（十二）木制一次性筷子

木制一次性筷子，又称卫生筷子，是指以木材为原料经过锯段、浸泡、旋切、刨切、烘干、筛选、打磨、倒角、包装等环节加工而成的各类一次性使用的筷子。本税目征收范围包括各种规格的木制一次性筷子。未经打磨、倒角的木制一次性筷子也属于本税目征税范围。

（十三）实木地板

实木地板是指以木材为原料，经锯割、干燥、刨光、截断、开榫、涂漆等工序加工而成的块状或条状的地面装饰材料。本税目征收范围包括各类规格的实木地板，实木指接地板，实木复合地板，以及用于装饰墙壁、天棚的侧端面为榫、槽的实木装饰板，还包括未经涂饰的素板。

（十四）涂料

所谓涂料是指涂于物体表面能形成具有保护、装饰或特殊性能的固态涂膜的一类液体或固体材料的总称。涂料由主要成膜物质、次要成膜物质等构成。对施工状态下挥发性有机物（volatile organic compounds，VOC）含量低于 420 克/升（含）的涂料免征消费税。

（十五）电池

电池，是一种将化学能、光能等直接转换为电能的装置。征税范围包括：原电池、蓄电池、燃料电池、太阳能电池和其他电池。

对无汞原电池、金属氢化物镍蓄电池（又称"氢镍蓄电池"或"镍氢蓄电池"）、锂原电池、锂离子蓄电池、太阳能电池、燃料电池和全钒液流电池免征消费税。

四、消费税的征税环节

（一）生产环节

纳税人生产应税消费品直接对外销售的，在销售时纳税。

纳税人自产自用应税消费品，用于连续生产应税消费品的，不纳税；用于其他方面的，于移送使用时纳税。

（二）委托加工环节

纳税人委托加工应税消费品的，委托方是消费税的纳税义务人，由受托方（个人除外）在向委托方交货时代收代缴消费税税款；委托个人加工的应税消费品，由委托方收回后缴纳消费税。

（三）进口环节

进口应税消费品，在进口环节应缴纳消费税。

（四）批发环节

批发环节的应税消费品特指卷烟。

（五）零售环节

零售环节的应税消费品特指金银首饰、钻石及钻石饰品、超豪华小汽车。

五、税率

（一）税率形式

我国现行消费税采用比例税率、定额税率的形式计算应纳税额，计税依据包括销售额和销售数量。例如，高档化妆品的比例税率为15%，黄酒、啤酒、成品油等分别按单位重量或单位体积确定单位税额。经汇总的消费税税目、税率如表3-2所示。

表 3-2　消费税税目、税率

税　目	税　率
一、烟	
1. 卷烟	
（1）甲类卷烟（调拨价70元（不含增值税）/条以上（含70元））	56% 加 0.003 元/支（生产环节）
（2）乙类卷烟（调拨价70元（不含增值税）/条以下）	36% 加 0.003 元/支（生产环节）
（3）商业批发	11% 加 0.005 元/支（批发环节）
2. 雪茄	36%（生产环节）
3. 烟丝	30%（生产环节）
二、酒	
1. 白酒	20% 加 0.5 元/500 克（或者 500 毫升）
2. 黄酒	240 元/吨
3. 啤酒	
（1）甲类啤酒	250 元/吨
（2）乙类啤酒	220 元/吨
4. 其他酒	10%

(续)

税 目	税 率
三、高档化妆品	15%
四、贵重首饰及珠宝玉石	
1. 金银首饰、铂金首饰和钻石及钻石饰品	5%
2. 其他贵重首饰和珠宝玉石	10%
五、鞭炮、焰火	15%
六、成品油（2015年1月13日起）	
1. 汽油	1.52元/升
2. 柴油	1.2元/升
3. 航空煤油	1.2元/升（继续暂缓征收）
4. 石脑油	1.52元/升
5. 溶剂油	1.52元/升
6. 润滑油	1.52元/升
7. 燃料油	1.2元/升
七、摩托车	
1. 气缸容量（排气量，下同）在250毫升以下的	3%
2. 气缸容量在250毫升（不含）以上的	10%
八、小汽车	
1. 乘用车	
（1）气缸容量（排气量，下同）在1.0升（含1.0升）以下的	1%
（2）气缸容量在1.0升以上至1.5升（含1.5升）的	3%
（3）气缸容量在1.5升以上至2.0升（含2.0升）的	5%
（4）气缸容量在2.0升以上至2.5升（含2.5升）的	9%
（5）气缸容量在2.5升以上至3.0升（含3.0升）的	12%
（6）气缸容量在3.0升以上至4.0升（含4.0升）的	25%
（7）气缸容量在4.0升以上的	40%
2. 中轻型商用客车	5%
3. 超豪华小汽车	10%
九、高尔夫球及球具	10%
十、高档手表	20%
十一、游艇	10%
十二、木制一次性筷子	5%
十三、实木地板	5%
十四、涂料	4%
十五、电池	4%

（二）最高税率的基本规定

（1）纳税人兼营不同税率的应税消费品，即纳税人生产销售应税消费品，不是单一经营某一税率的产品，而是生产销售两种税率以上的应税消费品时，应当分别核算不同税率应税消费品的销售额或销售数量，未分别核算的，按最高税率征税。

（2）纳税人将应税消费品与非应税消费品以及适用税率不同的应税消费品组成成套消费品销售的，应根据成套消费品的销售金额，按应税消费品中适用最高税率的消费品税率征税。

（3）纳税人兼营卷烟批发和零售业务的应当分别核算，未分别核算的按照全部销售额、销售数量计征批发环节消费税。

(三) 适用税率的特殊规定

1. 卷烟的适用税率

(1) 生产环节卷烟适用复合税率。从量税率为 0.003 元/支;从价税率按以下类别选择确定:甲类卷烟,56%,乙类卷烟,36%。

(2) 卷烟批发环节适用复合税率:从价税率 11%,从量税率 0.005 元/支。

2. 白酒的适用税率

(1) 外购酒精生产的白酒,按酒精所用原料确定白酒的适用税率。

(2) 以外购的不同品种的白酒勾兑的白酒,一律按照白酒的税率征收消费税。

(3) 对用粮食和薯类、糠麸等多种原料混合生产的白酒,一律按照白酒的税率征收消费税。

3. 啤酒的适用税率

啤酒按照出厂价格(含包装物押金,不含供重复使用的塑料周转箱的押金)分类确定:

(1) 甲类啤酒为每吨不含增值税出厂价格(含包装物和包装物押金)在 3 000 元(含)以上和娱乐业、饮食业自制的啤酒,从量税额为每吨 250 元。

(2) 乙类啤酒为每吨不含增值税出厂价格不足 3 000 元的啤酒,从量税额为每吨 220 元,这里的出厂价格含包装物及包装物押金。

4. 超豪华小汽车的适用税率

对超豪华小汽车,在生产(进口)环节按乘用车和中轻型商用客车的规定征收,在零售环节加征消费税,税率为 10%。

第三节 消费税应纳税额的计算

按照我国现行消费税法的规定,消费税应纳税额的计算方法有三种:从价定率计征,从量定额计征,复合计征。

一、生产销售应税消费品应纳消费税额的计算

纳税人在生产销售环节应缴纳的消费税,包括直接对外销售应税消费品应缴纳的消费税和自产自用应税消费品应缴纳的消费税。

(一) 直接对外销售应税消费品应纳消费税额的计算

1. 从价定率计算

我国现行消费税对大部分消费品实行比例税率,采用从价定率计算方法征税。基本计算公式为:

$$应纳税额 = 应税消费品的销售额 \times 比例税率$$

(1) 计税销售额的一般规定。

纳税人对外销售其生产的应税消费品,应当以其销售额为依据计算纳税。销售额

为纳税人销售应税消费品时向购买方收取的全部价款和价外费用。销售，是指有偿转让应税消费品的所有权；有偿，是指从购买方取得货币、货物或者其他经济利益；价外费用，是指价外向购买方收取的手续费、补贴、基金、集资费、返还利润、奖励费、违约金、滞纳金、延期付款利息、赔偿金、代收款项、代垫款项、包装费、包装物租金、储备费、优质费、运输装卸费以及其他各种性质的价外收费。但下列项目不包括在内。①同时符合以下条件的代垫运输费用：承运部门的运输费用发票开具给购买方的；纳税人将该项发票转交给购买方的。②同时符合以下条件代为收取的政府性基金或者行政事业性收费：由国务院或者财政部批准设立的政府性基金，由国务院或者省级人民政府及其财政、价格主管部门批准设立的行政事业性收费；收取时开具省级以上财政部门印制的财政票据；所收款项全额上缴财政。

其他价外费用，无论是否属于纳税人的收入，均应并入销售额计算征税。

应税消费品在缴纳消费税的同时，与一般货物相同，还应缴纳增值税。按照规定，应税消费品的销售额，不包括应向购货方收取的增值税。如果纳税人应税消费品的销售额中包含增值税税款，在计算消费税时，就应将含增值税的销售额换算为不含增值税税款的销售额。其换算公式为：

$$应税消费品的销售额 = 含增值税的销售额 \div (1+增值税税率或征收率)$$

特别提醒

增值税是价外税，计算增值税的价格中不包括增值税；消费税是价内税，计算消费税的价格中包括消费税。消费税应税销售额是不含增值税但含消费税的销售额。

【例3-1】 某高档化妆品生产企业为增值税一般纳税人。2019年4月15日，该企业向某大型商场销售高档化妆品一批，开具增值税专用发票，取得不含增值税销售额60万元，增值税税额7.8万元；3月20日向某单位销售高档化妆品一批，开具普通发票，取得含增值税销售额6.78万元。

要求：计算该化妆品生产企业上述业务应缴纳的消费税额（高档化妆品适用消费税税率为15%）。

【解析】

$$化妆品的应税销售额 = 60+6.78 \div (1+13\%) = 66（万元）$$
$$应缴纳的消费税税额 = 66 \times 15\% = 9.9（万元）$$

（2）计税销售额的特殊规定。

1）包装物及押金的计税销售额。

实行从价定率办法计算应纳税额的应税消费品连同包装销售的，无论包装是否单独计价，也不论在会计上如何核算，均应并入应税消费品的销售额中对其征收消费税。如果包装物不是作价随同产品销售，而是收取押金，此项押金则不应并入应税消费品的销售额中对其征税。但因逾期未收回的包装物不再退还的或者收取的时间已超过12个月的押金，应并入应税消费品的销售额，按照应税消费品的适用税率缴纳消费税。既作价随同应税消费品销售又另外收取押金的包装物的押金，凡纳税人在规定的期限内没有退还的，均应并入应税消费品的销售额，按照应税消费品的适用税率缴纳消费税。

从1995年6月1日起，对酒类产品生产企业（不包括啤酒、黄酒，因为啤酒、黄酒从量征收消费税，押金对其计征消费税无直接影响）销售酒类产品而收取的包装物押金，无论押金是否返还与会计上如何核算，均需并入酒类产品销售额中，依酒类产品的适用税率征收消费税。包装物押金的税务处理如表3-3所示。

表3-3 包装物押金的税务处理

押金种类	收到时，未逾期	逾期时
一般应税消费品的包装物押金	不缴纳增值税，不缴纳消费税	缴纳增值税，缴纳消费税（押金需换算为不含税价）
酒类产品包装物押金（除啤酒、黄酒外）	无论押金是否返还与会计上如何核算，均需并入酒类产品销售额中，依酒类产品的适用税率征收消费税、增值税	
啤酒、黄酒包装物押金	不缴纳增值税，不缴纳消费税	应缴纳增值税，不缴纳消费税（因为从量征收）

2）纳税人销售的应税消费品，以外汇结算销售额的，其销售额的人民币折合率可以选择结算的当天或者当月1日的国家外汇牌价（原则上为中间价）。纳税人应事先确定采取何种折合率，确定后1年内不得变更。

3）纳税人通过自设非独立核算门市部销售的自产应税消费品的税务处理。

纳税人通过自设非独立核算门市部销售的自产应税消费品，应当按照门市部对外销售额或者销售数量征收消费税。

特别提醒

纳税人通过自设独立核算门市部销售自产应税消费品的，应当按照纳税人销售给独立核算门市部的销售额或者销售数量计算征收消费税。

【例3-2】某摩托车生产企业为增值税一般纳税人，2021年6月生产摩托车（汽缸容量为200毫升）200辆，以每辆出厂价10 000元（不含增值税）给自设非独立核算的门市部，门市部又以每辆11 060元（含增值税）的价格销售给消费者。

要求：计算摩托车生产企业6月应缴纳的消费税（摩托车适用消费税税率3%）。

【解析】

$$应纳税额 = 11\,060 \times 200 \div (1+13\%) \times 3\% = 58\,725.66（元）$$

4）纳税人用于其他方面的应税消费品的税务处理。

纳税人用于换取生产资料和消费资料、投资入股和抵偿债务等方面的应税消费品，应当以纳税人同类应税消费品的最高销售价格作为计税依据计算消费税。增值税按照平均价格计算征收。

链接

纳税人用于换取生产资料和消费资料、投资入股和抵偿债务等方面的应税消费品，应当以纳税人同类应税消费品的"平均销售价格"（没有"平均销售价格"的，按照组成计税价格）作为计税依据计算增值税。

特别提醒

同一环节既征收消费税又征收增值税的，消费税与增值税的计税销售额一般情况下是相同的（用于换取生产资料和消费资料、投资入股和抵偿债务等方面的应税消费品除外）。

【例3-3】 某汽车制造厂以自产小汽车（气缸容量2.3升）5辆换取生产资料。该厂生产的同一型号小汽车不含增值税的销售价格分别为10.5万元/辆、12.5万元/辆和15万元/辆。

要求：计算用于换取生产资料的小汽车应纳消费税税额（以上价格均不含增值税，小汽车适用的消费税税率为9%）。

【解析】

用于换取生产资料的小汽车应缴纳消费税=15×5×9%=6.75（万元）

2. 从量定额计算

我国现行消费税仅对黄酒、啤酒、成品油实行定额税率，采用从量定额计算方法征税。基本计算公式为：

$$应纳税额 = 应税消费品的销售数量 \times 定额税率$$

（1）销售数量的确定。

销售数量是指纳税人生产、委托加工和进口应税消费品的数量，具体规定为：

①销售应税消费品的，为应税消费品的销售数量。

②自产自用应税消费品的，为应税消费品的移送使用数量。

③委托加工应税消费品的，为纳税人收回的应税消费品数量。

④进口的应税消费品，为海关核定的应税消费品进口征税数量。

特别提醒

实行从量定额计税的，消费税的计算与销售价格无关，不存在通过组成计税价格计算消费税的问题。

（2）计量单位的换算标准。

按照《消费税暂行条例》的规定，黄酒、啤酒以吨为税额单位，成品油以升为税额单位。但是，考虑到在实际销售过程中，一些纳税人会把吨或升这两个计量单位混用，为了规范不同产品的计量单位，以准确计算应纳税额，我们将吨与升两个计量单位的换算标准列示在表3-4中。

表3-4 吨、升换算

序号	名称	计量单位的换算标准	序号	名称	计量单位的换算标准
1	黄酒	1吨=962升	6	石脑油	1吨=1 385升
2	啤酒	1吨=988升	7	溶剂油	1吨=1 282升
3	汽油	1吨=1 388升	8	润滑油	1吨=1 126升
4	柴油	1吨=1 176升	9	燃料油	1吨=1 015升
5	航空煤油	1吨=1 246升			

【例3-4】 某炼油厂2019年4月销售无铅汽油120吨，取得销售额480万元；销售柴油100吨，取得销售额36万元。

要求：计算该炼油厂4月应缴纳的消费税税额（无铅汽油单位税额为1元/升，柴油单位税额为0.8元/升）。

【解析】

该厂应缴纳的消费税=120×1 388×1+100×1 176×0.8=260 640（元）

3. 从价定率和从量定额复合计算

我国现行消费税的征税范围中，只有卷烟、粮食白酒、薯类白酒采用复合计征方法。基本计算公式为：

$$应纳税额 = 应税销售数量 \times 定额税率 + 应税销售额 \times 比例税率$$

【例3-5】 某白酒生产企业为增值税一般纳税人，2019年5月销售粮食白酒10吨，取得不含增值税的销售额50万元。

要求：计算白酒企业5月应缴纳的消费税税额（白酒适用比例税率20%，定额税率为每500克0.5元）。

【解析】

应纳税额=10×2 000×0.000 05+50×20%=11（万元）

4. 计税依据的特殊规定

（1）金银首饰（零售环节征收）的计税依据。

既销售金银首饰又销售非金银首饰的生产、经营单位，应将两类商品划分清楚，分别核算销售额。凡划分不清楚或不能分别核算的，在生产环节销售的，一律从高适用税率征收消费税；在零售环节销售的，一律按金银首饰征收消费税。

金银首饰与其他产品组成成套消费品销售的，应按销售额全额征收消费税。

金银首饰连同包装物销售的，无论包装是否单独计价，也无论会计上如何核算，均应并入金银首饰的销售额，计征消费税。

带料加工的金银首饰，应按受托方销售同类金银首饰的销售价格确定计税依据征收消费税。没有同类金银首饰销售价格的，按照组成计税价格计算纳税。

纳税人采用以旧换新（含翻新改制）方式销售的金银首饰，应按实际收取的不含增值税的全部价款确定计税依据征收消费税。

（2）卷烟最低计税价格的核定。

根据国家税务总局令第26号，自2012年1月1日起，卷烟消费税最低计税价格核定范围为卷烟生产企业在生产环节销售的所有牌号、规格的卷烟。

计税价格由国家税务总局按照卷烟批发环节销售价格扣除卷烟批发环节毛利核定并发布，计税价格的核定公式如下：

　　某牌号、规格的卷烟计税价格＝批发环节销售价格×（1－适用批发毛利率）

卷烟批发环节销售价格，按照税务机关采集的所有卷烟批发企业在价格采集期内销售的该牌号、规格卷烟的数量、销售额进行加权平均计算。其计算公式如下：

$$批发环节销售价格 = \frac{\Sigma 该牌号、规格卷烟各采集点的销售额}{\Sigma 该牌号、规格卷烟各采集点的销售数量}$$

实际销售价格高于核定计税价格的卷烟，按实际销售价格征收消费税；反之，按计税价格征税。

（3）白酒计税依据中从价定率部分的特殊规定。

1）白酒生产企业向商业销售单位收取的"品牌使用费"是随着应税白酒的销售而向购货方收取的，属于应税白酒销售价款的组成部分，因此，不论企业采取何种方式或以何种名义收取价款，均应并入白酒的销售额中缴纳消费税。

2）从2009年8月1日起，白酒生产企业销售给销售单位的白酒，生产企业消费税计税价格低于销售单位对外销售价格70%以下的，税务机关应核定消费税最低计税价格；已核定最低计税价格的白酒，销售单位对外销售价格持续上涨或下降时间达到3个月以上、累计上涨或下降幅度在20%（含）以上的白酒，税务机关需要重新核定最低计税价格。

3）核定标准。

①最低计税价格的核定标准。白酒生产企业销售给销售单位的白酒，生产企业消费税计税价格低于销售单位对外销售价格70%以下的，消费税最低计税价格由税务机关根据生产规模、白酒品牌、利润水平等情况，在销售单位对外销售价格50%～70%范围内自行核定。其中，生产规模较大、利润水平较高的企业生产的需要核定消费税最低计税价格的白酒，税务机关核价幅度原则上应选择销售单位对外销售价格60%～70%的范围内。

②从高适用计税价格。已核定最低计税价格的白酒，生产企业实际销售价格高于消费税最低计税价格的，按实际销售价格申报纳税；实际销售价格低于消费税最低计税价格的，按最低计税价格申报纳税。

③重新核定计税价格。已核定最低计税价格的白酒，销售单位对外销售价格持续上涨或下降时间达到3个月以上，累计上涨或下降幅度在20%（含）以上的白酒，税务机关重新核定最低计税价格。

白酒生产企业在办理消费税纳税申报时，应附已核定最低计税价格白酒清单。

(二)自产自用应税消费品应纳消费税的计算

所谓自产自用是指纳税人生产应税消费品后,不是用于直接对外销售,而是用于自己连续生产应税消费品或用于其他方面。

1. 用于连续生产应税消费品的规定

纳税人自产自用的应税消费品,用于连续生产应税消费品的,不纳税。所谓"纳税人自产自用的应税消费品,用于连续生产应税消费品的",是指作为生产最终应税消费品的直接材料并构成最终产品实体的应税消费品。例如,卷烟厂生产出烟丝,烟丝已是应税消费品,卷烟厂再用生产出的烟丝连续生产卷烟,这样,用于连续生产卷烟的烟丝就不缴纳消费税,只对生产的卷烟征收消费税。当然,生产出的烟丝如果是用于直接销售的,还是要缴纳消费税的。

【例3-6】 某卷烟厂7月生产烟丝20万元,其中20%对外销售,取得不含增值税收入6万元;另外80%用于连续生产卷烟。

要求: 计算卷烟厂当月烟丝应纳的消费税税额(烟丝消费税税率为30%)。

【解析】

$$烟丝应纳消费税税额 = 6 \times 30\% = 1.8(万元)$$

2. 用于其他方面的应税消费品的征税规定

纳税人自产自用的应税消费品,除用于连续生产应税消费品外,凡用于其他方面的,于移送使用时纳税。"用于其他方面"是指纳税人用于生产非应税消费品、在建工程、管理部门、非生产性机构、提供劳务,以及用于馈赠、赞助、集资、广告、样品、职工福利、奖励等方面。所谓"用于生产非应税消费品",是指把自产的应税消费品用于生产《消费税暂行条例》税目、税率表所列15类产品以外的产品。例如,原油加工厂用生产出的应税消费品汽油调和制成溶剂汽油,该溶剂汽油就属于非应税消费品。所谓"用于在建工程",是指把自产的应税消费品用于本单位的各项建设工程。例如,石化工厂把自己生产的柴油用于本厂基建工程的车辆、设备使用。所谓"用于管理部门、非生产机构",是指把自己生产的应税消费品用于与本单位有隶属关系的管理部门或非生产机构。例如,汽车制造厂把生产出的小汽车提供给上级主管部门使用。所谓"用于馈赠、赞助、集资、广告、样品、职工福利、奖励",是指把自己生产的应税消费品无偿赠送给他人,或以资金的形式投资于外单位,或作为商品广告、经销样品,或以福利、奖励的形式发给职工。例如,摩托车厂把自己生产的摩托车赠送或赞助给摩托车拉力赛赛手使用,兼做商品广告;酒厂把生产的滋补药酒以福利的形式发给职工等。

从2009年1月1日起,对成品油生产企业在生产成品油过程中,作为燃料、动力及原料消耗掉的自产成品油,免征消费税。

自2020年1月1日起,单位和个体工商户将自产、委托加工或购买的货物,通过公益性社会组织和县级以上人民政府及其部门等国家机关,或者直接向承担疫情防治任务的医院,无偿捐赠用于应对新型冠状病毒感染的肺炎疫情的,免征消费税。

3. 组成计税价格及税额的计算

按照现行税法的规定，纳税人自产自用的应税消费品，凡用于其他方面应当纳税的，具体分为以下两种情况。

（1）有同类消费品销售价格的。

有同类消费品销售价格的，按照纳税人生产的同类消费品不含增值税的销售价格计算纳税。

应纳税额＝同类消费品不含增值税的销售单价×自产自用数量×适用税率

这里所说的"同类消费品销售价格"，是指纳税人当月销售的同类消费品的销售价格，如果当月同类消费品各期销售价格高低不同，应按销售数量加权平均计算。但销售的应税消费品有下列情况之一的，不得列入加权平均计算：①销售价格明显偏低又无正当理由的；②无销售价格的。如果当月无销售或者当月未完结，其应按照同类消费品上月或者最近月份的销售价格计算纳税。

【例3-7】 某摩托车厂（增值税一般纳税人）8月将生产的6辆摩托车赠与摩托车拉力赛使用。本月该厂销售该种摩托车两批：8月3日销售80辆，每辆不含税售价10 000元；8月20日销售120辆，每辆不含税售价8 000元。

要求：计算摩托车厂当月应缴纳的消费税税额（摩托车消费税税率为10%）。

【解析】

加权平均售价＝（80×10 000+120×8 000）÷（80+120）=8 800（元）

赠与的摩托车应纳税额＝6×8 800×10%=5 280（元）

对外销售摩托车应纳税额＝（80×10 000+120×8 000）×10%=176 000（元）

该厂当月应纳税额合计＝5 280+176 000=181 280（元）

（2）没有同类消费品销售价格的。

没有同类消费品销售价格的，按照组成计税价格计算纳税。由于消费税属于价内税，在计算组成计税价格时要包括消费税。组成计税价格的计算公式有以下两种。

第一种，实行从价定率办法计算纳税的：

组成计税价格＝（成本＋利润）÷（1－比例税率）

应纳税额＝组成计税价格×比例税率

第二种，实行复合计税办法计算纳税的：

组成计税价格＝（成本＋利润＋自产自用数量×定额税率）÷（1－比例税率）

应纳税额＝组成计税价格×比例税率＋自产自用数量×定额税率

上述公式中所说的"成本"，是指应税消费品的产品生产成本。上述公式中所说的"利润"，是指根据应税消费品的全国平均成本利润率计算的利润。应税消费品的全国平均成本利润率由国家税务总局确定。国家税务总局颁发的《消费税若干具体问题的规定》，确定了应税消费品的全国平均成本利润率，如表3-5所示。

表 3-5 平均成本利润率

货物名称	利润率（%）	货物名称	利润率（%）
1. 甲类卷烟	10	11. 摩托车	6
2. 乙类卷烟	5	12. 电池	5
3. 雪茄烟	5	13. 涂料	6
4. 烟丝	5	14. 高尔夫球及球具	10
5. 粮食白酒	10	15. 高档手表	20
6. 薯类白酒	5	16. 游艇	10
7. 其他酒	5	17. 木制一次性筷子	5
8. 高档化妆品	5	18. 实木地板	5
9. 鞭炮、焰火	5	19. 乘用车	8
10. 贵重首饰及珠宝玉石	5	20. 中轻型商用客车	6

对于从量定额征收消费税的消费品，消费税与售价和组成计税价格无关，由于消费税属于价内税，在计算增值税组成计税价格时要包括消费税。

【例 3-8】 某化妆品公司将一批自产的高档化妆品用作职工福利，高档化妆品的成本为 16 000 元，该化妆品无同类产品市场销售价格，已知其成本利润率为 5%，消费税税率为 15%。

要求：计算该批高档化妆品应缴纳的消费税税额。

【解析】

组成计税价格 = 成本 × （1+ 成本利润率）÷ （1− 消费税税率）
= 16 000 × （1+5%）÷ （1−15%）
= 16 800 ÷ 0.85
≈ 19 764.7（元）

应纳消费税税额 =19 764.7 × 15%= 2 964.705（元）

二、委托加工环节应税消费品应纳税额的计算

委托加工应税消费品，是生产应税消费品的另一种形式，也需要纳入征收消费税的范围。

（一）委托加工应税消费品的确定

委托加工应税消费品是指由委托方提供原料和主要材料，受托方只收取加工费和代垫部分辅助材料加工的应税消费品。对于由受托方提供原材料生产的应税消费品，或者受托方先将原材料卖给委托方然后再接受加工的应税消费品，以及由受托方以委托方名义购进原材料生产的应税消费品，不论纳税人在财务上是否做销售处理，都不得作为委托加工应税消费品，而应当按照销售自制应税消费品缴纳消费税。

（二）代收代缴税款的规定

对委托加工的应税消费品，税法规定，由受托方在向委托方交货时代收代缴消费税。因此，受托方必须严格履行代收代缴义务，正确计算和按时代收代缴税款。2008 年 12 月 15 日财政部、国家税务总局第 51 号令颁布的《中华人民共和国消费税暂行条例实

施细则》规定，委托个人加工的应税消费品，由委托方收回后缴纳消费税。

受托方没有按规定代收代缴税款的，并不能因此免除委托方补缴税款的责任。在对委托方进行税务检查中，如果发现其委托加工的应税消费品受托方没有代收代缴税款，委托方要补缴税款（对受托方不再重复补税，但按照《税收征收管理法》的规定，对受托方处以应代收代缴税款50%以上3倍以下的罚款）。

对委托方补征税款的计税依据是：如果在检查时，收回的应税消费品已经直接销售，按销售额计税；收回的应税消费品尚未销售或不能用于直接销售的（如收回后用于连续生产等），按组成计税价格计税。组成计税价格的计算公式与下文中组成计税价格的公式相同。

对委托加工的应税消费品，受托方在交货时已代收代缴消费税，委托方收回后以不高于受托方的计税价格出售的，为直接出售，不再缴纳消费税；委托方以高于受托方的计税价格出售的，不属于直接出售，需按照规定申报缴纳消费税，在计税时准予扣除受托方已代收代缴的消费税。

（三）组成计税价格及应纳税额的计算

1. 受托方有同类消费品销售价格的

委托加工的应税消费品，按照受托方的同类消费品的销售价格计算纳税。消费品的销售价格是指受托方（即代收代缴义务人）当月销售的同类消费品的销售价格，如果当月同类消费品各期销售价格高低不同，应按销售数量加权平均计算。但销售的应税消费品有下列情况之一的，不得列入加权平均计算：①销售价格明显偏低又无正当理由的；②无销售价格的。如果当月无销售或者当月未完结，应按照同类消费品上月或最近月份的销售价格计算纳税。

2. 受托方没有同类消费品销售价格的

没有同类消费品销售价格的，按照组成计税价格计算纳税。组成计税价格的计算公式分以下两种。

（1）实行从价定率办法计算纳税的组成计税价格的计算公式为：

$$组成计税价格 = （材料成本 + 加工费） \div （1 - 比例税率）$$

（2）实行复合计税办法计算纳税的组成计税价格的计算公式为：

$$组成计税价格 = （材料成本 + 加工费 + 委托加工数量 \times 定额税率） \div （1 - 比例税率）$$

上述组成计税价格公式中有两个重要的专业名词需要解释。

（1）材料成本，是指委托方所提供的加工材料的实际成本。委托加工应税消费品的纳税人，必须在委托加工合同上如实注明（或以其他方式提供）材料成本，凡未提供材料成本的，受托方所在地主管税务机关有权核定其材料成本。

（2）加工费，是指受托方加工应税消费品时向委托方所收取的全部费用（包括代垫辅助材料的实际成本，但不包括随加工费收取的增值税和代收代缴的消费税），这是税法对受托方的要求。受托方必须如实提供向委托方收取的全部费用，这样才能既保证组成计税价格及代收代缴消费税准确地计算出来，也使受托方得以按加工费正确计算其应纳的增值税。

【例 3-9】 某鞭炮企业 2019 年 9 月受托为某单位加工一批鞭炮,委托单位提供的原材料金额为 150 万元,该企业收取委托单位不含增值税的加工费 20 万元,鞭炮企业当地无加工鞭炮的同类产品市场价格。

要求: 计算鞭炮企业应代收代缴的消费税(鞭炮的适用税率为 15%)。

【解析】

组成计税价格 =(150+20)÷(1-15%)=200(万元)

应代收代缴消费税 =200×15%=30(万元)

三、进口环节应纳消费税的计算

进口的应税消费品,于报关进口时缴纳消费税;进口的应税消费品的消费税由海关代征,由进口人或者其代理人向报关地海关申报纳税;纳税人进口应税消费品,按照关税征收管理的相关规定,应当自海关填发海关进口消费税专用缴款书之日起 15 日内缴纳税款。

纳税人进口应税消费品,按照组成计税价格和规定的税率计算应纳税额。

(一)进口一般货物应纳消费税税额的计算

1. 实行从价定率计征应纳税额的计算

实行从价定率计征应纳税额的计算公式为:

组成计税价格 =(关税完税价格 + 关税)÷(1- 消费税比例税率)

应纳税额 = 组成计税价格 × 消费税比例税率

【例 3-10】 某商贸公司于 2019 年 10 月从国外进口一批应税消费品。已知该批应税消费品的关税完税价格为 180 万元,按规定应缴纳关税 36 万元。假定进口的应税消费品的消费税税率为 10%。

要求: 计算该批消费品进口环节应缴纳的消费税税额。

【解析】

组成计税价格 =(180+36)÷(1-10%)=240(万元)

应缴纳消费税税额 =240×10%=24(万元)

2. 实行从量定额计征应纳税额的计算

实行从量定额计征应纳税额的计算公式为:

应纳税额 = 应税消费品数量 × 消费税定额税率

3. 实行从价定率和从量定额复合计税办法应纳税额税额的计算

实行复合计税办法应纳税额的计算公式为:

组成计税价格 =(关税完税价格 + 关税 + 进口数量 × 消费税定额税率)÷

(1- 消费税比例税率)

应纳税额 = 组成计税价格 × 消费税税率 + 应税消费品进口数量 × 消费税定额税率

进口环节消费税除国务院另有规定者外,一律不得给予减税、免税。

(二)进口卷烟应纳消费税税额的计算

1. 进口卷烟的从量税计算

进口卷烟的消费税从量税 = 海关核定的进口卷烟数量 × 消费税定额税率

进口卷烟的消费税定额税率与国内相同,每标准条(200支)0.6元,每标准箱(50 000支)150元。

2. 进口卷烟的从价税计算

(1)进口卷烟消费税适用比例税率的确定方法。

进口卷烟消费税适用比例税率按以下办法确定:

每标准条进口卷烟(200支)确定消费税适用比例税率的价格 =(关税完税价格 + 关税 + 消费税定额税)÷(1- 消费税税率)。其中,关税完税价格和关税为每标准条的关税完税价格及关税税额,消费税定额税率为每标准条(200支)0.6元(依据现行消费税定额税率折算而成),消费税税率固定为36%。

每标准条进口卷烟(200支)确定消费税适用比例税率的价格 ≥ 70元人民币的,适用比例税率为56%;每标准条进口卷烟(200支)确定消费税适用比例税率的价格 < 70元人民币的,适用比例税率为36%。

(2)计算进口卷烟消费税组成计税价格及从价税。

进口卷烟消费税组成计税价格计算公式为:

组成计税价格 =(关税完税价格 + 关税 + 消费税从量税)÷
(1- 进口卷烟消费税适用比例税率)

从价消费税 = 组成计税价格 × 进口卷烟消费税适用比例税率(36%或56%)

3. 进口卷烟应纳消费税税额的计算

应纳消费税税额 = 从量税 + 从价税 = 进口卷烟消费税从量税 + 消费税组成
计税价格 × 进口卷烟消费税适用比例税率

【例3-11】 有进出口经营权的某外贸公司,2019年11月从国外进口卷烟320箱(每箱250条,每条200支),支付买价2 000 000元,支付到达我国海关前的运输费用120 000元、保险费用80 000元。已知进口卷烟的关税税率为20%。

要求:计算卷烟在进口环节应缴纳的消费税。

【解析】

进口卷烟的从量税 = 320×250×0.6 = 48 000(元)

每条进口卷烟消费税适用比例税率的价格 = [(2 000 000+120 000+80 000)÷(320×250)×(1+20%)+0.6]÷(1-36%) = 52.5(元)

52.5元 < 70元,适用消费税税率为36%。

进口卷烟的从价税 = 320×250×52.5×36% = 1 512 000(元)

进口卷烟应缴纳的消费税 = 1 512 000+48 000 = 1 560 000(元)

四、已纳消费税扣除的相关规定

我国现行消费税法规定,对将外购应税消费品和委托加工收回的应税消费品继续生产应税消费品销售的，可以将外购应税消费品和委托加工收回应税消费品已缴纳的消费税扣除。

（一）外购应税消费品已纳税款的扣除

由于某些应税消费品是用外购已缴纳消费税的应税消费品连续生产出来的，在对这些连续生产出来的应税消费品计算征税时，税法规定应按当期生产领用数量计算准予扣除外购的应税消费品已纳的消费税税款。

1. 准予扣除的范围

准予扣除的范围包括：

（1）外购已税烟丝生产的卷烟。
（2）外购已税高档化妆品原料生产的高档化妆品。
（3）外购已税珠宝、玉石原料生产的贵重首饰及珠宝、玉石。
（4）外购已税鞭炮、焰火原料生产的鞭炮、焰火。
（5）外购已税杆头、杆身和握把为原料生产的高尔夫球杆。
（6）外购已税木制一次性筷子为原料生产的木制一次性筷子。
（7）外购已税实木地板原料生产的实木地板。
（8）外购已税汽油、柴油、石脑油、燃料油、润滑油为原料生产的应税成品油。

> **特别提醒**
> 自2015年5月1日起，从葡萄酒生产企业购进、进口葡萄酒连续生产应税葡萄酒的，准予抵扣从葡萄酒消费税应纳税额中扣除所耗用应税葡萄酒已纳消费税税款。

> **总结**
> 上述可扣除的项目都是同一税目，同一纳税环节；扣除范围不包括"酒"（葡萄酒除外），以及"小汽车""摩托车""高档手表""游艇""电池""涂料"；用于生产非应税消费品不得扣除。

> **特别提醒**
> 对自己不生产应税消费品，只是购进后再销售应税消费品的工业企业，其销售的珠宝玉石，以及高档化妆品和鞭炮、焰火，凡不能构成最终消费品直接进入消费品市场，而需要进一步加工的（如需进行深加工、包装、贴标、组合的珠宝玉石、高档化妆品、鞭炮、焰火等），应当征收消费税，同时允许扣除上述外购应税消费品的已纳税款。

> **点睛**
> 允许扣除已纳税款的应税消费品只限于从工业企业购进的应税消费品和进口环节已缴纳消费税的应税消费品，对从境内商业企业购进应税消费品的已纳税款一律不得扣除。

2. 准予扣除的已纳消费税税款的计算

准予扣除外购应税消费品已纳消费税税款的计算，按当期生产领用数量扣除其已纳消费税。计算公式为：

当期准予扣除的外购应税消费品已纳税款＝当期准予扣除的外购应税消费品买价（或数量）×外购应税消费品适用税率（或定额税率）

当期准予扣除的外购应税消费品买价（或数量）＝期初库存的外购应税消费品的买价（或数量）＋当期购进的应税消费品的买价（或数量）－期末库存的外购应税消费品的买价（或数量）

其中，外购已税消费品的买价是指购货发票上注明的销售额（不包括增值税款）。

【例3-12】某卷烟生产企业2019年12月初库存外购已税烟丝金额10万元，当月又外购已税烟丝金额25万元（不含增值税），月末库存烟丝金额5万元，其余被当月生产卷烟领用。

要求：计算卷烟厂当月准许扣除的外购烟丝已缴纳的消费税税额。

【解析】烟丝适用的消费税税率为30%。

当期准许扣除的外购烟丝买价＝10+25－5＝30（万元）

当月准许扣除的外购烟丝已缴纳的消费税税额＝30×30%＝9（万元）

特别提醒

纳税人用外购的已税珠宝、玉石为原料生产的在零售环节征收消费税的金银首饰（镶嵌首饰），在计税时一律不得扣除外购珠宝、玉石的已纳税款。

烟草"批发"企业在计算应纳消费税税额时，不得扣除已含的"生产环节"的消费税税款。

（二）委托加工收回的应税消费品已纳税款的扣除

委托方收回货物后用于连续生产应税消费品的，由于委托加工的应税消费品已由受托方代收代缴消费税，因此，其已纳税款准予按照规定从连续生产的应税消费品应纳消费税税额中抵扣。按照国家税务总局的规定，下列连续生产的应税消费品准予从应纳消费税税额中按当期生产领用数量计算扣除委托加工收回的应税消费品已纳消费税税款：

（1）以委托加工收回的已税烟丝为原料生产的卷烟。
（2）以委托加工收回的已税高档化妆品为原料生产的高档化妆品。
（3）以委托加工收回的已税珠宝、玉石为原料生产的贵重首饰及珠宝、玉石。
（4）以委托加工收回的已税鞭炮、焰火为原料生产的鞭炮、焰火。
（5）以委托加工收回的已税杆头、杆身和握把为原料生产的高尔夫球杆。
（6）以委托加工收回的已税木制一次性筷子为原料生产的木制一次性筷子。
（7）以委托加工收回的已税实木地板为原料生产的实木地板。
（8）以委托加工收回的已税汽油、柴油、石脑油、燃料油、润滑油为原料连续生产的应税成品油。

上述委托加工收回的应税消费品连续生产的应税消费品准予从应纳消费税税额中按当期生产领用数量计算扣除其已纳消费税税款。当期准予扣除的委托加工应税消费品已纳消费税税款的计算公式是：

当期准予扣除的委托加工应税消费品已纳消费税税款＝期初库存的委托加工应税消费品已纳税款＋当期收回的委托加工应税消费品已纳税款－期末库存的委托加工应税消费品已纳税款

值得注意的是，对纳税人用委托加工收回的已税珠宝、玉石为原料生产的改在零售环节征收消费税的金银首饰，在计税时一律不得扣除委托加工收回的珠宝、玉石原料的已纳消费税税款。

【工作实例：消费税应纳税额的计算】

2019年8月，某高校会计专业毕业生赵小芬到ABC股份有限责任公司报税岗位上班。该公司主要生产经营酒类、卷烟和高档化妆品，8月份发生如下经济业务：

①8月1日，销售高档化妆品100套，已知增值税专用发票上注明的价款为30 000元，税额为3 900元。款已收到。

②8月4日，将自己生产的啤酒20吨销售给家乐超市，货款已收到；另外将10吨让客户及顾客免费品尝。该啤酒出厂价为2 800元/吨，成本为2 000元/吨。

③8月10日，销售粮食白酒20吨，单价7 000元，价款140 000元。

④8月20日，用自产粮食白酒10吨抵偿华盛超市货款70 000元，不足或多余部分不再结算。该粮食白酒每吨本月售价在5 500～6 500元之间浮动，平均售价为6 000元。

⑤8月25日，将一批自产高档化妆品作为福利发给职工个人，这批高档化妆品的成本为10 000元。假设该类化妆品不存在同类消费品销售价格。

⑥2019年7月10日，将外购的烟叶100 000元发给天华加工公司，委托其加工成烟丝。天华加工公司代垫辅助材料4 000元（款已付），本月应支付的加工费为36 000元（不含税），增值税为4 680元。8月5日，ABC公司以银行存款付清全部款项和代缴的消费税；6日，收回已加工的烟丝并全部生产卷烟10箱；25日，该批卷烟全部用于销售，总售价为300 000元，款已收到。

⑦8月26日，向陈氏超市销售用上月外购烟丝生产的卷烟20个标准箱，每标准条调拨价格80元，共计400 000元（购入烟丝支付的含增值税价款为90 400元），采取托收承付结算方式，货已发出并办妥托收手续。

⑧8月28日，从国外购进成套高档化妆品，关税完税价格为80 000美元，关税税率为50%。假定当日美元对人民币的汇率为1∶6.6，货款全部以银行存款付清。

要求：赵小芬应如何计算该公司8月份应纳消费税税额？

【操作步骤】

第一步：判断经济业务类型。

属于直接对外销售应税消费品业务的有：①②③④⑦。

属于自产自用应税消费品业务的有：②⑤。

属于委托加工应税消费品业务的有：⑥。

属于进口应税消费品业务的有：⑧。

第二步：分别确定计税依据并逐项计算应纳消费税税额。

①计税销售额=30 000（元），应纳消费税=30 000×15%=4 500（元）。

②对外销售的计税销售量=20（吨），应纳消费税=20×220=4 400（元）。

免费品尝的计税销售量=10（吨），应纳消费税=10×220=2 200（元）。

③计税销售额=140 000（元），计税销售量=20×2 000=40 000（斤），应纳消费税=140 000×20%+40 000×0.5=48 000（元）。

④计税销售额=10×6 500=65 000（元），计税销售量=10×2 000=20 000（斤），应纳消费税=65 000×20%+20 000×0.5=23 000（元）。

⑤组成计税价格=10 000×（1+5%）÷（1-15%）≈12 352.94（元），应纳消费税=12 352.94×15%=1 852.94（元）。

⑥烟丝组成计税价格=（100 000+4 000+36 000）÷（1-30%）=200 000（元）。天华公司代收代缴烟丝的消费税=200 000×30%=60 000（元）。每条卷烟价格=300 000÷（10×250）=120（元），按56%税率计税，卷烟应纳消费税=300 000×56%+10×150-60 000=109 500（元）。

⑦外购烟丝已纳的消费税（可抵扣）=90 400÷（1+13%）×30%=24 000（元），出售卷烟计税销售额=400 000（元），计税销售量=20（箱）。应纳消费税=（400 000×56%+20×150）-24 000=203 000（元）。

⑧进口化妆品组成计税价格=80 000×6.6×（1+50%）÷（1-15%）≈931 764.71（元），海关代征的化妆品消费税=931 764.71×15%≈139 764.71（元）。

第三步：汇总计算本月应纳消费税总额。

ABC股份有限责任公司8月份应申报缴纳的消费税=4 500+4 400+2 200+48 000+23 000+1 852.94+109 500+203 000=396 452.94（元）

海关代征的消费税=139 764.71（元）

天华公司代收代缴的消费税=60 000（元）

第四节 出口应税消费品退（免）税

纳税人出口的应税消费品与已纳增值税的出口货物一样，国家都是给予退（免）税优惠的。出口应税消费品同时涉及退（免）增值税和消费税，且退（免）消费税与出口货物退（免）增值税在退（免）税范围的限定、退（免）税办理程序、退（免）税审核及管理上都有许多一致的地方。本节就出口应税消费品退（免）消费税某些不同于出口货物退（免）增值税的特殊规定进行介绍。

一、出口应税消费品退（免）税政策

（一）出口免税并退税

适用出口免税并退税政策的是：有出口经营权的外贸企业购进应税消费品直接出口，以及外贸企业受其他外贸企业委托代理出口应税消费品。需要说明的是，外贸企业只有受其他外贸企业委托代理出口应税消费品，才可办理退税，外贸企业受其他企业（主要是非生产性的商贸企业）委托代理出口应税消费品，是不予退（免）税的。

（二）出口免税但不退税

适用出口免税但不退税政策的是：有出口经营权的生产性企业自营出口或生产企业委托外贸企业代理出口自产的应税消费品，依据其实际出口数量对其免征消费税，不予办理退还消费税。这里，免征消费税是指对生产性企业按其实际出口数量免征生产环节的消费税。不予办理退还消费税，是指因已免征生产环节的消费税，该应税消费品出口时，已不含有消费税，所以也无须再退还消费税。

（三）出口不免税也不退税

适用出口不免税也不退税政策的是：除生产企业、外贸企业外的其他企业，具体是指一般商贸企业，这类企业委托外贸企业代理出口应税消费品一律不予退（免）税。

二、出口退税率的规定

出口货物应退消费税的税率或单位税额，与其征税率相同，这是退（免）消费税与退（免）增值税的一个重要区别。当出口的货物是应税消费品时，其退还增值税要按规定的退税率计算，而退还消费税则按该应税消费品所适用的消费税税率计算。企业应将不同消费税税率的出口应税消费品分开核算和申报，凡划分不清适用税率的，一律从低适用税率计算应退消费税税额。

三、出口应税消费品退税额的计算

外贸企业从生产企业购进货物直接出口或受其他外贸企业委托代理出口应税消费品的应退消费税税款，分以下几种情况处理。

（一）从价定率计征消费税的退税额的计算

属于从价定率计征消费税的应税消费品，应依照外贸企业从工厂购进货物时征收消费税的价格计算应退消费税税款。其计算公式为：

$$应退消费税税款 = 出口货物的工厂销售额 \times 税率$$

上述公式中"出口货物的工厂销售额"不包含增值税。含增值税的价格应换算为不含增值税的销售额。

【例 3-13】 某外贸公司 5 月从国内某汽车制造厂购入小轿车 10 辆，取得增值税专用发票，价款 80 万元（每辆不含税额 8 万元），当月出口 7 辆，另外 3 辆内销，取得含增值税销售收入 35.1 万元。

要求：计算该外贸公司当月应纳或应退消费税税额（小轿车消费税税率为 5%）。

【解析】

$$外贸公司出口小轿车应退消费税税额 = 8 \times 7 \times 5\% = 2.8（万元）$$

消费税只在生产、委托加工和进口环节征收，对外贸公司内销外购的消费品，不再征收消费税（非高档小汽车）。

（二）从量定额计征消费税的退税额的计算

属于从量定额计征消费税的应税消费品，应以货物购进和报关出口的数量计算应退消费税税额。其计算公式为：

$$应退消费税税额 = 出口数量 \times 单位税额$$

（三）复合计征消费税退税额的计算

属于复合计征消费税的应税消费品，其应退消费税税额的计算公式是将从价定率计征消费税的公式与从量定额计征消费税的公式相加。

【例 3-14】 某外贸公司从一酒厂购进白酒 10 吨，取得增值税专用发票，注明价款 50 万元，当月将这批白酒全部出口。

要求：计算当月应退消费税税额（白酒消费税比例税率为 20%，定额税率为 0.5 元／斤）。

【解析】

$$应退消费税税额 = 500\,000 \times 20\% + 10 \times 1\,000 \times 2 \times 0.5 = 110\,000（元）$$

四、出口应税消费品办理退（免）税后的管理

出口的应税消费品办理退税后，发生退关，或者国外退货，进口时已予以免税的，报关出口者必须及时向其所在地主管税务机关申报补缴已退的消费税税款。

纳税人直接出口的应税消费品办理免税后发生退关或国外退货，进口时已予以免税的，经所在地主管税务机关批准，可暂不办理补税，待其转为国内销售时，再向其所在地主管税务机关申报补缴消费税。

第五节　征收管理与纳税申报

一、纳税义务发生时间

原则上消费税纳税义务发生时间的规定与增值税相同。

（1）纳税人销售应税消费品的纳税义务的发生时间为：

1）纳税人采取赊销和分期收款结算方式的，其纳税义务的发生时间，为书面合同约定的收款日期的当天，书面合同没有约定收款日期或者无书面合同的，为发出应税消费品的当天。

2）纳税人采取预收货款结算方式的，其纳税义务的发生时间，为发出应税消费品的当天。

3）纳税人采取托收承付和委托银行收款方式的，其纳税义务的发生时间，为发出应税消费品并办妥托收手续的当天。

4）纳税人采取其他结算方式的，其纳税义务的发生时间，为收讫销售款或者取得索取销售款的凭据的当天。

（2）纳税人自产自用的应税消费品，其纳税义务的发生时间为移送使用的当天。

（3）纳税人委托加工的应税消费品，其纳税义务的发生时间为纳税人提货的当天。

（3）纳税人进口的应税消费品，其纳税义务的发生时间为报关进口的当天。

二、纳税期限

消费税的纳税期限分别为 1 日、3 日、5 日、10 日、15 日、1 个月或者 1 个季度。纳税人的具体纳税期限，由主管税务机关根据纳税人应纳税额的大小分别核定；不能按照固定期限纳税的，可以按次纳税。

纳税人以 1 个月或 1 个季度为一期纳税的，自期满之日起 15 日内申报纳税；以 1 日、3 日、5 日、10 日或者 15 日为一期纳税的，自期满之日起 5 日内预缴税款，于次月 1 日起 15 日内申报纳税并结清上月应纳税款。

纳税人进口应税消费品，应当自海关填发海关进口消费税专用缴款书之日起 15 日内缴纳税款。

三、纳税地点

（1）纳税人销售的应税消费品，以及自产自用的应税消费品，除国务院财政、税务主管部门另有规定外，应当向纳税人机构所在地或者居住地的主管税务机关申报纳税。

（2）委托个人加工的应税消费品，由委托方向其机构所在地或者居住地主管税务机关申报纳税。除此之外，由受托方向所在地主管税务机关代收代缴消费税税款。

（3）进口的应税消费品，由进口人或者其代理人向报关地海关申报纳税。

（4）纳税人到外县（市）销售或者委托外县（市）代销自产应税消费品的，于应税消费品销售后，向机构所在地或者居住地主管税务机关申报纳税。

纳税人的总机构与分支机构不在同一县（市）的，应当分别向各自机构所在地的主管税务机关申报纳税；经财政部、国家税务总局或者其授权的财政、税务机关批准，可以由总机构汇总向总机构所在地的主管税务机关申报纳税。

（5）纳税人销售的应税消费品，如因质量等原因由购买者退回，经所在地主管税务机关审核批准后，可退还已征收的消费税税款，但不能直接自行抵减应纳税款。

四、纳税申报

纳税人无论当期有无销售或是否盈利，均应在次月1日至15日内根据应税消费品分别填写《烟类应税消费品消费税纳税申报表》《酒类应税消费品消费税纳税申报表》《成品油消费税纳税申报表》《小汽车消费税纳税申报表》《其他应税消费品消费税纳税申报表》，向主管税务机关进行纳税申报。

除了纳税申报表以外，每类申报表都有附表：《本期准予扣除税额计算表》《本期代收代缴税额计算表》《生产经营情况表》《准予扣除消费税凭证明细表》等，在申报时一并填写。

【工作实例：消费税纳税申报】

接本章第三节的工作实例，填报 ABC 股份有限责任公司 8 月份消费税的纳税申报表，办理 2019 年 8 月消费税的缴纳工作。

【操作步骤】

第一步：分析经济业务内容，选择纳税申报表。

采用烟类应税消费品纳税申报表的业务：⑥⑦。

采用酒类应税消费品纳税申报表的业务：②③④。

采用其他应税消费品纳税申报表的业务：①⑤。

第二步：分别填制纳税申报表。

具体如表 3-6 ~ 表 3-9 所示。

表 3-6　烟类应税消费品消费税纳税申报表

税款所属期：2019 年 8 月 1 日至 2019 年 8 月 31 日

纳税人名称（公章）：　　　纳税人识别号：□□□□□□□□□□□□□□□□□□□

填表日期：2019 年 9 月 14 日　　单位：卷烟　万支，雪茄　烟支，烟丝　千克　　金额单位：元（列至角分）

项目 应税消费品名称	适用税率		销售数量	销售额	应纳税额
	定额税率	比例税率			
卷烟	30元/万支	56%	150	700 000	396 500
卷烟	30元/万支	36%			
雪茄烟	—	36%			
烟丝	—	30%			
合计	—	—	—	—	396 500

本期准予扣除税额：84 000

本期减（免）税额：

期初未缴税额：

声明

此纳税申报表是根据国家税收法律的规定填报的，我确定它是真实的、可靠的、完整的。

经办人（签章）：

财务负责人（签章）：

联系电话：

(续)

应税消费品名称	项目 适用税率		销售数量	销售额	应纳税额
	定额税率	比例税率			
	本期缴纳前期应纳税额:			(如果你已委托代理人申报,请填写)	
	本期预缴税额:			**授权声明** 为代理一切税务事宜,现授权_____(地址)为本纳税人的代理申报人,任何与本申报表有关的往来文件,都可寄予此人。 授权人签章:	
	本期应补(退)税额: 312 500				
	期末未缴税额:				

以下由税务机关填写

受理人(签章):　　　　受理日期:　年　月　日　　　受理税务机关(章):

表 3-7　本期准予扣除税额计算表

税款所属期: 2019 年 8 月 1 日至 2019 年 8 月 31 日

纳税人名称(公章):　　　纳税人识别号:□□□□□□□□□□□□□□□□□□

填表日期: 2019 年 9 月 14 日　　单位: 卷烟　万支,雪茄　烟支,烟丝　千克　金额单位: 元(列至角分)

一、当期准予扣除的委托加工烟丝已纳税款计算	
1. 期初库存委托加工烟丝已纳税款	
2. 当期收回委托加工烟丝已纳税款	60 000
3. 期末库存委托加工烟丝已纳税款	
4. 当期准予扣除的委托加工烟丝已纳税款	60 000
二、当期准予扣除的外购烟丝已纳税款计算	
1. 期初库存外购烟丝买价	24 000
2. 当期购进烟丝买价	
3. 期末库存外购烟丝买价	
4. 当期准予扣除的外购烟丝已纳税款	24 000
三、本期准予扣除税款合计	84 000

表 3-8　酒类应税消费品消费税纳税申报表

税款所属期: 2019 年 8 月 1 日至 2019 年 8 月 31 日

纳税人名称(公章):　　　纳税人识别号:□□□□□□□□□□□□□□□□□□

填表日期: 2019 年 9 月 14 日　　金额单位: 元(列至角分)

应税消费品名称	适用税率		销售数量	销售额	应纳税额
	定额税率	比例税率			
粮食白酒	0.5 元/斤	20%	60 000	205 000	71 000
薯类白酒	0.5 元/斤	20%			
啤酒	250 元/吨	—	30		6 600
啤酒	220 元/吨	—			
黄酒	240 元/吨	—			
其他酒	—	10%			
合计	—	—	—		77 600

(续)

应税消费品名称 \ 项目	适用税率		销售数量	销售额	应纳税额
	定额税率	比例税率			
			本期准予抵减税额:		
			本期减（免）税额:		
			期初未缴税额:		
			本期缴纳前期应纳税额:		
			本期预缴税额:		
			本期应补（退）税额:		
			期末未缴税额:		

声明
此纳税申报表是根据国家税收法律的规定填报的，我确定它是真实的、可靠的、完整的。

经办人（签章）:
财务负责人（签章）:
联系电话:

（如果你已委托代理人申报，请填写）

授权声明
为代理一切税务事宜，现授权_____（地址）为本纳税人的代理申报人，任何与本申报表有关的往来文件，都可寄予此人。
授权人签章:

以下由税务机关填写

受理人（签章）:　　　　受理日期:　　年　月　日　　　　受理税务机关（章）:

表3-9　其他应税消费品消费税纳税申报表

税款所属期: 2019年8月1日至2019年8月31日

纳税人名称（公章）:　　　　纳税人识别号: □□□□□□□□□□□□□□□□□□□

填表日期: 2019年9月14日　　　　金额单位: 元（列至角分）

应税消费品名称 \ 项目	适用税率	销售数量	销售额	应纳税额
高档化妆品	15%		42 352.94	6 352.94
合计	—	—	—	6 352.94

本期准予抵减税额:	
本期减（免）税额:	
期初未缴税额:	
本期缴纳前期应纳税额:	
本期预缴税额:	
本期应补（退）税额: 6 325.94	
期末未缴税额:	

声明
此纳税申报表是根据国家税收法律的规定填报的，我确定它是真实的、可靠的、完整的。

经办人（签章）:
财务负责人（签章）:
联系电话:

（如果你已委托代理人申报，请填写）

授权声明
为代理一切税务事宜，现授权_____（地址）为本纳税人的代理申报人，任何与本申报表有关的往来文件，都可寄予此人。
授权人签章:

以下由税务机关填写

受理人（签章）:　　　　受理日期:　　年　月　日　　　　受理税务机关（章）:

本章小结

消费税是对特定消费品征收的一种税，属于流转税、价内税，分别在生产、委托加工、进口、零售环节纳税，以在中国境内生产、委托加工和进口应税消费品的单位和个人为纳税人。消费税设置了烟、酒、高档化妆品、贵重首饰及珠宝玉石、鞭炮焰火、成品油、摩托车、小汽车、高尔夫球及球具、高档手表、游艇、木制一次性筷子、实木地板、电池和涂料等15个税目。消费税对不同税目实行有差别的定额税率和比例税率。消费税按不同应税消费品，实行从价定率、从量定额、复合计税的征收方法。纳税人出口的应税消费品根据不同情况，可享受不同的退免税规定。消费税纳税义务发生的时间一般为收讫销售款、取得索取销售款凭据或报关进口的当天。消费税纳税地点一般为纳税人机构所在地或居住地主管税务机关。

练习题

一、单项选择题

1. 消费税属于（　　）。
   A. 价内税　　　　　B. 价外税转价内税　　C. 价外税　　　　　D. 价外税转价内税

2. 下列选项中，应当缴纳消费税的是（　　）。
   A. 汽车厂生产的小汽车移送至改装分厂改装加长型豪华小轿车
   B. 汽车厂生产的小轿车用于本厂研究所做碰撞实验
   C. 汽车制造商赞助汽车拉力赛的越野车
   D. 汽车轮胎厂生产的子午线轮胎

3. 下列情况中应征消费税的是（　　）。
   A. 外购零部件组装电视机销售
   B. 商业企业外购已税珠宝玉石加工成金银首饰后销售
   C. 委托加工的粮食白酒收回后用于职工福利
   D. 委托加工的粮食白酒收回后直接销售

4. 在我国除另有规定外，对所有货物普遍征收增值税的基础上只选择一部分消费品征收（　　）。
   A. 消费税　　　　　B. 增值税　　　　　C. 关税　　　　　　D. 资源税

5. 我国对消费品实行（　　）课征收。
   A. 单环节　　　　　　　　　　　　　　B. 双环节
   C. 多环节　　　　　　　　　　　　　　D. 多环节与双环节混合

6. 下列消费品中，应在零售环节征收消费税的是（　　）。
   A. 卷烟　　　　　B. 钻石　　　　　C. 高档手表　　　　D. 镀金首饰

7. 下列消费品中，暂缓征收消费税的是（　　）。

A. 石脑油　　　　　B. 溶剂油　　　　　C. 航空煤油　　　　　D. 润滑油

8. 企业生产销售的下列产品中，属于消费税征税范围的是（　　）。
   A. 铅蓄电池　　　　　　　　　　B. 电动汽车
   C. 体育用鞭炮药引线　　　　　　D. 售价为9 000元的手表

9. 根据现行税法规定，下列消费品既征收增值税又征收消费税的是（　　）。
   A. 外贸公司进口的啤酒
   B. 日化厂将自产的高档化妆品移送用于生产护肤品
   C. 汽车厂销售的自产大轿车
   D. 珠宝批发公司批发外购的金银镶嵌首饰

10. 下列应税消费品中，在生产环节和零售环节均缴纳消费税的是（　　）。
    A. 卷烟　　　　B. 超豪华小汽车　　　　C. 游艇　　　　D. 钻石首饰

11. 2012年10月，某手表生产企业销售H牌-1型手表800只，取得不含税销售额400万元；销售H牌-2型手表200只，取得不含税销售额300万元。该手表厂当月应纳消费税（　　）万元（高档手表消费税税率20%）。
    A. 52.80　　　　B. 140.00　　　　C. 132.80　　　　D. 60.00

12. 某市高尔夫球具生产企业2019年9月1日以分期收款方式销售一批球杆，价税合计140.4万元，合同约定于9月5日、11月5日各支付50%价款，9月5日按照约定收到50%的价款，但并未给客户开具发票，已知高尔夫球具的消费税税率为10%，该企业9月就该项业务应缴纳的消费税为（　　）万元。
    A. 0　　　　B. 6　　　　C. 12　　　　D. 14.04

13. 某地板企业为增值税一般纳税人，2019年5月销售自产地板两批：第一批800箱取得不含税收入160万元，第二批500箱取得不含税收入113万元；另将同型号地板200箱赠送福利院，300箱发给职工作为福利。实木地板消费税税率为5%。该企业当月应缴纳的消费税为（　　）万元。
    A. 18.9　　　　B. 18.8　　　　C. 18.98　　　　D. 19.3

14. 下列委托加工收回货物，可以在计算本企业应纳消费税税额中扣除消费税的是（　　）。
    A. 委托加工收回溶剂油为原料生产的溶剂油
    B. 委托加工收回酒精为原料生产的勾兑白酒
    C. 委托加工收回已税鞭炮、焰火连续生产的鞭炮、焰火
    D. 委托加工收回已税轮胎为原料生产的小汽车

15. 甲企业为增值税一般纳税人，2019年1月外购一批木材，取得的增值税专用发票上注明价款50万元、税额6.5万元；将该批木材运往乙企业委托其加工木制一次性筷子，取得的税务局代开的小规模纳税人运输业专用发票上注明运费1万元、税额0.03万元，支付不含税委托加工费5万元。假定乙企业无同类产品对外销售，木制一次性筷子消费税税率为5%。乙企业当月应代收代缴的消费税为（　　）万元。
    A. 2.62　　　　B. 2.67　　　　C. 2.89　　　　D. 2.95

二、多项选择题

1. 下列各项中，符合消费税有关征收规定的有（　　）。
   A. 以外购的不同品种白酒勾兑的白酒，一律按照粮食白酒的税率征税
   B. 对用薯类和粮食以外的其他原料混合生产的白酒，一律按照薯类白酒的税率征税
   C. 对用粮食和薯类、糠麸等多种原料混合生产的白酒，一律按照薯类白酒的税率征税
   D. 外购烟丝生产的卷烟，凡烟丝所用原料无法确定的，一律按照卷烟的税率征税

2. 下列各项中，应当缴纳消费税的有（　　）。
   A. 用于本企业连续生产的应税消费品
   B. 用于奖励代理商销售业绩的应税消费品
   C. 用于本企业生产基建工程的应税消费品
   D. 用于捐助国家指定的慈善机构的应税消费品

3. 视同销售计征消费税的消费品有（　　）。
   A. 纳税人用于连续生产的应税消费品　　B. 用于职工福利的应税消费品
   C. 用于奖励的应税消费品　　　　　　　D. 委托加工的应税消费品

4. 下列选项中，应征收消费税的有（　　）。
   A. 将自产的应税消费品奖励职工　　　　B. 将出厂前的化妆品进行化学检验
   C. 自行车轮胎　　　　　　　　　　　　D. 作为展销品的高档化妆品

5. 下列货物中，属于零售环节征收消费税的有（　　）。
   A. 珠宝玉石　　　B. 金银首饰　　　C. 钻石饰品　　　D. 钻石

6. 下列关于目前消费税税率的陈述，正确的有（　　）。
   A. 卷烟：每标准箱150元定额税，按每标准条的售价划分甲类卷烟和乙类卷烟，分别适用56%和36%的税率
   B. 粮食白酒：每斤0.5元定额税，从价税税率20%
   C. 薯类白酒：每斤0.5元定额税，从价税税率20%
   D. 高档化妆品的税率是15%

7. 消费税的纳税环节可能有（　　）。
   A. 生产环节　　　B. 批发环节　　　C. 进口环节　　　D. 零售环节

8. 根据消费税法律制度的规定，下列各项中，不征收消费税的有（　　）。
   A. 超豪华小汽车　　　　　　　　　　　B. 调味料酒
   C. 出国人员免税商店销售的金银首饰　　D. 用于滑板车的轮胎

9. 纳税人销售应税消费品向购买方收取的价外费用不包括（　　）。
   A. 手续费
   B. 承运部门的运费发票开具给购货方的代垫运费
   C. 违约金
   D. 委托方代收代缴的消费税

10. 下列情形的应税消费品,以同期应税消费品最高销售价格作为计税依据的有(   )。
    A. 用于抵偿债务的应税消费品　　　　B. 用于馈赠的应税消费品
    C. 换取生产资料的应税消费品　　　　D. 换取消费资料的应税消费品

11. 下列应税消费品销售时可以扣除外购已税消费品已纳税额的有(   )。
    A. 外购已税烟丝生产的卷烟　　　　　B. 外购已税汽车轮胎生产的小汽车
    C. 外购已税酒精生产的酒　　　　　　D. 外购已税化妆品生产的高档化妆品

12. 纳税人销售的应税消费品,以外汇结算销售额的,其销售额的人民币折合率可以选择(   )的国家外汇牌价(原则上为中间价)。
    A. 结算当天　　　B. 结算次日　　　C. 结算当月1日　　　D. 结算当月月末

13. 关于消费税纳税义务发生时间的说法,正确的有(   )。
    A. 某酒厂销售葡萄酒20箱并收取价款4 800元,其纳税义务发生时间为收款的当天
    B. 某汽车厂自产自用3台小汽车,其纳税义务发生时间为移送使用的当天
    C. 某烟花企业采用托收承付结算方式销售焰火,其纳税义务发生时间为发出焰火并办妥托收手续的当天
    D. 某化妆品厂采用赊销方式销售化妆品,合同约定收款日期为6月30日,实际收到货款为7月30日,纳税义务发生时间为6月30日

14. 关于自产自用消费品的业务,以下说法正确的有(   )。
    A. 某企业将自产的香水用于本企业化妆品的生产,应该在香水移送时,将香水应纳的消费税计入化妆品成本
    B. 某企业将自产的化妆品用于企业经销点的试用产品,应该在化妆品移送时,将化妆品的消费税计入销售费用
    C. 某企业将自产的轮胎用于卡车的生产中,应该在轮胎移送时,将轮胎的消费税计入卡车的成本
    D. 某企业将自产的烟丝用于卷烟的生产中,应该在烟丝移送时,将烟丝的消费税计入卷烟的成本

15. 生产自产产品自营出口或委托外贸企业代理出口自产的应税消费品,其出口退税政策为(   )。
    A. 增值税采用免抵退税政策　　　　　B. 消费税采用免税并退税政策
    C. 增值税采用先征后退政策　　　　　D. 消费税采用免税但不退税政策

三、判断题

1. 石化厂销售汽油应征收消费税,不征增值税。(   )
2. 委托加工应税消费品的纳税义务人是受托方。(   )
3. 纳税人将自产、委托加工收回和进口的应税消费品发放给本企业职工,均应视同销售征收消费税和增值税。(   )
4. 影视演员化妆用的上妆油不属于应税消费品。(   )

5. 受托方以委托方名义购买原材料生产应税消费品的,可作为委托加工的应税消费品,由受托方向委托方交货时代收代缴。(   )

6. 生产企业销售酒类产品而收取的包装物押金,无论押金是否返还及会计上如何核算,均不需并入酒类产品销售额计征消费税。(   )

7. 应税消费品的销售额包括向购买方收取的全部价款和价外费用,但承运部门的运费发票直接开具给购货方的除外。(   )

8. 纳税人用外购的已税珠宝玉石生产的改在零售环节征收消费税的金银首饰(含镶嵌首饰),在计税时一律不得扣除外购珠宝玉石的已纳税款。(   )

9. 企业在没有同类产品售价的情况下,可以按企业的实际成本利润率推算计税价来计算该类产品的应纳消费税。(   )

10. 用外购已税烟丝生产的卷烟,其消费税的计税依据为销售额扣除外购已税烟丝进价后的余额。(   )

11. 纳税人用于换取生产资料和消费资料、投资入股、抵偿债务的应税消费品,应以纳税人同类消费品的平均销售价格为依据计算消费税。(   )

12. 某KTV自办的啤酒屋利用啤酒生产设备生产的啤酒,不属于消费税的征税范围。(   )

13. 委托加工的应税消费品,消费税应由委托方向受托方所在地主管税务机关申报纳税。(   )

14. 纳税人进口应税消费品,应当自海关填写进口消费税专用缴款书次日起15日内缴纳税款。(   )

15. 我国现行消费税出口退(免)税政策包括不免税但退税。(   )

四、业务题

1. 甲礼花厂2019年6月发生如下业务:

(1)委托乙厂加工一批焰火,甲厂提供原料成本37.5万元,当月乙厂将加工完毕的焰火交付甲厂,开具增值税专用发票,注明收取加工费5万元。

(2)将委托加工收回的焰火60%用于销售,取得不含税销售额38万元,将其余的40%用于连续生产A型组合焰火。

(3)将生产的A型组合焰火的80%以分期收款方式对外销售,合同约定不含税销售额36万元,6月28日收取货款的70%,7月28日收取货款的30%,当月货款尚未收到,另将剩余的20%赠送给客户(焰火消费税税率为15%)。

要求:根据上述资料,按照下列序号回答问题,如有计算,需计算出合计数。

(1)计算业务(1)中乙厂代收代缴的消费税。

(2)说明业务(2)中用于销售的焰火是否应缴纳消费税,并给出理由,如果需要缴纳,计算应缴纳的消费税。

(3)计算业务(3)中赠送客户焰火计征消费税计税依据的金额。

(4)计算业务(3)中准予扣除的已纳消费税税款。

（5）计算业务（3）中应缴纳的消费税。

2. 某企业为增值税一般纳税人，2019年9月经营状况如下：

（1）生产食用酒精一批，将其中的50%用于销售，开具的增值税专用发票注明金额10万元、税额1.3万元。

（2）将剩余50%的食用酒精作为酒基，加入食品添加剂调制成38度的配制酒，当月全部销售，开具的增值税专用发票注明金额18万元、税额2.34万元。

（3）配制葡萄酒一批，将10%的葡萄酒用于生产酒心巧克力，采用赊销方式销售酒心巧克力，不含税总价为20万元，货已经交付，合同约定10月31日付款。

（4）将剩余90%的葡萄酒对外销售，开具的增值税专用发票注明金额36万元、税额4.68万元。

其他相关资料：企业当期通过认证可抵扣的进项税额为8万元，消费税税率为10%。

要求：根据上述资料，按照下列序号回答问题，如有计算，需计算出合计数。

（1）计算业务（1）应缴纳的消费税。
（2）计算业务（2）应缴纳的消费税。
（3）计算业务（3）应缴纳的消费税。
（4）计算业务（4）应缴纳的消费税。
（5）计算该企业9月应缴纳的增值税。

3. 甲地板厂（以下简称甲厂）生产实木地板，2019年8月发生下列业务：

（1）外购一批实木素板并支付运费，取得的增值税专用发票注明素板金额50万元、税额6.5万元；取得的运输业增值税专用发票注明运费金额1万元、税额0.09万元。

（2）甲厂将外购素板40%加工成A型实木地板，当月对外销售并开具增值税专用发票，其上注明销售金额40万元、税额5.2万元。

（3）受乙地板厂（以下简称乙厂）委托加工一批A型实木地板，双方约定由甲厂提供素板，乙厂支付加工费。甲厂将剩余的外购实木素板全部投入加工，当月将加工完毕的实木地板交付乙厂，开具的增值税专用发票注明收取材料费金额30.6万元、加工费5万元，甲厂未代收代缴消费税。

其他相关资料：甲厂直接持有乙厂30%股份，实木地板消费税税率为5%。

要求：根据上述资料，按照下列序号回答问题，如有计算，需计算出合计数。

（1）判断甲厂和乙厂是否为关联企业并说明理由。
（2）计算业务（2）应缴纳的消费税税额。
（3）判断业务（3）是否为消费税法规定的委托加工业务并说明理由。
（4）指出业务（3）的消费税纳税义务人、计税依据确定方法及数额。
（5）计算业务（3）应缴纳的消费税税额。

4. 某卷烟厂为增值税一般纳税人，2019年9月发生如下业务：

（1）月初进口一批烟丝，支付货价300万元、卖方佣金10万元，该批烟丝运抵我国输入地点起卸前发生运费及保险费共计12万元，起卸后发生不含税运费2万元。以上业务已取得海关进口完税凭证、海关进口增值税专用缴款书、货运增值税专用发票。

（2）购进其他原材料、水、电等，取得的增值税专用发票上注明的增值税税额合计为40万元，其中2万元为税务机关代开增值税专用发票所载税额。

（3）领用月初进口烟丝的80%用于本厂生产M牌号卷烟。

（4）按60元/条的调拨价格（不含增值税）销售600标准箱M牌号卷烟给某卷烟批发公司。

其他相关资料：假定烟丝的关税税率为10%；烟丝的消费税税率为30%；甲类卷烟的消费税税率为56%加150元/箱；乙类卷烟的消费税税率为36%加150元/箱；卷烟每标准箱=250标准条；假定该卷烟厂期初无增值税留抵税额，所取得的增值税进项税额扣除凭证均在当月认证并通过。

要求：根据上述资料，回答问题，如有计算，需计算出合计数。

（1）计算9月该卷烟厂进口烟丝应缴纳的增值税。

（2）计算9月该卷烟厂进口烟丝应缴纳的消费税。

（3）计算9月该卷烟厂国内环节应缴纳的增值税。

（4）计算9月该卷烟厂国内环节应缴纳的消费税。

5.甲白酒生产厂于2019年8月发生如下业务：

（1）销售薯类白酒20吨，取得不含税销售额60万元，同时向购买方收取品牌使用费4.85万元，包装物押金收入1万元。

（2）生产粮食白酒80吨，8月10日销售给A商贸公司30吨，取得不含税销售额180万元，8月20日销售给B商贸公司20吨，取得不含税销售额130万元，余下30吨抵偿所欠乙企业债务。

（3）委托丙厂加工10吨粮食白酒，甲厂提供粮食等原材料成本共计22万元，当月丙厂将加工好的白酒交付给甲厂，开具的增值税专用发票注明收取加工费5万元。

（4）向白酒销售公司（关联公司）销售白酒6吨，不含税价每吨28万元，白酒销售公司继续销售的价格为每吨42万元。

其他相关资料：白酒消费税税率为20%加0.5元/500克，税务机关核定的消费税最低计税价格为每吨32万元。

要求：根据上述资料按照下列序号回答问题。

（1）计算业务（1）应缴纳的消费税。

（2）计算业务（2）中甲酒厂以白酒抵偿债务应缴纳的消费税。

（3）计算业务（3）丙厂应代收代缴的消费税。

（4）业务（4）消费税计税依据如何确定？

（5）计算业务（4）应纳消费税。

第四章

目的税法

学习目标

1. 理解城市维护建设税的概念及性质。
2. 掌握城市维护建设税的纳税义务人、计税依据、税率、应纳税额的计算等基本内容。
3. 熟悉城市维护建设税的税收优惠政策,了解征收管理。
4. 了解烟叶税的概念及计算。

重点与难点

城市维护建设税的计税依据、适用税率。

第一节 城市维护建设税

一、城市维护建设税的概念

城市维护建设税(简称城建税)是对从事工商经营,并实际缴纳增值税、消费税的单位和个人以其实际缴纳的"两税"税额为计税依据而征收的一种税。

城市维护建设税是一种特定目的税,是国家为了加强城市公用事业和公共设施的维护和建设,扩大和稳定城市维护建设资金的来源开征的一税种。中华人民共和国成立以来,我国城市维护建设事业取得了长远的发展,但国家在城市建设方面一直没有充裕的资金保障。1979年以前,我国专门用于城市维护建设的资金主要由当时的工商税附加、城市公用事业附加和国家下拨的城市维护费组成。1979年国家开始在部分大中城市,试行从上年工商利润中提取 5% 的资金用于城市维护和建设的办法，但未能从根本上解决问题。1981 年国务院在批转财政部关于改革工商税制的方案中提取"根据城市建设的需要，开征城市维护建设税，作为县以上城市和工矿区市政建设的专项资金"的设想。1985 年 2 月 8 日，国务院发布《中华人民共和国城市维护建设税暂行条例》（以下简称《城市维护建设税暂行条例》），从 1985 年度起施行。1994 年税制改革时，保留了该税种，做了一些调整，并准备适时进一步扩大开征范围和改变计征办法。

2020 年 8 月 11 日第十三届全国人民代表大会常务委员会第二十一次会议通过《中华人民共和国城市维护建设税法》，自 2021 年 9 月 1 日起施行。1985 年 2 月 8 日国务院发布的《中华人民共和国城市维护建设税暂行条例》同时废止。

二、城市维护建设税的特点

最初的城建税是为了弥补我国城市建设和维护方面的资金不足而于 1985 年开征的，主要的目的是财政目的，即为市政建设和维护筹措资金；随着工业化进程，以及环境污染和环境破坏的加剧，它也被作为地方政府治理环境问题的宏观政策手段而被重新定位。它的性质主要表现在以下几方面。

（一）税款专款专用，具有受益税性质

按照财政的一般性要求，税收及其他政府收入应当纳入国家预算，根据需要统一安排其用途，并不规定各个税种收入的具体使用范围和方向，否则也就无所谓国家预算。但是作为例外，也有个别税种事先明确规定使用范围与方向，税款的缴纳与受益更直接地联系起来，我们通常称其为受益税。城市维护建设税专款专用，用来保证城市的公共事业和公共设施的维护和建设，就是一种具有受益税性质的税种。

（二）属于一种附加税

城市维护建设税与其他税种不同，没有独立的征税对象或税基，而是以增值税、消费税"两税"实际缴纳的税额之和为计税依据，随"两税"同时附征，本质上属于一种附加税。

（三）根据城建规模设计税率

一般来说，城镇规模越大，所需要的建设与维护资金越多。与此相适应，城市维护建设税规定，纳税人所在地为城市市区的，税率为 7%；纳税人所在地为县城、建制镇的，税率为 5%；纳税人所在地不在城市市区、县城或建制镇的，税率为 1%。这种根据城镇规模不同，差别设置税率的办法，较好地照顾了城市建设的不同需要。

（四）征收范围较广

鉴于增值税、消费税在我国现行税制中属于主体税种，而城市维护建设税又是其附

加税，原则上讲，缴纳增值税、消费税中任一税种的纳税人都要缴纳城市维护建设税。这也就等于说，除了减免税等特殊情况以外，任何从事生产经营活动的企业单位和个人都要缴纳城市维护建设税，这个征税范围当然是比较广的。

三、纳税义务人

在中华人民共和国境内缴纳增值税、消费税的单位和个人，为城市维护建设税的纳税人，包括国有企业、集体企业、私营企业、股份制企业、其他企业、行政单位、事业单位、军事单位、社会团体、其他单位，以及个体工商户及其他个人，自2010年12月起还包括外商投资企业和外国企业。

四、征税对象和征税范围

城市维护建设税以纳税人实际缴纳的"两税"为依据，本身没有独立的征税对象，从本质上看它是一种附加税。

城市维护建设税的征税范围，具体包括城市、县城、建制镇以及税法规定征收"两税"的其他地区。

五、税率

(一) 一般规定

城市维护建设税实行地区差别税率，按照纳税人所在地的不同，税率分别规定为7%、5%、1%三个档次，不同地区的纳税人实行不同档次的税率。具体情况如下：

（1）纳税人所在地在市区的，税率为7%。

（2）纳税人所在地在县城、镇的，税率为5%。

（3）纳税人所在地不在市区、县城或镇的，税率为1%。

> **特别提醒**
>
> 撤县建市后，城市维护建设税适用税率应为7%。
>
> 纳税人所在地在市区以外、其他县镇的，城市维护建设税适用税率应为5%。
>
> 开采海洋石油资源的中外合作油（气）田所在地在海上，其城市维护建设税适用1%的税率。
>
> 中国铁路总公司税率统一为5%。
>
> 前款所称纳税人所在地，是指纳税人住所地或者与纳税人生产经营活动相关的其他地点，具体地点由省、自治区、直辖市确定。

城市市区、县城和建制镇的具体范围的确定，应当严格按照现行行政区划的划分标准执行，不能随意扩大或缩小各自行政区域的所辖范围。除另有规定外，纳税人缴纳城市维护建设税,一律执行纳税人所在地的税率。在同一地区,只能执行同一档次的税率,不能因企业隶属关系、企业规模和行业性质不同,而执行不同的税率。

(二)特殊规定

城市维护建设税的适用税率,一般规定按纳税人所在地的适用税率执行。但对下列两种情况,可按纳税人缴纳"两税"所在地的规定税率就地缴纳城市维护建设税:

(1)由受托方代收、代扣"两税"的单位和个人。
(2)流动经营等无固定纳税地点的单位和个人。

六、计税依据

城市维护建设税的计税依据以纳税人依法实际缴纳的增值税、消费税税额为计税依据。城市维护建设税计税依据的具体确定办法,由国务院依据本法和有关税收法律、行政法规规定,报全国人民代表大会常务委员会备案。

(1)纳税人因违反"两税"有关规定而加收的滞纳金和罚款,不作为城市维护建设税的计税依据。

(2)纳税人在被查补"两税"和被处以罚款时,应同时对其偷漏的城市维护建设税进行补税、征收滞纳金和罚款。

(3)"两税"要免征或减征,城市维护建设税同时减免。

(4)对进口货物或者境外单位和个人向境内销售劳务、服务、无形资产缴纳的增值税、消费税税额,不征收城市维护建设税。

(5)对出口货物或者境内单位和个人向境外销售劳务、服务、无形资产缴纳的增值税、消费税税额,不退还已缴纳的城市维护建设税。

七、应纳税额的计算

城市维护建设税应纳税额按照计税依据乘以适用税率计算:

$$应纳税额=(实际缴纳增值税+消费税)\times 适用税率$$

【例4-1】 某市区甲企业2021年1月实际缴纳的增值税为300 000元,缴纳的消费税为400 000元。

要求:计算该企业应纳的城建税税额。

【解析】

$$应纳城建税税额=(实际缴纳的增值税+实际缴纳的消费税)\times 适用税率$$
$$=(300\,000+400\,000)\times 7\%=700\,000\times 7\%=49\,000(元)$$

由于城建税法实行纳税人所在地差别比率税率,所以在计算应纳税额时,应十分注意根据纳税人所在地来确定适用税率。

八、税收优惠

城市维护建设税原则上不单独减免，但因城市维护建设税又具有附加税性质，当主税发生减免时，城市维护建设税相应发生税收减免。城市维护建设税的税收减免具体有以下几种情况：

（1）城市维护建设税按减免后实际缴纳的"两税"税额计征，即随"两税"的减免而减免。

（2）对于因减免税而需进行"两税"退库的，城市维护建设税也可同时退库。

（3）海关对进口产品代征的增值税、消费税，不征收城市维护建设税。

（4）对出口产品退还增值税、消费税的，不退还已缴纳的城市维护建设税；经国家税务局正式审核批准的当期免抵的增值税税额应纳入城市维护建设税和教育费附加的计征范围，分别按规定的税（费）率征收城市维护建设税和教育费附加。

（5）对"两税"实行先征后返、先征后退、即征即退办法的，除另有规定外，对随"两税"附征的城市维护建设税和教育费附加，一律不退（返）还。

（6）为支持国家重大水利工程建设，对国家重大水利工程建设基金免征城市维护建设税。

（7）对实行增值税期末留抵税的纳税人，允许其从城市维护建设税、教育费附加和地方教育附加的计税（征）依据中扣除退还的增值税税额。

（8）自2019年1月1日至2021年12月31日，自主就业退役士兵从事个体经营的，自办理个体工商户登记当月起，在3年（36个月）内按每户每年12 000元为限额依次扣减其当年实际应缴纳的增值税、城市维护建设税、教育费附加和个人所得税。

（9）经中国人民银行依法决定撤销的金融机构及其分设于各地的分支机构，用财产清偿债务时，免征被撤销金融机构转让货物、不动产、无形资产、有价证券、票据等应缴纳的城市维护建设税。

（10）自2019年1月1日至2021年12月31日，由省、自治区、直辖市人民政府根据本地区域实际情况，以及宏观调控需要，对增值税小规模纳税人可以在50%的税额幅度内减征城市维护建设税。

（11）自2020年1月1日起，为支持新冠肺炎疫情防控工作，单位和个体工商户将自产、委托加工或购买货物，通过公益性社会组织和县级以上人民政府及其部门等国家机关，或者直接向承担疫情防治任务的医院，无偿捐赠用于应对新型冠状病毒感染的肺炎疫情的，免征城市维护建设税。

（12）根据国民经济和社会发展的需要，国务院对重大公共基础设施建设、特殊产业和群体以及重大突发事件应对等情形可以规定减征或者免征城市维护建设税，报全国人民代表大会常务委员会备案。

九、征收管理

城市维护建设税由税务机关依照《中华人民共和国城市维护建设税法》和《中华人

民共和国税收征收管理法》的规定征收管理。

（一）纳税义务发生时间

城市维护建设税的纳税义务发生时间与增值税、消费税的纳税义务发生时间一致，分别与增值税、消费税同时缴纳。

（二）纳税地点

城建税以纳税人实际缴纳的增值税、消费税税额为计税依据，分别与"两税"同时缴纳。所以，纳税人缴纳"两税"的地点，就是该纳税人缴纳城建税的地点。但是：

（1）代扣代缴、代收代缴"两税"的单位和个人，其城建税的纳税地点在代扣代收地。

（2）跨省开采的油田，下属生产单位与核算单位不在一个省内的，其生产的原油，在油井所在地缴纳增值税，其应纳税款由核算单位按照各油井的产量和规定税率，计算汇拨各油井缴纳。所以，各油井应纳的城建税，应由核算单位计算，随同增值税一并汇拨油井所在地，由油井在缴纳增值税的同时，一并缴纳城建税。

（3）纳税人跨地区提供建筑服务、销售和出租不动产的，应在建筑服务发生地、不动产所在地预缴增值税时，以预缴增值税税额为计税依据，按预缴增值税所在地的城市维护建设税适用税率和教育费附加征收率就地计算缴纳城市维护建设税和教育费附加。

预缴增值税的纳税人在其机构所在地申报缴纳增值税时，以其实际缴纳的增值税税额为计税依据，并按机构所在地的城市维护建设税适用税率和教育费附加征收率就地计算缴纳城市维护建设税和教育费附加。

（4）对流动经营等无固定纳税地点的单位和个人，应随同"两税"在经营地按适用税率缴纳。

（三）纳税期限

由于城市维护建设税应当与"两税"同时缴纳，所以其纳税期限与"两税"的纳税期限一致。根据增值税法和消费税法的规定，增值税、消费税的纳税期限均分别为1日、3日、5日、10日、15日或者1个月。增值税、消费税的纳税人的具体纳税期限，由主管税务机关根据纳税人应纳税额大小分别核定；不能按固定期限纳税的，可以按次纳税。

（四）扣缴义务人

城市维护建设税的扣缴义务人为负有增值税、消费税扣缴义务的单位和个人，在扣缴增值税、消费税的同时扣缴城市维护建设税。

纳税人、税务机关及其工作人员违反《中华人民共和国城市维护建设税法》规定的，依照《中华人民共和国税收征收管理法》和有关法律法规的规定追究法律责任。

第二节 教育费附加

一、基本概念

教育费附加是对缴纳增值税、消费税的单位和个人征收的一种附加费。教育费附加的作用是发展地方性教育事业，扩大地方教育经费的资金来源。为了贯彻落实《中共中央关于教育体制改革的决定》，加快发展地方教育事业，扩大地方教育经费的资金来源，国务院于1986年4月28日颁布了《国务院关于发布〈征收教育费附加的暂行规定〉的通知》，规定凡缴纳产品税、增值税、营业税的单位和个人，除按照《国务院关于筹措农村学校办学经费的通知》的规定，缴纳农村教育事业费附加的单位外，都应当依照本规定从1986年7月1日起缴纳教育费附加。它和城市维护建设税一样，属于对受益行为征收的一种附加性费用。

二、计算方法

（一）计费依据

以纳税人实际缴纳的增值税、消费税的税额为计征依据。

（二）计算公式

计算公式为：

$$应纳教育费附加=（实际缴纳的增值税+消费税）\times 3\%$$

三、征税范围

教育费附加的征收率为3%。征费范围同增值税、消费税的征收范围相同。凡缴纳增值税、消费税的单位和个人，均为教育费附加的纳费义务人（简称纳费人），但暂不包括外商投资企业和外国企业。凡代征增值税、消费税的单位和个人，亦为代征教育费附加的义务人。农业、乡镇企业，由乡镇人民政府征收农村教育事业费附加，不再征收教育费附加。根据2010年10月18日国务院发布的《国务院关于统一内外资企业和个人城市维护建设税和教育费附加制度的通知》，2010年12月1日起，外商投资企业和外国在华企业均需缴纳该费。

四、减免范围

（1）对海关进口的产品征收的增值税、消费税，不征收教育费附加。

（2）对由于减免增值税、消费税而发生退税的，可以同时退还已征收的教育费附加。但对出口产品退还增值税、消费税的,不退还已征的教育费附加。

(3) 对国家重大水利工程建设基金免征教育费附加。

(4) 按月纳税的月销售额或营业额不超过15万元(按季度纳税的季度销售额或营业额不超过45万元)的缴纳义务人,免征教育费附加。

(5) 自2019年1月1日至2021年12月31日,自主就业退役士兵从事个体经营的,自办理个体工商户登记当月起,在3年(36个月)内按照每户12 000元为限额依次扣减其当年实际应缴纳的增值税、城市维护建设税、教育费附加和个人所得税。

(6) 经中国人民银行依法决定撤销的金融机构及其分设于各地的分支机构,用财产清偿债务时,免征被撤销金融机构转让货物、不动产、无形资产、有价证券、票据等应缴纳的教育费附加。

(7) 自2019年1月1日至2021年12月31日,由省、自治区、直辖市人民政府根据本地区域实际情况,以及宏观调控需要,对增值税小规模纳税人可以在50%的税额幅度内减征教育费附加。

(8) 自2020年1月1日起,为支持新冠肺炎疫情防控工作,单位和个体工商户将自产、委托加工或购买货物,通过公益性社会组织和县级以上人民政府及其部门等国家机关,或者直接向承担疫情防治任务的医院,无偿捐赠用于应对新型冠状病毒感染的肺炎疫情的,免征教育费附加。

五、征收管理

(一) 纳税期限

纳费人申报缴纳增值税、消费税的同时,申报、缴纳教育费附加。

(二) 其他规定

(1) 教育费附加由国家税务局征收。

(2) 纳费人不按规定期限缴纳教育费附加,需处以滞纳金和罚款的,由县、市人民政府规定。

(3) 海关进口产品征收的增值税、消费税,不征收教育费附加。

第三节 烟 叶 税

烟叶税是向收购烟叶的单位征收的一种税。2006年4月28日国务院颁布《中华人民共和国烟叶税暂行条例》,2006年5月18日财政部、国家税务总局印发《关于烟叶税若干具体问题的规定》,2017年12月27日第十二届全国人民代表大会常务委员会第三十一次会议通过《烟叶税法》,自2018年7月1日起实施。

一、纳税义务人

在中华人民共和国境内收购烟叶的单位为烟叶税的纳税人，应当依照《烟叶税法》的规定缴纳烟叶税。由于我国实行烟草专卖制度，因此烟叶税的纳税人具有特定性，一般是有权收购烟叶的烟草公司或者受其委托收购烟叶的单位。

二、征税范围

烟叶税的征税范围是晾晒烟叶、烤烟叶。晾晒烟叶包括列入晾晒烟叶名录的晾晒烟叶和未列入晾晒烟叶名录的其他晾晒烟叶。

三、税率

依据《烟叶税法》的规定，烟叶税的税率为20%，烟叶税税率的调整，由国务院决定。

四、计税依据

烟叶税的计税依据为纳税人收购烟叶实际支付的价款总额，具体包括纳税人支付给烟叶销售者的烟叶收购价款和价外补贴。价外补贴是指补贴金额不包括在商业进货价格之内的补贴，价外补贴统一按烟叶收购价款的10%计入实际支付的价款。

实际支付的价款的计算公式为：

$$实际支付的价款 = 收购价款 \times (1+10\%)$$

五、应纳税额的计算

烟叶税的应纳税额按照纳税人收购烟叶实际支付的价款和规定的税率计算。应纳税额的计算公式为：

$$应纳税额 = 烟叶实际支付的价款 \times 税率$$

"烟叶实际支付的价款"是纳税人支付给烟叶销售者的烟叶收购价款和价外补贴。

为了简化程序，价外补贴目前都统一简化处理，暂时按照烟叶收购价款的10%计入实际支付的价款征收。

$$实际支付的价款 = 收购价款 \times (1+10\%)$$

所以，应纳税额的计算公式可以拓展为：

$$应纳税额 = 收购价款 \times (1+10\%) \times 税率$$

【例4-2】 某烟草公司（增值税一般纳税人）收购烟叶80 000千克，烟叶的单价为10元/千克，已支付完所有价款。

要求： 计算该烟草公司收购该批烟叶应缴纳的烟叶税。

【解析】
应缴纳烟叶税 =80 000×10×（1+10%）×20%=176 000（元）

六、征收管理

烟叶税的征收管理，依照《税收征收管理法》和《烟叶税法》的有关规定执行。

（一）纳税地点

纳税人申报烟叶税的主管单位主要指烟叶收购地的主管税务机关。纳税人收购烟叶，应当向烟叶收购地的主管税务机关申报纳税。

（二）纳税义务发生时间

烟叶税的纳税义务发生时间为纳税人收购烟叶的当天，即纳税人向烟叶销售者收购付讫烟叶款项或者开具收购烟叶凭据的当天。烟叶税在烟叶收购环节征收，纳税人收购烟叶就发生纳税义务。

（三）纳税期限

纳税人应当自纳税义务发生之日起 15 日内申报纳税，具体纳税期限由主管税务机关核定。

本章小结

1. 城市维护建设税是以单位和个人实际缴纳的增值税、消费税的税额为计税依据而征收的一种税。城市维护建设税具有以下两个显著特点：一是税款专款专用；二是属于附加税。

2. 城市维护建设税的纳税人是实际缴纳增值税、消费税的单位和个人。注意修订内容：从 2010 年 12 月 1 日起，对外商投资企业、外国企业、外籍个人征收城市维护建设税。

3. 城市维护建设税的征税范围包括城市、县城、建制镇，以及税法规定征收"两税"的其他地区。

4. 城市维护建设税税率——地区差别比例税率，如表 4-1 所示。

表 4-1　城市维护建设税税率——地区差别比例税率

纳税人所在地区为市区	7%
纳税人所在地区为县城、镇	5%
纳税人所在地区不在市区、县城或者镇	1%

5. 城市维护建设税的计税依据是纳税人实际缴纳的"两税"税额。注意：①纳税人因违反"两税"有关规定而加收的滞纳金和罚款，不作为城市维护建设税的计税依据。②纳税人在被查补"两税"和被处以罚款时，应同时对其城市维护建设税进行补税、征收滞纳金和罚款。

6. 城市维护建设税的征免规定在原则上不单独规定减免条款。一是进口不征，出口不退；二是对"两税"实行先征后返、先征后退、即征即退办法的，除另有规定外，对随"两税"附征的城市维护建设税，一律不予退（返）还。纳税义务发生时间基本上与"两税"纳税义务发生时间一致。纳税人缴纳"两税"的地点，就是该纳税人缴纳城市维护建设税的地点。纳税期限应比照"两税"的纳税期限；不能按照固定期限纳税的，可以按次纳税。

7. 烟叶税。烟叶税是以纳税人收购烟叶的实际支付价款总额为计税依据征收的一种税，实行比例税率，税率一般为20%，税率的调整由国务院决定。

练习题

一、单项选择题

1. 下列经营者中，不需缴纳城建税的是（　　）。
   A. 出租房屋的事业单位　　　　　　B. 从事货物运输的个体经营者
   C. 开采石油的油田　　　　　　　　D. 国家重点水利工程建设基金

2. 某县城一生产企业为增值税一般纳税人，本期进口原材料一批，向海关缴纳进口环节增值税10万元，本期在国内销售甲产品缴纳增值税30万元、消费税50万元，由于缴纳消费税时超过纳税期限10天，被罚滞纳金1万元，本期出口乙产品一批，按规定退回增值税5万元。该企业本期应缴纳城市维护建设税（　　）万元。
   A. 4.55　　　　　B. 4　　　　　C. 4.25　　　　　D. 5.6

3. 下列各项中，不符合城市维护建设税计税依据规定的是（　　）。
   A. 偷逃增值税而被查补的税款　　　B. 偷逃消费税而加收的滞纳金
   C. 出口货物免抵的增值税税额　　　D. 出口产品征收的消费税税额

4. 地处市区的某内资企业为增值税一般纳税人，主要从事货物的生产与销售。2019年1月按规定缴纳增值税100万元，同时补缴上一年度增值税10万元及相应的滞纳金1.595万元、罚款20万元。该企业本月应缴纳城市维护建设税（　　）万元。
   A. 5.50　　　　　B. 7.00　　　　　C. 7.70　　　　　D. 9.17

5. 甲生产企业地处市区，2019年1月缴纳增值税28万元，当月委托位于县城的乙企业加工应税消费品，乙企业代收消费税15万元。甲企业应缴纳（含被代收）的城市维护建设税为（　　）万元。
   A. 1.96　　　　　B. 0.75　　　　　C. 2.71　　　　　D. 1.31

6. 某生产企业为增值税一般纳税人（位于市区），主要经营内销和出口业务，2019年2月实际缴纳增值税40万元，出口货物免抵税额4万元。另外，进口货物缴纳增值税17万元，缴纳消费税30万元。该企业2019年4月应纳城市维护建设税（　　）万元。
A. 2.80　　　　　　B. 3.08　　　　　　C. 2.52　　　　　　D. 5.81

7.某企业地处市区，2019年5月被税务机关查补增值税45 000元、消费税25 000元、所得税30 000元，还被加收滞纳金2 000元，被处罚款50 000元。该企业应补缴城市维护建设税和教育费附加（　　）元。
A. 5 000　　　　　B. 7 000　　　　　C. 8 000　　　　　D. 10 000

8.关于教育费附加的说法，正确的是（　　）。
A.某公司应缴纳增值税30万元，实际缴纳增值税20万元，该公司应以30万元为计税依据缴纳教育费附加
B.张某下岗失业后开小吃店，2018年10月8日领取税务登记证，2019年10月8日起缴纳教育费附加
C.某公司进口铁矿石缴纳增值税80万元，应同时按3%缴纳教育费附加
D.某公司出口电视机已退增值税60万元，但已缴纳的教育费附加不予退还

9.下列关于城市维护建设税纳税地点的表述中，错误的是（　　）。
A.无固定纳税地点的个人，为户籍所在地
B.代收代缴"两税"的单位，为税款代收地
C.代扣代缴"两税"的个人，为税款代扣地
D.取得管道输油收入的单位，为管道机构所在地

10.某烟草公司（增值税一般纳税人）收购烟叶，支付烟叶生产者收购价款50 000元，并支付了价外补贴5 000元，则其应纳烟叶税（　　）元。
A. 10 000　　　　B. 10 800　　　　C. 11 000　　　　D. 11 200

11.烟叶税的纳税义务发生时间为纳税人收购烟叶的当天，"收购烟叶的当天"是指（　　）。
A.向烟叶销售者付讫收购烟叶运输费用的当天
B.支付给烟叶销售者价外补贴的当天
C.支付给烟叶销售者烟叶收购价款的当天
D.向烟叶销售者付讫烟叶款项或者开具收购烟叶凭据的当天

二、多项选择题

1.下列各项中，符合城市维护建设税有关规定的有（　　）。
A.城市维护建设税的计税依据是纳税人实际缴纳增值税、消费税的税额
B.因减免税而发生增值税、消费税退库的，城市维护建设税也同时退库
C.纳税人因偷漏增值税、消费税应该补税的，也要补缴城市维护建设税
D.纳税人偷漏"两税"而加收的滞纳金、罚款，一并计入城市维护建设税的计税依据

2.下列关于城市维护建设税纳税地点的表述中，正确的有（　　）。

A. 无固定纳税地点的个人，为户籍所在地
B. 代收代缴"两税"的单位，为税款代收地
C. 代扣代缴"两税"的个人，为税款代扣地
D. 取得管道输油收入的单位，为管道机构所在地

3. 以下关于城建税和教育费附加的规定，正确的有（   ）。
   A. 城建税和教育费附加随增值税、消费税的纳税环节分别在销售、进口等环节缴纳
   B. 纳税人凡是缴纳增值税、消费税、营业税的，须同时缴纳城建税和教育费附加
   C. 代扣代缴增值税、消费税的，按照扣缴义务人所在地税率计算缴纳城建税
   D. 代扣代缴增值税、消费税的，在按规定扣缴城建税的同时也应扣缴教育费附加

4. 下列关于城市维护建设税税率的说法，不正确的有（   ）。
   A. 海关对进口产品代征的增值税、消费税，征收城市维护建设税
   B. 海关对进口产品代征的增值税、消费税，不征收城市维护建设税
   C. 海关对出口产品退还增值税、消费税，不退还已缴纳的城市维护建设税
   D. 海关对出口产品退还增值税、消费税，也应退还已缴纳的城市维护建设税

5. 下列关于城市维护建设税的说法中，正确的有（   ）。
   A. 海关对进口产品代征消费税的，不代征城市维护建设税
   B. 对于因减免税而需要进行"两税"退库的，城市维护建设税可同时退库
   C. 对下岗失业人员新办的商贸企业，5年内免征城市维护建设税
   D. 城市维护建设税的税率为7%、5%、3%、1%

6. 关于城市维护建设税，下列说法正确的有（   ）。
   A. 纳税人直接缴纳"两税"的，在缴纳"两税"地缴纳城市维护建设税
   B. 铁道部应纳城市维护建设税的税率统一确定为5%
   C. 由受托方代收、代扣"两税"的，城市维护建设税适用受托方所在地的税率
   D. 对增值税实行"先征后返"办法的，城市维护建设税一并返还

7. 以下关于烟叶税的说法，正确的有（   ）。
   A. 收购烟叶的单位和个人为烟叶税的纳税人
   B. 烟叶税的征税对象包括生烟叶、熟烟叶、烤烟叶
   C. 烟叶税实行比例税率，税率为20%
   D. 纳税人应当自纳税义务发生之日起15日内申报纳税

8. 某县城一家食品加工企业，为增值税小规模纳税人，2019年3月购进货物取得普通发票的销售额合计50 000元，销售货物开具普通发票注明的销售额合计70 000元，出租小货车取得不含税收入10 000元。下列选项中表述正确的有（   ）。
   A. 应纳城市维护建设税54.13元　　　B. 应纳城市维护建设税116.94元
   C. 应纳教育费附加95.77元　　　　　D. 应纳教育费附加70.16元

三、判断题

1. 纳税人凡是缴纳增值税、消费税的，须同时缴纳城市维护建设税和教育费附加。（   ）
2. 某市外商投资企业 2015 年 10 月生产销售货物并缴纳了增值税，无须缴纳城市维护建设税。（   ）
3. 出口货物免抵的增值税税额免征城建税。（   ）
4. 代扣代缴、代收代缴"两税"的单位和个人，其城建税的纳税地点在代扣代收地。（   ）
5. 对增值税实行"先征后返"办法的，城市维护建设税一并返还。（   ）
6. 纳税人因偷漏增值税、消费税应该补税的，也要补缴城市维护建设税。（   ）

Chapter5
第五章

关 税 法

学习目标

1. 了解关税的概念与分类。
2. 熟悉关税的纳税人、征税范围和税率。
3. 掌握进口货物完税价格和出口货物完税价格的确定。
4. 掌握关税应纳税额的计算。
5. 熟悉关税减免税收优惠。
6. 熟悉关税的征收管理。

重点与难点

重点：关税完税价格的确定及关税应纳税额计算。
难点：关税的纳税申报。

第一节 关税概述

一、关税的概念

关税是世界普遍征收的一个税种，是一国海关对进出境的货物或者物品征收的一种税。进出境指的是进出我国关境，即我国海关法适用的范围。关境和国境是两个概念，它们既有联系，又不完全相同。国境是指一个主权国家行使行政权力的领域范围。关境是指一个主权国家行使关税权力的领域范围。一般情况下，一个国家的国境与关境是一致的，但一个国家在国境内设立自由贸易港、自由贸易区、保税区、保税仓库时，关境就小于国境；当几个国家结成关税同盟，成员国之间相互取消关税，对外实行共同的关税税则时，就其成员国而言，关境就大于国境。我国现行关税基本制度是2003年11月由国务院发布的《进出口关税条例》。

关税是一个历史悠久的税种，早在古罗马、古希腊时代就已开征关税。当时的希腊在爱琴海、黑海两岸一带有很多属地，对来往于这些属地的进出口货物，按货值征收2.5%的税收，后来税率提高至12.5%。这些税收是在货物通行一定地区时征收的，带有关税的性质。英国很早就有一种"例行的通行税"，在商人进入市场时缴纳给当地的领主，后来把这种税称为关税并沿用至今。

在我国，早在公元前11世纪的西周就出现了"关市之赋""关市之征"。

而对"关"的含义，古籍书中有各种解释，如"古者境上为关""关，要塞也"。总的来说，所谓关，就是指进出国境的关口，是国家的门户，"关之赋"即为关税。

到了唐朝，随着我国对外贸易的大幅度发展，关税也有了较大的发展。唐玄宗时，在广州设立了市舶司，规定凡南海以外诸蛮夷以船舶运货物入中国境内者，须在市舶司处登记，然后由市舶司课征关税。市舶司是我国海关设置的最早形式。到元、宋时代，政府鼓励海上通商，海上对外贸易更加发达，在管理上仿唐朝，设置市舶司，公元1293年，元朝颁布了《市舶司分则例》，详细地规定了输出入货物的征税、船舶监管、走私违章处理等管理方法。这是我国古代最完备的一部海关税法，也标志着市舶制度的成熟。市舶制度是我国古代经济发展重心南移，对外贸易中心由内地发展到沿海的时候产生的，对促进海上对外贸易和国际交往的发展，起到了一定的积极作用。

到了明、清时期，由于统治者实行"闭关锁国"政策，撤销市舶司，市舶制度走向衰落。

我国自唐朝开始一直实行关税自主。自鸦片战争后，关税出现了畸形状态。1842年，清政府与英国签订了《南京条约》，并于次年议定《中英五口通商章程》和海关税，规定基本上值百抽五的关税税率，中国即丧失了制定关税税则的自主权。1859年帝国主义又进一步攫取了中国海关收支权，这样海关的行政管理权和关税自主权都被帝国主义攫取，为帝国主义在中国倾销商品和获得廉价原料打开了方便之门，严重地摧残了中国工农业的发展。1929年，帝国主义者被迫在表面上放弃控制中国关税的特权，但实际上关税的制定仍受英、美、日等国约束。

1949年中华人民共和国成立后，彻底废除了一切不平等条约，海关行政管理权和自主权得以恢复，我国才真正实现关税自主。

为了适应我国对外贸易的发展，参与国际经济竞争，国务院于1985年3月7日发布了《进出口关税条例》，1987年9月12日对其进行了修订和发布，1992年3月18日，国务院又对其进行了第二次修订和发布，最新的一次修订和发布于2003年11月23日。

二、关税的分类

（一）按进出关境的货物或物品流向分类

按通过关境的货物和物品的不同流向，关税可分为进口税、出口税和过境关税。

（1）进口税。进口税是指海关对进口货物或物品征收的关税，通常在货物或物品进入关境或国境或从保税仓库提出投入国内市场时征收。当今世界各国的关税均以进口税为关税主体。征收进口税的目的在于保护本国市场和增加财政收入。

（2）出口税。出口税是指海关对出口货物或物品征收的关税。征收出口税将增加出口货物的成本，降低出口货物在国际市场的竞争力，目前世界各国一般少征或不征出口税。但在一些发展中国家和经济落后的国家，为保护本国市场和市场供应，增加财政收入，特别是为防止本国自然资源的大量外流，对部分商品仍征收出口税。

（3）过境关税。过境关税是对过境货物征收的关税，主要目的是增加财政收入。

（二）按计征关税的标准分类

按计征标准的不同，关税可分为从价税、从量税、复合税和滑准税等。

（1）从价税。从价税是指以进出口货物的完税价格为计税标准而计算征收的关税，是一种最常用的关税计税标准。目前，我国海关计征关税标准主要是从价税。

（2）从量税。从量税是指以进出口货物的数量、重量、体积、容积等计量单位为计税标准而计算征收的关税。计税时以货物的计量单位乘以每单位应纳税额即可得出该商品的关税税额。

（3）复合税。复合税是对同一种进出口货物同时采取从价和从量两种标准计算征收的关税。即制定从价、从量两种税率，随着完税价格和进口数量而变化，征收时两种税率合并计征。我国目前对录像机、放像机、数字照相机和摄录一体机实行复合税。

（4）滑准税。滑准税也叫滑动税，是根据货物的不同价格适用不同税率的一类特殊的从价关税。它的关税税率随进口货物价格由高至低来设置，即进口货物的价格越高，其进口关税税率越低；进口货物的价格越低，其进口关税税率越高。其特点是可保持实行滑准税货物的国内市场价格的相对稳定，而不受国际市场价格波动的影响。目前我国对进口新闻纸实行滑准税。

（三）按征税性质分类

按征税性质，可将关税分为普通关税、优惠关税和差别关税三类。它们主要适用于进口关税。

（1）普通关税，又称一般关税，是对与本国没有签署贸易或经济互惠等友好协定的国家原产的货物征收的非优惠关税。

（2）优惠关税，一般是互惠关税，是优惠协定双方互相给对方优惠关税待遇。优惠关税一般有特定优惠关税、普遍优惠关税和最惠国待遇三种。

1）特定优惠关税，又称特惠税，是指某一国家对另一国家或某些国家对另外一些国家的某些方面予以特定优惠关税待遇，而他国不享受的一种关税制度。

2）普遍优惠关税，也称普惠制，是发达国家对从发展中国家或地区输入的产品，特别是制成品和半制成品普遍给予优惠关税待遇的一种制度。普惠制有三条原则：普遍原则、非歧视原则和非互惠原则。

3）最惠国待遇，它规定缔约国双方相互间现在和将来所给予任何第三国的优惠待遇。

（3）差别关税，主要分为加重关税、反补贴关税、反倾销关税、报复关税等。

1）加重关税，是出于某种原因或为达到某种目的，而对某国货物或某种货物的输入加重征收的关税。

2）反补贴关税，是对接受任何津贴或补贴的外国进口货物所附加征收的一种关税。

3）反倾销关税，是对外国的倾销商品，在征收正常关税的同时附加征收的一种关税。

4）报复关税，是指他国政府以不公平、不平等、不友好的态度对待本国输出的货物时，为维护本国利益，报复该国对本国输出货物的不公平、不平等、不友好的待遇，对该国输入本国的货物加重征收的关税。

三、关税的特点

（一）纳税上的统一性和一次性

按照全国统一的进出口关税条例和税则征收关税，在征收一次性关税后，货物就可在整个关境内流通，不再另行征收关税。这与其他税种如增值税、消费税等流转税是不同的。

（二）征收上的过"关"性

是否征收关税，以货物是否通过关境为标准。只有进出关境的货物才征收关税，凡未进出关境的货物则不属于关税的征税对象。

（三）税率上的复式性

复式税则制，即对同一进口货物设置优惠税率和普通税率。优惠税率是一般的、正常的税率，适用于同我国订有贸易互利条约或协定的国家；普通税率适用于与我国没有签订贸易互利条约或协定的国家。这种复式税则充分反映了关税具有维护国家主权、平等互利发展国际贸易往来和经济技术合作的特点。

（四）征管上的权威性

关税是通过海关执行的。海关是设在关境上的国家行政管理机构，是贯彻执行本国有关进出口政策、法令和规章的重要工具。其任务是根据有关政策、法令和规章，对进出口的货物、货币、金银、行李、邮件、运输工具等实行监督管理，如征收关税、查禁走私货物、临时保管通关货物和统计进出口商品等。

（五）对进出口贸易的调节性

许多国家通过制定和调整关税税率来调节进出口贸易。在出口方面，通过低税、免税和退税来鼓励商品出口；在进口方面，通过税率的高低、减免来调节商品的进口。

四、关税的作用

我国关税在促进对外贸易和国民经济的发展等方面，发挥了重要作用，主要体现在以下几个方面。

（一）增加国家财政收入

关税是国家财政收入的重要来源。特别是 1999 年以来，随着国家打击走私力度的加大，全国海关也严格执法，加强对关税和进口环节税收的征收管理，为加强中央财力做出了重大贡献，也为社会主义现代化建设累积了大量资金。

（二）维护国家主权和利益

当我国与其他国家在进出口贸易上有冲突时，需要进行贸易谈判，而关税是贸易谈判中捍卫本国利益的重要武器。合理和适度运用关税杠杆，可迫使谈判对方同等程度地降低和减免关税，提供相同或相似的贸易条件和贸易保证，拒绝或限制对方对本国商品倾销。同时，关税也是实行贸易歧视或反歧视的手段，迫使贸易伙伴考虑本国的既得利益。不仅如此，关税在国与国交往的其他方面也可充当重要的中介力量和谈判砝码。

（三）调控经济有效运行

关税税率的高低和关税的征免，直接影响进出口货物的成本，进而影响到商品的市场价格和销售数量，以及企业的生产、经营和经济效益。因此，国家往往通过关税来调节经济、调节市场，从而达到调控国民经济、保护与扶持民族工业、促进经济健康发展的目的。

（四）加快改革开放进程

《海关法》和《进出口关税条例》的制定，特别是鼓励国家经济建设必需物资和人民生活必需品的进口、引进外资、引进先进技术等一系列关税优惠措施的制定，加快了改革开放和对外贸易的繁荣与发展。

第二节 纳税人、征税对象和税率

一、纳税人

关税纳税人为进口货物收货人、出口货物发货人、进出境物品的所有人。进出境物品的纳税人是物品的所有人和推定为所有人的人。具体包括：①对携带进境的物品，推定其携带人为所有人；②对分离运输的行李，推定相应的进出境旅客为所有人；③对以邮寄方式进境的物品，推定其收件人为所有人；④以邮递或者其他运输方式出境的物品，推定其寄件人或托运人为所有人。

二、关税的征税对象

关税的征税对象是准许进出境的货物和物品。货物是指贸易性商品；物品是指入境旅客随身携带的行李物品、个人邮递物品、各种运输工具上服务人员携带进口的自用物品、馈赠物品以及其他方式进境的个人物品。其征税范围具体包括以下三个方面。

（一）进口货物的征税范围

国家准许进口的货物，除《海关进出口税则》列明免税的外，均应征收进口关税。征收进口关税的货物在《海关进出口税则》中已按货物的名称详细列举。我国目前进口应税货物大致有四类：一是必需品类，即国内不能生产或生产较少的货物；二是需要品类，即非必需品，但仍属需要的货物；三是非必需品类，即在国内已经大量生产或非国计民生必需物品；四是限制进口类，即奢侈性货物。

（二）出口货物的征税范围

为了鼓励出口贸易，我国仅选择了一些因种种原因，国家需要控制盲目出口的货物征收出口关税，对其他出口货物则不征税。征收出口关税的货物亦由《海关进出口税则》按货物名称详细列举。现行税则仅对鳗鱼苗、栗、钨矿砂、山羊板皮和锑等30多种商品征收出口关税。

（三）入境物品的征税范围

对入境旅客的行李物品和个人邮递物品进口税的征税范围为：一切入境旅客随身携带的行李物品、各种运输工具上服务人员携带进口的自用物品、个人邮递物品、馈赠物品及以其他方式入境的个人物品。

三、关税的税率及适用

关税税率是整个关税制度的核心要素。

（一）进口关税税率

在我国加入世界贸易组织之后，为了履行我国加入 WTO 关税减让谈判中承诺的有关义务，享有 WTO 成员应有的权利，根据《进出口关税条例》，自 2004 年 1 月 1 日起，我国进口税则设有最惠国税率、协定税率、特惠税率、普通税率、配额税率和暂定税率等税率形式。

（1）最惠国税率。适用原产于与我国共同适用最惠国待遇条款的世界贸易组织成员国或地区的进口货物，或原产于与我国签订有相互给予最惠国待遇条款的双边贸易协定的国家或地区的进口货物。

（2）协定税率。适用原产于我国参加的含有关税优惠条款的区域性贸易协定的有关缔约方的进口货物。

（3）特惠税率。适用原产于与我国签订有特殊优惠关税协定的国家或地区的进口货物。

（4）普通税率。适用原产于上述国家或地区以外的国家或地区的进口货物。

（5）配额税率。配额内关税是对一部分实行关税配额的货物，按低于配额外税率的进口税率征收的关税。按照国家规定实行关税配额管理的进口货物，关税配额内，适用关税配额税率；关税配额外的，其税率的适用按照前述规定执行。

（6）暂定税率。它是对某些税号中的部分货物在适用最惠国税率的前提下，通过法律程序暂时实施的进口税率，具有非全税目的特点，低于最惠国税率。适用最惠国税率的进口货物有暂定税率的，应当适用暂定税率；适用协定税率、特惠税率的进口货物有暂定税率的，应当从低适用税率；适用普通税率的进口货物，不适用暂定税率。

> **特别提醒**
>
> 对进口货物一定期限内可以实行暂定税率。适用最惠国税率的进口货物有暂定税率的，应当适用暂定税率；适用协定税率、特惠税率的进口货物有暂定税率的，应当从低适用税率；适用普通税率的进口货物，不适用暂定税率。

（二）出口货物税率

出口货物税率没有普通税率和优惠税率之分。为鼓励国内企业出口创汇，同时做到能够控制一些商品的盲目出口，我国对绝大部分出口货物不征收出口关税，只对少数产品征收出口关税。根据《国务院关税税则委员会关于 2020 年进口暂定税率等调整方案的通知》，自 2020 年 1 月 1 日起继续对铬铁等 107 项商品征收出口关税，适用出口税率或出口暂定税率。

（三）关税税率的适用

《进出口关税条例》规定，进出口货物应当依照《海关进出口税则》规定的归类原则归入合适的税号，并按照适用的税率征税。具体的税率适用情况，如表 5-1 所示。

表 5-1 关税税率的具体适用情况

1	进出口货物	应适用海关接受该货物申报进口或者出口之日实施的税率
2	进口货物到达前，经海关核准先行申报的	应适用装载此项货物的运输工具申报进境之日实施的税率
3	进口转关运输货物	应适用指运地海关接受该货物申报进口之日实施的税率
	货物运抵指运地前，经海关核准先行申报的	应适用装载该货物的运输工具抵达指运地之日实施的税率
4	出口转关运输货物	应适用启运地海关接受该货物申报出口之日实施的税率
5	经海关批准，实行集中申报的进出口货物	应适用每次货物进出口时海关接受该货物申报之日实施的税率
6	因超过规定期限未申报而由海关依法变卖的进口货物	其税款计征应适用装载该货物的运输工具申报进境之日实施的税率
7	因纳税人违反规定需要追征税款的进出口货物	应适用违反规定的行为发生之日实施的税率
	行为发生之日不能确定的	适用海关发现该行为之日实施的税率
8	已申报进境并放行的保税货物、减免税货物、租赁货物或者已申报进出境并放行的暂时进出境货物，有下列情形之一需要缴纳税款的： （1）保税货物经批准不复运出境的； （2）保税仓储货物转入国内市场销售的； （3）减免税货物经批准转让或移作他用的； （4）可暂不缴纳税款的暂时进出境货物，经批准不复运出境或进境的； （5）租赁进口货物，分期缴纳税款	应适用海关接受纳税人再次填写报关单申报办理纳税及有关手续之日实施的税率
9	补征或退还进出口货物税款	按上述规定

四、关税的优惠政策

（一）法定减免

法定减免是指《海关法》《进出口关税条例》和《海关进出口税则》等法规中所规定的减免税，包括以下几种情况。

（1）下列货物，经海关审查无误，可以免税：

1）关税税额在人民币 50 元以下的一票货物；

2）无商业价值的广告品和货样；

3）外国政府、国际组织无偿赠送的物资；

4）在海关放行前遭受损失的货物；

5）规定数额以内的货物；

6）进出境运输工具装载的途中必需的燃料、物料和饮食用品；

7）中华人民共和国缔结或者参加的国际条约规定减征、免征关税的货物、物品；

8）法律规定减征、免征关税的其他货物、物品。

（2）经海关核准，暂时进境或暂时出境并在6个月内复运出境或复运进境的下列货物，在货物收发货人向海关缴纳相当于税款的保证金或者提供担保后，准予暂时免纳关税：

1）在展览会、交易会、会议及类似活动中展示或使用的货物；
2）文化、体育交流活动中使用的表演、比赛用品；
3）在新闻报道和摄制电影、电视节目中使用的仪器、设备及用品；
4）在科研、教学、医疗活动中使用的仪器、设备和用品；
5）在上述1～4活动中所使用的交通工具及特种车辆；
6）货样；
7）在安装、调试和检测设备时使用的仪器或工具；
8）盛装货物的容器；
9）其他用于非商业目的货物。

（3）因品质或规格原因，出口货物自出口之日起1年内原状退货复运进境的，不征收进口关税。因品质或规格原因，进口货物自进口之日起1年内原状退货复运出境的，不征收出口关税。

（4）因残损、短少、品质不良或规格不符原因，由进出口货物的发货人、承运人或保险公司免费补偿或更换相同货物的，进出口时不征收关税。

（二）特定减免

特定减免又称政策性减免，是指在法定减免以外，由国务院或国务院授权的机关颁布法规、规章特别规定的减免。特定减免税货物一般有地区、企业和用途的限制，海关需要进行后续管理，并进行减免税统计。有以下情形之一的进口货物，海关可以酌情特定减免：①教科用书；②残疾人专用品；③慈善捐赠物资。

（三）临时减免

临时减免是指在法定和特定减免以外的其他减免，即由国务院根据《海关法》对某个单位、某类商品、某个项目或某批进出口货物的特殊情况，给予特别照顾，一案一批，专文下达的减免，一般不能比照执行。

第三节 关税完税价格

一、关税完税价格的含义

关税完税价格是海关以进口货物的实际成交价格为基础，经调整确定的计征关税的价格。纳税人向海关申报的价格不一定等于完税价格，只有经海关审核并接受的申报价格才能作为完税价格。关税税率确定，关税完税价格的高低直接影响征收关税税额的多少。对于纳税人来说，它关系到其进口货物的成本高低，进而影响其利润。对国家而言,它关系到国家财政收入和关税职能作用的发挥。因此,各国都制定了一套详尽的海关制度,来规范应税货物的关税完税价格。

二、进口货物的完税价格

进口货物的完税价格由海关以货物的成交价格为基础审查确定,并应当包括该货物运抵中华人民共和国境内输入地点起卸前的运输及相关费用、保险费。

(一)一般进口货物完税价格的确定

1. 以成交价格为基础的完税价格的确定

根据《海关法》的相关规定,进口货物以海关审定的成交价格为基础的到岸价格为完税价格。"到岸价格"包括货价加上货物运抵我国境内输入地点起卸前的运费、包装费和其他劳务费。"我国境内输入地"为入境海关地,包括内陆河、江口岸,一般为第一口岸。"成交价格"是指买方为购买该货物,按有关规定调查后的实付或应付价格,即买方为购买进口货物直接或间接支付的总额。具体要注意以下几点。

(1)下列费用或价值未包含在进口货物的成交价格中,应一并计入完税价格。

1)特许权使用费,但与进口货物无关或者不构成进口货物向境内销售条件的不计入完税价格。

2)除购货佣金以外的佣金和经纪费,比如卖方佣金。"购货佣金"指买方为购进进口货物向自己的采购代理人支付的劳务费用;"经纪费"指买方为购买进口货物向代表买卖双方利益的经纪人支付的劳务费用。

3)货物运抵我国境内输入地点起卸前由买方支付的包装费、运费、保险费和其他劳务费用。

4)由买方负担的与进口货物视为一体的容器费用。

5)由买方负担的包装材料和包装劳务的费用。

6)卖方直接或间接从买方对该货物进口后转售(含处置和使用)所得中获得的收益。

(2)下列费用,如在货物的成交价格中单独列明,应从完税价格中扣除:

1)工业设施、机械设备类货物进口后发生的基建、安装、调试、技术指导等费用。

2)货物运抵境内输入地点起卸后的运输费用、保险费用和其他相关费用。

3)进口关税及其他国内税收。

4)为在境内复制进口货物而支付的费用。

5)境内外技术培训及境外考察费用。

6)同时符合下列条件的利息费用:利息费用是买方为购买进口货物而融资所产生的,有书面的融资协议,利息费用单独列明,纳税义务人可以证明有关利率不高于在融资当时当地此类交易通常应当具有的利率水平,且没有融资安排的相同或者类似进口货物的价格与进口货物的实付、应付价格非常接近。

(3)进口货物完税价格中的运费和保险费按下列规定确定:

1）进口货物的运费，应当按照实际支付的费用计算。如果进口货物的运费无法确定，海关应当按照该货物的实际运输成本或者该货物进口同期运输行业公布的运费率（额）计算运费。运输工具作为进口货物，利用自身动力进境的，海关在审查确定完税价格时，不再另行计入运费。

2）进口货物的保险费，应当按照实际支付的费用计算。如果进口货物的保险费无法确定或者未实际发生，海关应当按照"货价加运费"两者总额的 0.3% 计算保险费。

$$保险费 =（货价 + 运费）\times 0.3\%$$

3）邮运进口的货物，应当以邮费作为运输及相关费用、保险费。

4）以境外边境口岸价格条件成交的铁路或者公路运输进口货物，海关应当按照境外边境口岸价格的 1% 计算运输及相关费用、保险费。

【例 5-1】 有进出口经营权的某外贸公司，10 月份经有关部门批准从境外进口小轿车 30 辆，每辆小轿车货价 15 万元，运抵我国海关前发生的运输费用、保险费用无法确定，经海关查实其他运输公司相同业务的运输费用占货价的比例为 2%。该公司向海关缴纳了相关税款，并取得了完税凭证。

要求： 计算进口小轿车的关税完税价格。

【解析】

$$进口货价 =15 \times 30=450（万元）$$
$$进口运输费 =450 \times 2\%=9（万元）$$
$$进口保险费 =（450+9）\times 0.3\% \approx 1.38（万元）$$
$$关税完税价格 =450+9+1.38=460.38（万元）$$

2. 进口货物海关估价的方法

进口货物的成交价格不符合成交价格条件或者成交价格不能确定的，海关经了解有关情况，并与纳税义务人进行磋商后，依次以下列方法审查确定该货物的完税价格。

（1）相同货物成交价格估价法。其是指海关以与进口货物同时或者大约同时向我国境内销售相同货物的成交价格为基础，审查确定进口货物完税价格的估价方法。

（2）类似货物成交价格估价法。其是指海关以与进口货物同时或者大约同时向我国境内销售类似货物的成交价格为基础，审查确定进口货物的完税价格的估价方法。

（3）倒扣价格估价方法。其是指海关以进口货物、相同或者类似进口货物在境内销售价格为基础，扣除境内发生的关税和进口环节海关代征税及其他国内税、运费、保险费、利润等相关规定费用后，审核确定进口货物完税价格的估价方法。

（4）计算价格估价方法。其是指海关按照下列各项总和计算出完税价格：生产该货物所使用的料件成本和加工费；向境内销售同等级或者同类货物通常的利润和一般费用；该货物运抵境内输入地点起卸前的运输及相关费用、保险费。

（5）其他合理方法。其是指海关以客观量化的数据资料为基础审查确定进口货物完税价格的估价方法。

（二）特殊进口货物完税价格的确定

特殊进口货物的完税价格一般来说，包括以下几种情况。

1. 运往境外加工的货物

运往境外加工的货物，出境时已向海关报明，并在海关规定期限内复运境内的，应当以境外加工费和料件费以及该货物复运进境的费用及相关费用、保险费为基础审查确定完税价格。

2. 运往境外修理的货物

运往境外修理的机械器具、运输工具或其他货物，出境时已向海关报明，并在海关规定期限内复运进境的，应当以境外修理费和料件费为基础审查确定完税价格。

3. 租赁方式进口的货物

租赁方式进口的货物，按照下列方法审查确定完税价格：

（1）以租金方式对外支付的租赁货物，在租赁期间以海关审查确定的租金作为完税价格，利息应当予以计入。

（2）留购的租赁货物以海关审查确定的留购价格作为完税价格。

（3）纳税义务人申请一次性缴纳税款的，可以选择申请按照进口货物海关估价的方法确定完税价格，或者按照海关审查确定的租金总额作为完税价格。

4. 暂时进境的货物

经海关批准的暂时进境的货物，应按照一般进口货物估价方法的规定，估计完税价格。

5. 留购的进口货样等货物

国内单位留购的进口货样、展览品及广告陈列品，以海关审定的留购价格为完税价格。

6. 予以补税的减免税货物

减税或免税进口的货物需予补税时，应当以海关审定的该货物原进口时的价格，扣除折旧部分价值作为完税价格，其计算公式为：

$$完税价格 = 海关审定的该货物原进口时的价格 \times (1 - 申请补税时实际已使用的时间^{\ominus} \div (监管年限 \times 12))$$

式中，申请补税时的实际已使用的时间按月计算，不足 1 个月但超过 15 天的，按 1 个月计算，不超过 15 天的，不予以计算。

三、出口货物完税价格的确定

（一）以成交价格为基础的完税价格

出口货物的完税价格由海关以该货物的成交价格为基础审查确定，并应当包括货物运至我国境内输出地点装载前的运输及相关费用、保险费，但不包括出口关税税额。出

$\ominus$ 单位为月。

口货物的成交价格，是指该货物出口销售时，卖方为出口该货物应当向买方直接收取和间接收取的价款总额，但下列费用应予扣除。

（1）成交价格中含有支付给国外的佣金，与货物成交价格分列的，应予扣除；未单独列明的，则不予扣除。

（2）出口货物的销售价格如果包括离境口岸至境外口岸之间的运费、保险费，该运费、保险费应予扣除。出口货物完税价格的计算公式为：

$$完税价格 = 离岸价格 \div (1+ 出口关税税率)$$

（二）由海关估定的完税价格

出口货物的发货人或其代理人应如实向海关申报出口货物售予境外的价格，对出口货物的成交价格不能确定时，完税价格由海关依次按下列方法予以估定：

（1）同时或大约同时向同一国家或地区销售出口的相同货物的成交价格。

（2）同时或大约同时向同一国家或地区销售出口的类似货物的成交价格。

（3）根据境内生产相同或类似货物的成本、利润和一般费用，以及境内发生的运输及相关费用、保险费计算所得的价格。

（4）按照其他合理方法估定的价格。

四、关税应纳税额的计算

（一）进口货物应纳关税的计算

1. 从价关税应纳税额的计算

从价关税应纳税额的计算公式为：

$$关税税额 = 应纳进口货物数量 \times 单位完税价格 \times 关税税率$$

具体分为以下几种情况。

（1）以我国口岸到岸价格（CIF）成交的，或者和我国毗邻的国家以两国共同边境地点交货价格成交的进口货物，其成交价格即为完税价格。应纳关税的计算公式为：

$$应纳进口关税税额 = CIF \times 关税税率$$

【例5-2】 某进口公司2019年2月从美国进口一批化工原料，到岸价格为CIF上海800 000美元，另外在货物成交过程中，公司向卖方支付佣金40 000美元，已知当时外汇牌价为USD100=CNY650，该原料的进口关税税率为18%。

要求：请计算该公司应纳关税税额。

【解析】

$$完税价格 = (800\,000+40\,000) \times 6.50 = 5\,460\,000（元）$$
$$应纳进口关税税额 = 5\,460\,000 \times 18\% = 982\,800（元）$$

（2）以国外口岸离岸价格（FOB）或国外口岸到岸价格成交的，应另外加从发货口岸或国外交货口岸运到我国口岸以前的运杂费和保险费作为完税价格。应纳关税的计算公式为：

$$应纳进口关税税额 =（FOB+ 运杂费 + 保险费）× 关税税率$$

在国外口岸成交情况下，完税价格中包括的运杂费、保险费，原则上应按实际支付的金额计算，若无法得到实际支付金额，也可以外贸系统海运进口运杂费率或按协商规定的固定运杂费率计算运杂费，保险费按中国人民保险公司的保险费率计算。其计算公式为：

$$应纳税额 =（FOB+ 运杂费）×（1+ 保险费率）× 关税税率$$

【例 5-3】 宏远公司委托天兴进出口贸易公司代理进口材料一批。该材料实际支付离岸价为 480 000 美元，海外运输费、包装费、保险费共计 20 000 美元（支付日市场汇价为 USD100=CNY670），进口报关当日中国人民银行公布的市场汇价为 USD100=CNY665，进口关税税率为 20%。

要求： 计算该公司应纳关税税额。

【解析】

$$应纳进口关税税额 =（480\,000+20\,000）× 6.65 × 20\% = 665\,000（元）$$

（3）以国外口岸离岸价格加运费（CFR）成交的，应另外加保险费作为完税价格。其计算公式为：

$$应纳进口关税税额 =（CFR+ 保险费）× 关税税率$$
$$= CFR ×（1+ 保险费率）× 关税税率$$

【例 5-4】 某企业从我国香港地区进口原产地为韩国的设备 3 台，该设备的总成交价格为 CFR 上海 180 000 港币，保险费率为 3%，设备进口关税税率为 10%，当日外汇牌价为 HKD100=CNY83。

要求： 计算该公司应纳关税税额。

【解析】

$$完税价格 = 180\,000 × 0.83 ×（1+3\%）= 153\,882（元）$$
$$应纳进口关税税额 = 153\,882 × 10\% = 15\,388.2（元）$$

（4）特殊进口商品关税的计算。特殊进口货物种类繁多，需在确定完税价格基础上，再计算应纳税额。应纳关税的计算公式为：

$$应纳税额 = 特殊进口货物完税价格 × 关税税率$$

【例 5-5】 某企业 2019 年将以前年度进口的设备运往境外修理，设备进口时成交价格为 58 万元，发生境外运费和保险费共计 6 万元；在海关规定的期限内复运进境，进境时同类设备价格 65 万元；发生境外修理费 8 万元，料件费 9 万元，境外运输费和保险费共计 3 万元，进口关税税率为 20%。

要求：计算该设备复运进境时应纳的进口关税。

【解析】

运往境外修理的机械器具、运输工具或其他货物，出境时已向海关报明，并在海关规定期限内复运进境的，应当以海关审定的境外修理费和料件费为完税价格。

$$应纳关税税额 = (8+9) \times 20\% = 3.4（万元）$$

2. 从量关税应纳税额的计算

从量关税应纳税额的计算公式为：

$$关税税额 = 应纳进口货物数量 \times 单位税额$$

3. 复合关税应纳税额的计算

复合关税应纳税额的计算公式为：

$$关税税额 = 应纳进口货物数量 \times 单位税额$$
$$+ 应纳进口货物数量 \times 单位完税价格 \times 税率$$

（二）出口货物应纳关税的计算

1. 从价关税应纳税额的计算

从价关税应纳税额的计算公式为：

$$关税税额 = 应税出口货物数量 \times 单位完税价格 \times 税率$$

具体分为以下几种情况。

（1）以我国口岸离岸价格（FOB）成交的，出口关税计算公式为：

$$应纳关税税额 = FOB \div (1+ 关税税率) \times 关税税率$$

（2）以国外口岸到岸价格（CIF）成交的，出口关税计算公式为：

$$应纳关税税额 = (CIF- 保险费 - 运费) \div (1+ 关税税率) \times 关税税率$$

（3）以国外口岸价格加运费价格（CFR）成交的，出口关税计算公式为：

$$应纳关税税额 = (CFR- 运费) \div (1+ 关税税率) \times 关税税率$$

【例 5-6】 某进出口公司自营出口商品一批，我国口岸 FOB 价格折合人民币为 720 000 元，出口关税税率为 20%，根据海关开出的专用缴款书，以银行转账支票付讫税款。

要求：计算应纳的出口关税。

【解析】

$$出口关税 = 720\,000 \div (1+20\%) \times 20\% = 120\,000（元）$$

2. 从量关税应纳税额的计算

从量关税应纳税额的计算公式为：

$$出口关税 = 应纳出口货物数量 \times 单位货物数量$$

3. 复合关税应纳税额的计算

我国目前实行的复合税都是先计征从量税，再计征从价税。

复合关税应纳税额的计算公式为：

$$出口关税税额 = 应纳出口货物数量 \times 单位税额$$
$$+ 应税出口货物数量 \times 单位完税价格 \times 税率$$

五、跨境电子商务零售进口税收政策

自 2016 年 4 月 8 日起，跨境电子商务零售进口商品按货物征收关税和进口环节增值税、消费税，购买跨境电子商务零售进口商品的个人作为纳税义务人，实际交易价格（包括货物零售价格、运费和保险费）作为完税价格，电子商务企业、电子商务交易平台企业或物流企业可作为代收代缴义务人。

（一）适用范围

跨境电子商务零售进口税收政策适用于从其他国家或地区进口的、《跨境电子商务零售进口商品清单》范围以内的以下商品：

（1）所有通过与海关联网的电子商务交易平台交易，但快递、邮政企业能够统一提供交易、支付、物流电子信息"三单"比对的跨境电子商务零售进口商品。

（2）未通过与海关联网的电子商务交易平台交易，但快递、邮政企业能够统一提供交易、支付、物流等电子信息，并承诺承担相应法律责任进境的跨境电子商务零售进口商品。

不属于跨境电子商务零售进口的个人物品，以及无法提供交易、支付、物流等电子信息的跨境电子商务零售进口商品，按现行规定执行。

（二）计征限额

（1）跨境电子商务零售进口商品的单次交易限值为人民币 5 000 元，个人年度交易限值为人民币 26 000 元。在限值以内进口的跨境电子商务零售进口商品，关税税率暂设为 0%；进口环节增值税、消费税按法定应纳税额的 70% 征收。

（2）完税价格超过 5 000 元单次交易限值但低于 26 000 元年度交易限值，且订单仅一件商品时，可以自跨境电子商务零售渠道进口，按照货物税率全额征收关税和进口环节增值税、消费税，交易额计入年度交易总额，但年度交易总额超过年度交易限值的，应按一般贸易管理。

（3）已经购买的电商进口商品属于消费者个人使用的最终商品，不得进入国内市场再次销售；原则上不允许网购保税进口商品在海关特殊监管区域外开展"网购保税＋线下自提"模式。

（三）计征规定

跨境电子商务零售进口商品自海关放行之日起 30 日内退货的，可申请退税，并相应调整个人年度交易总额。跨境电子商务零售进口商品购买人（订购人）的身份信息应进行认证，未进行认证的，购买人（订购人）身份信息与付款人一致。《跨境电子商务零售进口商品清单》由财政部商有关部门另行公布。

第四节　关税征收管理

关税的征收管理有其特性，我国绝大多数税种都是由税务机关负责征收的，而关税由海关负责征收。货物的进出口需要向海关申报，简称报关，这是一个十分复杂的过程，需要填报海关进口货物报关单或出口货物报关单，而关税的缴纳只是报关中的一个环节，凭海关填发的进（出）口关税专用缴纳书向指定银行缴纳。当企业发生退还关税情况时，还需要办理税款的退还等工作。

一、进出口货物报关

进口货物的纳税人应当自运输工具申报进境之日起 14 日内，向货物的进境地海关申报，如实填写海关进口货物报关单，并提交进口货物的发票、装箱清单、进口货物提交单或运单、关税免税或免予查验的证明文件等。

出口货物的发货人除海关特准外，应当在运抵海关监管区装货的 24 小时以前，填报出口货物报关单，交验出口许可证和其他证件，申报出口，由海关放行，否则货物不得离境出口。

二、关税的缴纳

（一）缴纳地点

根据纳税人的申请及进出口货物的具体情况，关税可以在关境地缴纳，也可在主管地缴纳。关境地缴纳是指进出口货物在哪里通关，纳税人即在哪里缴纳关税，这是最常见的做法。主管地缴纳是指纳税人住址所在地海关监管其通关并征收关税，它只适用于集装箱运载的货物。

注：从填发缴款书之日起限 15 日内缴纳（期末遇法定节假日顺延），逾期按日征收税款总额万分之五的滞纳金。

（二）缴纳期限

纳税人应当自海关填发税款缴纳书之日起 15 日内，向指定银行缴纳税款。

如果关税缴纳期限的最后 1 日是周末或法定节假日，则关税缴纳期限顺延至周末或法定节假日过后的第 1 个工作日。关税纳税人因不可抗力或者在国家税收政策调整的情形下，不能按期缴纳税款的，经依法提供税款担保后，可以延期缴纳税款，但最长不得超过 6 个月。

三、关税的强制执行

根据《海关法》规定，纳税人或其代理人应当在海关规定的缴纳期限内缴纳税款，逾期未缴即构成关税滞纳。为保证海关决定的有效执行和国家财政收入的及时入库，《海关法》赋予海关对滞纳关税的纳税人强制执行的权力。强制措施主要包括征收滞纳金和强制征收两类。

（一）征收滞纳金

滞纳金自关税缴纳期限届满滞纳之日起，至纳税人缴纳关税之日止，按滞纳税款万分之五的比例按日征收，周末或法定节假日不予扣除。其计算公式为：

$$关税滞纳金金额 = 滞纳关税税额 \times 0.5‰ \times 滞纳天数$$

（二）强制征收

纳税人自海关填发缴款书之日起3个月仍未缴纳税款的，经海关关长批准，海关可以采取强制措施扣缴。强制措施主要有强制扣缴和变价抵缴两种。

1. 强制扣缴

强制扣缴是指海关依法自行或向人民法院申请采取从纳税人的开户银行或者其他金融机构的存款中将相当于纳税人应纳税款的款项强制划拨入国家金库的措施，即书面通知其开户银行或者其他金融机构从其存款中扣缴税款。

2. 变价抵缴

变价抵缴是指如果纳税人的银行账户中没有存款或存款不足以强制扣缴，海关可以将未放行的应税货物依法变卖，以销售货物所得价款抵缴应缴税款。如果该货物已经放行，海关可以将该纳税人的其他价值相当于应纳税款的货物或其他财产依法变卖，以变卖所得价款抵缴应缴税款。

强制扣缴和变价抵缴的税款含纳税人未缴纳的税款滞纳金。

四、关税的退还

关税的退还是指关税纳税人缴税款后，因某种原因的出现，海关将实际征收多于应当征收的税款退还给原纳税人的一种行政行为。根据《海关法》规定，海关多征的税款，海关发现后应当立即退还。

按规定，有下列情形之一的，纳税人可以自缴纳税款之日起1年内，书面声明理由，连同原缴税凭证及相关资料向海关申请退还税款并加算银行同期活期存款利息，逾期不予受理。

（1）因海关误征，多纳税款的。

（2）海关核准免验进口的货物，在完税后发现有短缺情况，经海关审查认可的。

（3）已征出口关税的货物，因故未能装运出口，申报退关，经海关查明属实的。

对已征出口关税的出口货物和已征进口关税的进口货物，因货物品种或规格原因（非其他原因）原状运进境或出境的，经海关查验属实的，也应退还已征关税，海关应当在受理退款申请之日起 30 日内做出书面答复并通知退税申请人。

五、关税的补征与追征

关税的补征和追征是海关在纳税人按海关规定缴纳关税后，发现实际征收税额少于应当征收的税额时，责令纳税人补缴所差税额的一种行政行为。

关税的补征是非因纳税人违反海关规定造成少征关税。根据《海关法》的规定，进出境货物或物品放行后，海关发现少征或漏征税款，应当自缴纳税款或者货物、物品放行之日起 1 年内，向纳税人补征。

关税的追征是由于纳税人违反海关规定造成少征关税。因纳税人违反规定而造成的少征或者漏征的税款，自纳税人应缴纳税款之日起 3 年以内可以追征，并从缴纳税款之日起按日加收少征或漏征税款万分之五的滞纳金。

六、关税的纳税争议

为保护纳税人合法权益，我国《海关法》和《进出口关税条例》都规定了纳税人对海关确定的进出口货物的征税、减税、补税或者退税等有异议时，有提出申诉的权利。纳税义务人同海关发生纳税争议时，可以向海关申请复议，但同时应当在规定期限内按海关核定的税额缴纳关税。逾期则构成滞纳，海关有权按规定采取强制执行措施。

纳税争议的内容主要包括原产地认定、税则归类、税率或汇率适用、完税价格确定，以及关税减征、免征、追征、补征和退还等。

纳税争议的申诉程序：纳税义务人自海关填发税款缴款书之日起 60 日内，向原征税海关的上一级海关书面申请复议。逾期申请复议的，海关不予受理。海关应当自收到复议申请之日起 60 日内做出复议决定，并以复议决定书的形式正式答复纳税人；纳税人对海关复议决定仍然不服的，可以自收到复议决定书之日起 15 日内，向人民法院诉讼。

📕 本章小结

关税是由海关依法对进出境的货物、物品征收的一种税。本章的重点内容包括进口货物的完税价格的一般规定和特殊规定，完税价格中运输及相关费用、保险费的计算，关税应纳税额的计算，关税的减免，关税的征收与管理。关税缴纳在征管方面不适用于《税收征收管理法》，与国内其他税的缴纳不同。

练习题

一、单项选择题

1. 我国关税由（　　）征收。
   A. 税务机关　　　B. 海关　　　C. 工商行政管理部门　　　D. 人民政府

2. 《进出口关税条例》规定，关税税额在人民币（　　）元以下的一票货物，经海关审查无误，可以免税。
   A. 50　　　　　　B. 100　　　　C. 1 000　　　　D. 10 000

3. 关税的纳税义务人不可能是（　　）。
   A. 进口货物的收货人　　　　　　B. 进口货物的发货人
   C. 入境物品的所有人　　　　　　D. 出口货物的发货人

4. 下列各项中，符合关税法定免税规定的是（　　）。
   A. 保税区进出口的基建物资
   B. 边境贸易进出口的基建物资
   C. 关税税额在人民币 50 元以下的一票货物
   D. 经海关核准进口的无商业价值的广告品和货样

5. 在进口货物正常成交价格中，（　　）可以从中扣除。
   A. 包装费　　　B. 运输费　　　C. 卖方付的回扣　　　D. 保险费

6. 出口货物的完税价格不应该包括（　　）。
   A. 向境外销售的成交价格
   B. 货物运至我国境内输出地点装卸前的运输及相关费用
   C. 货物运至我国境内输出地点装卸前的保险费用
   D. 离境口岸至境外口岸之间的运费、保管费

7. 出口货物以海关审定的成交价格为基础的售予境外的离岸价格，扣除出口关税后作为完税价格，其计算公式为（　　）。
   A. 完税价格＝离岸价格÷（1＋出口税率）　　B. 完税价格＝离岸价格÷（1－出口税率）
   C. 完税价格＝离岸价格×（1＋出口关税）　　D. 完税价格＝离岸价格×（1－出口关税）

8. 关税纳税义务人向指定银行缴纳税款的期限是（　　）。
   A. 自报关进口之日起 7 日内　　　　B. 自报关进口之日起 15 日内
   C. 自海关填发税款缴款书之日起 7 日内　　D. 自海关填发税款缴款书之日起 15 日内

9. 已征出口关税的货物，因故未装运出口，申报退关，经海关查验属实的，纳税人可自缴纳税款之日起（　　）年内申请退还税款。
   A. 半　　　　　B. 1　　　　　C. 2　　　　　D. 3

10. 海关对逾期未缴的关税，按项目加收（　　）的滞纳金。
    A. 2‰　　　　B. 0.5%　　　　C. 2%　　　　D. 1%

二、多项选择题

1. 我国《海关法》规定，减免进出口关税的权限属中央政府，关税的减免形式有（　　）。
   A. 法定减免　　　　B. 特定减免　　　　C. 临时减免　　　　D. 困难减免

2. 非贸易性物品的关税纳税人包括（　　）。
   A. 入境旅客随身携带的行李、物品的持有人
   B. 进口个人邮件的收件人
   C. 外贸进出口公司
   D. 有进出口经营权的企业

3. 下列各项中，属于关税法定纳税义务人的有（　　）。
   A. 进口货物的收货人　　　　　　　　B. 进口货物的代理人
   C. 出口货物的发货人　　　　　　　　D. 出口货物的代理人

4. 关于关税减免，下列表述正确的有（　　）。
   A. 无商业价值的广告品视同货物进口征收关税
   B. 外国企业赠送的物资免征关税
   C. 保税区内加工运输出境的产品免征进口关税和进口环节税
   D. 关税税额在人民币50元以下的货物免征关税

5. 下列各项中，属于关税征税对象的有（　　）。
   A. 贸易性商品
   B. 个人邮寄物品
   C. 馈赠物品或以其他方式进入国境的个人物品
   D. 入境旅客随身携带的行李和物品

6. 下列出口货物完税价格确定方法中，符合关税法规定的有（　　）。
   A. 海关依法估价确定完税价格
   B. 以成交价格为基础确定完税价格
   C. 根据境内生产类似货物的成本、利润和费用计算出价格
   D. 按照合理方法估定完税价格

7. 下列费用中，如能与该货物实付价格区分，不得列入完税价格的有（　　）。
   A. 进口关税及其他国内税
   B. 货物运抵境内输入地点之后的运输费用
   C. 买方为购进货物向代表双方利益的经纪人支付的劳务费
   D. 工业设施、机械设备类货物进口后发生的基建、安装、调试、技术指导等费用

8. 进口货物的成交价格不符合规定或者成交价格不能确定的，海关经了解有关情况，并与纳税人进行价格磋商后，可以按顺序采用一定方法审查确定该货物的完税价格。下列属于海关可以采用的方法有（　　）。
   A. 相同货物成交价格估价方法　　　　B. 类似货物成交价格估价方法
   C. 倒扣价格估价方法　　　　　　　　D. 最大销售总量估价方法

9. 关税的征收管理规定中，关于补征和追征的期限是（　　）。
   A. 补征期为 1 年内　　　　　　　B. 追征期为 1 年内
   C. 补征期为 3 年内　　　　　　　D. 追征期为 3 年内

10. 下列各项中，符合关税减免规定的有（　　）。
    A. 因故退还的国内出口货物，经海关审查属实，可予免征进口关税，已征收的出口关税准予退还
    B. 因故退还的国内出口货物，经海关审查属实，可予免征进口关税，但已征收的出口关税不予退还
    C. 因故退还的国内出口货物，经海关审查属实，可予免征出口关税，已征收的进口关税准予退还
    D. 因故退还的国内出口货物，经海关审查属实，可予免征出口关税，但已征收的出口关税不予退还

三、判断题

1. 当国境内设有自由贸易区时，关境就大于国境。（　　）
2. 我国的关税按照统一的关税税则征收一次关税后，就可以在整个关境内流通，不再征收关税。（　　）
3. 贸易性商品的关税纳税义务人是经营进出口货物的收发货人。（　　）
4. 外国政府、国际组织无偿赠送的物资，依照关税基本法的规定，可实行特定减免。（　　）
5. 我国进口税则设有最惠国税率、协定税率、特惠税率、普通税率、关税配额税率等形式。（　　）
6. 关税减免分为法定减免、特定减免和临时减免，除法定减免外，特定减免和临时减免均由国务院决定。（　　）
7. 运往境外加工的货物，出境时已向海关报明，并在海关规定期限内复运进境的，应当以加工后的货物进境时的到岸物资价格作为完税价格。（　　）
8. 以租赁方式进口的货物，应以海关审定的货物的租金作为完税价格，但租赁期限超过 5 年的，则应以货物的到岸价格作为完税价格。（　　）
9. 出口货物的完税价格，是由海关以该货物向境外销售的成交价格为基础审查确定的，包括货物运至我国境内输出地点装卸前的运输费、保险费，但不包括出口关税。（　　）
10. 关税纳税人因不可抗力或者在国家税收政策调整的情形下，不能按期缴纳税款的，经海关总署批准，可以延期缴纳税款，但最长不得超过 6 个月。（　　）

四、业务题

1. 某公司进口一批应缴消费税的消费品，货价为 500 万元；该公司另外向境外支付的特许权使用费为 25 万元；此外，该批货物运抵我国关境需支付运费和保险费 25 万元。

假设该货物适用关税税率为8%，增值税税率为13%，消费税税率为20%。

要求：分别计算该公司应缴纳的关税、消费税和增值税税额。

2. 某企业从日本进口一批电子零件，成交价格为550万元，而日本出口方出售该批货物的国际市场价格为700万元。另外，该企业承担了该批零件的包装材料费50万元，同时，该企业支付给出口方零件进口后的技术服务费用150万元，已知电子零件的进口关税税率为10%。

要求：计算该企业进口电子零件应缴纳的关税税额。

3. 某公司进口货物一批，CIF成交价格为人民币600万元，含单独计价并经海关审核属实的进口后装配调试费用30万元，该货物进口关税税率为10%，海关填发税款缴纳证日期为2019年1月10日，该公司于1月25日缴纳税款。

要求：计算其应纳关税税额及滞纳金。

4. 某进出口公司进口一批机器设备，经海关审定的成交价为200万美元，货物运往我国国境输入地点起卸前的运输费为10万美元，保险费为20万美元，由买方负担的购货资金为5万美元，包装劳务费为3万美元。已知市场汇率为USD100=CNY630，该机器设备适用的关税税率为12%。

要求：

（1）进出口公司在进口该批机器设备过程中发生的哪些费用应计入货物的完税价格？

（2）计算进口该批货物应缴纳的关税税额。

（3）说明进出口公司进口该批机器设备申报缴纳关税的期限。

Chapter 6
第六章

企业所得税法

学习目标

1. 了解企业所得税的概念与特点。
2. 熟悉企业所得税的纳税人。
3. 熟悉企业所得税征税对象及所得来源地的确定。
4. 掌握企业所得税基本税率及低税率的适用范围。
5. 了解应纳税所得额的概念。
6. 掌握收入总额的确定,以及不征税收入、免税收入等内容。
7. 掌握扣除项目、不得扣除项目、亏损弥补的规定。
8. 掌握资产税务处理的一般规定。
9. 掌握资产损失扣除政策。
10. 掌握居民企业查账征收和核定征收应纳税额计算方法。
11. 掌握非居民企业应纳税额计算方法。
12. 掌握企业所得税减免税收优惠政策各项规定。
13. 掌握企业所得税征收管理。

重点与难点

企业所得税应纳税额计算。

第一节　企业所得税概述

一、企业所得税的概念

企业所得税是对在中华人民共和国境内的企业和其他取得收入的组织的生产经营所得和其他所得征收的一种税，是以企业在一定期间内的纯所得额或总所得额为征税对象的一种税。企业所得税在不同国家有不同称谓，如在日本称为法人所得税，在美国称为公司所得税，但其基本制度是一致的，都是针对具有法人性质的企业或其他组织在一定期间的应税所得征收的。它是正确处理国家与企业分配关系的重要手段。

二、企业所得税的特点

企业所得税具有如下特点。

（一）以企业的纯所得为征税对象

企业所得税以企业的纯所得为征税对象，但这仅是一般原则上的做法。实际上，企业的很多支出都有扣除标准，超过扣除标准的支出则不能扣除，另外还有一些所得是不征税或免税的，因此，企业所得税的征税对象与企业的纯所得并不完全一致。

（二）纳税人与负税人一致

企业所得税属于直接税，纳税人缴纳的所得税一般不易转嫁，而由纳税人自己负担。在会计利润总额的基础上，扣除企业所得税后的余额为企业生产经营的净利润。

（三）原则上以年度为计税期限

企业所得税原则上是以一个纳税年度为计算应纳税额的期限，实行按年计算，分月或分季预缴、年终汇算清缴的征收办法。

（四）征税对象为应纳税所得额

企业所得税的课税对象为应纳税所得额，它以利润为主要依据，但不是直接意义上的会计利润，更不是收入总额，而是按照税法的规定，用企业在一个纳税年度之内的所有应税收入扣除各种可以扣除的成本、费用、税金、损失后的净额。

（五）税率单一，征收简化

现行企业所得税采取比例税率，而且比较单一，这可以使各类企业在企业所得税上税负平等；此外，现行企业所得税大大简化了征收办法，便于企业和税务机关共同做好企业所得税的征收工作。

（六）税负公平

企业所得税以企业的应纳税所得额为征税对象，当年取得所得多的纳税人就多缴纳，所得少的纳税人就少缴纳，没有所得的纳税人则无须缴纳，故企业的经济效益直接影响企业所得税的多少，充分体现了税负公平的基本原则。

三、企业所得税的作用

（一）组织财政收入

税收的首要职能就是财政职能。企业所得税是国家从企业取得财政收入的主要形式之一，企业是国家财富的主要创造者。随着我国收入向企业和居民分配倾斜，随着经济发展和企业盈利水平提高，企业所得税占全部税收收入的比重越来越高，并将成为我国税制的主体税种之一。

（二）调整产业结构，促进经济发展

企业所得税的调节作用在于公平税负、量能负担。虽然世界各国的法人所得税往往采用比例税率的形式，在一定程度上削弱了所得税的调控功能，但在税制设计中，世界各国往往通过各项税收优惠政策的实施，发挥政府在纳税人投资、产业结构调整、环境治理等方面的调控作用。

（三）促进企业加强内力

企业在缴纳所得税后的利润可供其自由支配，此举将企业自身的权责利结合起来，极大程度地激发企业各方面的积极性。企业为了实现利润最大化，就必须实行严格的经济责任制，改善经营管理活动，提升企业的盈利能力，进而促进企业经济效益的提高。

第二节　纳税义务人、征税对象、税率

一、纳税义务人

企业所得税的纳税义务人，是指在中华人民共和国境内的企业和其他取得收入的组织。个人独资企业、合伙企业不是企业所得税的纳税人。缴纳企业所得税的企业分为居民企业和非居民企业，它们分别承担着不同的纳税责任。

（一）居民企业

居民企业是指依法在中国境内成立，或者依照外国（地区）法律成立但实际管理机

构在中国境内的企业。这里的企业具体包括国有企业、集体企业、私营企业、联营企业、股份制企业、外商投资企业、外国企业，以及有生产、经营所得和其他所得的其他组织。其中，有生产、经营所得和其他所得的其他组织是指经国家有关部门批准，依法注册、登记的事业单位、社会团体等组织。实际管理机构是指对企业的生产经营、人员、账务、财产等实施实质性全面管理和控制的机构。

(二) 非居民企业

非居民企业是指依照外国（地区）法律成立且实际管理机构不在中国境内，但在中国境内设立机构、场所的，或者在中国境内未设立机构、场所，但有来源于中国境内所得的企业。

上述所称机构、场所是指在中国境内从事生产经营活动的机构、场所，具体包括以下几类：

（1）管理机构、营业机构、办事机构。
（2）工厂、农场、开采自然资源的场所。
（3）提供劳务的场所。
（4）从事建筑、安装、装配、修理、勘探等工程作业的场所。
（5）其他从事生产经营活动的机构、场所。

非居民企业委托营业代理人在中国境内从事生产经营活动的，包括委托单位或者个人经常代其签订合同，或者储存、交付货物等，该营业代理人视为非居民企业在中国境内设立的机构、场所。

二、征税对象

企业所得税的征税对象，从内容上看包括生产经营所得、其他所得和清算所得，从空间范围上看包括来源于中国境内、境外的所得。

(一) 居民企业的征税对象

居民企业应就来源于中国境内、境外的所得缴纳企业所得税，所得包括销售货物所得、提供劳务所得、转让财产所得、股息红利等权益性投资所得、利息所得、特许权使用费所得、接受捐赠所得和其他所得。

(二) 非居民企业的征税对象

非居民企业在中国境内设立机构、场所的，应当就其所设机构、场所取得的来源于中国境内的所得，以及发生在中国境外但与其所设机构、场所有实际联系的所得缴纳企业所得税。非居民企业在中国境内未设立机构、场所的，或者虽设立机构、场所但取得的所得与其所设机构、场所没有实际联系的，应当就其来源于中国境内的所得缴纳企业所得税。

上述所称实际联系,是指非居民企业在中国境内设立的机构、场所拥有的据以取得所得的股权、债权,以及拥有、管理、控制据以取得所得的财产。

(三)所得来源地的确定

所得来源地的确定具体包括以下几方面。

(1)销售货物所得,按照交易活动发生地确定。

(2)提供劳务所得,按照劳务发生地确定。

(3)转让财产所得:①不动产转让所得按照不动产所在地确定;②动产转让所得按照转让动产的企业或者机构、场所所在地确定;③权益性投资资产转让所得按照被投资企业所在地确定。

(4)股息、红利等权益性投资所得,按照分配所得的企业所在地确定。

(5)利息所得、租金所得、特许权使用费所得,按照负担、支付所得的企业或者机构、场所所在地确定,或者按照负担、支付所得的个人的住所地确定。

(6)其他所得,由国务院财政、税务主管部门确定。

三、税率

企业所得税税率是体现国家与企业分配关系的核心要素。企业所得税的税率是指对纳税人应纳税所得额征收的比例,即应纳企业所得税税额与应纳税所得额的比例。我国企业所得税实行比例税率,比例税率简便易行、透明度高,不会因征税而改变企业间收入分配比例,有利于促进效率的提高。现行规定如表6-1所示。

表 6-1 企业所得税税率表

种类	税率	适用企业	备注
基本税率	25%	居民企业,在中国境内设立机构场所且所得与机构、场所有实际联系的非居民企业	
优惠税率	20%	符合条件的小型微利企业	自2019年1月1日至2021年12月31日,对年应纳税所得额不超过100万元部分的小型微利企业,其所得减按25%计入应纳税所得额;对年应纳税所得额超过100万元,但不超过300万元的部分,其所得减按50%计入应纳税所得额
	15%	国家需要重点扶持的高新技术企业;经认定的技术先进型服务企业;设在西部地区,以鼓励类产业目录项目为主营业务,主营业务收入占总收入70%以上的企业等	
预提所得税税率	20%(实际征税时适用10%税率)	在中国境内未设立机构、场所,或者虽设立机构、场所但取得的所得与其所设机构、场所没有实际联系的非居民企业	

现行企业所得税基本税率设定为25%，较世界各国而言属于偏低类型。据有关资料介绍，世界上近160个实行企业所得税的国家（地区）平均税率为28.6%，我国周边18个国家（地区）的平均税率为26.7%。现行税率的确定，既考虑了我国财政承受能力，又考虑了企业负担水平。

第三节　应纳税所得额的计算

应纳税所得额是企业所得税的计税依据，按照《企业所得税法》的规定，应纳税所得额为企业每一个纳税年度的收入总额，减除不征税收入、免税收入、各项扣除以及允许弥补的以前年度亏损后的余额。应纳税所得额有两种计算方法。

直接计算法下的计算公式为：

$$应纳税所得额=收入总额-不征税收入-免税收入-各项扣除额-准予弥补以前年度亏损$$

应纳税所得额与会计利润是两个不同的概念，应纳税所得额是一个税收概念，是根据企业所得税法，按照一定的标准确定的、纳税人在一个时期内的计税所得，是企业所得税的计税依据。会计利润为会计核算概念，反映的是企业在一定时期之内生产经营的财务成果，它是确定应纳税所得额的基础，但不能等同于应纳税所得额。企业根据企业会计准则核算得出的会计利润，按照税法的规定进行相应的调整后，才能作为企业的应纳税所得额。

间接计算法下的计算公式为：

$$应纳税所得额=利润总额\pm 纳税调整项目金额$$

纳税调整项目包括两方面内容：一是因企业财务会计处理和税收规定不一致而应予以调整的金额；二是企业按税法规定准予扣除的税收金额。

一、收入总额

企业的收入总额包括以货币形式或非货币形式从各种来源取得的收入，具体包括：销售货物收入，提供劳务收入，转让财产收入，股息、红利等权益性投资收益，利息收入，租金收入，特许权使用费收入，接受捐赠收入和其他收入。

企业取得收入的货币形式，包括现金、存款、应收账款、应收票据、准备持有至到期的债权投资以及债务的豁免等，纳税人以非货币形式取得的收入，包括固定资产、生物资产、无形资产、股权投资、存货、不准备持有至到期的债权投资、劳务以及有关权益等，这些非货币资产应当按照公允价值确定收入额。公允价值是指按照市场价格确定的价值。

（一）一般收入的确认

（1）销售货物收入，是指企业销售商品、产品、原材料、包装物、低值易耗品以及其他存货取得的收入。

（2）劳务收入，是指企业从事建筑安装、修理修配、交通运输、仓储租赁、金融保险、邮电通信、咨询经纪、文化体育、科学研究、技术服务、教育培训、餐饮住宿、中介代理、卫生保健、社区服务、旅游、娱乐、加工以及其他劳务服务活动取得的收入。

（3）转让财产收入，是指企业转让固定资产、生物资产、无形资产、股权、债权等财产取得的收入。

（4）股息、红利等权益性投资收益，是指企业因权益性投资从被投资方取得的收入。股息、红利等权益性投资收益，除国务院财政、税务主管部门另有规定外，按照被投资方股东会或股东大会做出利润分配决定的日期确认收入的实现。

（5）利息收入，是指企业将资金提供他人使用但不构成权益性投资，或者因他人占用本企业资金取得的收入，包括存款利息、贷款利息、债券利息、欠款利息等收入。利息收入按照合同约定的债务人应付利息的日期确认收入的实现。

（6）租金收入，是指企业提供固定资产、包装物或者其他有形资产的使用权取得的租金收入。租金收入按照合同约定的承租人应付租金的日期确认收入的实现。

（7）特许权使用费收入，是指企业提供专利权、非专利技术、商标权、著作权以及其他特许权的使用权取得的收入。特许权使用费收入，按照合同约定的特许权使用人应付特许权使用费的日期确认收入的实现。

（8）接受捐赠收入，是指企业接受的来自其他企业、组织或者个人无偿给予的货币性资产、非货币性资产。接受捐赠收入，按照实际收到捐赠资产的日期确认收入的实现。

（9）其他收入，是指企业取得的除以上收入外的其他收入，包括企业资产溢余收入、逾期未退包装物押金收入、确实无法偿付的应付款项、已做坏账损失处理后又收回的应收账款、债务重组收入、补贴收入、违约金收入和汇兑收益等。

（二）特殊收入的确认

（1）以分期收款方式销售货物的，按照合同约定的收款日期确认收入的实现。

（2）企业受托加工制造大型机器设备、船舶、飞机，以及从事建筑、安装、装配工程业务或者提供其他劳务等，持续时间超过12个月的，按照纳税年度内完工进度或者完成的工作量确认收入的实现。

（3）采取产品分成方式取得收入的，按照企业分得产品的日期确认收入的实现，其中收入额按照产品的公允价值确定。

（4）企业发生非货币性资产交换，以及将货物、财产、劳务用于捐赠、偿债、赞助、集资、广告、样品、职工福利或者利润分配等用途的，应当视同销售货物、转让财产或者提供劳务，但国务院财政、税务主管部门另有规定的除外。

二、不征税收入和免税收入

国家为了扶持和鼓励某些特殊的纳税人和特定项目，或者避免因征税影响企业的正常生产经营，对企业取得的某些收入予以不征税或者免税的特殊政策，以减轻企业的负担，促进经济的协调发展。

（一）不征税收入

不征税收入包括以下几种：

（1）财政拨款，是指各级人民政府对纳入预算管理的事业单位、社会团体等组织拨付的财政资金，但国务院财政、税务主管部门另有规定的除外。县级以上人民政府将国有资产无偿划入企业，凡指定专门用途并按规定进行管理的，企业可作为不征税收入进行企业所得税处理。其中，该项资产属于非货币性资产的，应按政府确定的接收价值计算不征税收入。

（2）依法收取并纳入财政管理的行政事业性收费、政府性基金。行政事业性收费是指依照法律、法规等有关规定，按照国务院规定程序批准，在实施社会公共管理，以及在向公民、法人或者其他组织提供特定公共服务的过程中，向特定对象收取并纳入财政管理的费用。政府性基金，是指企业依照法律、行政法规等有关规定，代政府收取的具有专项用途的财政资金。

（3）国务院规定的其他不征税收入，是指企业取得的，由国务院财政、税务主管部门规定专项用途并经国务院批准的财政性资金。

（4）对社保基金取得的直接股权投资收益、股权投资基金收益，作为企业所得税不征税收入。

企业的不征税收入用于支出所形成的费用，不得在计算应纳税所得额时扣除；企业的不征税收入用于支出所形成的资产，其计算的折旧、摊销不得在计算应纳税所得额时扣除。

（二）免税收入

免税收入包括以下几种：

（1）国债利息收入。为鼓励企业积极购买国债，支援国家建设，税法规定，企业因购买国债所得的利息收入，免征企业所得税。

（2）符合条件的居民企业之间的股息、红利等权益性收益，是指居民企业直接投资于其他居民企业所取得的投资收益。

（3）在中国境内设立机构、场所的非居民企业从居民企业取得与该机构、场所有实际联系的股息、红利等权益性投资收益。该收益不包括连续持有居民企业公开发行并上市流通的股票不足12个月取得的投资收益。

（4）符合条件的非营利性组织的收入。该项收入不包括非营利性组织从事营利性活动取得的收入，但国务院财政、税务主管部门另有规定的除外。

（5）企业取得的 2009 年及以后年度发行的地方政府债券利息所得。

（6）自 2020 年 1 月 1 日起，跨境电子商务综合试验区内实行核定征收的跨境电商企业取得的收入属于《企业所得税法》第二十六条规定的免税收入的，可享受免税收入优惠政策。

（7）对企业投资者转让创新企业境内发行存托凭证（以下称创新企业 CRD）取得的差价所得和持有创新企业 CRD 取得的股息红利所得，按转让股票差价所得和持有股票的股息红利所得规定免征企业所得税。

（8）对公募证券投资基金转让创新企业 CRD 取得的差价所得和持有创新企业 CRD 取得的股息红利所得，按公募证券投资基金税收政策规定暂不征收企业所得税。

（9）对合格境外机构投资者（QFII）、人民币合格境外机构投资者（RQFII）转让创新企业 CRD 取得的差价所得和持有创新企业 CRD 取得的股息红利所得，视同转让或持有据以发行创新企业 CRD 的基础股票取得的权益性资产转让所得和股息红利所得免征企业所得税。

三、准予扣除项目

（一）税前扣除项目的原则

企业申报的扣除项目和金额要真实、合法。真实是指能证明有关支出确属已经实际发生；合法是指符合国家税法的规定，若其他法规规定与税收法规规定不一致，应以税收法规的规定为标准。除税收法规另有规定外，税前扣除一般应遵循以下原则：

（1）权责发生制原则，是指企业费用应在发生的所属期扣除，而不是在实际支付时确认扣除。

（2）配比原则，是指企业发生的费用应当与收入配比扣除。除特殊规定外，企业发生的费用不得提前或滞后申报扣除。

（3）合理性原则，是指符合生产经营活动常规，应当计入当期损益或者有关资产成本的必要和正常的支出。

（二）扣除项目的范围

《企业所得税法》规定，企业实际发生的与取得收入有关的、合理的支出，包括成本、费用、税金、损失和其他支出，准予在计算应纳税所得额时扣除。在实际中，计算应纳税所得额时还应注意以下三方面的内容：其一，企业发生的支出应当区分收益性支出和资本性支出。收益性支出在发生当期直接扣除；资本性支出应当分期扣除或者计入有关资产成本，不得在发生当期直接扣除。其二，企业的不征税收入用于支出所形成的费用或者财产，不得扣除或者计算对应的折旧、摊销扣除。其三，除《企业所得税法》和《企业所得税法实施条例》另有规定外，企业实际发生的成本、费用、税金、损失和其他支出，不得重复扣除。

（1）成本，是指企业在生产经营活动中发生的销售成本、销货成本、业务支出以及其他耗费，即企业销售商品（产品、材料、下脚料、废料、废旧物资等）、提供劳务、转让固定资产和无形资产（包括技术转让）的成本。这是企业在日常生产经营活动中最重要的支出部分。

（2）费用，是指企业每一个纳税年度为生产、经营商品和提供劳务等所发生的销售（经营）费用、管理费用和财务费用。已经计入成本的有关费用除外。

销售费用，是指应由企业负担的为销售商品而发生的费用，包括广告费、运输费、装卸费、包装费、展览费、保险费、销售佣金（能直接认定的进口佣金调整商品进价成本）、代销手续费、经营性租赁费，及销售部门发生的差旅费、工资、福利费等费用。

管理费用，是指企业的行政管理部门为管理组织经营活动提供各项支援性服务而发生的费用。

财务费用，是指企业筹集经营性资金而发生的费用，包括利息净支出、汇兑净损失、金融机构手续费以及其他非资本化支出。

（3）税金，是指企业发生的除企业所得税和允许抵扣的增值税以外的企业缴纳的各项税金及其附加，即企业按规定缴纳的消费税、营业税、城市维护建设税、关税、资源税、土地增值税、房产税、车船税、土地使用税、印花税、教育费附加等产品销售税金及附加。这些已纳税金准予税前扣除。准予扣除的税金有两种方式：一是在发生当期扣除；二是在发生当期计入相关资产的成本，在以后各期分摊扣除。

（4）损失，是指企业在生产经营活动中发生的固定资产和存货的盘亏、毁损、报废损失，转让财产损失，呆账损失，坏账损失，自然灾害等不可抗力因素造成的损失以及其他损失。

企业发生的损失，减除责任人赔偿和保险赔款后的余额，依照国务院财政、税务主管部门的规定扣除。

企业已经作为损失处理的资产，在以后纳税年度又全部收回或者部分收回时，应当计入当期收入。

（5）其他支出，是指除成本、费用、税金、损失外，企业在生产经营活动中发生的与生产经营活动有关的、合理的支出。

（三）扣除项目及其标准

在计算应纳税所得额时，下列项目可按照实际发生额或规定的标准扣除。

（1）工资、薪金支出。

企业发生的合理的工资、薪金支出准予据实扣除。工资、薪金支出是企业每一纳税年度支付给本企业任职或与其有雇用关系的员工的所有现金或非现金形式的劳动报酬，包括基本工资、奖金、津贴、补贴、年终加薪、加班工资，以及与任职或者是受雇有关的其他支出。

（2）职工福利费、工会经费、职工教育经费。

企业发生的职工福利费、工会经费、职工教育经费按标准扣除，未超过标准的按实际数扣除，超过标准的只能按标准扣除。扣除标准如下：

1）企业发生的职工福利费支出，不超过工资、薪金总额14%的部分准予扣除。

值得注意的是，企业发生的职工福利费，应该单独设置账册，进行准确核算。没有单独设置账册准确核算的，税务机关应责令企业在规定的期限内进行改正。逾期仍未改正的，税务机关可对企业发生的职工福利费进行合理的核定。

2）企业拨缴的职工工会经费，不超过工资薪金总额2%的部分准予扣除。

【例6-1】甲公司2021年度的工资薪金总额为1 000万元，职工福利费为100万元，企业拨付的工会经费为25万元。

要求：该企业2021年可以税前扣除的工会经费是多少？

【解析】企业拨付的工会经费不能超过工资薪金总额的2%，工资薪金总额不包括职工福利费。对甲公司而言，准予税前列支的工会经费限额为1 000×2%=20（万元），企业实际拨付的工会经费为25万元，可以税前扣除的工会经费为20万元。

自2010年1月1日起，在委托税务机关代收工会经费的地区，企业拨缴的工会经费，可凭合法、有效的工会经费代收凭据依法在税前扣除。

3）自2018年1月1日起，企业发生的职工教育经费支出，不超过工资薪金总额8%的部分，准予在计算企业所得税应纳税所得额时扣除；超过部分，准予在以后纳税年度结转扣除。

（3）社会保险费。

1）企业依照国务院有关部门或者省级人民政府规定的范围和标准为职工缴纳的五险一金，即基本养老保险费、基本医疗保险费、失业保险费、工伤保险费、生育保险费、基本社会保险费和住房公积金，准予扣除。

2）企业为本企业任职或受雇的全体员工支付的补充养老保险费、补充医疗保险费，不超过职工工资总额5%标准内的部分，准予扣除，超过部分不得扣除，企业依照国家有关规定为特殊工种职工支付人身安全保险费和符合国务院财政、税务主管部门规定可以扣除的商业保险费准予扣除。

（4）利息费用。

企业在生产、经营活动中发生的利息费用，按下列规定扣除：

1）非金融企业向金融企业借款的利息支出、金融企业的各项存款利息支出和同业拆借利息支出、企业经批准发行债券的利息支出准予据实扣除。

2）非金融企业向非金融企业借款的利息支出，不超过按照金融企业同期同类贷款利率计算的数额的部分可据实扣除，超过部分不予扣除。

3）凡投资者在规定期限内未缴足其应缴资本额的，该企业对外借款所发生的利息，相当于投资者实缴资本额与在规定期限内应缴资本额的差额应计付的利息，不属于企业合理支出，应由投资者负担，不得在计算应纳税所得额时扣除。

4）企业实际支付给关联方的利息支出，其接受关联方的债权性投资与其权益性投资比例（金融企业为5:1，其他企业为2:1）不超过规定标准计算的利息部分，准予扣除；超过的部分不得在发生当期和以后年度扣除。

5）企业与个人之间的借款是真实、合法、有效的，并且不具有非法集资目的或其他违法目的，同时签订了借款合同，其利息支出不超过按照金融企业同期同类贷款利率计算的数额的部分，准予扣除。

（5）借款费用。

1）企业在生产经营活动中发生的合理的不需要资本化的借款费用，准予扣除。

2）企业为购置、建造固定资产、无形资产和经过12个月以上的建造才能达到预定可销售状态的存货发生借款的，在有关资产购置、建造期间发生的合理的借款费用，应予以资本化，作为资本化支出计入有关资产的成本；有关资产交付使用后发生的借款利息，可在发生当期扣除。

3）企业通过发行债券、取得贷款、吸收保户储金等方式融资而发生的合理的费用支出，符合资本化条件的，应计入相关资产成本；不符合资本化条件的，应作为财务费用，准予在企业所得税前据实扣除。

（6）汇兑损失。

企业在货币交易中，以及纳税年度终了时将人民币以外的货币性资产、负债按照期末即期人民币汇率中间价折算为人民币时产生的汇兑损失，除已经计入有关资产成本以及与向所有者进行利润分配相关的部分外，准予扣除。

（7）业务招待费。

企业发生的与生产经营活动有关的业务招待费支出，按照发生额的60%扣除，但最高不得超过当年销售（营业）收入的5‰。企业在筹建期间发生的与筹办活动有关的业务招待费支出，可按实际发生额的60%计入企业筹办费，并按有关规定在税前扣除。

【例6-2】某企业2021年度取得主营业务收入2 100万元，其他业务收入300万元，投资收益200万元，营业外收入15万元。本年度该企业在管理费用中共列支业务招待费17万元。

要求：在计算企业所得税时，可以税前扣除的业务招待费是多少？如果本企业该年度的业务招待费提高至25万元，可以税前扣除的业务招待费是多少？

【解析】投资收益和营业外收入不属于营业收入，不能作为计算业务招待费扣除限额的基数。业务招待费扣除限额为：（2 100+300）×5‰=12（万元），业务招待费实际发生额的60%为：17×60%=10.2（万元），可以税前扣除的业务招待费为10.2万元。

如果该企业当年列支的业务招待费为25万元，则业务招待费扣除限额为：（2 100+300）×5‰=12（万元），业务招待费实际发生额的60%为：25×60%=15（万元），可以税前扣除的业务招待费为12万元。

（8）广告费和业务宣传费。

企业发生的符合条件的广告费和业务宣传费支出，除国务院财政、税务主管部门另有规定外，不超过当年销售（营业）收入15%的部分，准予扣除；超过的部分，准予结转以后纳税年度扣除。

> **特别提醒**
> （1）烟草企业的烟草广告费和业务宣传费支出，一律不得在计算应纳税所得额时扣除。
> 企业在计算广告费和业务宣传费等费用扣除限额时，其销售（营业）收入应包括《企业所得税法实施条例》所规定的视同销售（营业）收入额。
> （2）企业在筹建期间发生的广告费和业务宣传费可按实际发生额计入企业筹办费，并按有关规定在税前扣除。

【例6-3】 甲公司2020年营业收入100万元，实际广告费和业务宣传费支出25万元；2021年营业收入500万元，实际广告费和业务宣传费支出60万元。

要求： 甲公司2020年和2021年可以税前扣除的广告费和业务宣传费分别是多少？

【解析】 甲公司2020年可以扣除的广告费和业务宣传费限额为：100×15%=15（万元）；实际支出25万元，可以税前扣除15万元，尚未扣除的10万元可以在以后纳税年度结转扣除。甲公司2021年可以扣除的广告费和业务宣传费限额为：500×15%=75（万元）；实际支出60万元，可以全部扣除，2020年结转而来的10万元也可以扣除，实际税前扣除70万元。

自2016年1月1日起至2020年12月31日止，对化妆品制造或销售、医药制造和饮料制造（不含酒类制造，下同）企业发生的广告费和业务宣传费支出，不超过当年销售（营业）收入30%的部分，准予扣除；超过部分，准予在以后纳税年度结转扣除。

对签订广告费和业务宣传费分摊协议（以下简称分摊协议）的关联企业，其中一方发生的不超过当年销售（营业）收入税前扣除限额比例的广告费和业务宣传费支出可以在本企业扣除，也可以将其中的部分或全部按照分摊协议归集至另一方扣除。另一方在计算本企业广告费和业务宣传费支出企业所得税税前扣除限额时，可将按照上述办法归集至本企业的广告费和业务宣传费不计算在内。

（9）环境保护专项资金。

企业依照法律、行政法规有关规定提取的用于环境保护、生态恢复等方面的专项资金，准予扣除。上述专项资金提取后改变用途的，不予扣除。

（10）保险费。

企业参加财产保险，按照规定缴纳的保险费，准予扣除。

企业参加雇主责任险、公众责任险等责任保险，按照规定缴纳的保险费，准予在企业所得税税前扣除。该项规定适用于2018年度及以后年度企业所得税汇算清缴。

（11）租赁费。

企业根据生产经营活动的需要租入固定资产支付的租赁费，按照以下方法扣除：

1）以经营租赁方式租入固定资产发生租赁费支出的，按照租赁期限均匀扣除。经营性租赁是指所有权不转移的租赁。

2）以融资租赁方式租入固定资产发生的租赁费支出，按照规定构成融资租入固定资产价值的部分应当提取折旧费用，分期扣除。融资租赁是指在实质上转移与一项资产所有权有关的全部风险和报酬的一种租赁。

（12）劳动保护费。

企业发生的合理的劳动保护支出，准予扣除。

（13）公益性捐赠支出。

公益性捐赠支出，是指企业通过公益性社会组织或者县级（含县级）以上人民政府及其部门，用于《中华人民共和国公益事业捐赠法》规定的慈善活动、公益事业的捐赠。

企业发生的公益性捐赠支出，不超过年度利润总额12%的部分，准予扣除。超过年度利润总额12%的部分，准予以后三年内在计算应纳税所得额时结转扣除。年度利润总额，是指企业依照国家统一会计制度的规定计算的年度会计利润。

【例6-4】 甲公司2021年度的利润总额为1 000万元，通过某县民政局向地震灾区捐款100万元，直接资助10位贫困大学生学费10万元。

要求： 甲公司2021年度可以税前扣除的公益性捐赠支出是多少？

【解析】只有通过公益性社会团体和县级以上人民政府及部门进行公益性捐赠支出才能税前扣除，甲公司直接资助大学生的10万元学费不能税前扣除。甲公司公益性捐赠税前扣除限额为：1 000×12%=120（万元），实际公益性捐赠支出100万元。甲公司2021年度可以税前扣除的公益性捐赠支出为100万元。

（14）有关资产的费用。

企业转让各类固定资产发生的费用，允许扣除。企业按规定计算的固定资产折旧费、无形资产和递延资产的摊销费，准予扣除。

（15）总机构分摊的费用。

非居民企业在中国境内设立的机构、场所，就其中国境外总机构发生的与该机构、场所生产经营有关的费用，能够提供总机构出具的费用汇总范围、定额、分配依据和方法等证明文件，并合理分摊的，准予扣除。

（16）资产损失。

资产损失，是指企业在生产经营活动中实际发生的、与取得应税收入有关的资产损失。企业当期发生的固定资产和流动资产的盘亏、毁损净损失，由其提供清查盘存资料，经主管税务机关备案后，准予扣除；企业因存货盘亏、毁损、报废、被盗等原因不得从增值税销项税额中抵扣的进项税额，应视同企业财产损失，可以与存货损失一起在计算应纳税所得额时扣除。

（17）手续费及佣金支出。

企业发生与生产经营有关的手续费及佣金支出，不超过以下规定计算限额以内的部分，准予扣除；超过部分，不得扣除。

1）保险企业：自2019年1月1日起，保险企业发生与其经营活动有关的手续费及佣金支出，不超过当年全部保费收入扣除退保金等后余额的18%（含本数）的部分，在计算应纳税所得额时准予扣除；超过部分，允许结转以后年度扣除。

2）电信企业：在发展客户、拓展业务等过程中，需向经纪人、代办商支付手续费及佣金的，其实际发生的相关手续费及佣金支出，不超过企业当年收入总额5%的部分，准予在企业所得税前据实扣除。

3）其他企业：按与具有合法经营资格中介服务机构或个人（不含交易双方及其雇员、代理人和代表人等）所签订服务协议或合同确认的收入金额的5%计算限额。

企业应与具有合法经营资格的中介服务企业或个人签订代办协议或合同，并按规定支付手续费及佣金。除委托个人代理外，企业以现金等非转账方式支付的手续费及佣金不得在税前扣除。企业为发行权益性证券支付给有关证券承销机构的手续费及佣金不得在税前扣除。企业不得将手续费及佣金支出计入回扣、业务提成、返利、进场费等费用。企业已计入固定资产、无形资产等相关资产的手续费及佣金支出，应当通过折旧、摊销等方式分期扣除，不得在发生当期直接扣除。企业支付的手续费及佣金不得直接冲减服务协议或合同金额，并如实入账。企业应当如实向当地主管税务机关提供当年手续费及佣金计算分配表和其他相关资料，并依法取得合法真实凭证。

（18）依照有关法律、行政法规和国家有关税法规定准予扣除的其他项目具体包括会员费、合理的会议费、差旅费、违约金、诉讼费用等。

（19）企业维简费支出（又称更新改造资金）：实际发生的，划分资本性和收益性；属于收益性支出的，可作为当期费用税前扣除；属于资本性支出的，应计入有关资产成本，并按规定计提折旧或摊销在税前扣除。预提的维简费，不得在当期税前扣除。

（20）企业参与政府统一组织的工矿棚户区改造、林区棚户区改造、垦区危房改造并同时符合一定条件的棚户区改造支出，准予税前扣除。

（21）金融企业涉农贷款和中小企业贷款损失准备金税前扣除政策。

1）贷款损失准备金：金融企业涉农贷款和中小企业贷款按照下列比例计提的贷款损失准备金，准予在计算应纳所得额时扣除：

①关注类贷款，计提比例为2%；

②次级类贷款，计提比例为25%；

③可疑类贷款，计提比例为50%；

④损失类贷款，计提比例为100%；

2）发生符合条件的贷款损失，应先冲减已在税前扣除的贷款损失准备金，不足冲减部分可据实在计算应纳所得额时扣除。

（22）金融企业贷款损失准备金企业所得税税前扣除政策。

1）贷款损失准备金：政策性银行、商业银行、财务公司、城乡信用社和金融租赁公司等金融企业提取的贷款；银行透支、贴现、信用垫款、进出口押汇、同行拆出等具有贷款特征的风险资产；由金融企业转贷并承担对外还款责任的国外贷款，金融企业准予当年税前扣除的贷款准备金计算公式如下：

准予当年税前扣除的贷款损失准备金＝本年末准予提取贷款损失准备金的贷款资产余额 ×1%－截止上年末已在税前扣除的贷款损失准备金的余额

2）发生符合条件的贷款损失，应先冲减已在税前扣除的贷款损失准备金，不足冲减部分可据实在计算当年应纳所得额时扣除。

四、不得扣除的项目

在计算应纳税所得额时，下列支出不得扣除：

（1）向投资者支付的股息、红利等权益性投资收益款项。

（2）企业所得税税款。

（3）税收滞纳金，是指纳税人违反税收法规，被税务机关处罚的滞纳金。

（4）罚金、罚款和被没收财物的损失，是指纳税人违反国家有关法律、法规规定，被有关部门处以的罚款，以及被司法机关处以的罚金和被没收财物。

（5）超过规定标准的捐赠支出。

（6）赞助支出，是指企业发生的与生产经营活动无关的各种非广告性支出。

（7）未经核定的准备金支出，是指不符合国务院财政、税务主管部门规定的各项资产减值准备、风险准备等准备金支出。

（8）企业之间支付的管理费、企业内营业机构之间支付的租金和特许权使用费，以及非银行企业内营业机构之间支付的利息。

（9）与取得收入无关的其他支出。

五、亏损弥补

（1）亏损，是指企业按照《企业所得税法》及其暂行条例的规定，将每一纳税年度的收入总额减除不征税收入、免税收入和各项扣除后小于零的数额。税法规定，企业某一纳税年度发生的亏损可以用下一年度的所得弥补，下一年度的所得不足以弥补的，可以逐年延续弥补，但最长不得超过 5 年。但自 2018 年 1 月 1 日起，当年具备高新技术企业或科技型中小企业资格（以下统称资格）的企业，其具备资格年度之前 5 个年度发生的尚未弥补完的亏损，准予结转以后年度弥补，最长结转年限由 5 年延长至 10 年。而且，企业在汇总计算缴纳企业所得税时，其境外营业机构的亏损不得抵减境内营业机构的盈利。

（2）企业筹办期间不计算为亏损年度，企业开始生产经营的年度，为开始计算企业损益的年度。企业从事生产经营之前进行筹办活动期间发生的筹办费支出，不得计算为当期的亏损,企业可以在开始经营之日的当年一次性扣除,也可以按照新税法有关长期待摊费用的规定处理,但一经选定,不得改变。

(3)税务机关对企业以前年度纳税情况进行检查时调增的应纳税所得额,凡企业以前年度发生亏损且该亏损属于企业所得税法规定允许弥补的,应允许调增的应纳税所得额弥补该亏损。弥补该亏损后仍有余额的,按照企业所得税法规定计算缴纳企业所得税。对检查调增的应纳税所得额应根据其情节,依照《税收征收管理法》有关规定进行处理或处罚。

上述规定自 2010 年 12 月 1 日开始执行。以前(含 2008 年度之前)没有处理的事项,按本规定执行。

(4)对企业发现以前年度实际发生的、按照税收规定应在企业所得税前扣除而未扣除或者少扣除的支出,企业做出专项申报及说明后,准予追补至该项目发生年度计算扣除,但追补确认期限不得超过 5 年。

企业由于上述原因多缴的所得税税款,可以在追补确认年度企业所得税应纳税款中抵扣,不足抵扣的,可以向以后年度递延抵扣或申请退税。

亏损企业追补确认以前年度未在企业所得税前扣除的支出,或盈利企业经过追补确认后出现亏损的,应首先调整该项支出所属年度的亏损额,然后再按照弥补亏损的原则计算以后年度多缴的企业所得税税款,并按前款规定处理。

(5)受疫情影响较大的困难行业企业 2020 年度发生亏损的,最长结转年限由 5 年延长至 8 年。困难行业企业,包括交通运输、餐饮、住宿、旅游四大类,困难行业企业 2020 年度主营业务收入须占收入总额(剔除不征税收入和投资收益)的 50% 以上。

【例 6-5】 某企业 2015～2021 年度应纳税所得额为:-165 万元、-56 万元、30 万元、30 万元、40 万元、60 万元、60 万元。

要求:计算该企业 2015～2021 年度每年应当缴纳的企业所得税。

【解析】具体分析如表 6-2 所示。

表 6-2

年度	2015	2016	2017	2018	2019	2020	2021
应纳税所得额(万元)	-165	-56	30	30	40	60	60
以前年度尚未弥补亏损(万元)	0	165	221	191	161	101	56
弥补亏损后应纳税所得额(万元)	0	0	0	0	0	0	4

第四节 资产的税务处理

资产是由于资本投资而形成的财产,对于资本性支出以及无形资产受让、开办、开发费用,不允许作为成本、费用从纳税人的收入总额中做一次性扣除,只能采取分次计提折旧或摊销的方式予以扣除。即纳税人经营活动中使用的固定资产的折旧费用、无形资产和长期待摊费用的摊销费用可以扣除。税法规定,纳入税务处理范围的资产形式主要有固定资产、生物资产、无形资产、长期待摊费用、投资资产、存货等，除盘盈固定资产外，均以历史成本为计税基础。历史成本是指企业取得该项资产时实际发生的支出。企业持有各项资产期间资产增值或者减值，除国务院财政、税务主管部门规定可以确认损益外，不得调整该资产的计税基础。

一、固定资产的税务处理

固定资产是为生产产品、提供劳务、出租或经营管理而持有的，使用时间超过12个月的非货币性资产，包括房屋、建筑物、机器、运输工具，以及其他与生产经营活动有关的设备、器具、工具等。

（一）固定资产的计税基础

（1）外购的固定资产，以购买价款和支付的相关税费以及直接属于使该资产达到预定用途发生的其他支出为计税基础。

（2）自行建造的固定资产，以竣工结算前发生的支出为计税基础。

（3）融资租赁的固定资产，以租赁合同约定的付款总额和承租人在签订租赁合同过程中发生的相关费用为计税基础，租赁合同未约定付款总额的，以该资产的公允价值和承租人在签订租赁合同过程中发生的相关费用为计税基础。

（4）盘盈的固定资产，以同类固定资产的重置完全价值为计税基础。

（5）通过捐赠、投资、非货币性资产交换、债务重组等方式取得的固定资产，以该资产的公允价值和支付的相关税费为计税基础。

（6）改建的固定资产，除已足额提取折旧的固定资产和租赁的固定资产以外的其他固定资产，以改建过程中发生的改建支出增加为计税基础。

（二）固定资产的折旧范围

在计算应纳税所得额时，企业按照规定计算的固定资产折旧，准予扣除。下列固定资产不得计算折旧扣除：

（1）房屋、建筑物以外未投入使用的固定资产。
（2）以经营租赁方式租入的固定资产。
（3）以融资租赁方式租出的固定资产。
（4）已足额提取折旧仍继续使用的固定资产。
（5）与经营活动无关的固定资产。
（6）单独估价作为固定资产入账的土地。
（7）其他不得计算折旧扣除的固定资产。

（三）固定资产折旧的计提方法

（1）企业应当自固定资产投入使用月份的次月起计算折旧；停止使用的固定资产，

应当自停止使用月份的次月起停止计算折旧。

（2）企业应当根据固定资产的性质和使用情况，合理确定固定资产的预计净残值。固定资产的预计净残值一经确定，不得变更。

（3）固定资产按照直线法计算的折旧，准予扣除。企业在2018年1月1日至2020年12月31日期间新购进的设备、器具，单位价值不超过500万元的，允许一次性计入当期成本费用，在计算应纳税所得额时扣除，不再分年度计算折旧。

（四）固定资产折旧的计提年限

除国务院财政、税务主管部门另有规定外，固定资产计算折旧的最低年限如下：

（1）房屋、建筑物，为20年。
（2）飞机、火车、轮船、机器、机械和其他生产设备，为10年。
（3）与生产经营活动有关的器具、工具、家具等，为5年。
（4）飞机、火车、轮船以外的运输工具，为4年。
（5）电子设备，为3年。

从事开采石油、天然气等矿产资源的企业，在开始商业性生产前发生的费用和有关固定资产的损耗、折旧方法，由国务院财政、税务主管部门另行规定。

（五）固定资产折旧的企业所得税处理

（1）企业固定资产会计折旧年限如果短于税法规定的最低折旧年限，其按会计折旧年限计提的折旧高于按税法规定的最低折旧年限计提的折旧部分，应调增当期应纳税所得额；企业固定资产会计折旧年限已期满且会计折旧已提足，但税法规定的最低折旧年限尚未到期且税收折旧尚未足额扣除，其未足额扣除的部分准予在剩余的税收折旧年限继续按规定扣除。

（2）企业固定资产会计折旧年限如果长于税法规定的最低折旧年限，其折旧应按会计折旧年限计算扣除，税法另有规定除外。

（3）企业按会计规定提取的固定资产减值准备，不得税前扣除，其折旧仍按税法确定的固定资产计税基础计算扣除。

（4）企业按税法规定实行加速折旧的，其按加速折旧办法计算的折旧额可全额在税前扣除。

（5）石油天然气开采企业在计提油气资产折耗（折旧）时，由于会计与税法规定计算方法不同导致的折耗（折旧）差异，应按税法规定进行纳税调整。

（六）固定资产改扩建的税务处理

自2011年7月1日起，企业对房屋、建筑物固定资产在未足额提取折旧前进行改扩建的，如属于推倒重置，该资产原值减除提取折旧后的净值，应并入重置后的固定资产计税成本,并在该固定资产投入使用后的次月起,按照税法规定的折旧年限,一并计提折旧;如属于提升功能、增加面积,该固定资产的改扩建支出,并入该固定资产计税基础,并从改扩建完工投入使用后的次月起,重新按税法规定的该固定资产折旧年限计提折旧,如该改扩建后的固定资产尚可使用的年限低于税法规定的最低年限,可以按尚可使用的年限计提折旧。

二、无形资产的税务处理

无形资产,是指企业长期使用,但没有实物形态的资产,包括专利权、商标权、著作权、土地使用权、非专利技术、商誉等。

(一)无形资产的计税基础

无形资产按照以下方法确定计税基础:

(1)外购的无形资产,以购买价款和支付的相关税费以及直接归属于使该资产达到预定用途发生的其他支出为计税基础。

(2)自行开发的无形资产,以开发过程中该资产符合资本化条件后至达到预定用途前发生的支出为计税基础。

(3)通过捐赠、投资、非货币性资产交换、债务重组等方式取得的无形资产,以该资产的公允价值和支付的相关税费为计税基础。

(二)无形资产摊销的范围

在计算应纳税所得额时,企业按照规定计算的无形资产摊销费用,准予扣除。

下列无形资产不得计算摊销费用扣除:

(1)自行开发的支出已在计算应纳税所得额时扣除的无形资产。

(2)自创商誉。

(3)与经营活动无关的无形资产。

(4)其他不得计算摊销费用扣除的无形资产。

(三)无形资产的摊销方法及年限

无形资产的摊销,采取直线法计算。无形资产的摊销年限不得低于10年。作为投资或者受让的无形资产,有关法律规定或者合同约定了使用年限的,可以按照规定或者约定的使用年限分期摊销。外购商誉的支出,在企业整体转让或者清算时,准予扣除。

三、生物资产的税务处理

生物资产是指有生命的动物和植物。生物资产分为消耗性生物资产、生产性生物资产和公益性生物资产。消耗性生物资产是指为出售而持有的，或在将来收获为农产品的生物资产，包括生长中的农田作物、蔬菜、用材林以及存栏待售的牲畜等。生产性生物资产，是指为产出农产品、提供劳务或出租等目的而持有的生物资产，包括经济林、薪炭林、产畜和役畜等。公益性生物资产，是指以防护、环境保护为主要目的的生物资产，包括防风固沙林、水土保持林和水源涵养林等。

（一）生物资产的计税基础

生产性生物资产按照以下方法确定计税基础：

（1）外购的生产性生物资产，以购买价款和支付的相关税费为计税基础。

（2）通过捐赠、投资、非货币性资产交换、债务重组等方式取得的生产性生物资产，以该资产的公允价值和支付的相关税费为计税基础。

（二）生物资产的折旧方法和折旧年限

生产性生物资产按照直线法计算的折旧，准予扣除。企业应当自生产性生物资产投入使用月份的次月起计算折旧；停止使用的生产性生物资产，应当自停止使用月份的次月起停止计算折旧。

企业应当根据生产性生物资产的性质和使用情况，合理确定生产性生物资产的预计净残值。生产性生物资产的预计净残值一经确定，不得变更。

生产性生物资产计算折旧的最低年限如下。

（1）林木类生产性生物资产，为10年。

（2）畜类生产性生物资产，为3年。

四、长期待摊费用的税务处理

长期待摊费用是指企业发生的应在1个年度以上或几个年度进行摊销的费用。在计算应纳税所得额时，企业发生的下列支出作为长期待摊费用，按照规定摊销的，准予扣除。

（1）已足额提取折旧的固定资产的改建支出。

（2）租入固定资产的改建支出。

（3）固定资产的大修理支出。

（4）其他应当作为长期待摊费用的支出。

企业的固定资产修理支出可在发生当期直接扣除。企业的固定资产改良支出，如果有关固定资产尚未提足折旧，可增加固定资产价值；如有关固定资产已提足折旧，可作为长期待摊费用，在规定的期间内平均摊销。

固定资产的改建支出，是指改变房屋或者建筑物结构、延长使用年限等发生的支出。已足额提取折旧的固定资产的改建支出，按照固定资产预计尚可使用年限分期摊销；租入固定资产的改建支出，按照合同约定的剩余租赁期限分期摊销；改建的固定资产延长使用年限的，除已足额提取折旧的固定资产和租入固定资产的改建支出外，其他的固定资产发生改建支出，应当适当延长折旧年限。

大修理支出，按照固定资产尚可使用年限分期摊销。

企业所得税法所指固定资产的大修理支出，是指同时符合下列条件的支出：

（1）修理支出达到取得固定资产时的计税基础50%以上。

（2）修理后固定资产的使用年限延长2年以上。

其他应当作为长期待摊费用的支出，自支出发生月份的次月起，分期摊销，摊销年限不得低于3年。

五、存货的税务处理

存货是指企业持有以备出售的产品或者商品、处在生产过程中的在产品、在生产或者提供劳务过程中耗用的材料和物料等。

（一）存货的计税基础

存货按照以下方法确定成本。

（1）通过支付现金方式取得的存货，以购买价款和支付的相关税费为成本。

（2）通过支付现金以外的方式取得的存货，以该存货的公允价值和支付的相关税费为成本。

（3）生产性生物资产收获的农产品，以产出或者采取过程中发生的材料费、人工费和分摊的间接费用等必要支出为成本。

（二）存货的成本计算方法

企业使用或者销售的存货的成本计算方法，可以在先进先出法、加权平均法、个别计价法中选用一种。计价方法一经选用，不得随意变更。

企业转让以上资产，在计算企业应纳税所得额时，资产的净值允许扣除。其中，资产的净值是指有关资产、财产的计税基础减除已经按照规定扣除的折旧、折耗、摊销、准备金等后的余额。

除国务院财政、税务主管部门另有规定外，企业在重组过程中，应当在交易发生时确认有关资产的转让所得或者损失，相关资产应当按照交易价格重新确定计税基础。

六、投资资产的税务处理

投资资产是指企业对外进行权益性投资和债券性投资而形成的资产。

（一）投资资产的成本

投资资产按以下方法确定投资成本：

（1）通过支付现金方式取得的投资资产，以购买价款为成本。

（2）通过支付现金以外的方式取得的投资资产，以该资产的公允价值和支付的相关税费为成本。

（二）投资资产成本的扣除方法

企业对外投资期间，投资资产的成本在计算应纳税所得额时不得扣除，企业在转让或者处置资产时，投资资产的成本准予扣除。

（三）投资撤回或减少投资的税务处理

自2011年7月1日起，投资企业从被投资企业撤回或减少投资，其取得的资产中，相当于初始出资的部分，应确认为投资收回；相当于被投资企业累计未分配利润和累计盈余公积按减少资本比例计算的部分，应确认为股息所得；其余部分确认为投资资产转让所得。

被投资企业发生的经营亏损，由被投资企业按规定结转弥补；投资企业不得调整减低其投资成本，也不得将其确认为投资损失。

七、税法规定与会计规定差异的处理

税法规定与会计规定差异的处理，是指企业在财务会计核算中与税法规定不一致的，应当按照税法规定予以调整。即企业在平时进行会计核算时，可以按会计制度的有关规定进行账务处理，但在申报纳税时，对税法规定和会计制度规定有差异的，要按税法规定进行纳税调整。

（1）企业不能提供完整、准确的收入及成本、费用凭证，不能正确计算应纳税所得额的，由税务机关核定其应纳税所得额。

（2）企业依法清算时，以其清算终了后的清算所得为应纳税所得额，按规定缴纳企业所得税。所谓清算所得，是指企业的全部资产可变现价值或交易价格减除资产净值、清算费用以及相关税费等后的余额。

投资方企业从被清算企业分得的剩余资产，其中相当于从被清算企业累计未分配利润和累计盈余公积中应当分得的部分，应当确认为股息所得；剩余资产减除上述股息所得后的余额，超过或者低于投资成本的部分，应当确认为投资资产转让所得或者损失。

（3）企业应纳税所得额是根据税收法规计算出来的，它在数额上与依据财务会计制度计算的利润总额往往不一致。因此，税法规定，对企业按照有关财务会计规定计算的利润总额，要按照税法的规定进行必要调整，之后才能作为应纳税所得额计算缴纳所得税。

第五节　税收优惠

税收优惠是指国家对某一部分特定企业和课税对象给予减轻或免除税收负担的一种措施。税法规定的企业所得税的税收优惠方式包括免税、减税、加计扣除、加速折旧、减计收入、税额抵免等。

一、免征与减征优惠

企业的下列所得，可以免征、减征企业所得税。企业如果从事国家限制和禁止发展的项目，不得享受企业所得税优惠。

（一）从事农、林、牧、渔业项目的所得

（1）企业从事下列项目的所得，免征企业所得税：
1）蔬菜、谷物、薯类、油料、麻类、糖料、水果、坚果的种植。
2）农作物新品种的选育。
3）中药材的种植。
4）林木的培育和种植。
5）牲畜、家禽的饲养。
6）林产品的采集。
7）灌溉、农产品初加工、兽医、农技推广、农机作业和维修等农、林、牧、渔业项目。
8）远洋捕捞。
（2）企业从事下列项目的所得，减半征收企业所得税：
1）花卉、茶以及其他饮料作物和香料作物的种植。
2）海水养殖、内陆养殖。
（3）农、林、牧、渔项目所得税优惠政策和征收管理。
1）企业从事属于《产业结构调整指导目录（2011年版）》限制和淘汰类的项目不得享受优惠政策。
2）农作物新品种选育免税所得，是指企业对农作物进行品种和育种材料选育形成的成果，以及由这些成果形成的种子（苗）等繁殖材料的生产、初加工、销售一体化取得的所得。
3）林木的培育和种植免税所得，是指企业对树木、竹子的育种和育苗、抚育和管理以及规模造林活动取得的所得，包括企业通过拍卖或收购方式取得林木所有权并经过一定的生长周期，对林木进行再培育取得的所得。
4）企业从事下列项目所得的税务处理：
①猪、兔的饲养，按"牲畜、家禽的饲养"项目处理。

②饲养牲畜、家禽产生的分泌物、排泄物，按"牲畜、家禽的饲养"项目处理。

③观赏性作物的种植，按"花卉、茶及其他饮料作物和香料作物的种植"项目处理。

④"牲畜、家禽的饲养"以外的生物养殖项目，按"海水养殖、内陆养殖"项目处理。

5）农产品初加工相关事项：

①企业根据委托合同，受托对符合规定的农产品进行初加工服务，其所收取的加工费，可以按照农产品初加工的免税项目处理。

②"油料植物初加工"工序包括"冷却、过滤"等，"糖料植物初加工"工序包括"过滤、吸附、解析、碳脱、干燥"等。

③企业从事适用企业所得税减半优惠的种植、养殖项目，并直接进行初加工且符合农产品初加工目录范围的，企业应合理划分不同项目的成本、费用支出，分别核算种植、养殖项目和初加工项目的所得，并按适用的政策享受税收优惠。

④企业对外购茶叶进行筛选、分装、包装后进行销售的所得，不得享受农产品初加工的优惠政策。

6）对取得农业部颁发的"远洋渔业企业资格证书"并在有效期内的远洋渔业企业，从事远洋捕捞业务取得的所得免征企业所得税（2018年3月将农业部的职责整合，组建农业农村部）。

①企业将购入的农、林、牧、渔产品，在自有或租用的场地进行育肥、育秧等再种植、养殖，经过一定的生长周期，使其生物形态发生变化，且并非由于本环节对农产品进行加工而明显增加了产品的使用价值的，可视为农产品的种植、养殖项目，享受相应的税收优惠。

②企业同时从事适用不同企业所得税政策规定项目的，应分别核算，单独计算优惠项目的计税依据及优惠数额；分别核算不清的，可由主管税务机关按照比例分摊法或其他合理方法进行核定。

③企业委托其他企业或个人从事《企业所得税法实施条例》规定的农、林、牧、渔业项目取得的所得，可享受相应的税收优惠政策。企业受托从事规定的农、林、牧、渔业项目取得的收入，比照委托方享受相应的税收合理政策。

④企业购买农产品后直接进行销售的贸易活动产生的所得，不能享受农、林、牧、渔业项目的税收合理政策。

（二）从事国家重点扶持的公共基础设施项目投资经营的所得

企业所得税法所称国家重点扶持的公共基础设施项目，是指《公共基础设施项目企业所得税优惠目录》规定的港口码头、机场、铁路、公路、电力、水利等项目。

企业从事国家重点扶持的公共基础设施项目的投资经营的所得，自项目取得第一笔生产经营收入所属纳税年度起，第1年至第3年免征企业所得税，第4年至第6年减半征收企业所得税，即"三免三减半"。

企业承包经营、承包建设和内部自建自用《企业所得税法》第二十七条规定的项目，不得享受本条规定的企业所得税优惠。

自2013年1月1日起，居民企业从事符合《公共基础设施项目企业所得税优惠目录（2008版）》规定条件和标准的电网（输变电设施）的新建项目，可依法享受"三免三减半"的企业所得税优惠政策。

（三）从事符合条件的环境保护、节能节水项目的所得

环境保护、节能节水项目的所得，自项目取得第一笔生产经营收入所属纳税年度起，第1年至第3年免征企业所得税，第4年至第6年减半征收企业所得税。

符合条件的环境保护、节能节水项目，包括公共污水处理、公共垃圾处理、沼气综合开发利用、节能减排技术改造、海水淡化等。项目的具体条件和范围由国务院财政、税务主管部门商国务院有关部门制定，报国务院批准后公布施行。

以上规定享受减免税优惠的项目，在减免税期限内转让的，受让方自受让之日起，可以在剩余期限内享受规定的减免税优惠；减免税期限届满后转让的，受让方不得就该项目重复享受减免税优惠。

（四）符合条件的技术转让所得

企业所得税法所称符合条件的技术转让所得免征、减征企业所得税，是指一个纳税年度内，居民企业转让技术所有权所得不超过500万元的部分，免征企业所得税；超过500万元的部分，减半征收企业所得税。

技术转让的范围，包括居民企业转让专利技术、计算机软件著作权、集成电路布图设计权、植物新品种、生物医药新品种、5年（含）以上非独占许可使用权，以及财政部和国家税务总局确定的其他技术。

享受减免企业所得税优惠的技术转让应符合以下条件：享受优惠的技术转让主体是《企业所得税法》规定的居民企业；技术转让属于财政部、国家税务总局规定的范围；境内技术转让经省级以上科技部门认定；向境外转让技术经省级以上商务部门认定；国务院税务主管部门规定的其他条件。

（五）铁路债券利息收入

对企业投资者持有2019～2023年发行的铁路债券取得的利息收入，减半征收企业所得税；对个人投资者持有2019～2023年发行的铁路债券取得的利息收入，减按50%计入应纳税所得额计算征收个人所得税。

（六）QFII和RQFII取得中国境内的股票等权益性投资资产转让所得

自2014年11月17日起，对合格境外机构投资者（QFII）、人民币合格境外机构投资者（RQFII）取得来源于中国境内的股票等权益性投资资产转让所得，暂免征企业所得税。

二、高新技术企业优惠

（一）国家需要重点扶持的高新技术企业

国家需要重点扶持的高新技术企业减按 15% 的税率征收企业所得税。国家需要重点扶持的高新技术企业，是指拥有核心自主知识产权，且同时符合下列几个方面条件的企业。

（1）拥有核心自主知识产权是指在中国境内（不含港、澳、台地区）注册的企业，近 3 年内通过自主研发、受让、受赠、并购等方式，或通过 5 年以上的独占许可方式，对其主要产品（服务）的核心技术拥有自主知识产权。

（2）产品（服务）属于《国家重点支持的高新技术领域》规定的范围。

（3）研究开发费用占销售收入的比例不低于规定比例，是指企业为获得科学技术（不包括人文、社会科学）新知识，创造性运用科学技术新知识，或实质性改进技术、产品（服务）而持续进行了研究开发活动，且近 3 个会计年度的研究开发费用总额占销售收入总额的比例符合如下要求：

1）最近 1 年销售收入小于 5 000 万元（含）的企业，比例不低于 5%。

2）最近 1 年销售收入在 5 000 万元至 20 000 万元（含）的企业，比例不低于 4%。

3）最近 1 年销售收入在 20 000 万元以上的企业，比例不低于 3%。

其中，企业在中国境内发生的研究开发费用总额占全部研究开发费用总额的比例不低于 60%。企业注册成立时间不足 3 年的，按实际经营年限计算。

（4）高新技术产品（服务）收入占企业总收入的比例不低于规定比例，是指高新技术产品（服务）收入占企业当年同期总收入的 60% 以上。

（5）科技人员占企业职工总数的比例不低于规定比例，是指具有大学专科以上学历的科技人员占企业当年职工总数的 30% 以上，其中研发人员占企业当年职工总数的 10% 以上。

（6）高新技术企业认定管理办法规定的其他条件。《国家重点支持的高新技术领域》和《高新技术企业认定管理办法》由国务院科技、财政、税务主管部门商国务院有关部门制定，报国务院批准后公布施行。

（7）企业创新能力评价应达到相应要求。

（8）企业申请认定前一年内未发生重大安全、重大质量事故或严重环境违法行为。

（二）高新技术企业延长亏损弥补期

2018 年具备高新技术企业资格的企业，无论 2013 年至 2017 年是否具备资格，其 2013 年至 2017 年发生的尚未弥补完的亏损，均准予结转以后年度弥补，最长结转年限为 10 年。2018 年以后年度具备资格的企业，以此类推，进行亏损结转弥补税务处理。

（三）高新技术企业境外所得适用税率及税收抵免

自 2010 年 1 月 1 日起，以境内、境外全部生产经营活动有关的研究开发费用总额、总收入、销售收入总额、高新技术产品（服务）收入等指标申请并认定的高新技术企业，对其来源于境外所得可以按照15%的优惠税率缴纳企业所得税，在计算境外抵免限额时，可按照15%的优惠税率计算境内外应纳税总额。

（四）对经济特区和上海浦东新区内的高新技术企业的优惠政策

对经济特区和上海浦东新区内在2008年1月1日（含）之后完成登记注册的国家需要重点扶持的高新技术企业（简称新设高新技术企业），在经济特区和上海浦东新区内取得的所得，自取得第一笔生产经营收入所属纳税年度，两免三减半。同时在区外有经营的，单独计算其在经济特区和上海浦东新区内取得的所得，并合理分摊企业的期间费用；没有单独计算的，不得享受企业所得税优惠。

三、技术先进型服务企业优惠

（1）自2017年1月1日起，在全国范围内对经认定的技术先进型服务企业，减按15%的税率征收企业所得税。

（2）享受《关于技术先进型服务企业有关企业所得税政策问题的通知》第一条规定的企业所得税优惠政策的技术先进型服务企业必须同时符合以下条件：

1）在中国境内（不包括港、澳、台地区）注册的法人企业。

2）从事《技术先进型服务业务认定范围（试行）》中的一种或多种技术先进型服务业务，采用先进技术或具备较强的研发能力。

3）具有大专以上学历的员工占企业职工总数的50%以上。

4）从事《技术先进型服务业务认定范围（试行）》中的技术先进型服务业务取得的收入占企业当年总收入的50%以上。

5）从事离岸服务外包业务取得的收入不低于企业当年总收入的35%。

四、小型微利企业优惠

（一）小型微利企业认定

小型微利企业减按20%的税率征收企业所得税。小型微利企业的条件如下：

（1）工业企业，年度应纳税所得额不超过100万元，从业人数不超过100人，资产总额不超过3 000万元。

（2）其他企业，年度应纳税所得额不超过100万元，从业人数不超过80人，资产总额不超过1 000万元。

（3）2019年1月9日国务院常务会议决定，放宽小型微利企业标准，放宽标准为企业资产总额5 000万元以下，从业人数300人以下，应纳税所得额300万元以下。

上述"从业人数"按企业全年平均从业人数计算，"资产总额"按企业年初和年末的资产总额平均计算。

小型微利企业是指企业的全部生产经营活动产生的所得均负有我国企业所得税纳税义务的企业。仅就来源于我国所得负有我国纳税义务的非居民企业，不适用上述规定。

（二）小型微利企业的优惠政策

2019年1月1日至2021年12月31日，对年应纳税所得额不超过100万元（含100万元）的小型微利企业，其所得减按25%计入应纳税所得额；对年应纳税所得额超过100万元到300万元（含300万元）的小型微利企业，其所得减按50%计入应纳税所得额，按20%的税率缴纳企业所得税。2021年1月1日至2022年12月31日，对小型微利企业和个体工商户年应纳税所得额不超过100万元的部分，在现行优惠政策基础上，分别再减半征收企业、个人所得税。（注：新政将个体工商户纳入优惠政策范围）

五、加计扣除优惠

加计扣除优惠包括以下两方面的内容。

（一）研究开发费

1. 一般企业研究开发费

按照现行规定，除房地产、烟草、住宿餐饮、批发零售、娱乐业等行业外，其他企业发生的研发费用，未形成无形资产计入当期损益的，在按照规定据实扣除的基础上，在2018年1月1日至2020年12月31日期间，再按照研究开发费用的75%在税前加计扣除；形成无形资产的，在上述期间按照无形资产成本的175%税前摊销。这项政策实施以来，对于鼓励企业研发投入、支持技术创新起到积极推动作用。研发费用按75%加计扣除政策文件截止到2020年年底，按照国务院部署，财政部、税务总局发文将这项优惠政策延长到2023年年底。

根据《关于进一步完善研发费用税前加计扣除政策的公告》（财政部 税务总局公告2021年第13号）规定，从2021年1月1日起，制造业企业研发费用未形成无形资产的部分加计扣除比例由75%提高到100%，形成无形资产的部分无形资产成本的200%在税前摊销。这对制造业企业是一个重大减税利好，以此引导制造业企业更多地投入研发活动。

2. 科技型中小企业研究开发费用

（1）科技型中小企业开展研发活动中实际发生的研发费用，未形成无形资产计入当期损益的，在按规定据实扣除的基础上，在2017年1月1日至2019年12月31日期间，再按照实际发生额的75%在税前加计扣除；形成无形资产的，在上述期间按照无形资产成本的175%在税前摊销。

（2）科技型中小企业享受研发费用税前加计扣除政策的其他政策口径按照《财政部 国家税务总局 科技部关于完善研究开发费用税前加计扣除政策的通知》（财税

〔2015〕119号）规定执行。

（3）《科技型中小企业评价办法》由科技部、财政部和国家税务总局另行发布。科技、财政和税务部门应建立信息共享机制，及时共享科技型中小企业的相关信息，加强协调配合，保障优惠政策落实到位。

3. 不适用加计扣除的企业

下列行业不适用税前加计扣除政策：烟草制造业、住宿业和餐饮业；批发和零售业；房地产业；租赁和商务服务业；娱乐业；财政部和国家税务总局规定的其他行业。

4. 委托境外进行研发活动

企业委托境外进行研发活动所发生的费用，按照费用实际发生额的80%计入委托方的委托境外研发费用。委托境外研发费用不超过境内符合条件的研发费用三分之二的部分，可以按规定在企业所得税前加计扣除。

（二）企业安置残疾人员所支付的工资

企业安置残疾人员所支付工资费用的加计扣除，是指企业安置残疾人员的，在按照支付给残疾职工工资据实扣除的基础上，按照支付给残疾职工工资的100%加计扣除。残疾人员的范围适用《中华人民共和国残疾人保障法》的有关规定。企业安置国家鼓励安置的其他就业人员所支付的工资的加计扣除办法，由国务院另行规定。

六、加速折旧优惠

（一）可以加速折旧的固定资产

企业的固定资产由于技术进步等原因，确需加速折旧的，可以缩短折旧年限或者采取加速折旧的方法。可采用以上折旧方法的固定资产包括：

①由于技术进步，产品更新换代较快的固定资产。

②常年处于强震动、高腐蚀状态的固定资产。

采取缩短折旧年限方法的，最低折旧年限不得低于规定折旧年限的60%；采取加速折旧方法的，可以采取双倍余额递减法或者年数总和法。

（二）特殊加速折旧规定

（1）对全部制造业新购进的固定资产，可缩短折旧年限或采取加速折旧的方法。

（2）对全部制造业的小型微利企业新购进的研发和生产经营共用的仪器、设备，单位价值不超过100万元的，允许一次性计入当期成本费用在计算应纳税所得额时扣除，不再分年度计算折旧；单位价值超过100万元的，可缩短折旧年限或采取加速折旧的方法。

（3）对所有行业企业2014年1月1日后新购进的专门用于研发的仪器、设备，单位价值不超过100万元的，允许一次性计入当期成本费用在计算应纳税所得额时扣除，不再分年度计算折旧;单位价值超过 100 万元的,可缩短折旧年限或采取加速折旧的方法。

(4)对所有行业企业持有的单位价值不超过 5 000 元的固定资产,允许一次性计入当期成本费用在计算应纳税所得额时扣除,不再分年度计算折旧。

(5)企业在 2018 年 1 月 1 日至 2020 年 12 月 31 日期间新购进的设备、器具,单位价值不超过 500 万元的,允许一次性计入当期成本费用在计算应纳税所得额时扣除,不再分年度计算折旧。

(三)疫情防控设备扣除

自 2020 年 1 月 1 日起,对疫情防控重点保障物资生产企业为扩大产能新购置的相关设备,允许一次性计入当期成本费用在企业所得税税前扣除。

七、创投企业优惠

创业投资企业从事国家需要重点扶持和鼓励的创业投资,可以按投资额的一定比例抵扣应纳税所得额。

创业投资企业采取股权投资方式投资于未上市的中小高新技术企业 2 年以上的,可以按照其投资额的 70% 在股权持有满 2 年的当年抵扣该创业投资企业的应纳税所得额;当年不足以抵扣的,可以在以后纳税年度结转抵扣。

例如,甲企业 2018 年 1 月 1 日向乙企业(未上市的中小高新技术企业)投资 100 万元,股权持有到 2019 年 12 月 31 日。甲企业 2009 年度可抵扣的应纳税所得额为 70 万元。

公司制创业投资企业采取股权投资方式直接投资于种子期、初创期科技型企业满 2 年(24 个月)的,可以按照投资额的 70% 在股权持有满 2 年的当年抵扣该公司制创业投资企业的应纳税所得额;当年不足以抵扣的,可以在以后纳税年度结转抵扣。

八、减计收入优惠

企业综合利用资源,生产符合国家产业政策规定的产品所取得的收入,可以在计算应纳税所得额时减计收入。

综合利用资源,是指企业以《资源综合利用企业所得税优惠目录》规定的资源作为主要原材料,生产国家非限制和禁止并符合国家和行业相关标准的产品,取得的收入,减按 90% 计入收入总额。

上述所称原材料占生产产品材料的比例不得低于《资源综合利用企业所得税优惠目录》规定的标准。

自 2019 年 6 月 1 日至 2025 年 12 月 31 日,提供社区养老、托育、家政服务取得的收入,在计算应纳税所得额时,减按 90% 计入收入总额。

九、税额抵免优惠

税额抵免，是指企业购置并实际使用《环境保护专用设备企业所得税优惠目录》《节能节水专用设备企业所得税优惠目录》和《安全生产专用设备企业所得税优惠目录》规定的环境保护、节能节水、安全生产等专用设备的，该专用设备的投资额的10%可以从企业当年的应纳税额中抵免；当年不足以抵免的，可以在以后5个纳税年度内结转抵免。

享受前款规定的企业所得税优惠的企业，应当实际购置并自身实际投入使用前款规定的专用设备；企业购置上述专用设备在5年内转让、出租的，应当停止享受企业所得税优惠，并补缴已经抵免的企业所得税税款。转让的受让方可以按照该专用设备投资额的10%抵免当年企业所得税应纳税额；当年应纳税额不足以抵免的，可以在以后5个纳税年度内结转抵免。

十、非居民企业优惠

非居民企业减按10%的税率征收企业所得税。这里的非居民企业是指在中国境内未设立机构、场所，或者虽设立机构、场所，但取得的所得与其所设机构、场所没有实际联系的企业。该类非居民企业取得下列所得免征企业所得税：

（1）外国政府向中国政府提供贷款取得的利息所得。

（2）国际金融组织向中国政府和居民企业提供优惠贷款取得的利息所得。

（3）经国务院批准的其他所得。

十一、民族自治地方的优惠

民族自治地方的自治机关对本民族自治地方的企业应缴纳的企业所得税中属于地方分享的部分，可以决定减征或者免征。自治州、自治县决定减征或者免征的，须报省、自治区、直辖市人民政府批准。

企业所得税法所称民族自治地方，是指依照《中华人民共和国民族区域自治法》的规定，实行民族区域自治的自治区、自治州、自治县。

对民族自治地方内国家限制和禁止行业的企业，不得减征或者免征企业所得税。

十二、特殊行业优惠

（一）关于鼓励软件产业和集成电路产业发展的优惠政策

（1）集成电路线宽小于0.8微米（含）的集成电路生产企业，经认定后，在2017年12月31日前自获利年度起两免三减半。

（2）集成电路线宽小于0.25微米或投资额超过80亿元，减按15%的税率；其中经营期在15年以上的，在2017年12月31日前五免五减半。

（3）2018年1月1日后投资新设的集成电路线宽小于130纳米，且经营期在10年以上的集成电路生产企业或项目，享受两免三减半优惠政策。

（4）2018年1月1日后投资新设的集成电路线宽小于65纳米或投资额超过150亿元，且经营期在15年以上的集成电路生产企业或项目，享受五免五减半优惠政策。

（5）国家规划布局内的重点软件企业和集成电路设计企业，如当年未享受免税优惠的，可减按10%的税率征收企业所得税。

（6）依法成立且符合条件的集成电路设计企业和软件企业，在2018年12月31日前自获利年度起计算优惠期，享受两免三减半优惠政策。

（二）关于鼓励证券投资基金发展的优惠政策

（1）对证券投资基金从证券市场中取得的收入，包括买卖股票、债券的差价收入，股权的股息、红利收入，债券的利息收入及其他收入，暂不征收企业所得税。

（2）对投资者从证券投资基金分配中取得的收入，暂不征收企业所得税。

（3）对证券投资基金管理人运用基金买卖股票、债券的差价收入，暂不征收企业所得税。

（4）自2018年11月7日起至2021年11月6日止，对境外机构投资境内债券市场取得的债券利息收入暂免征收企业所得税。

（三）保险保障基金有关企业所得税税收优惠

对中国保险保障基金有限责任公司取得的下列收入，免征企业所得税：
（1）境内保险公司依法缴纳的保险保障基金；
（2）依法从撤销或破产保险公司清算财产中获得的受偿收入和向有关责任方追偿所得，以及依法从保险公司风险处置中获得的财产转让所得；
（3）捐赠所得；
（4）银行存款利息收入；
（5）购买政府债券、中央银行、中央企业和中央级金融机构发行债券的利息。
（6）国务院批准的其他资金运用取得的收入。

十三、西部大开发税收优惠

对设在西部地区国家鼓励类产业企业，在2011年1月1日至2020年12月31日期间，减按15%的税率征收企业所得税。

上述鼓励类产业企业，是指以《产业结构调整指导目录（2005年版）》中规定的产业项目为主营业务，其主营业务收入占企业总收入70%以上的企业。

对西部地区2010年12月31日前新办的交通、电力、水利、广播电视企业，根据《财政部 国家税务总局 海关总署关于西部大开发税收优惠政策问题的通知》（财税

〔2001〕2002号）规定，可以享受企业所得税"两免三减半"的交通、电力、水利、广播电视企业，其享受的企业所得税"两免三减半"优惠可以继续享受到期满为止。

十四、从事污染防治的第三方企业所得税收优惠政策

自2019年1月1日起至2021年12月31日止，对符合条件的从事污染防治的第三方企业减按15%的税率征收企业所得税。

十五、其他事项

（1）享受企业所得税过渡优惠政策的企业，应按新税法和实施条例中有关收入和扣除的规定计算应纳税所得额。

（2）企业所得税过渡优惠政策与新税法及实施条例规定的优惠政策存在交叉的，由企业选择最优惠的政策执行，不得叠加享受，且一经选择，不得改变。

（3）法律设置的发展对外经济合作和技术交流的特定地区内，以及国务院已规定执行上述地区特殊政策的地区内新设立的国家需要重点扶持的高新技术企业，可以享受过渡性税收优惠，具体办法由国务院规定。

（4）国家已确定的其他鼓励类企业，可以按照国务院规定享受减免税优惠。

（5）对企业取得的2009年及以后年度发行的地方政府债券利息所得，免征企业所得税。地方政府债券是指经国务院批准，以省、自治区、直辖市和计划单列市政府为发行和偿还主体的债券。

第六节　应纳税额的计算

一、居民企业应纳税额的计算

居民企业应缴纳所得税税额等于应纳税所得额乘以适用税率，基本计算公式为：

$$应纳税额 = 应纳税所得额 \times 适用税率 - 减免税额 - 抵免税额$$

根据计算公式可以看出，应纳税额的多少，取决于应纳税所得额和适用税率两个因素。公式中的"减免税额"和"抵免税额"是指按照企业所得税法和国务院的税收优惠规定可以减征、免征和抵免的应纳税额。

【例6-6】　某企业为居民企业，2021年发生如下经营业务：①取得产品销售收入5000万元；②发生产品销售成本3600万元；③发生销售费用780万元（其中广告费用为700万元）、管理费用500万元（其中业务招待费为30万元）、财务费用30万元；④销售税金180万元（含增值税140万元）；⑤营业外收入80万元，营业外支出50万元（含通过公益性社会团体向贫困山区的捐款30万元，支付税收滞纳金6万元）；⑥计入成

本、费用中的实发工资总额200万元,拨缴职工工会经费5万元,发生职工福利费30万元,发生职工教育经费7万元。

要求:计算该企业2021年度实际应缴纳的企业所得税。

【解析】

会计利润总额 =5 000-3 600-780-500-30-40+80-50=80(万元)

广告费和业务宣传费限额 =5 000×15%=750(万元)

实际发生广告费700万元,未超过限额750万元,故全额可税前扣除。

业务招待费调增所得额 =30-30×60%=12(万元)

5 000×5‰=25(万元)>30×60%=18(万元)

捐赠支出应调增所得额 =30-80×12%=20.4(万元)

工会经费应调增所得额 =5-200×2%=1(万元)

职工福利费应调增所得额 =30-200×14%=2(万元)

职工教育经费限额 =200×8%=16(万元)

实际发生的教育经费为7万元,未超出限额16万元,故可全额税前扣除。

应纳税所得额 =80+12+20.4+6+1+2=121.4(万元)

2021年应纳企业所得税 =121.4×25%=30.35(万元)

【例6-7】 某工业企业为居民企业,2021年发生如下经营业务:①全年取得产品销售收入6 000万元,发生产品销售成本4 400万元;②其他业务收入800万元,其他业务成本600万元;③取得购买国债利息收入50万元,缴纳非增值税销售税金及附加300万元;④发生管理费用760万元,其中包括新技术的研究开发费用60万元、业务招待费用70万元;⑤发生财务费用200万元;⑥取得直接投资其他居民企业的权益性收益40万元(已在投资方所在地按15%的税率缴纳了所得税);⑦取得营业外收入80万元,发生营业外支出200万元(其中含公益捐赠30万元)。

要求:计算该企业2021年应缴纳的企业所得税。

【解析】

利润总额 =6 000-4 400+800-600+50-300-760-200+40+80-200=510(万元)

国债利息收入免征企业所得税,应调减应纳税所得额50万元。

技术开发费调减所得额 =60×50%=30(万元)

按实际发生业务招待费的60%计算 =70×60%=42(万元)

按销售收入的5‰计算 =(6 000+800)×5‰=34(万元)

按照规定税前扣除限额应为34万元,实际应调整应纳税所得额为36(=70-34)万元。

取得直接投资其他居民企业的权益性投资属于免税收入,应调减应纳税所得额40万元。

捐赠扣除标准 =510×12%=61.2(万元)

实际捐赠30万元小于扣除标准61.2万元,可按实捐数全额税前扣除,不做纳税调整。

应纳税所得额 =510-50-30+36-40=426（万元）

该企业 2021 年应纳企业所得税 =426×25%=106.5（万元）

二、境外所得已纳税款的扣除

企业取得的下列所得已在境外缴纳的所得税税额，可以从其当期应纳税额中抵免，抵免的限额为该项所得依照企业所得税法规定计算的应纳税额；超过抵免限额的部分，可以在以后 5 个年度内，用每年度抵免限额抵免当年应抵税额后的余额进行抵补：

（1）居民企业来源于中国境外的应税所得。

（2）非居民企业在中国境内设立机构、场所，取得发生在中国境外但与该机构、场所有实际联系的应税所得。

居民企业从其直接或者间接控制的外国企业分得的来源于中国境外的股息、红利等权益性投资收益，外国企业在境外实际缴纳的所得税税额中属于该项所得负担的部分，可以作为该居民企业的可抵免境外所得税税额，在企业所得税法规定的抵免限额内抵免。

上述所称直接控制，是指居民企业直接持有外国企业 20% 以上股份。

上述所称间接控制，是指居民企业以间接持股方式持有外国企业 20% 以上股份，具体认定办法由国务院财政、税务主管部门另行制定。

已在境外缴纳的所得税税额，是指企业来源于中国境外的所得依照中国境外税收法律以及相关规定应当缴纳并已实际缴纳的企业所得税性质的税款。企业依照企业所得税法的规定抵免企业所得税税额时，应当提供中国境外税务机关出具的税款所属年度的有关纳税凭证。

抵免限额，是指企业来源于中国境外的所得，依照企业所得税法和实施条例的规定计算的应纳税额。除国务院财政、税务主管部门另有规定外，该抵免限额应当分国（地区）不分项计算，计算公式为：

抵免限额 = 中国境内、境外所得依照企业所得税法和条例规定计算的应纳税总额 × 来源于某国（地区）的应纳税所得额 ÷ 中国境内、境外应纳税所得总额

前述 5 个年度，是指从企业取得的来源于中国境外的所得，已经在中国境外缴纳的企业所得税性质的税额超过抵免限额的当年的次年起连续 5 个纳税年度。

【例 6-8】 某企业 2019 年度境内应纳税所得额为 200 万元，适用 25% 的企业所得税税率。此外，该企业分别在 A、B 两国设有分支机构（我国与 A、B 两国已经缔结避免双重征税协定）。在 A 国分支机构的应纳税所得额为 150 万元，A 国税率为 20%；在 B 国分支机构的应纳税所得额为 100 万元，B 国适用税率为 30%。假设该企业在 A、B 两国所得按我国税法计算的应纳税所得额和按 A、B 两国税法计算的应纳税所得额一致，两个分支机构在 A、B 两国分别缴纳了 30 万元的企业所得税。

要求：计算该企业 2019 年汇总时在我国应缴纳的企业所得税税额。

【解析】
（1）该企业按我国税法计算的境内、境外所得的企业所得税税额：
$$应纳税额=（200+150+100）\times 25\%=112.5（万元）$$
（2）A、B两国的扣除限额：
$$A国扣除限额=112.5\times[150\div（200+150+100）]=37.5（万元）$$
$$B国扣除限额=112.5\times[100\div（200+150+100）]=25（万元）$$
在A国缴纳的所得税为30万元，低于扣除限额37.5万元，可全额扣除。

在B国缴纳的所得税为30万元，高于扣除限额25万元，其超过扣除限额部分5万元当年不得扣除。

（3）汇总时在我国应缴纳的所得税：
$$应纳所得税=112.5-30-25=57.5（万元）$$

三、居民企业核定征收应纳税额的计算

为了加强企业所得税征收管理，规范核定征收企业所得税工作，保障国家税款及时足额入库，维护纳税人的合法权益，根据《企业所得税法》及其实施条例、《税收征收管理法》及其实施细则的有关规定，核定征收企业所得税的有关规定如下。

（一）核定征收企业所得税的范围

（1）核定征收办法适用于居民企业纳税人，纳税人具有下列情形之一的，核定征收企业所得税：

1）依照法律、行政法规的规定可以不设置账簿的。

2）依照法律、行政法规的规定应当设置但未设置账簿的。

3）擅自销毁账簿或者拒不提供纳税资料的。

4）虽设置账簿，但账目混乱或者成本资料、收入凭证、费用凭证残缺不全，难以查账的。

5）发生纳税义务，未按照规定的期限办理纳税申报，经税务机关责令限期申报，逾期仍不申报的。

6）申报的计税依据明显偏低，又无正当理由的。

（2）下列特殊行业、特殊类型的纳税人不适用上述办法：

1）享受税收优惠政策的企业，不包括仅享受国债利息、股息、非营利组织收入优惠政策的企业。

2）汇总纳税企业。

3）上市公司。

4）金融企业。例如，银行、信用社、小额贷款公司、保险公司、证券公司、期货公司、信托投资公司、金融资产管理公司、融资租赁公司、担保公司、财务公司、典当

公司等。

5）会计、审计、资产评估、税务、房地产估价、土地估价、工程造价、律师、价格鉴证、公证机构、基层法律服务机构、专利代理、商标代理以及其他经济鉴证类社会中介机构。

6）国家税务总局规定的其他企业。

（二）核定征收的办法

税务机关应根据纳税人具体情况，对核定征收企业所得税的纳税人，核定应税所得率或者核定应纳所得税额。

（1）具有下列情形之一的，核定其应税所得率：

1）能正确核算（查实）收入总额，但不能正确核算（查实）成本费用总额的。

2）能正确核算（查实）成本费用总额，但不能正确核算（查实）收入总额的。

3）通过合理方法，能计算和推定纳税人收入总额或成本费用总额的。

纳税人不属于以上情形的，核定其应纳所得税额。

（2）税务机关采用下列方法核定征收企业所得税：

1）参照当地同类行业或者类似行业中经营规模和收入水平相近的纳税人的税负水平核定。

2）按照应税收入额或成本费用支出额定率核定。

3）按照耗用的原材料、燃料、动力等推算或测算核定。

4）按照其他合理方法核定。

采用前款所列一种方法不足以正确核定应纳税所得额或应纳税额的，可以同时采用两种以上的方法核定。采用两种以上方法测算的应纳税额不一致时，可按测算的应纳税额从高核定。

采用应税所得率方式核定征收企业所得税的，应纳所得税额计算公式如下：

$$应纳所得税额 = 应纳税所得额 \times 适用税率$$

$$应纳税所得额 = 应税收入额 \times 应税所得率$$

或：

$$应纳税所得额 = 成本（费用）支出额 \div （1 - 应税所得率） \times 应税所得率$$

实行应税所得率方式核定征收企业所得税的纳税人，经营多业的，无论其经营项目是否单独核算，均由税务机关根据其主营项目确定适用的应税所得率。

主营项目应为纳税人所有经营项目中，收入总额或者成本（费用）支出额或者耗用原材料、燃料、动力数量所占比重最大的项目。应税所得率按表6-3规定的幅度标准确定。

纳税人的生产经营范围、主营业务发生重大变化，或者应纳税所得额或应纳税额增减变化达到20%的，应及时向税务机关申报调整已确定的应纳税额或应纳税所得率。

跨境电子商务综合试验区核定征收的跨境电商企业应准确核算收入总额，并采用应税所得率方式核定征收企业所得税。应税所得率统一按照4%确定。

表6-3 应税所得率幅度标准

行业	应税所得率（%）	行业	应税所得率（%）
农、林、牧、渔业	3～10	建筑业	8～20
制造业	5～15	饮食业	8～25
批发和零售贸易业	4～15	娱乐业	15～30
交通运输业	7～15	其他行业	10～30

【例6-9】 华远公司自行申报2021年度的收入总额为200万元，应扣除的成本费用合计为220万元，全年亏损20万元。经税务机关核查，其发生的成本费用较真实，但收入总额无法核准。假定对该企业实行核定征收，应税所得率为20%。

要求：计算该公司2021年度应缴纳的企业所得税。

【解析】

应纳税所得额 =220÷（1-20%）×20%=55（万元）

应缴纳的企业所得税 =55×25%=13.75（万元）

（三）核定征收企业所得税的管理

（1）主管税务机关应及时向纳税人送达《企业所得税核定征收鉴定表》，及时完成对其核定征收企业所得税的鉴定工作。

纳税人应在收到《企业所得税核定征收鉴定表》后10个工作日内，填好该表并报送主管税务机关。《企业所得税核定征收鉴定表》一式三联，主管税务机关和县税务机关各执一联，另一联送达纳税人执行。主管税务机关还可根据实际工作需要，适当增加联次备用。

纳税人收到《企业所得税核定征收鉴定表》后，未在规定期限内填列、报送的，税务机关视同纳税人已经报送，按上述程序进行复核认定。

（2）纳税人实行核定应税所得率方式的，按下列规定申报纳税：

1）主管税务机关根据纳税人应纳税额的大小确定纳税人按月或者按季预缴，年终汇算清缴，预缴方法一经确定，一个纳税年度内不得改变。

2）纳税人应依照确定的应税所得率计算纳税期间实际应缴纳的税额，进行预缴。按实际数额预缴有困难的，经主管税务机关同意，可按上一年度应纳税额的1/12或者1/4预缴，或者按经主管税务机关认可的其他方法预缴。

3）纳税人预缴税款或者年终进行汇算清缴时，应按规定填写《中华人民共和国企业所得税月（季）度预缴纳税申报表（B类）》，在规定的纳税申报时限内报送主管税务机关。

（3）纳税人实行核定应纳所得税额方式的，按下列规定申报纳税：

1）纳税人在应纳所得税额尚未确定之前，可暂按上年度应纳所得税额的 1/12 或 1/4 预缴，或者按经主管税务机关认可的其他方法，按月或按季分期预缴。

2）在应纳所得税额确定以后，减除当年已预缴的所得税额，余额按剩余月份或季度均分，以此确定以后各月或各季的应纳税额，由纳税人按月或按季填写《中华人民共和国企业所得税月（季）度预缴纳税申报表（B 类）》，在规定的纳税申报期限内进行纳税申报。

3）纳税人年度终了后，在规定的时限内按照实际经营额或实际应纳税额向税务机关申报纳税。申报额超过核定经营额或应纳税额的，按申报额缴纳税款；申报额低于核定经营额或应纳税额的，按核定经营额或应纳税额缴纳税款。

（4）对违反核定征收规定的行为，按照《税收征收管理法》及其实施细则的有关规定处理。

四、非居民企业应纳税额的计算

对于在中国境内未设立机构、场所的，或者虽设立机构、场所但取得的所得与其所设机构、场所没有实际联系的非居民企业的所得，按照下列方法计算应纳税所得额：

（1）股息、红利等权益性投资收益和利息、租金、特许权使用费所得，以收入全额为应纳税所得额。

（2）转让财产所得，以收入全额减除财产净值后的余额为应纳税所得额。

（3）其他所得，参照前两项规定的方法计算应纳税所得额。

财产净值是指财产的计税基础减除已经按照规定扣除的折旧、折耗、摊销、准备金等后的余额。

具体征收管理规定如下。

（1）扣缴义务人在每次向非居民企业支付或者到期应支付所得税时，应从支付或者到期应支付的款项中扣缴企业所得税。

到期应支付的款项，是指支付人按照权责发生制原则应当计入相关成本、费用的应付款项。

扣缴义务人每次代扣代缴税款时，应当向其主管税务机关报送《中华人民共和国扣缴企业所得税报告表》(以下简称扣缴表) 及相关资料，并自代扣之日起 7 日内缴入国库。

（2）扣缴企业所得税应纳税额计算如下：

$$扣缴企业所得税应纳税额 = 应纳税所得额 \times 实际征收率$$

应纳税所得额的计算，按上述（一）至（三）的规定为标准；实际征收率是指《企业所得税法》及其实施条例等相关法律法规规定的税率，或者税收协定规定的更低的税率。

（3）扣缴义务人对外支付或者到期应支付的款项为人民币以外货币的，在申报缴纳企业所得税时，应当按照扣缴当日国家公布的人民币汇率中间价，折合成人民币计算应纳税所得额。

（4）扣缴义务人与非居民企业签订应税所得有关的业务合同时，凡合同中约定由扣缴义务人负担应纳税款的，应将非居民企业取得的不含税所得换算为含税所得后计算征税。

（5）按照《企业所得税法》及其实施条例和相关税收法规规定，给予非居民企业减免税优惠的，应按相关税收减免管理办法和行政审批程序的规定办理。对未经审批或者减免税申请未得到批准前，扣缴义务人发生支付款项的，应按规定代扣代缴企业所得税。

（6）非居民企业可以使用的税收协定与国内相关法规有不同规定的，可申请执行税收协定规定；非居民企业未提出执行税收协定规定申请的，按国内税收法律法规的有关规定执行。

（7）非居民企业已按国内税收法律法规的有关规定征税后，提出享受减免税或税收协定待遇申请的，主管税务机关经审核确认应享受减免税或者税收协定待遇的，对多缴纳的税款应依据《税收征收管理法》及其实施细则的有关规定予以退税。

（8）因非居民企业拒绝代扣税款的，扣缴义务人应当暂停支付相当于非居民企业应纳税款的款项，并在1日之内向其主管税务机关报告，并报送书面情况说明。

（9）扣缴义务人未依法扣缴或者无法履行扣缴义务的，非居民企业应于扣缴义务人支付或者到期应支付之日起7日内，到所得发生地主管税务机关申报缴纳企业所得税。

（10）非居民企业依照有关规定申报缴纳企业所得税但在中国境内存在多处所得发生地，并选定其中之一申报缴纳企业所得税的，应向申报纳税所在地主管税务机关如实报告有关情况。申报纳税所在地主管税务机关在受理申报纳税后，应将非居民企业申报缴纳所得税情况书面通知扣缴义务人所在地和其他所得发生地主管税务机关。

（11）非居民企业未依照有关规定申报缴纳企业所得税，由申报纳税所在地主管税务机关责令限期缴纳，逾期仍未缴纳的，申报纳税所在地主管税务机关可以收集、查实该非居民企业在中国境内其他收入项目及其支付人（以下简称"其他支付人"）的相关信息，并向其他支付人发出《税务事项通知书》，从其他支付人应付的款项中，追缴该非居民企业的应纳税款和滞纳金。

其他支付人所在地与申报纳税所在地不在一地的，其他支付人所在地主管税务机关应给与配合和协助。

（12）对多次付款的合同项目，扣缴义务人应当在履行合同最后一次付款前15日内，向主管税务机关报送合同全部付款明细、前期扣缴表和完税凭证等资料，办理扣缴税款清算手续。

五、房地产开发企业所得税预缴税款的处理

（1）房地产开发企业按当年实际利润据实分季（分月）预缴企业所得税的，对开发、建造的住宅、商业用房，以及其他建筑物、附着物、配套设施等开发产品，在未完工前采取预售取得的预售收入，按照规定的预计利润率分季（或月）计算出预计利润额，计

入利润总额预缴，开发产品完工、结算计税成本后按照实际利润再行调整。

（2）房地产开发企业按当年实际利润据实缴纳企业所得税的，对开发、建造的住宅、商业用房，以及其他建筑物、附着物、配套设施等开发产品，在未完工前采取预售方式销售取得的预售收入，按照规定的预计利润率分季（或月）计算出预计利润额，填报在《中华人民共和国企业所得税月（季）度预缴纳税申报表（A类）》（国税函〔2008〕44号文件附件1）第4行"利润总额"内。

（3）房地产开发企业对经济适用房项目的预售收入进行初始纳税申报时，必须附送有关部门批准经济适用房项目开发、销售的文件以及其他相关证明材料。凡不符合规定或未附送有关部门的批准文件以及其他相关证明材料的，一律按销售非经济适用房的规定执行。

第七节 特别纳税调整

一、调整范围

特别纳税调整的范围，是指企业与其关联方之间的业务往来，不符合独立交易原则而减少企业或者其关联方应纳税收入或者所得额的，税务机关有权按照合理的方法调整。企业与其关联方共同开发、受让无形资产，或者共同提供、接受劳务发生的成本，在计算应纳税所得额时应当按照独立交易原则进行分摊。

上述所称独立交易原则，是指没有关联关系的交易各方，按照公平成交价格和营业常规进行业务往来遵循的原则。

（一）关联方

关联方，是指与企业有下列关联关系之一的企业、其他组织或者个人，具体包括以下几方面：

（1）在资金、经营、购销等方面存在直接或者间接的控制关系。

（2）直接或者间接地同为第三者控制。

（3）在利益上具有相关联的其他关系。

（二）关联企业之间关联业务的税务处理

（1）企业与其关联方共同开发、受让无形资产，或者共同提供、接受劳务发生的成本，在计算应纳税所得额时应当按照独立交易原则进行分摊。

（2）企业与其关联方分摊成本时，应当按照成本与其收益相配比的原则进行分摊，并在税务机关规定的期限内，按照税务机关的要求报送有关资料。

（3）企业与其关联方分摊成本时违反以上（1）（2）规定的，其自行分摊的成本不得在计算应纳税所得额时扣除。

（4）企业可以向税务机关提出与其关联方之间业务往来的定价原则和计算方法，税务机关与企业协商、确认后，达成预约定价安排。

预约定价安排，是指企业就其未来年度关联交易的定价原则和计算方法，向税务机关提出申请，与税务机关按照独立交易原则协商、确认后达成的协议。

（5）企业向税务机关报送年度企业所得税纳税申报表时，应当就其与关联方之间的业务往来，附送年度关联业务往来报告表。

税务机关在进行关联业务调查时，企业及其关联方，以及与关联业务调查有关的其他企业，应当按照规定提供相关资料。相关资料包括以下几个方面：

1）与关联业务往来有关的价格、费用的制定标准、计算方法和说明等同期资料。

2）关联业务往来所涉及的财产、财产使用权、劳务等的再销售（转让）价格或者最终销售（转让）价格的相关资料。

3）与关联业务调查有关的其他企业应当提供的与被调查企业可比的产品价格、定价方式以及利润水平等资料。

4）其他与关联企业业务往来有关的资料。

（6）由居民企业，或者由居民企业和中国居民控制的设立在实际税负明显低于25%税率水平的国家（地区）的企业，并非由于合理的经营需要而对利润不做分配或者减少分配的，上述利润中应归属于该居民企业的部分，应当计入该居民企业的当期收入。上述所称实际税负明显低于25%税率水平，是指低于25%企业所得税税率的50%。所指控制包括以下几点：

1）居民企业或者中国居民直接或者间接单一持有外国企业10%以上有表决权股份，且由其共同持有该外国企业50%以上股份。

2）居民企业，或者居民企业和中国居民持股比例没有达到第（1）项规定的标准，但在股份、资金、经营、购销等方面对该外国企业构成实质控制。

3）上述所指的实际税负明显偏低是指实际税负明显低于《企业所得税法》规定的25%税率的50%。

（7）企业从其关联方接受的债权性投资与权益性投资的比例超过规定标准而发生的利息支出，不得在计算应纳税所得额时扣除。企业间接从关联方获得的债权性投资，包括以下几点：

1）关联方通过无关联第三方提供的债权性投资。

2）无关联第三方提供的，由关联方担保且负有连带责任的债权性投资。

3）其他间接从关联方获得的具有负债实质的债权性投资。

前述所称权益性投资，是指企业接受的不需要偿还本金和支付利息，投资人对企业净资产拥有所有权的投资。

（8）母子公司间提供服务支付费用有关企业所得税处理如下：

1）母公司为其子公司提供各种服务而发生的费用，应按照独立企业之间公平交易原则确定服务的价格，作为企业正常的劳务费用进行税务处理。

母子公司未按照独立企业之间的业务往来收取价款的，税务机关有权予以调整。

2）母公司向其子公司提供各项服务，双方应签订服务合同或协议，明确规定提供服务的内容、收费标准及金额等，凡按上述合同或协议规定所发生的服务费，母公司应作为营业收入申报纳税，子公司作为成本费用在税前扣除。

3）母公司向其多个子公司提供同类项服务，其收取的服务费可以采取分项签订合同或协议收取，也可以采取服务分摊协议的方式，即由母公司与各子公司签订服务费用分摊合同或协议，以母公司为其子公司提供服务所发生的实际费用并附加一定比例利润作为向子公司收取的总服务费，在各服务收益子公司（包括盈利企业、亏损企业和享受减免税企业）之间按《企业所得税法》第四十一条第二款规定合理分摊。

4）母公司以管理费用形式向子公司提取费用，子公司因此支付给母公司的管理费，不得在税前扣除。

5）子公司申报税前扣除向母公司支付的服务费用，应向主管税务机关提供与母公司签订的服务合同或者协议等与税前扣除该项税费相关的材料。不能提供相关材料的，支付的服务费用不得税前扣除。

二、调整方法

税法规定对关联企业所得不实的，调整方法如下。

（1）可比非受控价格法，是指按照没有关联关系的交易各方进行相同或者类似业务往来的价格进行定价的方法。

（2）再销售价格法，是指按照从关联方购进商品再销售给没有关联关系的交易方的价格，减除相同或者类似业务的销售毛利进行定价的方法。

（3）交易净利润法，是指按照没有关联方关系的交易各方进行相同或者类似业务往来取得的净利润水平确定利润的方法。

（4）利润分割法，是指将企业与其关联方的合并利润或者亏损在各方之间采用合理标准进行分配的方法。

（6）其他符合独立交易原则的方法。

三、核定征收

企业不提供与其关联方之间业务往来资料，或者提供虚假、不完整资料，未能真实反映其关联业务往来情况的，税务机关有权依法核定其应纳税所得额。核定方法如下：

（1）参照同类或者类似企业的利润率水平核定。

（2）按照企业成本加合理的费用和利润的方法核定。

（3）按照关联企业集团整体利润的合理比例核定。

（4）按照其他合理方法核定。

企业对税务机关按照前款规定的方法核定的应纳税所得额有异议的，应当提供相关证据，经税务机关认定后，调整核定的应纳税所得额。

四、加收利息

企业实施其他不具有合理商业目的的安排而减少其应纳税收入或者所得额的，税务机关有权按照合理方法调整。不具有合理商业目的，是指以减少、免除或者推迟缴纳税款为主要目的。

税务机关依照规定进行特别纳税调整后，除了应当补征税款外，还应按照国务院规定加收利息。

应当对补征的税款，自税款所属纳税年度的次年6月1日起至不缴税款之日止的期间，按日加收利息。加收的利息不得在计算应纳税所得额时扣除。

利息，应当按照税款所属纳税年度中国人民银行公布的与补税期间同期的人民币贷款基准利率加5个百分点计算。

企业依照《企业所得税法》的规定，在报送年度企业所得税纳税申报表时，附送了年度关联企业业务往来报告表的，可以只按规定的人民币贷款基准利率计算利息。

企业与其关联方之间的业务往来，不符合独立交易原则，或者企业实施其他不具有合理商业目的安排的，税务机关有权在该业务发生的纳税年度起10年内，进行纳税调整。

第八节 征收管理

一、纳税地点

（1）除税收法律、行政法规另有规定外，居民企业以企业登记注册地为纳税地点；但登记注册地在境外的，以实际管理机构所在地为纳税地点。企业注册登记地是指企业依照国家有关规定登记注册的住所地。

（2）居民企业在中国境内设立不具有法人资格的营业机构的，应当汇总计算并缴纳企业所得税。企业汇总计算并缴纳企业所得税时，应当统一核算应纳税所得额，具体办法由国务院行政、税务主管部门另行制定。

（3）非居民企业在中国境内设立机构、场所的，应当就其所设立机构、场所取得的来源于中国境内的所得，以及发生在中国境外但与其所设机构、场所有实际联系的所得，以机构、场所所在地为纳税地点。非居民企业在中国境内设立两个或者两个以上机构、场所的，经税务机关审核批准，可以选择由其主要机构、场所汇总缴纳企业所得税。非居民企业经批准汇总缴纳企业所得税后，需要增设、合并、迁移、关闭机构、场所或者停止机构、场所业务的，应当事先由负责汇总申报缴纳企业所得税的主要机构、场所向其所在地税务机关报告；需要变更汇总缴纳企业所得税的主要机构、场所的，依照前款规定办理。

（4）非居民企业在中国境内未设立机构、场所的，或者虽设立机构、场所但取得的所得与其所设机构、场所没有实际联系的所得，以扣缴义务人所在地为纳税地点。

（5）除国务院另有规定外，企业之间不得合并缴纳企业所得税。

二、纳税期限

企业所得税按年计征，分月或者分季预缴，年终汇算清缴，多退少补。

企业所得税的纳税年度，自公历1月1日起至12月31日止。企业在一个纳税年度的中间开业，或者由于合并、关闭等原因终止经营活动，使该纳税年度的实际经营期不足12个月的，应当以其实际经营期为1个纳税年度。企业清算时，应当以清算期间作为1个纳税年度。

自年度终了之日起5个月内，向税务机关报送年度企业所得税纳税申报表，并汇算清缴，结清应缴应退税款。

企业在年度中间终止经营活动的，应当自实际经营终止之日起60日内，向税务机关办理当期企业所得税汇算清缴。

三、纳税申报

按月或按季预缴的，应当自月份或者季度终了之日起15日内，向税务机关报送预缴企业所得税纳税申报表，预缴税款。企业在报送企业所得税纳税申报表时，应当按照规定附送财务会计报告和其他有关资料。

企业应当在办理注销登记前，就其清算所得向税务机关申报并依法缴纳企业所得税。

依照《企业所得税法》缴纳的企业所得税，以人民币计算。所得以人民币以外的货币计算的，应当折合成人民币计算并缴纳税款。

企业在纳税年度内无论盈利还是亏损，都应当依照《企业所得税法》第五十四条规定的期限，向税务机关报送预缴企业所得税纳税申报表、年度企业所得税纳税申报表、财务会计报告和税务机关规定应当报送的其他有关资料。

四、跨地区经营汇总纳税企业所得税征收管理

（一）基本原则与适用范围

1. 基本原则

属于中央与地方共享范围的跨省市总分机构企业缴纳的企业所得税，按照统一规范、兼顾总机构与分支机构所在地利益的原则，实行"统一计算、分级管理、就地预缴、汇总清算、财政调库"的处理办法，总分机构统一计算的当期应纳税额的地方分享部分中，25%由总机构所在地分享，50%由各分支机构所在地分享，25%按一定比例在各地

间进行分配。

统一计算是指居民企业应统一计算包括各个不具有法人资格营业机构在内的企业全部应纳税所得额、应纳税额。总机构和分支机构适用税率不一致的，应分别按适用税率计算应纳所得税额。

分级管理，是指居民企业总机构、分支机构，分别由所在地主管税务机关属地进行监督和管理。

就地预缴，是指居民企业总机构、分支机构，应按《跨省市总分机构企业所得税分配及预算管理办法》规定的比例分别就地按月或者按季向所在地主管税务机关申报、预缴企业所得税。

汇总清算，是指在年度终了后，总分机构企业根据统一计算的年度应纳税所得额、应纳所得税额，抵减总机构、分支机构当年已就地分期预缴的企业所得税款后，多退少补。

财政调库，是指财政部定期将缴入中央总金库的跨省市总分机构企业所得税待分配收入，按照核定的系数调整至地方国库。

2. 适用范围

跨省市总分机构企业是指跨省（自治区、直辖市和计划单列市，下同）设立不具有法人资格分支机构的居民企业。

总机构和具有主体生产经营职能的二级分支机构就地预缴企业所得税。三级及三级以下分支机构，其营业收入、职工薪酬和资产总额等统一并入二级分支机构计算。

不具有主体生产经营职能且在当地不缴纳增值税的产品售后服务、内部研发、仓储等企业内部辅助性的二级分支机构，以及上年度认定为符合条件的小型微利企业及其分支机构，不实行《跨省市总分机构企业所得税分配及预算管理办法》。

居民企业在中国境外设立不具有法人资格分支机构的，按本办法计算有关分期预缴企业所得税时，其应纳税所得额、应纳所得税额及其分摊应税数额，均不包括其境外分支机构。

（二）税款预缴和汇算清缴

由总机构统一计算企业应纳税所得额和应纳所得税额，并分别由总机构、分支机构按月或按季就地预缴。

1. 分支机构分摊预缴税款

总机构在每月或每季终了之日起10日内，按照上年度各省市分支机构的营业收入、职工薪酬和资产总额三个因素，将统一计算的企业当期应纳税额的50%在各分支机构之间进行分摊，各分支机构根据分摊税款就地办理缴库或退库；50%由总机构分摊缴纳，其中25%就地办理缴库或退库，25%就地全额缴入中央国库或退库。总机构按照上年度分支机构营业收入、职工薪酬和资产总额三个因素计算各分支机构分摊所得税款比例，分摊时三个因素权重依次为0.35、0.35和0.3。

分支机构营业收入，是指分支机构销售商品、提供劳务、让渡资产使用权等日常经营活动实现的全部收入。其中，生产经营企业分支机构营业收入是指生产经营企业分支机构销售商品、提供劳务、让渡资产使用权等取得的全部收入；金融企业分支机构营业收入是指金融企业分支机构取得的利息、手续费、佣金等全部收入；保险企业分支机构营业收入是指保险企业分支机构取得的保费等全部收入。

分支机构职工薪酬，是指分支机构为获得职工提供的服务而给予职工的各种形式的报酬以及其他相关支出。

分支机构资产总额，是指分支机构在12月31日拥有或者控制的资产合计额。

各分支机构分摊预缴额按下列公式计算：

各分支机构分摊预缴额＝所有分支机构应分摊的预缴总额×该分支机构分摊比例

其中：

所有分支机构应分摊的预缴总额＝统一计算的企业当期应纳所得税额×50%

某分支机构分摊比例＝（某分支机构营业收入／各分支机构营业收入之和）×0.35+
（某分支机构职工薪酬／各分支机构职工薪酬之和）×0.35+
（某分支机构资产总额／各分支机构资产总额之和）×0.30

以上公式中，分支机构仅指需要参与就地预缴的分支机构。

2. 总机构就地预缴税款

总机构应将统一计算的企业当期应纳税额的25%，就地办理缴库，所缴纳税款收入由中央与总机构所在地按60∶40分享。

3. 总机构预缴中央国库税款

总机构应将统一计算的企业当期应纳税额的剩余25%，就地全额缴入中央国库，所缴纳税款收入60%为中央收入，40%由财政部按照2004年至2006年各省市三年实际分享企业所得税占地方分享总额的比例定期向各省市分配。

（三）汇总清算

企业总机构汇总计算企业年度应纳所得税税额，扣除总机构和各境内分支机构已预缴的税款，计算出应补应退税款，分别由总机构和各分支机构（不包括当年已办理注销税务登记的分支机构）就地办理税款缴库或退库。

（四）其他相关规定

（1）跨省市总分机构企业缴纳的所得税查补税款、滞纳金、罚款收入，按中央与地方60∶40分成比例就地缴库。需要退还的所得税查补税款、滞纳金和罚款收入仍按现行管理办法办理审批退库手续。

（2）分配给地方的跨省市总分机构企业所得税收入，以及省区域内跨市县经营企业缴纳的企业所得税收入，可参照《跨省市总分机构企业所得税分配及预算管理办法》制定省以下分配与预算管理办法。

五、合伙企业所得税的征收管理

自 2008 年 1 月 1 日起，合伙企业缴纳的所得税按下列规定处理，此前规定与下列规定有抵触的，以下列规定为准。

（1）合伙企业以每一个合伙人为纳税义务人。

合伙企业合伙人是自然人的，缴纳个人所得税；合伙人是法人和其他组织的，缴纳企业所得税。

（2）合伙企业生产经营所得和其他所得采取先分后税的原则。

具体应纳税所得额的计算按照《关于个人独资企业和合伙企业投资者征收个人所得税的规定》（财税〔2000〕9 号）及《财政部 国家税务总局关于调整个体工商户个人独资企业和合伙企业个人所得税税前扣除标准有关问题的通知》（财税〔2008〕65 号）的有关规定执行。

前款所称生产经营所得和其他所得，包括合伙企业分配给所有合伙人的所得和企业当年留存的所得（利润）。

（3）合伙企业的合伙人按照下列原则确定应纳税所得额：

1）合伙企业的合伙人以合伙企业的生产经营所得和其他所得，按照合伙协议约定的分配比例确定应纳税所得额。

2）合伙协议未约定或者约定不明确的，以全部生产经营所得和其他所得，按照合伙人协商决定的分配比例确定应纳税所得额。

3）协商不成的，以全部生产经营所得和其他所得，按照合伙人实缴出资比例确定应纳税所得额。

4）无法确定出资比例的，以全部生产经营所得和其他所得，按照合伙人数量平均计算每个合伙人的应纳税所得额。

合伙协议不得约定将全部利润分配给部分合伙人。

（4）合伙企业的合伙人是法人和其他组织的，合伙人在计算应纳企业所得税时，不得用合伙企业的亏损抵减其盈利。

本章小结

企业所得税中纳税义务人分为居民企业和非居民企业两类，居民企业承担无限纳税义务，以来源于中国境内和境外的所得为征税对象；非居民企业承担有限纳税义务，在境内有机构、场所的非居民企业就其来源于境内的所得和与所设机构、场所有实际联系的境外所得为征税对象，没有在境内设立机构场所的非居民企业或虽设机构、场所但取得的所得与其所设机构、场所没有实际联系的，就其来源于中国境内的所得缴纳企业所得税。企业所得税的基本税率为 25%，低税率为 20%，优惠税率为 15% 或 20%。企业所得税以应纳税所得额为计税依据，应纳税所得额有两种计算方法。直接计算法下，应纳税所得额 = 收入总额 − 不征税收入 − 免税收入 − 各项扣除 − 弥补的以前年度亏损；间接计算法下，应纳税所得额＝会计利润总额 ± 纳税调整项目金额。企业应纳所得税额＝应纳税所得额 × 适用税率 − 减免税额 − 留抵税额。其中企业取得的符合条件的已在境外缴纳的所得税税额，可以从当期应纳税额中抵免。居民企业符合规定条件时，可以选择核定征收企业所得税方式。企业所得税优惠包括减税、免税、加计扣除、加速折旧、减计收入和税额抵免等。高新技术企业、技术先进型服务企业、小型微利企业、民族自治地区和特殊行业均有相应优惠规定。但对于企业与其关联方之间的业务往来，不符合独立交易原则而减少企业或关联方应纳税收入或应纳税所得额的，税务机关有权按合理方法进行调整。企业所得税实行税源扣缴和自行申报两种方式，居民企业以注册地和实际管理机构所在地为纳税地点。企业所得税按年计征，分月或分季预缴，年终汇算清缴，多退少补。

练习题

一、单项选择题

1. 根据企业所得税法的相关规定，销售货物所得，按照（　　）确定所得来源地。
   A. 购买方所在地　　　　　　　　B. 交易活动发生地
   C. 负担、支付所得的企业所在地　　D. 所售货物的产地

2. 根据企业所得税法的相关规定，下列企业中，减按20%的税率征收企业所得税的是（　　）。
   A. 小型微利企业
   B. 高新技术企业
   C. 创业投资企业
   D. 取得的所得与境内所设机构、场所有实际联系的非居民企业

3. A企业为某上市公司股东，股权投资计税基础为900万元。2019年1月，该上市公司股东大会做出决定，将股票溢价发行形成的资本公积转增股本，A企业获得转增股本600万元。2019年9月，A企业将该项股权转让，获得收入2 000万元。根据企业所得税法的相关规定，A企业转让股权应确认的股权转让所得为（　　）万元。
   A. 500　　　　B. 600　　　　C. 2 000　　　　D. 1 100

4. 根据企业所得税法的相关规定，企业外购货物用于下列情形的，不应当视同销售确认收入的是（　　）。
   A. 作为原材料投入生产　　　B. 奖励给职工
   C. 移送至境外分公司用于继续加工　　D. 抵偿债务

5. 根据企业所得税法的相关规定，以下有关纳税人提供劳务确认收入的表述中，不正确的是（　　）。
   A. 广告的制作费应根据制作广告的完工进度确认收入
   B. 长期为客户提供重复的劳务收取的劳务费，在提供劳务的期间分期确认收入
   C. 属于提供初始及后续服务的特许权费，在提供服务时确认收入

D. 属于提供设备和其他有形资产的特许权费，在交付资产或转移资产所有权时确认收入

6. 根据企业所得税法的相关规定，企业取得的下列收入中，属于免税收入的是（ ）。

   A. 金融债券利息收入

   B. 从境外取得的股息收入

   C. 在境内未设立机构、场所的非居民企业从境内企业取得的股息收入

   D. 国债利息收入

7. 根据企业所得税法的相关规定，下列有关企业所得税税前扣除的表述中，正确的是（ ）。

   A. 企业发生的资本性支出不得在发生当期直接扣除

   B. 企业发生的收益性支出应当分期扣除或者计入有关资产成本，不得在发生当期直接扣除

   C. 企业的不征税收入用于支出所形成的费用，可以在所得税前扣除

   D. 企业的不征税收入用于支出所形成的财产，可以计算对应的折旧、摊销扣除

8. 某居民企业2019年实际发生的合理的工资、薪金支出为1 100万元，职工福利费支出为160万元，职工教育经费为26万元，工会经费为30万元。不考虑其他事项，则2019年该企业计算企业所得税时，应调增应纳税所得额（ ）万元。

   A. 0 B. 1.5 C. 14 D. 15.5

9. 企业在生产、经营活动中发生的下列利息费用，在计算应纳税所得额时不得据实扣除的是（ ）。

   A. 非金融企业向非关联的非金融企业借款的利息支出

   B. 非金融企业向金融企业借款的利息支出

   C. 企业经批准发行债券的利息支出

   D. 金融企业的各项存款利息支出

10. 某工业企业2019年4月1日向非金融企业借款300万元用于建造厂房，年利率为8%，借款期限为12个月。该厂房于2018年开始建造，2019年9月30日完工。已知同期银行同类贷款年利率为6%，则该企业在计算2019年企业所得税应纳税所得额时准予直接扣除的利息支出为（ ）万元。

    A. 6 B. 18 C. 12 D. 4.5

11. 下列各项中，不属于企业所得税纳税人的是（ ）。

    A. 事业单位 B. 合伙企业 C. 社会团体 D. 民办非企业单位

12. 下列关于非居民企业的表述中，正确的是（ ）。

    A. 在境外成立的企业均属于非居民企业

    B. 在境内成立但有来源于境外所得的企业属于非居民企业

    C. 依照外国法律成立，实际管理机构在中国境内的企业属于非居民企业

    D. 依照外国法律成立，实际管理机构不在中国境内但在中国境内设立机构、场所的企业属于非居民企业

13. 根据企业所得税法的相关规定，下列支出中，在计算应纳税所得额时，允许按税法规定的标准扣除的是（　　）。
    A. 税收滞纳金　　　　　　　　B. 企业拨缴的工会经费
    C. 非广告性赞助支出　　　　　D. 企业所得税税款
14. 根据企业所得税相关知识，在计算应纳税所得额时可以扣除的项目是（　　）。
    A. 税务机关的罚款　　　　　　B. 人民法院的罚金
    C. 向投资者支付的股息　　　　D. 合同违约金
15. 下列固定资产项目中，最低折旧年限为5年的是（　　）。
    A. 机器　　　　B. 电子设备　　　　C. 家具　　　　D. 运输工具
16. 根据企业所得税法的相关规定，一般情况下无形资产摊销年限不得低于（　　）年。
    A. 3　　　　　　B. 5　　　　　　　C. 7　　　　　　D. 10
17. 甲企业是增值税一般纳税人，7月因管理不善丢失外购材料一批（已抵扣进项税额16万元），账面成本100万元，保险公司审核后同意赔付3万元，仓库管理员李某同意赔付7万元，则该企业在企业所得税税前可以扣除的损失为（　　）万元。
    A. 46　　　　　B. 106　　　　　　C. 97　　　　　D. 116
18. 某企业2019年度境内所得应纳税额为200万元，在全年已预缴税款25万元，来源于境外某国税前所得100万元，境外实纳税款20万元。该企业当年汇算清缴应补（退）的税款为（　　）万元。
    A. 10　　　　　B. 30　　　　　　C. 12　　　　　D. 79
19. 税务机关对甲居民企业进行税务检查时发现，该企业能正确核算（查实）收入总额，但不能正确核算（查实）成本费用总额。则税务机关应对该企业采用（　　）方式征收企业所得税。
    A. 核定其应税所得率
    B. 核定其应纳税所得额
    C. 查账征收
    D. 在核定其应税所得率和核定应纳所得税额两种核定征收方式中选择一种
20. 根据企业所得税法律制度规定，下列所得中，免征企业所得税的是（　　）。
    A. 海水养殖　　　B. 内陆养殖　　　C. 花卉养殖　　　D. 家禽养殖

二、多项选择题

1. 在中国境内未设立机构、场所的非居民企业，取得的下列所得中，应在我国缴纳企业所得税的有（　　）。
    A. 转让所持有的境内某公司股权取得的所得
    B. 在境外销售货物取得的所得
    C. 在境外提供劳务取得的所得
    D. 将位于境内的房产转让给境外单位取得的所得

2. 根据企业所得税法的相关规定，下列业务取得的所得属于来源于境内所得的有（　　）。
   A. 境外企业在境内提供服务业劳务
   B. 境内企业将位于境外的房产转让给境外企业
   C. 境外企业将自己使用过的小汽车转让给境内企业
   D. 境内企业将设备出租给境外企业并收取租金

3. 下列关于企业所得税收入确认时间的表述中，符合规定的有（　　）。
   A. 销售货物采取分期收款方式的，按照合同约定的收款日期确认收入的实现
   B. 销售货物采取预收款方式的，按照收到预收款的日期确认收入的实现
   C. 采取支付手续费方式委托代销货物的，在收到代销清单时确认收入的实现
   D. 销售货物采用托收承付方式的，在办妥托收手续时确认收入的实现

4. 下列关于企业所得税收入确认的表述中，不正确的有（　　）。
   A. 采取产品分成方式取得收入的，在企业分得产品时按产品的公允价值确认收入
   B. 采用售后回购方式销售商品，以销售商品方式进行融资的，销售的商品按售价确认收入
   C. 销售商品涉及现金折扣的，应当按照扣除现金折扣后的金额确认收入
   D. 销售商品涉及商业折扣的，应当按照扣除折扣前的金额确认收入，折扣额作为财务费用扣除

5. 根据企业所得税法的相关规定，非营利性组织取得的下列收入，属于免税收入的有（　　）。
   A. 不征税收入孳生的银行存款利息收入　　B. 按照县财政局规定收取的会费
   C. 接受某工业企业捐赠的收入　　D. 因政府购买服务而取得的收入

6. 下列各项税金，计入"税金及附加"科目，并在计算企业所得税应纳税所得额时准予扣除的有（　　）。
   A. 出口货物缴纳的出口关税　　B. 销售应税消费品缴纳的消费税
   C. 销售应税矿产品缴纳的资源税　　D. 出租房产缴纳的房产税

7. 某企业2018年发生的合理的工资、薪金支出为800万元，职工福利费为120万元，职工教育经费为30万元；2019年发生的合理的工资、薪金支出为1 000万元，职工福利费为120万元，职工教育经费为16万元。根据企业所得税法的相关规定，下列表述正确的有（　　）。
   A. 该企业2018年所得税前准予扣除的职工福利费为112万元
   B. 该企业2019年所得税前准予扣除的职工福利费为120万元
   C. 该企业2018年所得税前准予扣除的职工教育经费为30万元
   D. 该企业2019年所得税前准予扣除的职工教育经费为16万元

8. 根据企业所得税法的相关规定，下列表述正确的有（　　）。
   A. 企业按照规定的范围和标准为职工缴纳的住房公积金准予在计算应纳税所得额时扣除
   B. 企业按照规定为特殊工种职工支付的人身安全保险费属于商业保险费，因此在计算

应纳税所得额时不得扣除

C. 企业为职工支付的补充养老保险费、补充医疗保险费，合计不超过职工工资总额5%标准内的部分，准予在计算应纳税所得额时扣除

D. 企业按照规定的范围和标准为职工支付的失业保险费准予在所得税前扣除

9. 根据企业所得税法的相关规定，下列支出不得在计算应纳税所得额时扣除的有（　　）。
   A. 非银行企业内营业机构之间支付的利息　　B. 逾期还款支付的银行罚息
   C. 金融机构同业拆借利息支出　　D. 企业向股东借款的利息支出

10. 根据企业所得税法的相关规定，下列关于亏损弥补相关规定的表述中，正确的有（　　）。
    A. 企业某一纳税年度发生的亏损可以从下一年度起，逐年延续弥补，但最长不得超过5年
    B. 企业在汇总计算缴纳企业所得税时，其境外营业机构的亏损不得抵减境内营业机构的盈利
    C. 合伙企业的合伙人是法人的，合伙人在计算缴纳企业所得税时，可以用合伙企业的亏损抵减其盈利
    D. 企业合并的一般性税务处理方法下，被合并企业的亏损不得在合并企业结转弥补

11. 根据企业所得税法的相关规定，在计算应纳税所得额时，下列资产不得计算折旧扣除的有（　　）。
    A. 未投入使用的生产设备　　B. 以融资租赁方式租出的固定资产
    C. 与经营活动无关的固定资产　　D. 单独估价作为固定资产入账的土地

12. 下列取得的所得中，自项目取得第一笔生产经营收入所属纳税年度起，第1年至第3年免征企业所得税，第4年至第6年减半征收企业所得税的有（　　）。
    A. 企业从事国家重点扶持的公共基础设施项目投资经营的所得
    B. 企业从事符合条件的环境保护、节能节水项目的所得
    C. 新设高新技术企业在经济特区和上海浦东新区内取得的所得
    D. 新办软件生产企业取得的所得

13. 下列关于企业所得税适用税率的说法，正确的有（　　）。
    A. 国家重点扶持的高新技术企业适用税率为15%
    B. 小型微利企业适用税率为20%
    C. 在我国境内设立机构场所且所得与机构场所有实际联系的非居民企业适用税率为25%
    D. 在我国境内未设立机构场所的非居民企业来源于我国境内的所得实际征税率为10%

14. 根据企业所得税法相关规定，下列各项中属于应税收入的有（　　）。
    A. 企业接受社会捐赠收入
    B. 转让企业债券取得的收入
    C. 已做坏账损失处理后又收回的应收账款
    D. 国债利息收入

15. 下列各项中，属于企业所得税法规定的职工福利费支出的有（   ）。
    A. 集体福利部门工作人员的住房公积金   B. 职工因公外地就医费用
    C. 自办职工食堂经费补贴   D. 离退休人员工资
16. 企业支付的下列保险费可在企业所得税前扣除的有（   ）。
    A. 基本医疗保险   B. 高管层的商业保险
    C. 补充医疗保险（不超过5%）   D. 特殊工种职工的人身安全保险
17. 根据企业所得税相关规定，下列各项中，准予在以后纳税年度结转扣除的有（   ）。
    A. 职工教育经费   B. 广告费   C. 业务宣传费   D. 业务招待费
18. 根据企业所得税相关规定，下列各项中准予在企业所得税前全额扣除的有（   ）。
    A. 非金融企业向金融企业借款的利息支出
    B. 非金融企业向非金融企业借款的利息支出
    C. 金融企业的各项存款利息支出和同业拆借利息支出
    D. 企业经批准发行债券的利息支出
19. 根据企业所得税相关规定，下列各项支出中，不得在企业所得税前扣除的有（   ）。
    A. 银行罚息
    B. 消费税税款
    C. 未经核定的准备金支出
    D. 企业内营业机构之间支付的租金和特许权使用费
20. 除税法另有规定外，企业在计算企业所得税时，税前扣除一般应遵循的原则有（   ）。
    A. 配比原则   B. 合理性原则   C. 谨慎性原则   D. 重要性原则

三、判断题

1. 居民企业无须就其来源于中国境外所得缴纳企业所得税。（   ）
2. 在中国境内设立机构、场所的非居民企业取得的发生在中国境外但与其所设机构、场所有实际联系的所得，无须缴纳企业所得税。（   ）
3. 企业以货币形式和非货币形式从各种来源取得的收入，在计算企业所得税应纳税所得额时，均应计入收入总额。（   ）
4. 非营利组织从事营利性活动取得的收入，免征企业所得税。（   ）
5. 企业以前年度发生的资产损失，属于实际资产损失的，准予追补至该项损失发生年度扣除，其追补确认期限一般不得超过5年。（   ）
6. 企业已经作为损失处理的资产，在以后纳税年度又全部收回或者部分收回时，应当计入当期收入。（   ）
7. 企业应当自固定资产投入使用月份的当月起计算折旧；停止使用的固定资产，应当自停止使用月份的次月起停止计算折旧。（   ）
8. 企业使用或者销售的存货的成本计算方法，可以在先进先出法、后进先出法、加权平均法、个别计价法中选用一种；计价方法一经选用，不得随意变更。（   ）

9. 某企业为国家重点扶持的高新技术企业，2019年度实现利润总额为800万元；当年发生营业外支出100万元，分别为向税务机关支付税收滞纳金30万元，向工商行政管理部门支付罚款20万元，赞助支出50万元。假设除此之外无其他纳税调整事项，则该企业2019年应缴纳企业所得税（800+30+20+50）×15%=135（万元）。（　　）

10. 未在我国设立机构的非居民企业转让财产所得，以收入全额为企业所得税应纳税所得额。（　　）

四、业务题

1. 境内某从事生产的居民企业2019年发生下列业务：

（1）销售产品收入2 000万元（不含税，下同）。

（2）接受捐赠材料一批，取得赠出方开具的增值税专用发票，注明价款10万元，增值税1.3万元；企业找一运输公司将该批材料运回企业，支付运杂费0.3万元。

（3）转让一项商标所有权，取得营业外收入60万元。

（4）出租财产取得其他业务收入10万元。

（5）取得国债利息2万元；直接投资境内另一居民企业，分得红利50万元。

（6）全年销售成本1 000万元，销售税金及附加100万元。

（7）全年销售费用500万元，含广告费400万元；全年管理费用205万元，含业务招待费80万元；全年财务费用45万元。

（8）全年营业外支出40万元，含通过政府部门对灾区捐款20万元、直接对私立小学捐款10万元、违反政府规定被工商局罚款2万元。

其他相关资料：企业当年购置并实际使用节能节水专用设备一台，取得并认证了增值税专用发票，注明价款90万元，增值税11.7万元，已按照规定入账并计提了折旧。

要求：根据上述资料，计算下列事项。

（1）该企业的会计利润总额。

（2）该企业对收入的纳税调整额。

（3）该企业对广告费用的纳税调整额。

（4）该企业对业务招待费的纳税调整额。

（5）该企业对营业外支出的纳税调整额。

（6）该企业当年的应纳税所得额。

（7）该企业应纳的所得税额。

2. 某市一家居民企业为增值税一般纳税人，主要生产销售彩色电视机，假定2019年度有关经营业务如下：

（1）销售彩电取得不含税收入8 600万元，与彩电配比的销售成本为5 660万元。

（2）转让技术所有权取得收入700万元，直接与技术所有权转让有关的成本和费用为100万元。

（3）出租有形动产取得不含税租金收入200万元，接受原材料捐赠取得增值税专用发票注明材料价款 50 万元、增值税税额 6.5 万元，取得国债利息收入 30 万元。

（4）2019 年 10 月购进原材料共计 3 000 万元，取得的增值税专用发票上注明增值税税额 390 万元，支付购买原材料的运输费用取得的增值税专用发票上注明增值税税额 16.1 万元。

（5）销售费用 1 650 万元，其中广告费 1 400 万元。

（6）管理费用 850 万元，其中业务招待费 90 万元。

（7）财务费用 80 万元，其中含向非金融企业（非关联方）借款 500 万元所支付的利息 40 万元（金融企业同期同类贷款的利率为 5.8%）。

（8）实发工资 540 万元，拨缴工会经费 15 万元、实际发生职工福利费 82 万元、职工教育经费 18 万元，均已计入相关的成本、费用。

（9）营业外支出 300 万元，其中包括通过公益性社会团体向贫困山区的捐款 150 万元。

其他相关资料：取得的相关票据均通过主管税务机关认证，不考虑地方教育附加。

要求：根据上述资料，计算下列事项。

（1）该企业 2019 年应缴纳的增值税、城建税及教育费附加。

（2）该企业 2019 年实现的会计利润。

（3）该企业 2019 年实现的应纳税所得额。

（4）该企业 2019 年应缴纳的企业所得税。

Chapter7
第七章

个人所得税法

学习目标

1. 掌握个人所得税的征税范围、税目、税率及计税依据的基本规定。
2. 掌握个人所得税各税目应纳税所得额与应纳税额的分析和计算。
3. 了解个人所得税、纳税人、扣缴义务人的概念,以及个人所得税的申报与缴纳。
4. 熟悉个人所得税征收管理的相关知识及个人所得税优惠政策的具体规定。

重点与难点

个人所得税各税目应纳税所得额与应纳税额的分析和计算。

第一节 个人所得税概述

一、个人所得税的概念

个人所得税是国家对个人(自然人)取得的各项应税所得征收的一种税,是国家利用税收对个人收入进行调节的一种手段。

个人所得税是西方国家的主要税种,最早于1799年在英国创立,此后世界各国相继仿效。

我国在中华民国时期,曾开征薪给报酬所得税、证券存款利息所得税。新中国成立后,在1950年7月前政务院公布的《税政实施要则》中,就曾列举有对个人所得课税的税种，当时定名为"薪给报酬所得税"和"存款利息所得税"。但由于我国生产力和人均收入水平低，实行低工资制，虽然设立了税种，却一直没有开征。1980年9月10日，第五届全国人民代表大会第三次会议通过并公布了《个人所得税法》。我国的个人所得税制度至此开始建立。此后，我国的个人所得税制度不断改革完善。至2011年6月30日，十一届全国人大常委会第21次会议表决通过了《关于修改〈中华人民共和国个人所得税法〉的决定》。个人所得税免征额从2 000元提高到3 500元，同时，将个人所得税第1级税率由5%修改为3%，9级超额累进税率修改为7级，取消15%和40%两档税率，扩大3%和10%两个低档税率的适用范围。2018年8月31日第十三届全国人民代表大会常务委员会第五次会议通过了《关于修改〈中华人民共和国个人所得税法〉的决定》，这是个人所得税法第七次修订，将免征额提高至每月5 000元，个税的部分税率级距进一步优化调整，扩大3%、10%、20%三档低税率的级距，缩小25%税率的级距，30%、35%、45%三档较高税率级距不变。修订后的《个人所得税法》于2019年1月1日起施行，2018年10月1日起施行最新起征点和税率。

二、个人所得税的特点

个人所得税是世界各国普遍征收的一个税种。我国现行的个人所得税主要有以下五个特点。

（一）分类征收和综合计征相结合

世界各国的个人所得税制大体可分为三种类型，即分类所得税制、综合所得税制和混合所得税制。我国现行个人所得税包括分类所得税制和综合所得税制，居民个人的工资、薪金所得、劳务报酬所得、稿酬所得和特许权使用费所得为综合所得，按纳税年度合并计算个人所得税，适用3%～45%的七级超额累进税率；非居民个人取得工资、薪金所得、劳务报酬所得、稿酬所得和特许权使用费所得，按月或者按次分项计算个人所得税，适用3%～45%的七级超额累进税率。经营所得，利息、股息、红利所得，财产租赁所得，财产转让所得和偶然所得，实行分类课征制度；经营所得，适用5%～35%的五级超额累进税率，利息、股息、红利所得，财产租赁所得，财产转让所得和偶然所得，适用比例税率，税率为20%。

分类征收和综合计征相结合，既可以广泛采用源泉扣缴方法，加强税收征收管理，简化纳税手续，方便征纳双方，还可以对不同所得实行不同的征纳方法，有利于国家政策的体现。

（二）超额累进税率与比例税率并用

我国现行个人所得税根据各类个人所得的不同性质和特点，将这两种形式的税率运用于个人所得税制。分类所得税制一般采用比例税率，综合所得则通常采用超额累进税率。比例税率计算简便，便于实行源泉扣缴；超额累进税率可以合理调节收入分配，体现公平。其中，对居民个人的综合所得，对非居民个人的工资、薪金所得、劳务报酬所得、稿酬所得和特许权使用费所得，对纳税人的经营所得采用超额累进税率，实行量能负担；而纳税人的利息、股息、红利所得，财产租赁所得，财产转让所得和偶然所得，采用比例税率，实行等比负担。

（三）费用扣除额较宽

各国的个人所得税均有费用扣除的规定，只是扣除的方法及额度不尽相同。我国本着费用扣除从宽、从简的原则，采用费用定额扣除和定率扣除两种方法。对工资、薪金所得，每月减除费用5 000元；对劳务报酬、稿酬所得和特许权使用费所得，每次收入减除20%的费用。居民个人的综合所得，综合计征时每一纳税年度的收入额减除费用6万元，以及专项扣除、专项附加扣除和依法确定的其他扣除。按照这样的标准减除费用，实际上等于对绝大多数的工资、薪金所得予以免税或只征很少的税款，也使得提供一般劳务、取得中低劳务报酬所得的个人大多不用负担个人所得税。

（四）采取课源制和申报制两种征纳方法

《个人所得税法》规定，对纳税人的应纳税额分别采取由支付单位源泉扣缴和纳税人自行申报两种方法。对凡是可以在应税所得的支付环节扣缴个人所得税的，均由扣缴义务人履行代扣代缴义务；对取得综合所得需要办理汇算清缴，取得应税所得没有扣缴义务人，取得应税所得，扣缴义务人未扣缴税款，取得境外所得，因移居境外注销中国户籍，非居民个人在中国境内从两处以上取得工资、薪金所得的，由纳税人自行申报纳税。此外，对其他不便于扣缴税款的，也规定由纳税人自行申报纳税。

第二节　个人所得税的基本内容

一、个人所得税的纳税义务人

个人所得税的纳税义务人，包括中国公民、个体工商业户、个人独资企业、合伙企业投资者，以及在中国有所得的外籍人员（包括无国籍人员，下同）和香港、澳门、台湾同胞。上述纳税义务人依据住所和居住时间两个标准，区分为居民个人和非居民个人，分别承担不同的纳税义务。

（一）居民个人

居民个人负有无限纳税义务。其所取得的应纳税所得，无论是来源中国境内还是中国境外任何地方,都要在中国缴纳个人所得税。根据《个人所得税法》的规定,在中国境内有住所,或者无住所而一个纳税年度内在中国境内居住累计满183天的个人,为居民个人。居民个人从中国境内和境外取得的所得,依照《个人所得税法》的规定缴纳个人所得税。

所谓在中国境内有住所的个人,是指因户籍、家庭、经济利益关系,而在中国境内习惯性居住的个人。这里所说的习惯性居住,是判定纳税义务人属于居民还是非居民的一个重要依据。它是指个人因学习、工作、探亲等原因消除之后,没有理由在其他地方继续居留时所要回到的地方,而不是指实际居住地或在某一个特定时期内的居住地。

所谓在境内居住满183天,是指在一个纳税年度(即公历1月1日起至12月31日止,下同)内,在中国境内居住满183天。在计算居住天数时,按其一个纳税年度内在境内的实际居住时间确定,取消了原有的临时离境规定。即境内无住所的某人在一个纳税年度无论出境多少次,只要在我国境内累计居住满183天,即可判定为我国的居民个人。综上可知,个人所得税的居民个人包括以下两类:

(1)在中国境内定居的中国公民和外国侨民,但不包括虽具有中国国籍,却并没有在中国大陆定居,而是侨居海外的华侨和居住在香港、澳门、台湾的同胞。

(2)从公历1月1日起至12月31日止,在中国境内累计居住满183天的外国人、海外侨胞,以及香港、澳门、台湾同胞。例如,一个外籍人员从2018年10月起到中国境内的公司任职,在2019年纳税年度内,虽然曾多次离境回国,但由于该外国籍个人在我国境内的居住停留时间累计达206天,已经超过了一个纳税年度内在境内累计居住满183天的标准,因此,该纳税义务人应为居民个人。

现行税法中关于"中国境内"的概念,是指中国大陆地区,目前还不包括我国香港、澳门和台湾地区。

(二)非居民个人

非居民个人,是指不符合居民个人判定标准(条件)的纳税义务人,非居民个人承担有限纳税义务,即仅就其来源于中国境内的所得,向中国缴纳个人所得税。《个人所得税法》规定,在中国境内无住所又不居住,或者无住所而一个纳税年度内在中国境内居住累计不满183天的个人,为非居民个人。也就是说,非居民个人,是指习惯性居住地不在中国境内,而且不在中国居住,或者在一个纳税年度内,在中国境内居住不满183天的个人。在现实生活中,习惯性居住地不在中国境内的个人,只有外籍人员、华侨,或香港、澳门和台湾同胞。因此,非居民个人,实际上只能是在一个纳税年度中,没有在中国境内居住,或者在中国境内居住不满183天的外籍人员、华侨,或我国香港、澳门、台湾地区同胞。

非居民个人从中国境内取得的所得,依照《个人所得税法》规定缴纳个人所得税。在中国境内无住所的个人,在一个纳税年度内在中国境内居住累计不超过90天的,其来源于中国境内的所得，由境外雇主支付并且不由该雇主在中国境内的机构、场所负担的部分，免予缴纳个人所得税。

【例 7-1】 个人所得税的纳税义务人区分为居民个人和非居民个人，依据的标准有（　　）。

A. 境内有无住所　　　　　　　　　B. 境内工作时间
C. 取得收入的工作地　　　　　　　D. 境内居住时间

【解析】 AD。住所和居住时间是区分个人所得税纳税人居民个人和非居民个人的两个标准。

（三）所得来源的确定

居民纳税义务人应就其来源于中国境内外的所得缴纳个人所得税，非居民纳税义务人仅就来源于中国境内所得缴纳个人所得税。因此，判断哪些所得为来源于中国境内的所得就显得十分重要。《个人所得税法》及其实施条例对此做了规定。下列所得，不论其支付地是否在中国境内，均视为来源于中国境内的所得：

（1）因任职、受雇、履约等在中国境内提供劳务取得的所得。
（2）将财产出租给承租人在中国境内使用而取得的所得。
（3）许可各种特许权在中国境内使用而取得的所得。
（4）转让中国境内的不动产等财产或者在中国境内转让其他财产取得的所得。
（5）从中国境内企业、事业单位、其他组织以及居民个人处取得的利息、股息、红利所得。

二、个人所得税的征税对象

个人所得税的征税对象是个人取得的应税所得。个人所得的形式，包括现金、实物、有价证券和其他形式的经济利益。

《个人所得税法》列举征税的个人所得共有 9 项，《中华人民共和国个人所得税法实施条例》（以下简称《个人所得税法实施条例》）及相关法规具体确定了各项个人所得的征税范围。

（一）工资、薪金所得

工资、薪金所得，是指个人因任职或者受雇而取得的工资、薪金、奖金、年终加薪、劳务分红、津贴、补贴以及与任职或者受雇有关的其他所得。

一般来说，工资、薪金所得属于非独立个人劳动所得。所谓非独立个人劳动，是指个人所从事的由他人指定、安排并接受管理的劳动，工作或服务于公司、工厂、机关、事业单位的人员（私营企业主除外）均为非独立劳动者。

根据我国目前个人收入的构成情况，规定对于一些不属于工资、薪金性质的补贴、津贴或者不属于纳税人本人工资、薪金所得项目的收入，不予征税。这些项目包括以下4项：

（1）独生子女补贴。

（2）执行公务员工资制度未纳入基本工资总额的补贴、津贴差额和家属成员的副食品补贴。

（3）托儿补助费。

（4）差旅费津贴、误餐补助。其中，误餐补助是指按照财政部规定，个人因公在城区、郊区工作，不能在工作单位或返回就餐的，根据实际误餐顿数，按规定的标准领取的误餐费。单位以误餐补助名义发给职工的补助、津贴不能包括在内。

奖金是指所有具有工资性质的奖金，免税奖金的范围在税法中另有规定。

退休人员再任职取得的收入，在减除按税法规定的费用扣除标准后，按"工资、薪金所得"项目缴纳个人所得税。离退休人员按规定领取离退休工资或养老金外，另从原任职单位取得的各类补贴、奖金、实物，不属于免税项目，应按"工资、薪金所得"应税项目的规定缴纳个人所得税。

对商品营销活动中，企业对营销业绩突出的雇员以培训班、研讨会、工作考察等名义组织旅游活动，通过免收差旅费、旅游费对个人实行的营销业绩奖励（包括实物、有价证券等），应根据所发生费用的金额并入营销人员当期的工资、薪金所得，按照"工资、薪金所得"项目征收个人所得税。

出租汽车经营单位对出租车驾驶员采取单车承包或承租方式运营，出租车驾驶员从事客货运营取得的收入，按工资、薪金所得项目征收个人所得税。

个人因公务用车和通讯制度改革而取得的公务用车、通讯补贴收入，扣除一定标准公务费用后，按照工资、薪金所得项目计征个人所得税。

个人按照规定领取的税收递延型商业养老保险的养老收入，其中25%部分予以免税，其余75%部分按照10%的比例税率计算缴纳个人所得税，税款计入工资、薪金所得项目，由保险机构代扣代缴后，在个人购买税延养老保险的机构所在地办理全员全额扣缴申报。

（二）劳务报酬所得

劳务报酬所得，是指个人独立从事劳务取得的所得，包括从事设计、装潢、安装、制图、化验、测试、医疗、法律、会计、咨询、讲学、翻译、审稿、书画、雕刻、影视、录音、录像、演出、表演、广告、展览、技术服务、介绍服务、经纪服务、代办服务以及其他劳务取得的所得。

上述各项所得一般属于个人独立从事自由职业取得的所得或属于独立个人劳动所得。个人兼职取得的收入，应按照"劳务报酬所得"项目缴纳个人所得税。

个人担任董事职务所取得的董事费收入，征税项目不尽相同。按照董事与公司的关系来划分，董事可分为内部董事和外部董事。内部董事，担任公司董事的同时在公司任职、受雇，其因任职受雇而取得的报酬是"工资、薪金"。外部董事，指不在本公司任职、受雇的董事，其取得的董事费所得，属于劳务报酬所得。

对商品营销活动中，企业和单位对营销业绩突出的非雇员以培训班研讨会、工作考察等名义组织旅游活动，通过免收差旅费、旅游费对个人实行的营销业绩奖励（包括实物、有价证券等），应根据所发生费用的全额作为营销人员当期的劳务收入所得，按"劳务报酬所得"征收个人所得税，并由提供上述费用的企业和单位代扣代缴。

个人兼取取得的收入应按照"劳务报酬所得"应税项目缴纳个人所得税。

（三）稿酬所得

稿酬所得，是指个人因其作品以图书、报刊形式出版、发表而取得的所得。

作品，是指包括中外文字、图片、乐谱等能以图书、报刊方式出版、发表的作品；个人作品，包括本人的著作、翻译的作品等。个人取得遗作稿酬，应按稿酬所得项目计税。

根据国务院国税函〔2002〕146号文件，关于报纸、杂志、出版等单位的职员在本单位的刊物上发表作品、出版图书取得所得征税的问题规定如下：

（1）任职、受雇于报纸、杂志等单位的记者、编辑等专业人员，因在本单位的报刊、杂志上发表作品取得的所得，属于因任职、受雇而取得的所得，应与其当月工资收入合并，按"工资、薪金所得"项目征收个人所得税。

除上述专业人员以外，其他人员在本单位的报刊、杂志上发表作品取得的所得，应按"稿酬所得"项目征收个人所得税。

（2）出版社的专业作者撰写、编写或翻译的作品，由本社以图书形式出版而取得的稿费收入，应按"稿酬所得"项目计算缴纳个人所得税

（四）特许权使用费所得

特许权使用费所得，是指个人提供专利权、商标权、著作权、非专利技术以及其他特许权的使用权取得的所得；提供著作权的使用权取得的所得，不包括稿酬所得。

特许权使用费所得与稿酬所得不同，提供著作权的使用权取得的所得，不包括稿酬的所得；作者将自己的文字作品手稿原件或复印件公开拍卖（竞价）取得的所得，属于提供著作权的使用所得，故应按特许权使用费所得项目征收个人所得税；个人取得特许权的经济赔偿收入，应按"特许权使用费所得"应税项目缴纳个人所得税，税款由支付赔款的单位或个人代扣代缴。

从2005年5月1日起，编剧从电视剧的制作单位取得的剧本使用费，不再区分剧本的使用方是否为其任职单位，统一按"特许权使用费所得"项目征收个人所得税。

（五）经营所得

经营所得，是指如下各项：

（1）个体工商户从事生产、经营活动取得的所得，个人独资企业投资人、合伙企业的个人合伙人来源于境内注册的个人独资企业、合伙企业生产、经营的所得。

（2）个人依法从事办学、医疗、咨询以及其他有偿服务活动取得的所得。

（3）个人对企业、事业单位承包经营、承租经营，以及转包、转租取得的所得。

（4）个人从事其他生产、经营活动取得的所得。

具体而言，个体工商户从事工业、手工业、建筑业、交通运输业、商业、饮食业、服务业、修理业及其他行业取得的所得为经营所得；个人经政府有关部门批准，取得执照，从事办学、医疗、咨询以及其他有偿服务活动取得的所得为经营所得；个人独资企业、合伙企业的个人投资者以企业资金为本人家庭、成员及相关人员支付与企业生产经营无关的消费性支出，及购买汽车、住房等财产性支出，视为企业对个人投资者利润分配，并入投资者个人的生产经营所得，依照"经营所得"项目计征个人所得税。

此外，个人取得的下列收入或所得，比照"个体工商户的生产经营所得"项目计征个人所得税：

（1）从事个体出租车运营的出租车驾驶员取得的收入；

（2）出租车属于个人所有，但挂靠出租汽车经营单位或企事业单位，驾驶员向挂靠单位缴纳管理费的，或出租汽车经营单位将出租车所有权转移给驾驶员的，出租车驾驶员从事客货运营取得的收入；

（3）个人因从事彩票代销业务而取得的收入；

（4）个人独资企业、合伙企业的个人投资者以企业资金为本人、家庭成员及其相关人员支付与企业生产经营无关的消费性支出及购买汽车、住房等财产性支出，视为企业对个人投资者利润分配，并入投资者个人的生产经营所得，依照"个体工商户的生产经营所得"项目计征个人所得税。

个人对企事业单位的承包经营、承租经营所得，是指个人承包经营或承租经营以及转包、转租取得的所得，还包括个人按月或者按次取得的工资、薪金性质的所得。承包项目可分为多种，如生产经营、采购、销售、建筑安装等各种承包。转包包括全部转包或部分转包。个人对企事业单位的承包经营、承租经营形式较多，分配方式也不尽相同，大体上可以分为两大类：

（1）个人对企事业单位承包、承租经营后，工商登记改变为个体工商户的。这类承包、承租经营所得，实际上属于个体工商户的生产、经营所得，应按"经营所得"项目征收个人所得税，不再征收企业所得税。

（2）个人对企事业单位承包、承租经营后，工商登记仍为企业的，不论其分配方式如何，均应先按照《企业所得税法》的有关规定缴纳企业所得税。承包、承租经营个人按《个人所得税法》征收个人所得税，具体如下：

1）承包、承租人对企业经营成果不拥有所有权，仅按合同（协议）规定取得一定所得的，应按"工资、薪金所得"税目征收个人所得税；

2）承包、承租人按合同（协议）规定只向发包方、出租方缴纳一定的费用，缴纳承包、承租费用后的企业的经营成果归承包、承租人所有的，其取得的所得，按"经营所得"税目征收个人所得税。

（六）利息、股息、红利所得

利息、股息、红利所得是指个人拥有债权、股权而取得的利息、股息、红利所得。利息，是指个人拥有债权而取得的利息，包括存款利息、贷款利息和各种债券的利息。按税法规定，个人取得的利息所得，除国债和国家发行的金融债券利息、教育储蓄存款利息外，应当依法缴纳个人所得税。股息、红利，是指个人拥有股权取得的股息、红利。从2007年8月15日起，居民储蓄利息税率调整为5%，自2008年10月9日起暂免征收储蓄存款利息的个人所得税。

为了支持企业改组改制的顺利进行，企业在改革过程中，对职工个人以股份形式取得的仅作为分红依据、不拥有所有权的企业量化资产，不征收个人所得税；对职工以个人以股份形式取得的企业量化资产参与企业分配而获得的股息、红利，应按"利息、股息、红利所得"项目征收个人所得税。

企业购买车辆并将车辆所有权办到股权个人名下，其实质为企业对股东进行了红利性性质的实物分配，应按照"利息、股息、红利所得"项目征收个人所得税。

除个人独资企业、合伙企业以外的其他企业的个人投资者，以企业资金为本人、家庭成员及其相关人员支付与企业生产经营无关的消费性支出及购买汽车、住房等财产性支出，视为企业对个人投资者的红利分配，依照"利息、股息、红利所得"项目计征个人所得税。

（七）财产租赁所得

财产租赁所得，是指个人出租不动产、机器设备、车船以及其他财产取得的所得。

个人取得的财产转租收入，属于"财产租赁所得"的征税范围，由财产转租人缴纳个人所得税。

（八）财产转让所得

财产转让所得，是指个人转让有价证券、股权、合伙企业中的财产份额、不动产、机器设备、车船以及其他财产取得的所得。

财产转让所得因其性质的特殊性，需要单独列举项目征税。对个人取得的各项财产转让所得，除股票转让所得外，都要征收个人所得税。个人通过网络收购玩家的虚拟货币，加价后向他人出售取得的收入，属于个人所得税应税所得，应按照"财产转让所得"项目计算缴纳个人所得税。

集体所有制企业在改制为股份合作制企业时，对职工个人以股份形式取得的拥有所有权的企业量化资产，暂缓征收个人所得税；待个人将股份转让时，就其转让收入额，减除个人取得该股份时实际支付的费用支出和合理转让费用后的余额，按"财产转让所得"项目计征个人所得税。

自 2019 年 12 月 5 日起至 2022 年 12 月 31 日止，对内地个人投资者通过泸港通、深港通投资香港联交所上市股票取得的转让差价所得，继续暂免征收个人所得税。对香港市场投资者投资上交所上市 A 股取得的转让差价，暂免征收个人所得税。

转让境内上市公司股票净所得暂免个人所得税，但 2010 年 1 月 1 日起，对个人转让上市公司限售股征收个人所得税。转让境外上市公司股票所得按照财产转让所得缴纳个人所得税。

个人以非货币性资产投资，属于转让和投资同时发生，对转让所得应按"财产转让所得"征税。个人通过招标、竞拍或其他方式购置债权以后，通过相关司法或行政程序主张债权而取得的所得，按"财产转让所得"征税。

自 2010 年 10 月 1 日起，对出售自有住房并在 1 年内重新购房的纳税人不再减免个人所得税；对个人转让自用 5 年以上，并且是家庭唯一生活用房取得的所得免征个人所得税。

（九）偶然所得

偶然所得，是指个人得奖、中奖、中彩以及其他偶然性质的所得。得奖是指参加各种有奖竞赛活动，取得名次得到的奖金；中奖、中彩是指参加各种有奖活动，如有奖销售、有奖储蓄，或者购买彩票，经过规定程序，抽中、摇中号码而取得的奖金。偶然所得应缴纳的个人所得税税款，一律由发奖单位或机构代扣代缴。

个人为单位或他人提供担保获得的收入，按照"偶然所得"项目计算缴纳个人所得税。

房屋产权所有人将房屋产权无偿赠与他人的，受赠人因无偿受赠房屋取得的受赠收入，按照"偶然所得"项目计算缴纳个人所得税。

企业在业务宣传、广告等活动中，随机向本单位以外的个人赠送礼品，以及企业在年会、座谈会、庆典以及其他活动中向本单位以外的个人赠送礼品，个人取得的礼品收入，按照"偶然所得"项目计算缴纳个人所得税。

三、个人所得税的税率

我国个人所得税分别不同个人所得税项目，规定了超额累进税率和比例税率两种形式。个人所得税的税率按所得项目不同确定如下。

（一）综合所得

工资、薪金所得，劳务报酬所得，稿酬所得，特许权使用费所得统称为综合所得。综合所得，适用七级超额累进税率，税率为 3% ~ 45%，如表 7-1 所示。

表 7-1 个人所得税税率表

(综合所得适用)

级数	全年应纳税所得额	税率	速算扣除数
1	未超过 36 000 元的	3%	0
2	超过 36 000 元至 144 00 元的部分	10%	2 520
3	超过 144 000 元至 300 000 元的部分	20%	16 920
4	超过 300 000 元至 420 000 元的部分	25%	31 920
5	超过 420 000 元至 660 000 元的部分	30%	52 920
6	超过 660 000 元至 960 000 元的部分	35%	85 920
7	超过 960 000 元的部分	45%	181 920

表 7-1 所称全年应纳税所得额是指居民个人取得综合所得以每一纳税年度收入额减除费用 6 万元，以及专项扣除、专项附加扣除和依法确定的其他扣除后的余额。

非居民个人取得工资、薪金所得，劳务报酬所得，稿酬所得和特许权使用费所得，依照表 7-2 按月换算后计算应纳税额。

表 7-2 个人所得税税率表

(非居民综合所得适用)

级数	应纳税所得额（含税）	应纳税所得额（不含税）	税率	速算扣除数
1	未超过 3 000 元的	未超过 2 910 元的	3%	0
2	超过 3 000 元至 1 200 元的部分	超过 2 910 元至 11 010 元的部分	10%	210
3	超过 12 000 元至 25 000 元的部分	超过 11 010 元至 21 410 元的部分	20%	1 410
4	超过 25 000 元至 35 000 元的部分	超过 21 410 元至 28 910 元的部分	25%	2 660
5	超过 35 000 元至 55 000 元的部分	超过 28 910 元至 42 910 元的部分	30%	4 410
6	超过 55 000 元至 80 000 元的部分	超过 42 910 元至 59 160 元的部分	35%	7 160
7	超过 80 000 元的部分	超过 59 160 元的部分	45%	15 160

表 7-2 含税级距中应纳税所得额，对非居民个人而言，应纳税所得额＝每月收入金额 －5 000（免征额）。

含税级距适用于由纳税人负担税款的所得，不含税级距适用于由他人（单位）代付税款的所得。

(二) 经营所得

经营所得，适用 5%～35% 的五级超额累进税率，如表 7-3 所示。

表 7-3 个人所得税税率表

(经营所得适用)

级数	全年应纳税所得额	税率	速算扣除数
1	未超过 30 000 元的	5%	0
2	超过 30 000 元至 90 000 元的部分	10%	1 500
3	超过 90 000 元至 300 000 元的部分	20%	10 500
4	超过 300 000 元至 500 000 元的部分	30%	40 500
5	超过 500 000 元的部分	35%	65 500

注：本表含税级距指每一纳税年度的收入总额，减除成本、费用以及损失的余额。

（三）财产租赁所得，财产转让所得，利息、股息、红利所得和偶然所得

财产租赁所得，财产转让所得，利息、股息、红利所得和偶然所得，适用比例税率，税率为20%。

四、税收优惠

《个人所得税法》及其实施条例，以及财政部、国家税务总局的若干规定等，都对个人所得项目给予了减税、免税的优惠，主要有以下3项。

（一）免征个人所得税的优惠

（1）省级人民政府、国务院部委和中国人民解放军军以上单位，以及外国组织、国际组织颁发的科学、教育、技术、文化、卫生、体育、环境保护等方面的奖金。

（2）国债和国家发行的金融债券利息。

（3）按照国家统一规定发给的补贴、津贴。

（4）福利费、抚恤金、救济金。

（5）保险赔款。

（6）军人的转业费、复员费、一次性退役金。

（7）按照国家统一规定发给干部、职工的安家费、退职费、基本养老金或者退休费、离休费、离休生活补助费。

（8）依照有关法律规定应予免税的各国驻华使馆、领事馆的外交代表、领事官员和其他人员的所得。

（9）中国政府参加的国际公约、签订的协议中规定免税的所得。

（10）国务院规定的其他免税所得。

前款第（10）项免税规定，由国务院报全国人民代表大会常务委员会备案。

（二）减征个人所得税的优惠

有下列情形之一的，可以减征个人所得税，具体幅度和期限，由省、自治区、直辖市人民政府规定，并报同级人民代表大会常务委员会备案：

（1）残疾、孤老人员和烈属的所得。

（2）因自然灾害遭受重大损失的。

国务院可以规定其他减税情形，报全国人民代表大会常务委员会备案。

（三）暂免征收个人所得税的优惠

（1）外籍个人以非现金形式或实报实销形式取得的住房补贴、伙食补贴、搬迁费、洗衣费，暂免征收个人所得税。

（2）外籍个人按合理标准取得的境内外出差补贴，暂免征收个人所得税。

（3）外籍个人取得的语言训练费、子女教育费等，经当地税务机关审核批准为合理的部分，暂免征收个人所得税。

（4）个人办理代扣代缴税款手续，按规定取得的扣缴手续费。

（5）个人举报、协查各种违法、犯罪行为而获得的奖金，暂免征收个人所得税。

（6）个人转让自用达5年以上，并且是唯一的家庭生活用房取得的所得，暂免征收个人所得税。

（7）对个人购买社会福利有奖募捐奖券、体育彩票，一次中奖收入在1万元以下的（含1万元），暂免征收个人所得税；超过1万元的，全额征收个人所得税。

（8）达到离休、退休年龄，但确因工作需要，适当延长离休、退休年龄的高级专家（指享受国家发放的政府特殊津贴的专家、学者），其在延长离休、退休期间的工资、薪金所得，视同离休、退休工资，免征个人所得税。

（9）对国有企业职工，因企业依法被宣告破产，从破产企业取得的一次性安置费收入，免予征收个人所得税。

（10）职工与用人单位解除劳动关系取得的一次性补偿收入（包括用人单位发放的经济补偿金、生活补助费和其他补助费用），在当地上年职工年平均工资3倍数额以内的部分，可免征个人所得税；超过该标准的一次性补偿收入，应按照国家有关规定征收个人所得税。

（11）城镇企业、事业单位及其职工个人按照《失业保险条例》规定的比例，实际缴付的失业保险费，均不计入职工个人当期的工资、薪金收入，免予征收个人所得税。城镇企业、事业单位和职工个人超过上述规定的比例缴付失业保险费的，将其超过规定比例缴付的部分计入职工个人当期的工资、薪金收入，依法计征个人所得税。

（12）企业和个人按照国家或地方政府规定的比例，提取并向指定金融机构实际缴付的住房公积金、医疗保险金、基本养老保险金，免予征收个人所得税。

（13）个人领取原提存的住房公积金、医疗保险金、基本养老保险金，以及具备《失业保险条例》中规定条件的失业人员领取的失业保险金，免予征收个人所得税。

（14）个人取得的教育储蓄存款利息所得和按照国家或省级人民政府规定的比例缴付的住房公积金、医疗保险金、基本养老保险金、失业保险金存入银行个人账户所取得的利息所得，免予征收个人所得税。

（15）生育妇女按照县级以上人民政府根据国家有关规定制定的生育保险办法，取得的生育津贴、生育医疗费或其他属于生育保险性质的津贴、补贴，免征个人所得税。

（16）对工伤职工及其近亲按照规定取得的工伤保险待遇，免征个人所得税。

（17）对退役士兵按照规定取得的一次性退役金以及地方政府发送的一次性经济补助，免征个人所得税。

（18）自2008年10月9日（含）起，对储蓄存款利息和证券市场个人投资者取得的证券交易结算资金利息所得暂免征收个人所得税。

（19）自2009年5月25日（含）起，以下情形的房屋产权无偿赠与，对当事双方不征收个人所得税：房屋产权所有人将房屋产权无偿赠与配偶、父母、子女、祖父母、外祖父母、孙子女、外孙子女、兄弟姐妹；房屋产权所有人将房屋产权无偿赠与对其承担直接抚养或者赡养义务的抚养人或者赡养人；房屋产权所有人死亡，依法取得房屋产权的法定继承人、遗嘱继承人或者受遗赠人。

（20）对个人取得的2012年及以后年度发行的地方政府债券利息收入，免征个人所得税。

（21）对个人投资者持有2019～2023年发行的铁路债券取得的利息收入，减按50%计入应纳税所得额计算征收个人所得税。

（22）2019年12月5日至2022年12月31日，对内地个人投资者通过沪港通、深港通投资香港联交所上市股票取得的转让差价所得，暂免征个人所得税。对香港市场投资者投资上海证券交易所上市A股取得的转让差价，暂缓征个人所得税。

（23）自2018年11月1日（含）起，对个人转让全国中小企业股份转让系统（简称新三板）挂牌公司非原始股取得的所得，暂免征收个人所得税。

（24）自2019年4月3日起，对个人投资者转让创新企业CRD取得的差价所得，三年内暂免征收个人所得税；对个人投资者持有创新企业CRD取得的股息红利所得，三年内实施股息红利差别化个人所得税政策。

（25）个人从公开发行和转让市场取得的上市公司股票，持股期限在1个月以内（含1个月）的，其股息红利所得全额计入应纳税所得额；持股期限在1个月以上至1年的（含1年）的，暂减按50%计入应纳税所得额；持股期限超过1年的，股息红利所得暂免征收个人所得税。

（26）个人捐赠住房作为公租房，对其公益性捐赠支出未超过其申报的应纳税所得额30%的部分，准予从其应纳税所得额中扣除；对符合地方政府规定条件的城镇住房保障家庭从地方政府领取的住房租赁补贴，免征个人所得税。

（27）对国际奥委会及其相关实体的外籍雇员、官员、教练员、训练员以及其他代表在2019年6月1日至2022年12月31日期间临时来华，从事与北京冬奥会相关的工作，取得由北京冬奥组委支付或认定的收入，免征增值税和个人所得税。

（28）对参加疫情防治工作的医务人员和防疫工作者按照政府规定标准取得的临时性工作补助和奖金，免征个人所得税；单位发给个人用于预防新型冠状病毒感染的肺炎的药品、医疗用品和防护用品等实物（不含现金），不计入工资、薪金收入，免征个人所得税。

第三节　个人所得税应纳税额的计算

由于个人所得税的应税项目不同，并且取得某项所得所需费用也不相同，因此，计算个人应纳税所得额，须按不同应税项目分项计算。以某项应税项目的收入额减去税法规定的该项费用减除标准后的余额，作为应纳税所得额。

一、居民个人综合所得应纳税额的计算

(一) 应纳税所得额

从 2019 年 1 月 1 日起,居民个人的综合所得(工资、薪金所得,劳务报酬所得,稿酬所得,特许权使用费所得),以每一纳税年度的收入额减除费用 60 000 元,以及专项扣除、专项附加扣除和依法确定的其他扣除后的余额,为应纳税额所得额。即:

应纳税所得额 = 全年收入额 − 60 000 − 专项扣除 − 专项附加扣除 − 其他法定扣除

其中,劳务报酬所得、稿酬所得、特许权使用费所得以收入减除 20% 的费用后的余额为收入额。稿酬所得的收入额减按 70% 计算。

扣除费用 60 000 元为全年的免征额;专项扣除指的是居民个人承担的基本养老保险金、基本医疗保险金、失业保险金和住房公积金,即通常所说的"三险一金";专项附加扣除指的是自 2019 年 1 月 1 日起施行的《个人所得税专项附加扣除暂行办法》规定的六大专项附加扣除;其他法定扣除指的是符合法律规定的补充养老保险和补充医疗保险的扣除。六大专项附加扣除具体如下。

1. 子女教育

纳税人的子女接受学前教育和全日制学历教育的相关支出,按照每个子女每月 1 000 元的标准定额扣除。其中学前教育指的是年满 3 岁至小学入学前子女的教育阶段;学历教育包括义务教育(小学、初中教育)、高中阶段教育(普通高中、中等职业、技工教育)、高等教育(大学专科、大学本科、硕士研究生、博士研究生教育)。

父母可以选择由其中一方按扣除标准的 100% 扣除,也可以选择由双方分别按扣除标准的 50% 扣除,具体扣除方式在一个纳税年度内不能变更。纳税人子女在中国境外接受教育的,纳税人应当留存境外学校录取通知书、留学签证等相关教育的证明资料备查。

2. 继续教育

纳税人在中国境内接受学历(学位)继续教育的支出,在学历(学位)教育期间按照每月 400 元定额扣除。同一学历(学位)继续教育的扣除期限不能超过 48 个月。纳税人接受技能人员职业资格继续教育、专业技术人员职业资格继续教育的支出,在取得相关证书的当年,按照 3 600 元定额扣除。

个人接受本科及以下学历(学位)继续教育,符合《个人所得税专项附加扣除暂行办法》规定扣除条件的,可以选择由其父母扣除,也可以选择由本人扣除。纳税人接受技能人员职业资格继续教育、专业技术人员职业资格继续教育的,应当留存相关证书等资料备查。

3. 大病医疗

在一个纳税年度内,纳税人发生的与基本医保相关的医药费用支出,扣除医保报销后个人负担(指医保目录范围内的自付部分)累计超过 15 000 元的部分,由纳税人在办

理年度汇算清缴时,在 80 000 元限额内据实扣除。纳税人发生的医药费用支出可以选择由本人或者其配偶扣除;未成年子女发生的医药费用支出可以选择由其父母一方扣除。纳税人及其配偶、未成年子女发生的医药费用支出,按《个人所得税专项附加扣除暂行办法》第十一条规定分别计算扣除额。

纳税人应当留存医药服务收费及医保报销相关票据原件(或者复印件)等资料备查。医疗保障部门应当向患者提供在医疗保障信息系统记录的本人年度医药费用信息查询服务。

4. 住房贷款利息

纳税人本人或者配偶单独或者共同使用商业银行或者住房公积金个人住房贷款为本人或者其配偶购买中国境内住房,发生的首套住房贷款利息支出,在实际发生贷款利息的年度,按照每月 1 000 元的标准定额扣除,扣除期限最长不超过 240 个月。纳税人只能享受一次首套住房贷款的利息扣除。

《个人所得税专项附加扣除暂行办法》所称首套住房贷款是指购买住房享受首套住房贷款利率的住房贷款。

经夫妻双方约定,可以选择由其中一方扣除,具体扣除方式在一个纳税年度内不能变更。夫妻双方婚前分别购买住房发生的首套住房贷款,其贷款利息支出,婚后可以选择其中一套购买的住房,由购买方按扣除标准的 100% 扣除,也可以由夫妻双方对各自购买的住房分别按扣除标准的 50% 扣除,具体扣除方式在一个纳税年度内不能变更。

纳税人应当留存住房贷款合同、贷款还款支出凭证备查。

5. 住房租金

纳税人在主要工作城市没有自有住房而发生的住房租金支出,可以按照以下标准定额扣除:

(1)直辖市、省会(首府)城市、计划单列市以及国务院确定的其他城市,扣除标准为每月 1 500 元。

(2)除第(1)项所列城市以外,市辖区户籍人口超过 100 万的城市,扣除标准为每月 1 100 元;市辖区户籍人口不超过 100 万的城市,扣除标准为每月 800 元。

纳税人的配偶在纳税人的主要工作城市有自有住房的,视同纳税人在主要工作城市有自有住房。

辖区户籍人口,以国家统计局公布的数据为准。

《个人所得税专项附加扣除暂行办法》所称主要工作城市是指纳税人任职受雇的直辖市、计划单列市、副省级城市、地级市(地区、州、盟)全部行政区域范围;纳税人无任职受雇单位的,为受理其综合所得汇算清缴的税务机关所在城市。

夫妻双方主要工作城市相同的,只能由一方扣除住房租金支出。住房租金支出由签订租赁住房合同的承租人扣除。纳税人及其配偶在一个纳税年度内不能同时享受住房贷款利息和住房租金专项附加扣除。

纳税人应当留存住房租赁合同、协议等有关资料备查。

6. 赡养老人

纳税人赡养一位及以上被赡养人的赡养支出，统一按照以下标准定额扣除：

（1）纳税人为独生子女的，按照每月2 000元的标准定额扣除。

（2）纳税人为非独生子女的，由其与兄弟姐妹分摊每月2 000元的扣除额度，每人分摊的额度不能超过每月1 000元。可以由赡养人均摊或者约定分摊，也可以由被赡养人指定分摊。约定或者指定分摊的须签订书面分摊协议，指定分摊优先于约定分摊。具体分摊方式和额度在一个纳税年度内不能变更。

《个人所得税专项附加扣除暂行办法》所称被赡养人是指年满60岁的父母，以及子女均已去世的年满60岁的祖父母、外祖父母。

（二）综合所得应纳税额的计算

综合所得应纳税额的计算公式为：

应纳税额＝年应纳税所得额×适用税率－速算扣除数

＝（每一纳税年度收入额－60 000－专项扣除－专项附加扣除

－其他法定扣除）×适用税率－速算扣除数

综合所得适用的税率如表7-1所示。

【例7-2】 2019年，居民个人张三每月从任职单位取得工资10 000元。2019年全年张三从其他单位取得劳务报酬共计20 000元，取得稿酬共计15 000元，特许权使用费共计8 000元。上述收入均为税前收入。各相关单位已经代扣代缴了个人所得税共计3 204元。假设2019年张三计算个人所得税时的专项扣除、专项附加扣除和依法确定的其他扣除为12 000元。

要求：计算张三2019年应缴纳的个人所得税，并分析其汇算清缴时应补缴的个人所得税。

【解析】

张三应纳个人所得税＝[10 000×12+20 000×（1－20%）+15 000×（1－20%）

×70%+8 000×（1－20%）－60 000－12 000]×10%－2 520

＝78 800×10%－2 520＝5 360（元）

由于各相关单位已经代扣代缴了个人所得税共计3 204元，因此2020年3月1日至6月30日汇算清缴时，张三需要补缴个人所得税＝5 360－3 204＝2 156（元）。

（三）综合所得的扣缴方法

对居民个人取得的四项所得（工资、薪金所得，劳务报酬所得，稿酬所得，特许权使用费所得）实行综合计税，按年计征，分月预缴。单位或个人在支付上述四项所得时，需预扣预缴个人所得税，并按月办理扣缴申报。

扣缴义务人向居民个人支付工资、薪金所得，劳务报酬所得，稿酬所得，特许权使用费所得时，按以下方法预扣预缴个人所得税，并向主管税务机关报送《个人所得税扣缴申报表》。年度预扣预缴税额与年度应纳税额不一致的，由居民个人于次年3月1日至6月30日向主管税务机关办理综合所得年度汇算清缴，税款多退少补。

1. 工资、薪金

扣缴义务人向居民个人支付工资、薪金所得时，应当按照累计预扣法计算预扣税款，并按月办理全员全额扣缴申报。具体计算公式如下：

应预扣预缴税额 =（累计预扣预缴应纳税所得额 × 预扣率 – 速算扣除数）
– 累计减免税额 – 累计已预扣预缴税额

累计预扣预缴应纳税所得额 = 累计收入 – 累计免税收入 – 累计减除费用 – 累计专项扣除 – 累计专项附加扣除 – 累计依法确定的其他扣除

累计减除费用：按照 5 000 元／月乘以纳税人当年截至本月在本单位的任职受雇月份数计算。

上述公式中，计算居民个人工资、薪金所得预扣预缴税额的预扣率、速算扣除数，按表 7-4 执行。

表 7-4　个人所得税预扣率表一

级数	累计预扣预缴应纳税所得额	预扣率（%）	速算扣除数
1	不超过 36 000 元的部分	3	0
2	超过 36 000 元至 144 000 元的部分	10	2 520
3	超过 144 000 元至 300 000 元的部分	20	16 920
4	超过 300 000 元至 420 000 元的部分	25	31 920
5	超过 420 000 元至 660 000 元的部分	30	52 920
6	超过 660 000 元至 960 000 元的部分	35	85 920
7	超过 960 000 元的部分	45	181 920

2. 劳务报酬所得

扣缴义务人向居民个人支付劳务报酬所得，按次或者按月预扣预缴个人所得税。具体预扣预缴方法如下：

应预扣预缴税额 = 预扣预缴应纳税所得额 × 预扣率 – 速算扣除数

预扣预缴应纳税所得额 = 每次收入额 – 减除费用

减除费用：劳务报酬所得每次收入不超过 4 000 元的，减除费用按 800 元计算；每次收入 4 000 元以上的，减除费用按 20% 计算。

上述公式中，计算居民个人劳务报酬所得预扣预缴税额的预扣率、速算扣除数，按表 7-5 执行。

表 7-5　个人所得税预扣率表二

级数	预扣预缴应纳税所得额	预扣率（%）	速算扣除数
1	不超过 20 000 元的	20	0
2	超过 20 000 元至 50 000 元的部分	30	2 000
3	超过 50 000 元的部分	40	7 000

3. 稿酬所得

扣缴义务人向居民个人支付稿酬所得，按次或者按月预扣预缴个人所得税，稿酬所得的收入额减按 70% 计算，适用 20% 的比例预扣率。具体预扣预缴方法如下：

$$预扣预缴应纳税额 = 预扣预缴应纳税所得额 \times 20\%$$
$$预扣预缴应纳税所得额 = (每次收入额 - 减除费用) \times 70\%$$

减除费用：稿酬所得每次收入不超过 4 000 元的，减除费用按 800 元计算；每次收入 4 000 元以上的，减除费用按 20% 计算。

4. 特许权使用费所得

扣缴义务人向居民个人支付特许权使用费所得，按次或者按月预扣预缴个人所得税，特许权使用费所得适用 20% 的比例预扣率。具体预扣预缴方法如下：

$$预扣预缴应纳税额 = 预扣预缴应纳税所得额 \times 20\%$$
$$预扣预缴应纳税所得额 = 每次收入额 - 减除费用$$

减除费用：特许权使用费所得每次收入不超过 4 000 元的，减除费用按 800 元计算；每次收入 4 000 元以上的，减除费用按 20% 计算。

（四）关于个人所得税法修改后有关优惠政策衔接问题

1. 关于全年一次性奖金、中央企业负责人年度绩效薪金延期兑现收入和任期奖励的政策

（1）居民个人取得全年一次性奖金，符合《国家税务总局关于调整个人取得全年一次性奖金等计算征收个人所得税方法问题的通知》（国税发〔2005〕9号）规定的，在 2021 年 12 月 31 日前，不并入当年综合所得，以全年一次性奖金收入除以 12 个月得到的数额，按照本通知所附按月换算后的综合所得税率表（以下简称月度税率表），确定适用税率和速算扣除数，单独计算纳税。计算公式为：

$$应纳税额 = 全年一次性奖金收入 \times 适用税率 - 速算扣除数$$

居民个人取得全年一次性奖金，也可以选择并入当年综合所得计算纳税。

自 2022 年 1 月 1 日起，居民个人取得全年一次性奖金，应并入当年综合所得计算缴纳个人所得税。

（2）中央企业负责人取得年度绩效薪金延期兑现收入和任期奖励，符合《国家税务总局关于中央企业负责人年度绩效薪金延期兑现收入和任期奖励征收个人所得税问题的通知》（国税发〔2007〕118号）规定的，在 2021 年 12 月 31 日前，参照本通知第一条第（一）项执行；2022 年 1 月 1 日之后的政策另行明确。

2. 关于解除劳动关系、提前退休、内部退养的一次性补偿收入的政策

（1）个人与用人单位解除劳动关系取得一次性补偿收入（包括用人单位发放的经济补偿金、生活补助费和其他补助费），在当地上年职工平均工资 3 倍数额以内的部分，免征个人所得税；超过 3 倍数额的部分，不并入当年综合所得，单独适用综合所得税率表，计算纳税。

（2）个人办理提前退休手续而取得的一次性补贴收入，应按照办理提前退休手续至法定离退休年龄之间实际年度数平均分摊，确定适用税率和速算扣除数，单独适用综合所得税率表，计算纳税。计算公式：

应纳税额＝［（一次性补贴收入÷办理提前退休手续至法定退休年龄的实际年度数－费用扣除标准）×适用税率－速算扣除数］×办理提前退休手续至法定退休年龄的实际年度数

（3）个人办理内部退养手续而取得的一次性补贴收入，按照《国家税务总局关于个人所得税有关政策问题的通知》（国税发〔1999〕58号）规定计算纳税。

3. 关于个人领取企业年金、职业年金的政策

个人达到国家规定的退休年龄，领取的企业年金、职业年金，符合《财政部 人力资源社会保障部 国家税务总局关于企业年金 职业年金个人所得税有关问题的通知》（财税〔2013〕103号）规定的，不并入综合所得，全额单独计算应纳税款。其中按月领取的，适用月度税率表计算纳税；按季领取的，平均分摊计入各月，按每月领取额适用月度税率表计算纳税；按年领取的，适用综合所得税率表计算纳税。

个人因出境定居而一次性领取的年金个人账户资金，或个人死亡后，其指定的受益人或法定继承人一次性领取的年金个人账户余额，适用综合所得税率表计算纳税。对个人除上述特殊原因外一次性领取年金个人账户资金或余额的，适用月度税率表计算纳税。

二、非居民个人工资、薪金所得，劳务报酬所得，稿酬所得，特许权使用费所得应纳税额的计算

非居民个人取得劳务报酬所得、稿酬所得和特许权使用费所得，有扣缴义务人的，由扣缴义务人按月或者按次代扣代缴税款，不办理汇算清缴。扣缴义务人向非居民个人支付工资、薪金所得，劳务报酬所得，稿酬所得和特许权使用费所得时，应当按月或者按次代扣代缴个人所得税。计算公式如下：

应纳税额＝应纳税所得额×税率－速算扣除数

非居民个人的工资、薪金所得，劳务报酬所得，稿酬所得，特许权使用费所得，适用按月换算后的非居民个人月度税率表（见表7-6）计算应纳税额。

表7-6 个人所得税税率表

级数	应纳税所得额	税率（%）	速算扣除数
1	不超过3 000元的	3	0
2	超过3 000元至12 000元的部分	10	210
3	超过12 000元至25 000元的部分	20	1 410
4	超过25 000元至35 000元的部分	25	2 660
5	超过35 000元至55 000元的部分	30	4 410
6	超过55 000元至80 000元的部分	35	7 160
7	超过80 000元的部分	45	15 160

(一) 非居民个人的工资、薪金所得

非居民个人的工资、薪金所得,以每月收入额减除费用 5 000 元后的余额为应纳税所得额。

非居民个人的工资、薪金所得适用七级超额累进税率,其应纳税额的计算公式为:

应纳税额 = 月应纳税所得额 × 适用税率 - 速算扣除数
= (每月工资、薪金所得的收入额 - 5 000) × 适用税率 - 速算扣除数

【例 7-3】 2019 年 1 月,在某外商投资企业中工作的美国专家约翰(非居民个人)取得由该企业发放的工资收入 10 000 元人民币(税前收入)。

要求:计算其当月应纳个人所得税税额。

【解析】

应纳个人所得税税额 = (10 000 - 5 000) × 10% - 210 = 290 (元)

(二) 非居民个人的劳务报酬所得、特许权使用费所得和稿酬所得

非居民个人劳务报酬所得、稿酬所得、特许权使用费所得,以每次收入额为应纳税所得额。劳务报酬所得、稿酬所得、特许权使用费所得以收入减除 20% 的费用后的余额为收入额。稿酬所得的收入额减按 70% 计算。

1. 非居民个人的劳务报酬所得

非居民个人的劳务报酬所得适用七级超额累进税率,其应纳税额的计算公式为:

应纳税额 = 应纳税所得额 × 适用税率 - 速算扣除数
= 每次收入额 × 适用税率 - 速算扣除数
= 劳务报酬所得收入 × (1-20%) × 适用税率 - 速算扣除数

2. 非居民个人的稿酬所得

非居民个人的稿酬所得适用七级超额累进税率,其应纳税额的计算公式为:

应纳税额 = 应纳税所得额 × 适用税率 - 速算扣除数
= 每次收入额 × 适用税率 - 速算扣除数
= 稿酬所得收入 × (1-20%) × 70% × 适用税率 - 速算扣除数

3. 非居民个人的特许权使用费所得

非居民个人的特许权使用费所得适用七级超额累进税率,其应纳税额的计算公式为:

应纳税额 = 应纳税所得额 × 适用税率 - 速算扣除数
= 每次收入额 × 适用税率 - 速算扣除数
= 特许权使用费所得收入 × (1-20%) × 适用税率 - 速算扣除数

【例 7-4】 2019 年 1 月,非居民个人玛丽一次性取得劳务报酬 10 000 元,一次性取得稿酬 6 000 元,一次性取得特许权使用费 3 500 元。上述收入均为税前收入。

要求:计算玛丽 2019 年 1 月应缴纳的个人所得税。

【解析】

玛丽2019年1月应纳（支付所得的单位应代扣代缴）个人所得税=[10 000×（1-20%）×10%-210]+[6 000×（1-20%）×70%×10%-210]+3 500×（1-20%）×3%=800（元）

三、经营所得应纳税额的计算

（一）费用减除标准

个体工商户业主、个人独资企业投资者、合伙企业个人合伙人，以及从事其他生产、经营活动的个人，以每一纳税年度的收入总额减除成本、费用以及损失后的余额，为应纳税所得额。成本、费用，是指生产、经营活动中发生的各项直接支出和分配计入成本的间接费用，以及销售费用、管理费用、财务费用；所称损失，是指生产、经营活动中发生的固定资产和存货的盘亏、毁损、报废损失，转让财产损失，坏账损失，自然灾害等不可抗力因素造成的损失以及其他损失。

（二）经营所得应纳税额的计算

取得经营所得的个人，如果还有综合所得，则综合所得按照前述方法计算。其取得的经营所得个人所得税的计算公式为：

应纳税额=应纳税所得额×适用税率-速算扣除数
　　　　=（全年收入总额-成本、费用、损失）×适用税率-速算扣除数

取得经营所得的个人，没有综合所得的，计算其每一纳税年度的应纳税所得额时，应当减除费用6万元、专项扣除、专项附加扣除以及依法确定的其他扣除。专项附加扣除在办理汇算清缴时减除。

从事生产、经营活动，未提供完整、准确的纳税资料，不能正确计算应纳税所得额的，由主管税务机关核定应纳税所得额或者应纳税额。

四、财产租赁所得应纳税额的计算

（一）应纳税所得额

财产租赁所得一般以个人每次取得的收入，定额或定率减除规定费用后的余额为应纳税所得额。每次收入不超过4 000元的，定额减除费用800元；每次收入在4 000元以上的，定率减除20%的费用。财产租赁所得以1个月内取得的收入为一次。

在确定财产租赁的应纳税所得额时，纳税人在出租财产过程中缴纳的税金和教育费附加，可持完税（缴款）凭证，从其财产租赁收入中扣除。除规定费用和有关税费外，还准予扣除能够提供有效、准确凭证，证明由纳税人负担的该出租财产实际开支的修缮费用。允许扣除的修缮费用，以每次800元为限。一次扣除不完的，准予在下一次继续

扣除，直到扣完为止。

个人出租财产取得的财产租赁收入，在计算缴纳个人所得税时，应依次扣除三项费用：财产租赁过程中缴纳的税费，由纳税人负担的该出租财产实际开支的修缮费用，税法规定的费用扣除标准。

应纳税所得额的计算公式为：

（1）每次（月）收入不超过4 000元的：

应纳税所得额＝每次（月）收入额－准予扣除项目－修缮费用（800元为限）－800

（2）每次（月）收入超过4 000元的：

应纳税所得额＝[每次（月）收入额－准予扣除项目－修缮费用（800元为限）]×（1－20%）

（二）应纳税额的计算方法

财产租赁所得适用20%的比例税率，但对个人按市场价格出租的居民住房取得的所得，自2001年1月1日起暂减按10%的税率征收个人所得税。其应纳税额的计算公式为：

$$应纳税额＝应纳税所得额\times 适用税率$$

【例7-5】 刘某于2019年1月将其自有的4间面积为150平方米的房屋出租给张某全家居住，租期1年。刘某每月取得租金收入2 500元，全年租金收入30 000元。

要求：计算刘某全年租金收入应缴纳的个人所得税。

【解析】财产租赁收入以每月内取得的收入为一次，因此，刘某每月及全年应纳税额为：

$$每月应纳税额＝（2 500-800）\times 10\%=170（元）$$

$$全年应纳税额＝170\times 12=2 040（元）$$

本例在计算个人所得税时未考虑其他税费。如果对租金收入计征城市维护建设税、房产税和教育费附加等，还应将其从税前的收入中先扣除后再计算应缴纳的个人所得税。

假定上例中，当年2月房屋因下水道堵塞维修，发生修理费用500元，有维修部门的正式收据，则2月和全年应纳税额为：

$$2月应纳税额＝（2 500-500-800）\times 10\%=120（元）$$

$$全年应纳税额＝170\times 11+120=1 990（元）$$

在实际征税过程中，有时会出现财产租赁所得的纳税人不明确的情况。对此，在确定财产租赁所得纳税人时，应以产权凭证为依据。无产权凭证的，由主管税务机关根据实际情况确定纳税人。如果产权所有人死亡，在未办理产权继承手续期间，该财产出租且有租金收入的，以领取租金收入的个人为纳税人。

五、财产转让所得应纳税额的计算

财产转让所得，以转让财产的收入额减除财产原值和合理费用后的余额，为应纳税所得额。财产转让所得应纳税额的计算公式为：

$$应纳税额 = 应纳税所得额 \times 适用税率$$
$$= （收入总额 - 财产原值 - 合理费用）\times 20\%$$

财产原值，按照下列方法确定：

（1）有价证券，为买入价以及买入时按照规定交纳的有关费用。

（2）建筑物，为建造费或者购进价格以及其他有关费用。

（3）土地使用权，为取得土地使用权所支付的金额、开发土地的费用以及其他有关费用。

（4）机器设备、车船，为购进价格、运输费、安装费以及其他有关费用。

（5）其他财产，参照上述规定的方法确定财产原值。

纳税人未提供完整、准确的财产原值凭证，不能按照上述规定的方法确定财产原值的，由主管税务机关核定财产原值。

合理费用，是指卖出财产时按照规定支付的有关税费。

【例 7-6】 某人建房一幢，造价 36 000 元，支付费用 2 000 元。该人转让房屋，售价 60 000 元，在卖房过程中按规定支付交易费等有关费用 2 500 元。

要求：计算其应纳个人所得税税额。

【解析】

应纳税所得额 = 财产转让收入 - 财产原值 - 合理费用
             = 60 000 - （36 000+2 000）- 2 500 = 19 500（元）

应纳税额 = 19 500 × 20% = 3 900（元）

六、利息、股息红利所得应纳税额的计算

（1）利息、股息、红利所得，偶然所得和其他所得，以每次收入额为应纳税所得额，不减除任何费用。

（2）利息、股息、红利所得，以支付利息、股息、红利时取得的收入为一次。

（3）计算利息、股息、红利所得的应纳税额：

$$利息、股息、红利所得的应纳税额 = 应纳税所得额 \times 适用税率$$
$$= 每次收入额 \times 20\%$$

【例 7-7】 张先生为自由职业者，2019 年 8 月取得如下所得：从 A 公司取得股息所得 16 000 元，兑现 8 月 10 日到期的一年期银行储蓄存款利息所得 1 500 元。

要求：计算张先生上述所得应缴纳的个人所得税税额。

【解析】 自 2008 年 10 月 9 日起，对储蓄利息所得暂免征收个人所得税。

股息所得应纳个人所得税 = 16 000 × 20% = 3 200（元）

七、偶然所得应纳税额的计算

偶然所得以每次收入为一次。

偶然所得应纳税额的计算公式为：

$$应纳税额 = 应纳税所得额 \times 适用税率 = 每次收入额 \times 20\%$$

【例 7-8】 陈某在参加商场的有奖销售过程中，中奖所得共计价值 20 000 元。陈某领奖时告知商场，从中奖收入中拿出 4 000 元通过教育部门向某希望小学捐赠。

要求： 计算商场代扣代缴个人所得税后，陈某实际可得中奖金额。

【解析】 根据税法有关规定，陈某的捐赠额可以全部从应纳税所得额中扣除（因为 4 000÷20 000=20%，小于捐赠扣除比例 30%）。

$$应纳税所得额 = 偶然所得 - 捐赠额 = 20\,000 - 4\,000 = 16\,000（元）$$
$$应纳税额（商场代扣代缴）= 应纳税所得额 \times 适用税率$$
$$= 16\,000 \times 20\% = 3\,200（元）$$
$$陈某实际可得中奖金额 = 20\,000 - 4\,000 - 3\,200 = 12\,800（元）$$

八、非居民个人和无住所居民个人有关个人所得税政策

（一）关于所得来源地

1. 关于工资薪金所得来源地的规定

个人取得归属于中国境内（以下称境内）工作期间的工资薪金所得为来源于境内的工资薪金所得。境内工作期间按照个人在境内工作天数计算，包括其在境内的实际工作日，以及境内工作期间在境内、境外享受的公休假、个人休假、接受培训的天数。在境内、境外单位同时担任职务或者仅在境外单位任职的个人，在境内停留的当天不足 24 小时的，按照半天计算境内工作天数。

无住所个人在境内、境外单位同时担任职务或者仅在境外单位任职，且当期同时在境内、境外工作的，按照工资薪金所属境内、境外工作天数占当期公历天数的比例计算确定来源于境内、境外工资薪金所得的收入额。境外工作天数按照当期公历天数减去当期境内工作天数计算。

2. 关于数月奖金以及股权激励所得来源地的规定

无住所个人取得的数月奖金或者股权激励所得按照《财政部　税务总局关于非居民个人和无住所居民个人有关个人所得税政策的公告》第一条第（一）项规定确定所得来源地的，无住所个人在境内履职或者执行职务时收到的数月奖金或者股权激励所得，归属于境外工作期间的部分，为来源于境外的工资薪金所得；无住所个人停止在境内履约或者执行职务离境后收到的数月奖金或者股权激励所得，归属于境内工作期间的部分，为来源于境内的工资薪金所得。具体计算方法为：数月奖金或者股权激励乘以数月奖金或者股权激励所属工作期间境内工作天数与所属工作期间公历天数之比。

无住所个人一个月内取得的境内外数月奖金或者股权激励包含归属于不同期间的多笔所得的，应当先分别按照《财政部　税务总局关于非居民个人和无住所居民个人有关

个人所得税政策的公告》规定计算不同归属期间来源于境内的所得，然后加总计算当月来源于境内的数月奖金或者股权激励收入额。

《财政部　税务总局关于非居民个人和无住所居民个人有关个人所得税政策的公告》所称数月奖金是指一次取得归属于数月的奖金、年终加薪、分红等工资薪金所得，不包括每月固定发放的奖金及一次性发放的数月工资。《财政部　税务总局关于非居民个人和无住所居民个人有关个人所得税政策的公告》所称股权激励包括股票期权、股权期权、限制性股票、股票增值权、股权奖励以及其他因认购股票等有价证券而从雇主处取得的折扣或者补贴。

3. 关于董事、监事及高层管理人员取得报酬所得来源地的规定

对于担任境内居民企业的董事、监事及高层管理职务的个人（以下统称高管人员），无论是否在境内履行职务，取得由境内居民企业支付或者负担的董事费、监事费、工资薪金或者其他类似报酬（以下统称高管人员报酬，包含数月奖金和股权激励），属于来源于境内的所得。

《财政部　税务总局关于非居民个人和无住所居民个人有关个人所得税政策的公告》所称高层管理职务包括企业正、副（总）经理、各职能总师、总监及其他类似公司管理层的职务。

4. 关于稿酬所得来源地的规定

由境内企业、事业单位、其他组织支付或者负担的稿酬所得，为来源于境内的所得。

（二）关于无住所个人工资薪金所得收入额计算

无住所个人取得工资薪金所得，按以下规定计算在境内应纳税的工资薪金所得的收入额（以下称工资薪金收入额）。

1. 无住所个人为非居民个人的情形

非居民个人取得工资薪金所得，当月工资薪金收入额分别按照以下两种情形计算。

（1）非居民个人境内居住时间累计不超过90天的情形。

在一个纳税年度内，在境内累计居住不超过90天的非居民个人，仅就归属于境内工作期间并由境内雇主支付或者负担的工资薪金所得计算缴纳个人所得税。当月工资薪金收入额的计算公式如下：

$$当月工资薪金收入额 = 当月境内外工资薪金总额 \times \frac{当月境内支付工资薪金数额}{当月境内外工资薪金总额} \times \frac{当月工资薪金所属工作期间境内工作天数}{当月工资薪金所属工作期间公历天数}$$

境内雇主包括雇用员工的境内单位和个人以及境外单位或者个人在境内的机构、场所。凡境内雇主采取核定征收所得税或者无营业收入未征收所得税的，无住所个人为其工作取得工资薪金所得，不论是否在该境内雇主会计账簿中记载，均视为由该境内雇主支付或者负担。工资薪金所属工作期间公历天数，是指无住所个人取得工资薪金所属工作期间按公历计算的天数。

公式中当月境内外工资薪金总额包含归属于不同期间的多笔工资薪金的，应当先分别计算不同归属期间工资薪金收入额，然后加总计算当月工资薪金收入额。

（2）非居民个人境内居住时间累计超过90天不满183天的情形。

在一个纳税年度内，在境内累计居住超过90天但不满183天的非居民个人，取得归属于境内工作期间的工资薪金所得，均应当计算缴纳个人所得税；其取得归属于境外工作期间的工资薪金所得，不征收个人所得税。当月工资薪金收入额的计算公式如下：

$$当月工资薪金收入额 = 当月境内外工资薪金总额 \times \frac{当月工资薪金所属工作期间境内工作天数}{当月工资薪金所属工作期间公历天数}$$

2. 无住所个人为居民个人的情形

在一个纳税年度内，在境内累计居住满183天的无住所居民个人取得工资薪金所得，当月工资薪金收入额按照以下规定计算。

（1）无住所居民个人在境内居住累计满183天的年度连续不满6年的情形。

在境内居住累计满183天的年度连续不满6年的无住所居民个人，符合《个人所得税法实施条例》第四条优惠条件的，其取得的全部工资薪金所得，除归属于境外工作期间且由境外单位或者个人支付的工资薪金所得部分外，均应计算缴纳个人所得税。当月工资薪金收入额的计算公式如下：

$$当月工资薪金收入额 = 当月境内外工资薪金总额 \times \left[1 - \frac{当月境外支付工资薪金数额}{当月境内外工资薪金总额} \times \frac{当月工资薪金所属工作期间境外工作天数}{当月工资薪金所属工作期间公历天数}\right]$$

（2）无住所居民个人在境内居住累计满183天的年度连续满6年的情形。

在境内居住累计满183天的年度连续满6年后，不符合《个人所得税法实施条例》第四条优惠条件的无住所居民个人，其从境内、境外取得的全部工资薪金所得均应计算缴纳个人所得税。

3. 无住所个人为高管人员的情形

无住所居民个人为高管人员的，工资薪金收入额按照《财政部 税务总局关于非居民个人和无住所居民个人有关个人所得税政策的公告》第二条第（二）项规定计算纳税。非居民个人为高管人员的，按照以下规定处理。

（1）高管人员在境内居住时间累计不超过90天的情形。

在一个纳税年度内，在境内累计居住不超过90天的高管人员，其取得由境内雇主支付或者负担的工资薪金所得应当计算缴纳个人所得税；不是由境内雇主支付或者负担的工资薪金所得，不缴纳个人所得税。当月工资薪金收入额为当月境内支付或者负担的工资薪金收入额。

（2）高管人员在境内居住时间累计超过90天不满183天的情形。

在一个纳税年度内，在境内居住累计超过90天但不满183天的高管人员，其取得的工资薪金所得，除归属于境外工作期间且不是由境内雇主支付或者负担的部分外，应当计算缴纳个人所得税。当月工资薪金收入额计算适用无住所居民个人在境内居住累计满183天的年度连续不满6年的情形下的公式。

（三）关于无住所个人税款计算

1. 关于无住所居民个人税款计算的规定

无住所居民个人取得综合所得，年度终了后，应按年计算个人所得税；有扣缴义务人的，由扣缴义务人按月或者按次预扣预缴税款；需要办理汇算清缴的，按照规定办理汇算清缴。年度综合所得应纳税额计算公式如下：

年度综合所得应纳税额=（年度工资薪金收入额+年度劳务报酬收入额+年度稿酬收入额+年度特许权使用费收入额－减除费用－专项扣除－专项附加扣除－依法确定的其他扣除）×适用税率－速算扣除数

无住所居民个人为外籍个人的，2022年1月1日前计算工资薪金收入额时，已经按规定减除住房补贴、子女教育费、语言训练费等八项津补贴的，不能同时享受专项附加扣除。

年度工资薪金、劳务报酬、稿酬、特许权使用费收入额分别按年度内每月工资薪金，以及每次劳务报酬、稿酬、特许权使用费收入额合计数额计算。

2. 关于非居民个人税款计算的规定

（1）非居民个人当月取得工资薪金所得，以按照《财政部 税务总局关于非居民个人和无住所居民个人有关个人所得税政策的公告》第二条规定计算的当月收入额，减去税法规定的减除费用后的余额，为应纳税所得额，适用《财政部 税务总局关于非居民个人和无住所居民个人有关个人所得税政策的公告》所附按月换算后的综合所得税率表（即月度税率表）计算应纳税额。

（2）非居民个人一个月内取得数月奖金，单独按照《财政部 税务总局关于非居民个人和无住所居民个人有关个人所得税政策的公告》第二条规定计算当月收入额，不与当月其他工资薪金合并，按6个月分摊计税，不减除费用，适用月度税率表计算应纳税额，在一个公历年度内，对每一个非居民个人，该计税办法只允许适用一次。计算公式如下：

当月数月奖金应纳税额=[（数月奖金收入额÷6）×适用税率－速算扣除数]×6

（3）非居民个人一个月内取得股权激励所得，单独按照《财政部 税务总局关于非居民个人和无住所居民个人有关个人所得税政策的公告》第二条规定计算当月收入额，不与当月其他工资薪金合并，按6个月分摊计税（一个公历年度内的股权激励所得应合并计算），不减除费用，适用月度税率表计算应纳税额。计算公式如下：

当月股权激励所得应纳税额=[（本公历年度内股权激励所得合计额÷6）× 适用税率 − 速算扣除数]×6− 本公历年度内股权激励所得已纳税额

（4）非居民个人取得来源于境内的劳务报酬所得、稿酬所得、特许权使用费所得，以税法规定的每次收入额为应纳税所得额，适用月度税率表计算应纳税额。

(四) 关于无住所个人适用税收协定

按照我国政府签订的避免双重征税协定，内地与香港、澳门签订的避免双重征税安排（以下称税收协定），居民条款规定为缔约对方税收居民的个人（以下称对方税收居民个人），可以按照税收协定及财政部、税务总局有关规定享受税收协定待遇，也可以选择不享受税收协定待遇计算纳税。除税收协定及财政部、税务总局另有规定外，无住所个人适用税收协定的，按照以下规定执行。

1. 关于无住所个人适用受雇所得条款的规定

（1）无住所个人享受境外受雇所得协定待遇。

境外受雇所得协定待遇，是指按照税收协定受雇所得条款规定，对方税收居民个人在境外从事受雇活动取得的受雇所得，可不缴纳个人所得税。

无住所个人为对方税收居民个人，其取得的工资薪金所得可享受境外受雇所得协定待遇的，可不缴纳个人所得税。工资薪金收入额计算适用无住所居民个人在境内居住累计满183天的年度连续不满6年的情形下的公式。

无住所居民个人为对方税收居民个人的，可在预扣预缴和汇算清缴时按前款规定享受协定待遇；非居民个人为对方税收居民个人的，可在取得所得时按前款规定享受协定待遇。

（2）无住所个人享受境内受雇所得协定待遇。

《财政部 税务总局关于非居民个人和无住所居民个人有关个人所得税政策的公告》所称境内受雇所得协定待遇，是指按照税收协定受雇所得条款规定，在税收协定规定的期间内境内停留天数不超过183天的对方税收居民个人，在境内从事受雇活动取得受雇所得，不是由境内居民雇主支付或者代其支付的，也不是由雇主在境内常设机构负担的，可不缴纳个人所得税。

无住所个人为对方税收居民个人，其取得的工资薪金所得可享受境内受雇所得协定待遇的，可不缴纳个人所得税。工资薪金收入额计算适用非居民个人境内居住时间累计不超过90天的情形下的公式。

无住所居民个人为对方税收居民个人的，可在预扣预缴和汇算清缴时按前款规定享受协定待遇；非居民个人为对方税收居民个人的，可在取得所得时按前款规定享受协定待遇。

2. 关于无住所个人适用独立个人劳务或者营业利润条款的规定

独立个人劳务或者营业利润协定待遇，是指按照税收协定独立个人劳务或者营业利润条款规定，对方税收居民个人取得的独立个人劳务所得或者营业利润符合税收协定规定条件的，可不缴纳个人所得税。

无住所居民个人为对方税收居民个人，其取得的劳务报酬所得、稿酬所得可享受独立个人劳务或者营业利润协定待遇的，在预扣预缴和汇算清缴时，可不缴纳个人所得税。

非居民个人为对方税收居民个人，其取得的劳务报酬所得、稿酬所得可享受独立个人劳务或者营业利润协定待遇的，在取得所得时可不缴纳个人所得税。

3. 关于无住所个人适用董事费条款的规定

对方税收居民个人为高管人员，该个人适用的税收协定未纳入董事费条款，或者虽然纳入董事费条款但该个人不适用董事费条款，且该个人取得的高管人员报酬可享受税收协定受雇所得、独立个人劳务或者营业利润条款规定待遇的，该个人取得的高管人员报酬可不适用《财政部　税务总局关于非居民个人和无住所居民个人有关个人所得税政策的公告》第二条第（三）项规定，分别按照第四条第（一）项、第（二）项规定执行。

对方税收居民个人为高管人员，该个人取得的高管人员报酬按照税收协定董事费条款规定可以在境内征收个人所得税的，应按照有关工资薪金所得或者劳务报酬所得规定缴纳个人所得税。

4. 关于无住所个人适用特许权使用费或者技术服务费条款的规定

特许权使用费或者技术服务费协定待遇，是指按照税收协定特许权使用费或者技术服务费条款规定，对方税收居民个人取得符合规定的特许权使用费或者技术服务费，可按照税收协定规定的计税所得额和征税比例计算纳税。

无住所居民个人为对方税收居民个人，其取得的特许权使用费所得、稿酬所得或者劳务报酬所得可享受特许权使用费或者技术服务费协定待遇的，可不纳入综合所得，在取得当月按照税收协定规定的计税所得额和征税比例计算应纳税额，并预扣预缴税款。年度汇算清缴时，该个人取得的已享受特许权使用费或者技术服务费协定待遇的所得不纳入年度综合所得，单独按照税收协定规定的计税所得额和征税比例计算年度应纳税额及补退税额。

非居民个人为对方税收居民个人，其取得的特许权使用费所得、稿酬所得或者劳务报酬所得可享受特许权使用费或者技术服务费协定待遇的，可按照税收协定规定的计税所得额和征税比例计算应纳税额。

（五）关于无住所个人相关征管规定

1. 关于无住所个人预计境内居住时间的规定

无住所个人在一个纳税年度内首次申报时，应当根据合同约定等情况预计一个纳税年度内境内居住天数以及在税收协定规定的期间内境内停留天数，按照预计情况计算缴纳税款。实际情况与预计情况不符的，分别按照以下规定处理：

（1）无住所个人预先判定为非居民个人，因延长居住天数达到居民个人条件的，一个纳税年度内税款扣缴方法保持不变，年度终了后按照居民个人有关规定办理汇算清缴，但该个人在当年离境且预计年度内不再入境的，可以选择在离境之前办理汇算清缴。

（2）无住所个人预先判定为居民个人，因缩短居住天数不能达到居民个人条件的，在不能达到居民个人条件之日起至年度终了15天内，应当向主管税务机关报告，按照非居民个人重新计算应纳税额，申报补缴税款，不加收税收滞纳金。需要退税的，按照规定办理。

（3）无住所个人预计一个纳税年度境内居住天数累计不超过90天，但实际累计居住天数超过90天的，或者对方税收居民个人预计在税收协定规定的期间内境内停留天数不超过183天，但实际停留天数超过183天的，待达到90天或者183天的月度终了后15天内，应当向主管税务机关报告，就以前月份工资薪金所得重新计算应纳税款，并补缴税款，不加收税收滞纳金。

2. 关于无住所个人境内雇主报告境外关联方支付工资薪金所得的规定

无住所个人在境内任职、受雇取得来源于境内的工资薪金所得，凡境内雇主与境外单位或者个人存在关联关系，将本应由境内雇主支付的工资薪金所得，部分或者全部由境外关联方支付的，无住所个人可以自行申报缴纳税款，也可以委托境内雇主代为缴纳税款。无住所个人未委托境内雇主代为缴纳税款的，境内雇主应当在相关所得支付当月终了后15天内向主管税务机关报告相关信息，包括境内雇主与境外关联方对无住所个人的工作安排、境外支付情况以及无住所个人的联系方式等信息。

九、应纳税额计算中的特殊问题

（1）两个以上的纳税义务人共同取得同一项所得的（如共同写作一部著作而取得稿酬所得），应当对每个人取得的收入分别按照个人所得税法的规定计算纳税。即可以对每个人分得的收入分别减除费用，并计算各自应纳的税款。

【例7-9】 2019年1月，王某和张某共同完成一项设计，共取得劳务报酬9 800元，其中王某分得8 000元，张某分得1 800元。

要求：计算两人应缴纳的个人所得税。

【解析】

王某预扣预缴应纳税额 = 8 000×（1-20%）×20%=1 280（元）

张某预扣预缴应纳税额 =（1 800-800）×20%=200（元）

（2）应纳税所得额的其他规定。

1）个人将其所得向教育、扶贫、济困等公益慈善事业的捐赠，捐赠额未超过纳税人申报的应纳税所得额的部分，可以从其应纳税所得额中扣除；个人将其所得通过中国境内的公益性社会组织、国家机关对教育、扶贫、济困等公益慈善事业进行捐赠，捐赠额未超过纳税人申报的应纳税所得额30%的部分，可以从其应纳税所得额中扣除；国务院规定对公益慈善事业捐赠实行全额税前扣除的，从其规定。应纳税所得额，是指计算扣除捐赠额之前的应纳税所得额。

个人通过非营利的社会团体和国家机关向农村义务教育的捐赠，准予在缴纳个人所得税前的所得额中全额扣除。农村义务教育的范围，是政府和社会力量举办的农村乡镇（不含县和县级市政府所在地的镇）、村的小学和初中以及属于这一阶段的特殊教育学校。纳税人对农村义务教育与高中在一起的学校的捐赠，也享受此项所得税前扣除。

2）个人的所得（不含偶然所得和经国务院财政部门确定征税的其他所得）用于资助非关联的科研机构和高等学校研究开发新产品、新技术、新工艺所发生的研究开发经费，经主管税务机关确定，可以全额在下月（工资、薪金所得）或下次（按次计征的所得）或当年（按年计征的所得）计征个人所得税时，从应纳税所得额中扣除，不足抵扣的，不得结转抵扣。

3）个人取得的应纳税所得，包括现金、实物和有价证券。所得为实物的，应当按照取得的凭证上所注明的价格计算应纳税所得额；无凭证的实物或者凭证上所注明的价格明显偏低的，由主管税务机关参照当地的市场价格核定应纳税所得额。所得为有价证券的，由主管税务机关根据票面价格和市场价格核定应纳税所得额。

【例 7-10】 中国居民李某 2019 年 2 月取得福利彩票中奖所得 100 000 元，李某通过民政局捐赠了 40 000 元给贫困地区。

要求： 计算李某 2019 年 2 月福利彩票中奖所得应缴纳的个人所得税。

【解析】

（1）计算应纳税所得额：

$$未扣除捐赠前的应纳税所得额 = 100\,000（元）$$

（2）计算捐赠扣除限额，确定扣除额：

$$捐赠扣除限额 = 100\,000 \times 30\% = 30\,000（元）$$

40 000＞30 000，故只能扣除 30 000 元。

（3）计算应纳税额：

扣除允许扣除的捐赠后的应纳税所得额 =100 000－30 000=70 000（元），适用 20% 的税率。

$$应纳个人所得税税额 = 70\,000 \times 20\% = 14\,000（元）$$

（3）境外所得的税额扣除。

在对纳税人的境外所得征税时，会存在其境外所得已在来源国家或者地区缴税的实际情况。基于国家之间对同一所得应避免双重征税的原则，我国在对纳税人的境外所得行使税收管辖权时，对该所得在境外已纳税额采取了区分不同情况从应征税额中予以扣除的做法。

《个人所得税法》第七条规定，居民个人从中国境外取得的所得，可以从其应纳税额中抵免已在境外缴纳的个人所得税税额，但抵免额不得超过该纳税人境外所得依照本法规定计算的应纳税额。

对这条规定需要解释以下几点。

1)《个人所得税法》第七条所称已在境外缴纳的个人所得税税额,是指居民个人来源于中国境外的所得,依照该所得来源国家(地区)的法律应当缴纳并且实际已经缴纳的所得税税额。

2)《个人所得税法》第七条所称纳税人境外所得依照本法规定计算的应纳税额,是居民个人抵免已在境外缴纳的综合所得、经营所得以及其他所得的所得税税额的限额(以下简称抵免限额)。除国务院财政、税务主管部门另有规定外,来源于中国境外一个国家(地区)的综合所得抵免限额、经营所得抵免限额以及其他所得抵免限额之和,为来源于该国家(地区)所得的抵免限额。

3)居民个人在中国境外一个国家(地区)实际已经缴纳的个人所得税税额,低于依照前款规定计算出的来源于该国家(地区)所得的抵免限额的,应当在中国缴纳差额部分的税款;超过来源于该国家(地区)所得的抵免限额的,其超过部分不得在本纳税年度的应纳税额中抵免,但是可以在以后纳税年度来源于该国家(地区)所得的抵免限额的余额中补扣。补扣期限最长不得超过五年。

4)居民个人申请抵免已在境外缴纳的个人所得税税额,应当提供境外税务机关出具的税款所属年度的有关纳税凭证。

5)为了保证正确计算扣除限额及合理扣除境外已纳税额,税法要求,在中国境内有住所,或者无住所而在境内居住满183天的个人,从中国境内和境外取得的所得,应当分别计算应纳税额。

【例7-11】 中国居民王聪在2019年度从甲国取得偶然所得20 000元。王聪在甲国已经缴纳个人所得税1 000元,王聪在甲国没有其他收入。

要求:计算王聪在甲国的偶然所得在我国应当补缴的个人所得税税额。

【解析】王聪偶然所得个人所得税扣除限额(按照我国税法规定应纳个人所得税税额)=20 000×20%=4 000(元),则王聪在我国应补缴个人所得税=4 000-1 000=3 000(元)。

十、个人所得税的纳税调整

《个人所得税法》第八条规定,有下列情形之一的,税务机关有权按照合理方法进行纳税调整:

(1)个人与其关联方之间的业务往来不符合独立交易原则而减少本人或者其关联方应纳税额,且无正当理由。

(2)居民个人控制的,或者居民个人和居民企业共同控制的设立在实际税负明显偏低的国家(地区)的企业,无合理经营需要,对应当归属于居民个人的利润不做分配或者减少分配。

（3）个人实施其他不具有合理商业目的的安排而获取不当税收利益。

税务机关依照前款规定做出纳税调整，需要补征税款的，应当补征税款，并依法加收利息。

十一、个人所得税的信息管理规定

公安、人民银行、金融监督管理等相关部门应当协助税务机关确认纳税人的身份、金融账户信息。教育、卫生、医疗保障、民政、人力资源社会保障、住房城乡建设、公安、人民银行、金融监督管理等相关部门应当向税务机关提供纳税人子女教育、继续教育、大病医疗、住房贷款利息、住房租金、赡养老人等专项附加扣除信息。

个人转让不动产的，税务机关应当根据不动产登记等相关信息核验应缴的个人所得税，登记机构办理转移登记时，应当查验与该不动产转让相关的个人所得税的完税凭证。个人转让股权办理变更登记的，市场主体登记机关应当查验与该股权交易相关的个人所得税的完税凭证。

第四节 个人所得税的申报与缴纳

我国实行个人所得税代扣代缴和个人自行申报纳税相结合的征收管理制度。

一、个人所得税的代扣代缴

（一）个人所得税的扣缴义务人

个人所得税以所得人为纳税人，以支付所得的单位或者个人为扣缴义务人。

纳税人有中国公民身份号码的，以中国公民身份号码为纳税人识别号；纳税人没有中国公民身份号码的，由税务机关赋予其纳税人识别号。扣缴义务人扣缴税款时，纳税人应当向扣缴义务人提供纳税人识别号。扣缴义务人应当按照国家规定办理全员全额扣缴申报，并向纳税人提供其个人所得和已扣缴税款等信息。扣缴义务人向纳税人支付应税款项时，应当依照个人所得税法规定预扣或者代扣税款，按时缴库，并专项记载备查。

（二）个人所得税代扣代缴的范围

居民个人取得综合所得，按年计算个人所得税；有扣缴义务人的，由扣缴义务人按月或者按次预扣预缴税款；需要办理汇算清缴的，应当在取得所得的次年3月1日至6月30日内办理汇算清缴。预扣预缴办法由国务院税务主管部门制定。

居民个人向扣缴义务人提供专项附加扣除信息的，扣缴义务人按月预扣预缴税款时应当按照规定予以扣除，不得拒绝。

非居民个人取得工资、薪金所得，劳务报酬所得，稿酬所得和特许权使用费所得，有扣缴义务人的，由扣缴义务人按月或者按次代扣代缴税款，不办理汇算清缴。

纳税人取得利息、股息、红利所得，财产租赁所得，财产转让所得和偶然所得，按月或者按次计算个人所得税，有扣缴义务人的，由扣缴义务人按月或者按次代扣代缴税款。

扣缴义务人向个人支付应纳税所得（包括现金、实物和有价证券）时，不论纳税人是否属于本单位人员，均应代扣代缴其应纳的个人所得税税款。

（三）个人所得税的代扣代缴期限

扣缴义务人每月或者每次预扣、代扣的税款，应当在次月15日内缴入国库，并向税务机关报送扣缴个人所得税申报表。

（四）个人所得税代扣代缴的纳税申报

扣缴义务人代扣代缴个人所得税时，应当填报"扣缴个人所得税报告表"和"个人所得税基础信息表（A表）"。

二、个人所得税的自行申报

自行申报纳税，是由纳税人自行在税法规定的纳税期限内，向税务机关申报取得的应税所得项目和数额，如实填写个人所得税纳税申报表，并按照税法规定计算应纳税额，据此缴纳个人所得税的一种方法。

（一）个人所得税自行申报的范围

（1）取得综合所得需要办理汇算清缴。

取得综合所得需要办理汇算清缴的情形包括：

1）从两处以上取得综合所得，且综合所得年收入额减除专项扣除的余额超过6万元。

2）取得劳务报酬所得、稿酬所得、特许权使用费所得中一项或者多项所得，且综合所得年收入额减除专项扣除的余额超过6万元。

3）纳税年度内预缴税额低于应纳税额。

4）纳税人申请退税。

纳税人申请退税，应当提供其在中国境内开设的银行账户，并在汇算清缴地就地办理税款退库。汇算清缴的具体办法由国务院税务主管部门制定。

（2）取得应税所得没有扣缴义务人。

（3）取得应税所得，扣缴义务人未扣缴税款。

（4）取得境外所得。

（5）因移居境外注销中国户籍。
（6）非居民个人在中国境内从两处以上取得工资、薪金所得。
（7）国务院规定的其他情形。

（二）个人所得税自行申报的纳税申报

纳税人自行申报个人所得税时，应当填报"个人所得税申报表"。

三、个人所得税纳税期限

居民个人取得综合所得，按年计算个人所得税；有扣缴义务人的，由扣缴义务人按月或者按次预扣预缴税款；需要办理汇算清缴的，应当在取得所得的次年3月1日至6月30日内办理汇算清缴。预扣预缴办法由国务院税务主管部门制定。

纳税人取得经营所得，按年计算个人所得税，由纳税人在月度或者季度终了后15日内向税务机关报送纳税申报表，并预缴税款；在取得所得的次年3月31日前办理汇算清缴。

纳税人取得应税所得没有扣缴义务人的，应当在取得所得的次月15日内向税务机关报送纳税申报表，并缴纳税款。

居民个人从中国境外取得所得的，应当在取得所得的次年3月1日至6月30日内申报纳税。

非居民个人在中国境内从两处以上取得工资、薪金所得的，应当在取得所得的次月15日内申报纳税。

纳税人因移居境外注销中国户籍的，应当在注销中国户籍前办理税款清算。

纳税人办理汇算清缴退税或者扣缴义务人为纳税人办理汇算清缴退税的，税务机关审核后，按照国库管理的有关规定办理退税。

四、个人所得税纳税地点

（1）在中国境内有任职、受雇单位的，向受雇单位所在地主管税务机关申报。

（2）在中国境内有两处或者两处以上任职、受雇单位的，选择并固定向其中一处单位所在地主管税务机关申报。

（3）在中国境内无任职、受雇单位，年所得项目中有个体工商户的生产、经营所得或者对企事业单位的承包经营、承租经营所得的，向其中一处实际经营所在地主管税务机关申报。

（4）在中国境内无任职、受雇单位，年所得项目中无生产、经营所得的，向户籍所在地主管税务机关申报。在中国境内有户籍，但户籍所在地与中国境内经常居住地不一致的，选择并固定向其中一地主管税务机关申报。在中国境内没有户籍的，向中国境内经常居住地主管税务机关申报。

(5) 其他各种所得的纳税人，纳税申报地点分别如下：

1) 从两处或者两处以上取得工资、薪金所得的，选择并固定向其中一处单位所在地主管税务机关申报。

2) 从中国境外取得所得的，向中国境内户籍所在地主管税务机关申报。在中国境内有户籍，但户籍所在地与中国境内经常居住地不一致的，选择并固定向其中一地主管税务机关申报。在中国境内没有户籍的，向中国境内经常居住地主管税务机关申报。

3) 取得经营所得的个人向实际经营所在地主管税务机关申报。

4) 个人独资、合伙企业投资者兴办两个或两个以上企业的，区分不同情形确定纳税申报地点：兴办的企业全部是个人独资性质的，分别向各企业的实际经营管理所在地主管税务机关申报；兴办的企业中含有合伙性质的，向经常居住地主管税务机关申报；兴办的企业中含有合伙性质的，个人投资者经常居住地与其兴办企业的经营管理所在地不一致的，选择并固定向其参与兴办的某一合伙企业的经营管理所在地主管税务机关申报。

本章小结

个人所得税是国家对个人（自然人）取得的各项应税所得征收的一种所得税，是国家利用税收对个人收入进行调节的一种手段。个人所得税的纳税人包括居民个人和非居民个人。应税项目包括9类，分别适用超额累进税率和比例税率。本章的重点是个人所得税各应税项目应纳税所得额和应纳税额的计算。

练习题

一、单项选择题

1. 以下纳税人属于居民个人的是（　　）。
   A. 美国人甲2019年9月1日入境，2019年10月1日离境
   B. 日本人乙来华学习180天
   C. 法国人丙2019年1月1日入境，2019年5月20日离境
   D. 英国人丁2019年1月1日入境，2019年11月20日离境

2. 个人将其所得向教育事业和其他公益事业捐赠，可以从应纳税所得额扣除的比例最高为（　　）。
   A. 10%　　　　　B. 15%　　　　　C. 20%　　　　　D. 30%

3. 下列项目中，可以免征个人所得税的是（　　）。
   A. 民间借贷利息
   B. 个人举报、协查各种违法、犯罪行为而获得的奖金

C. 在超市购物中获得的中奖收入

D. 本单位自行规定发给的补贴、津贴

4. 对纳税人所得按次征税的是（　　）。

   A. 工资薪金所得 B. 个体工商户的生产经营所得

   C. 稿酬所得 D. 承包承租经营所得

5. 某商场本月举办为期3天的有奖（现金兑付）销售活动，向消费者个人支付中奖所得总计10 000元，其应代扣个人所得税（　　）元。

   A. 1 000 B. 1 500 C. 2 000 D. 3 500

6. 某国外画家于2019年3月将其精选的书画作品交由中国某出版社出版，从出版社取得报酬10万元。该笔报酬在缴纳个人所得税时使用的税目是（　　）。

   A. 劳务报酬所得 B. 稿酬所得

   C. 特许权使用费所得 D. 工资薪金所得

7. 2019年1月王某取得稿酬20 000元、讲课费4 000元。根据税法规定，王某应预扣预缴个人所得税（　　）元。

   A. 2 688 B. 2 880 C. 3 840 D. 4 800

8. 纳税人取得应税所得没有扣缴义务人的，应当在取得所得的（　　）向税务机关报送纳税申报表，并缴纳税款。

   A. 年度终了后的2个月内 B. 次月15日内

   C. 年度终了后的4个月内 D. 次月7日内

9. 学者甲与乙合作于2019年出版了一部专著，一次性取得稿酬20 000元，甲分得17 000元稿酬，乙分得3 000元稿酬，学者甲与乙共计应预扣预缴个人所得税（　　）元。

   A. 2 240 B. 2 212 C. 3 160 D. 3 200

10. 某企业退休职工王某本月取得的下列收入中，应当按照规定计算缴纳个人所得税的是（　　）。

    A. 退休工资3 000元 B. 国家发行的金融债券利息收入2 000元

    C. 稿酬所得3 000元 D. 保险赔款5 000元

11. 下列关于个人所得税扣缴义务人的说法中不正确的是（　　）。

    A. 个人所得税各项目均应由扣缴义务人代扣代缴

    B. 扣缴义务人履行代扣代缴义务，需要先征得纳税人同意

    C. 凡向个人支付应纳税所得的企事业单位和个人，均为个人所得税的扣缴义务人

    D. 个体工商户的生产经营所得，需要自行申报缴纳个人所得税

12. 下列各项中，属于劳务报酬所得的是（　　）。

    A. 发表论文取得的报酬 B. 提供著作权的使用权取得的报酬

    C. 将外国小说翻译出版取得的报酬 D. 受托从事文字翻译取得的报酬

13. 按照个人所得税法的有关规定，下列表述不正确的是（　　）。

    A. 个人发表一篇作品，出版单位分三次支付稿酬，则这三次稿酬应合并为一次征税

B. 个人在两处出版同一作品而分别取得稿酬，则应分别单独纳税

C. 个人的同一作品连载之后又出书取得稿酬，应分别征税

D. 个人因作品加印而获得稿酬，应就此次稿酬单独纳税

14. 张某于2018年8月将城区自有住房出租，月租金2 000元，年租金24 000元，租期一年，租金每月收取。不考虑增值税、城建税和教育费附加，其2018年应纳个人所得税为（　　）元。

　　A. 2 880　　　　　　B. 1 440　　　　　　C. 600　　　　　　D. 1 920

15. 下列所得中一次收入畸高，可加成征收的是（　　）。

　　A. 稿酬所得　　　　　　　　　　　B. 利息、股息和红利所得

　　C. 劳务报酬所得　　　　　　　　　D. 偶然所得

二、多项选择题

1. 根据税法规定，下列各项居民个人所得中，属于综合所得的有（　　）。

　　A. 财产租赁所得　　B. 偶然所得　　C. 稿酬所得　　D. 劳务报酬所得

2. 下列各项所得中，可免征个人所得税的有（　　）。

　　A. 居民银行储蓄存款利息

　　B. 个人举报、协查各种违法犯罪行为而获得的奖金

　　C. 购买足球彩票时，获得的中奖所得

　　D. 事业单位自行规定发放的各种补贴或津贴

3. 依税法规定，非居民个人（　　），应依法缴纳个人所得税。

　　A. 受雇于中国境内公司而取得的工资、薪金所得

　　B. 在中国境内从事生产、经营活动而取得的生产经营所得

　　C. 购买外国债券、股票而取得的所得

　　D. 转让中国境内的房屋而取得的财产转让所得

4. 下列个人所得，在计算个人所得税时，不得减除费用的有（　　）。

　　A. 利息、股息、红利所得　　　　　B. 稿酬所得

　　C. 劳务报酬所得　　　　　　　　　D. 偶然所得

5. 下列各项中，应按"工资、薪金所得"项目征税的有（　　）。

　　A. 个体工商户与企业联营而分得的利润　　B. 年终加薪

　　C. 个人取得的佣金　　　　　　　　D. 通信费补贴收入

6. 下列所得属于劳务报酬所得的有（　　）。

　　A. 在报纸上发表文章取得的收入　　B. 取得技术咨询费

　　C. 讲课费　　　　　　　　　　　　D. 转让专利技术收入

7. 2019年度，纳税人取得全年一次性奖金，单独作为一个月工资、薪金所得计算纳税，由扣缴义务人实际发放时按下列办法计算应扣缴的税款（　　）。

　　A. 将雇员个人当月取得的全年一次性奖金，依照确定的适用税率计算应纳税额

B. 先将雇员当月取得的全年一次性奖金（准予减除"雇员当月工资薪金所得与费用扣除额的差额"），除以 12 个月，按其商数确定适用税率和速算扣除数

C. 先将雇员当月取得的全年一次性奖金（准予减除"雇员当月工资薪金所得与费用扣除额的差额"），除以 12 个月，按其商数确定适用税率

D. 将雇员个人当月取得的全年一次性奖金，依照确定的适用税率和速算扣除数计算应纳税额

8. 个人所得税目前的主要征收方式有（　　）。
   A. 代扣代缴方式　　B. 邮寄申报方式　　C. 定额征收方式　　D. 自行申报方式

9. 从中国境外取得所得的纳税人，其来源于中国境外的应纳税所得，（　　）。
   A. 在境外以纳税年度计算缴纳个人所得税的，应在居住国的纳税年度终了，结清税款后的 30 日内，向中国主管税务机关申报纳税
   B. 在境外以纳税年度计算缴纳个人所得税的，应在所得来源国的纳税年度终了，结清税款后的 30 日内，向中国主管税务机关申报纳税
   C. 在取得境外所得时结清税款的，应在次年 3 月 1 日至 6 月 30 日内向中国主管税务机关申报纳税
   D. 在境外按所得来源国税法规定免予缴纳个人所得税的，应在次年 3 月 1 日至 6 月 30 内向中国主管税务机关申报纳税

10. 2019 年 2 月，王某为某公司研发新产品，一次性取得报酬 50 000 元，应预扣预缴个人所得税税额为（　　）。
    A. 50 000×（1-20%）×20%　　　　　　B. 50 000×（1-20%）×30%-2 000
    C. 50 000×（1-20%）×30%　　　　　　D. 20 000×20%+20 000×30%

三、判断题

1. 某墨西哥公民于 2019 年 3 月 1 日至 2019 年 8 月 30 日在中国境内工作，该墨西哥公民不是我国个人所得税的居民个人。（　　）
2. 个人独资企业和合伙企业既是个人所得税的纳税人，又是企业所得税的纳税人。（　　）
3. 对个人转让自用达 5 年以上的家庭居住用房取得的所得，可以免征个人所得税。（　　）
4. 2019 年，张某承揽一项房屋装饰工程，工程两个月完工，房主第 1 个月支付给张某 15 000 元，第 2 个月支付 20 000 元。张某应预扣预缴个人所得税 5 600 元。（　　）
5. 某企业职工赵某 2019 年 1 月工资 8 000 元，其捐给希望工程基金会 1 400 元，单位预扣缴其个人所得税 295 元。（　　）
6. 劳务报酬收入预扣预缴适用 20% 的比例税率，其应纳税所得额超过 5 万元的部分，加征十成。（　　）
7. 纳税义务人从中国境外取得的所得，已在境外缴纳个人所得税的，只要有正式凭据，无论多少，均可在其应纳税额中扣除。（　　）
8. 个人将其所得通过中国境内的社会团体、国家机关向教育和其他社会公益事业以及遭

受严重自然灾害地区、贫困地区捐赠，捐赠额未超过纳税义务人申报的应纳税所得额30%的部分，可以从其应纳税所得额中扣除。(   )

9. 个人独资企业、合伙企业的个人投资者以企业资金为本人、家庭成员及其相关人员支付与企业生产经营无关的消费性支出及购买汽车、住房等财产性支出，视为企业对个人投资者利润分配，依照"利息、股息所得"项目计征个人所得税。(   )

10. 取得境外所得，无论取得的各项所得是否已足额缴纳了个人所得税，均应于纳税年度终了后向主管税务机关办理纳税申报。(   )

四、计算题

1. 中国公民王某是国内甲公司工程师。2019年全年有关收支情况如下：

（1）每月工资、薪金收入10 000元，公司代扣代缴社会保险费840元、住房公积金960元。

（2）到乙公司连续开展技术培训取得报酬3 800元。

（3）出版技术专著取得稿酬收入15 000元，发生材料费支出4 000元。

（4）取得企业债券利息3 000元，取得机动车保险赔款4 000元，参加有奖竞赛活动取得奖金2 000元，电台抽奖获得价值5 000元免费旅游一次。

王某正在偿还首套住房贷款及利息；王某为独生子，其父母均已年满60周岁；王某与其妻子生育一个小孩，正在读小学一年级；王某夫妻约定由王某扣除住房贷款利息和子女教育费用。

要求：计算王某全年应缴纳的个人所得税税额。

2. 徐女士2019年1月1日起将其位于市区的一套公寓住房按市价出租，每月收取租金3 800元。1月因卫生间漏水发生修缮费用1 200元，已取得合法有效的支出凭证。

要求：

（1）计算徐女士因此事2019年1、2月份应缴纳的个人所得税。

（2）为什么1 200元的修缮费用要拆800元和400元分两期扣除？

第八章

财产税法

学习目标

1. 熟悉房产税、车船税、车辆购置税和土地增值税的基本知识。
2. 能根据相关规定计算房产税、车船税、车辆购置税和土地增值税的应纳税额。
3. 能熟练填制房产税、车船税、车辆购置税和土地增值税纳税申报表，正确进行纳税申报。

重点与难点

房产税、车船税、土地增值税的计税依据和应纳税额的计算。

第一节 房 产 税

1950年1月公布的《全国税政实施要则》，规定全国统一征收房产税。同年6月，房产税和地产税合并为房地产税。1951年8月，颁布《城市房地产税暂行条例》，1973年为简化税制，将对企业征收的这一税种并入了工商税，只对有房产的个人、外国侨民和房地产管理部门继续征收城市房地产税。十一届三中全会以后，为了发挥税收的经济杠杆作用，国务院决定1984年10月对国营企业实行第二步利改税和改革工商税制时，对企业恢复征收城市房地产税。同时，鉴于中国城市的土地属于国有，使用者没有土地产权的实际情况，将城市房地产税分为房产税和城镇土地使用税。1986年9月15日，国务院发布《中华人民共和国房产税暂行条例》(以下简称《房产税暂行条例》)，决定从当年 10 月 1 日起施行。2008 年 12 月，国务院发布第 546 号令，自 2009 年 1 月 1 日起废止《城市房地产税暂行条例》，对在中国有房产的外商投资企业、外国企业和外籍个人依照《房产税暂行条例》征收房产税。

一、房产税的概念及特点

(一) 房产税的概念

房产税是以城市、县城、建制镇和工矿区的房屋不动产为征税对象，依据房产余值或租金向房产产权所有人或经营人征收的一种税，属于财产类税。

(二) 房产税的特点

现行的《房产税暂行条例》的发布有其特定的历史背景，是计划经济向市场经济转换过程中的产物，因此，也有其自身的一些特点。

1. 房产税属于财产税中的个别财产税

按征税对象的范围不同，财产税可以分为一般财产税与个别财产税。一般财产税又称为"综合财产税"，是对纳税人拥有的各类财产实行综合课征的税收。个别财产税又称为"单项财产税"，是对纳税人拥有的土地、房屋和其他财产分别课征的税收。房产税属于个别财产税，其征税对象只是房屋。

2. 征税范围仅限于城镇的经营性房屋

房产税在城市、县城、建制镇和工矿区范围内征收，不涉及农村。另外，对于某些拥有房屋，但自身没有纳税能力的单位，如国家拨付行政经费、事业经费和国防经费的单位自用的房屋，以及居民个人居住用房屋，税法也通过免税的方式将其排除在征税范围之外。

3. 区别房屋的经营使用方式规定不同的计税依据

对于拥有房屋的单位和个人，若将房屋用于经营自用和出典，按房产计税余值征收；若将房屋用于出租，按租金收入计税。

二、征税对象及征税范围

(一) 征税对象

房产是以房屋形态表现的财产。房屋则是指有屋面和围护结构（有墙或两边有柱），能够遮风避雨，可供人们在其中生产、工作、学习、娱乐、居住或储藏物资的场所。独立于房屋之外的建筑物，如围墙、烟囱、水塔、变电塔、油池油柜、酒窖菜窖、酒精池、糖蜜池、室外游泳池、玻璃暖房、砖瓦石灰窑以及各种油气罐等，则不属于房产。

（二）征税范围

按照现行《房产税暂行条例》的规定，房产税在城市、县城、建制镇和工矿区征收，不包括农村。城市是指按国务院批准设立的市，包括市区、郊区和市辖县县城；县城是指县人民政府所在地的地区；建制镇是指经省、自治区、直辖市人民政府批准设立的镇。其征税范围为镇人民政府所在地，不包括所辖的行政村；工矿区是指工商业比较发达，人口比较集中，符合国务院规定的建制镇标准但尚未设立建制镇的大中型工矿企业所在地。开征房产税的工矿区须经省、自治区、直辖市人民政府批准。

三、纳税义务人

凡在我国境内拥有房屋产权的单位和个人都是房产税的纳税义务人。自2009年1月1日起，外商投资企业、外国企业和组织以及外籍个人也须缴纳房产税。具体规定为：

产权属国家所有的，由经营管理单位纳税；产权属集体和个人所有的，由集体单位和个人纳税。产权出典的，由承典人纳税。产权所有人、承典人不在房屋所在地的，由房产代管人或者使用人纳税。产权未确定及租典纠纷未解决的，亦由房产代管人或者使用人纳税。纳税单位和个人无租使用房产管理部门、免税单位及纳税单位的房产，应由使用人代为缴纳房产税。

四、税率

房产税实行比例税率。其计税依据分为两种：依据房产计税余值计税的，税率为1.2%；依据房产租金收入计税的，税率为12%。从2001年1月1日起，对个人居住用房出租后仍用于居住的，其应缴纳的房产税暂减按4%的税率征收。2008年3月1日起，对个人出租住房，不区分实际用途，均按4%的税率征收房产税。对企事业单位、社会团体以及其他组织按市场价格向个人出租用于居住的住房，减按4%的税率征收房产税。

五、房产税的计算

（一）计税依据

房产税的计税依据是房产的价值。房产的价值有三种表现形式：一是房产的原值，即房屋取得时的价格；二是房产的净值，即房屋的原值扣除折旧后的价值；三是房产的市价，即市场买卖房屋的价格。

房产税采用两种计税方法，对经营自用的房屋，按房产余值计税，即从价计征；对出租的房屋，按租金收入计税，即从租计征。

1. 从价计征

房产的计税余值，是指依照税法规定按房产原值一次减除10%～30%的损耗价值以后的余额。具体的减除比例由省、自治区、直辖市人民政府在税法规定的减除幅度内自行确定。

（1）房产原值的确定。

房产原值是指纳税人按照会计制度规定，在账簿"固定资产"科目中记载的房屋原价。因此，凡按会计制度规定在账簿中记载有房屋原价的，应以房屋原价按规定减除一定比例的房产余值计征房产税。房屋原价应根据国家有关会计制度规定进行核算。对纳税人未按国家会计制度规定核算并记载的，应按规定予以调整或重新评估。

（2）房屋附属设备和配套设施的计税规定。

房产原值应包括与房屋不可分割的各种附属设备或一般不单独计算价值的配套设施。主要有：暖气、卫生、通风、照明、煤气等设备；各种管线，如蒸气、压缩空气、石油、给水排水等管道及电力、电讯、电缆导线；电梯、升降机、过道、晒台等。属于房屋附属设备的水管、下水道、暖气管、煤气管等应从最近的探视井或三通管算起。电灯网、照明线从进线盒连接管算起。为了维持和增加房屋的使用功能或使房屋满足设计要求，凡以房屋为载体，不随意移动的附属设备和配套设施，如给排水、采暖、消防、中央空调、电气及智能化楼宇设备等，无论在会计核算中是否单独记账与核算，都应计入房产原值，计征房产税。

纳税人对原有房屋进行改建、扩建的，要相应增加房屋的原值。更换房屋附属设施和配套设施的，在将其价值计入房产原值时，可扣减原来相应设备和设施的价值；对附属设备和配套设施中易损坏，需要经常更换的零配件，更新后不再计入房产原值，原零配件的原值也不扣除。

（3）关于具备房屋功能的地下建筑的计税依据。

自2006年1月1日起，凡在房产税征收范围内的具备房屋功能的地下建筑，包括与地上房屋相连的地下建筑，以及完全建在地面以下的建筑、地下人防设施等，均应当依据有关规定征收房产税。

上述具备房屋功能的地下建筑是指有屋面和维护结构，能够遮风避雨，可供人们在其中生产、经营、工作、学习、娱乐、居住或储藏物资的场所。

对于与地上房屋相连的地下建筑，如房屋的地下室、地下停车场、商场的地下部分等，应将地下部分与地上房屋视为一个整体，按照地上房屋建筑的有关规定计算征收房产税。

（4）对融资租赁房产的计税依据。

对于融资租赁的房产，由于租赁费包括购进房屋的价款、手续费、借款利息等，与一般房屋出租的"租金"内涵不同，且租赁期满后，当承租方偿还最后一笔租赁费时，房屋产权一般都转移到承租方，实际上是一种变相的分期付款购买固定资产的形式，会计核算时一般也视为自有固定资产来进行处理。因此在计征时以房产余值计算征收。融资租赁的房产，由承租人自融资租赁合同约定开始日的次月起依照房产余值缴纳房产税。合同未约定开始日的，由承租人自合同签订的次月起依照房产余值缴纳房产税。

（5）对出租房产，租赁双方签订的租赁合同约定有免收租金期限的，免收租金期间由产权所有人按照房产原值缴纳房产税。

（6）对按照房产原值计税的房产，无论会计上如何核算，房产原值均应包含地价，包括为取得土地使用权支付的价款、开发土地发生的成本费用等。宗地容积率低于0.5的，按房产建筑面积的2倍计算土地面积并据此确定计入房产原值的地价。

2. 从租计征

房产的租金收入，是指房屋产权所有人出租房产使用权所取得的报酬，包括货币收入和实物收入。对以劳务或其他形式为报酬抵付房租收入的，应根据当地同类房产的租金水平，确定一个标准租金额，依率计征。

出租的地下建筑，按照出租地上房屋建筑的有关规定计算征收房产税。如果纳税人对个人出租房屋的租金收入申报不实或申报数与同一地段同类房屋的租金收入相比明显不合理，税务部门可以按照《税收征收管理法》的有关规定，采取科学合理的方法核定其应纳税款。具体办法由各省级地方税务机关结合当地实际情况制定。

3. 对投资联营的房产的计税依据

对投资联营的房产，在计征房产税时应区别对待。

对于以房产投资联营，投资者参与投资利润分红，共担风险的，按房产的余值作为计税依据计算缴纳房产税。

对以房产投资，收取固定收入，不承担联营风险的，实际是以联营名义取得房产租金，应根据《房产税暂行条例》的有关规定由出租方按租金收入计算缴纳房产税。

4. 居民住宅区内业主共有的经营性房产的计税依据

对居民住宅区内业主共有的经营性房产，由实际经营（包括自营和出租）的代管人或使用人缴纳房产税。其中自营的，依照房产原值减除10%～30%后的余值计征，没有房产原值或不能将业主共有房产与其他房产的原值准确划分开的，由房产所在地地方税务机关参照同类房产核定房产原值；出租的，依照租金收入计征。

（二）应纳税额的计算

1. 从价计征的计算公式

$$年应纳税额 = 应税房产原值 \times (1 - 原值扣除比例) \times 1.2\%$$

其中，对于自用的独立地下建筑物，其计税方式为：

（1）工业用途房产，以房屋原价的50%～60%作为应税房产原值。

$$年应纳税额 = 应税房产原值 \times (1 - 原值扣除比例) \times 1.2\%$$

（2）商业和其他用途房产，以房屋原价的70%～80%作为应税房产原值。

$$年应纳税额 = 应税房产原值 \times (1 - 原值扣除比例) \times 1.2\%$$

房屋原价折算为应税房产原值的具体比例，由各省、自治区、直辖市和计划单列市财政和税务部门在上述幅度内自行确定。

【例8-1】某企业的经营用房原值为1 000万元，按照当地规定允许以减除30%后的余值计税，适用税率为1.2%。

要求：计算其应纳房产税税额。

【解析】

$$应纳税额 = 1\,000 \times (1-30\%) \times 1.2\% = 8.4（万元）$$

2. 从租计征的计算公式

$$应纳税额 = 租金收入 \times 12\%（个人出租住房或向个人出租住房为 4\%）$$

其中，对于出租的地下建筑，按照出租地上房屋建筑的有关规定计算征收房产税。

【**例 8-2**】 某公司出租房屋 5 间，年租金收入为 18 000 元，适用税率为 12%。

要求：计算其应纳房产税税额。

【解析】

$$应纳税额 = 18\,000 \times 12\% = 2\,160（元）$$

【**例 8-3**】 某国有企业 2019 年在其所在城市市区有房屋三幢，其中两幢用于本企业生产经营，两幢房产账面原值为 400 万元；另外一幢房屋租给某私营企业，年租金收入为 20 万元（当地政府规定允许按房产原值一次扣除 30%）。

要求：计算该企业 2016 年应缴纳的房产税。

【解析】

（1）该企业生产、经营自用房应缴纳的房产税：

$$400 \times (1-30\%) \times 1.2\% = 3.36（万元）$$

（2）该企业出租的房屋应缴纳的房产税：

$$200 \times 12\% = 24（万元）$$

两项共计 5.76 万元。

六、房产税的征管

(一) 税收优惠

1. 减免税优惠基本规定

《房产税暂行条例》明确规定，下列房产免征房产税：

（1）国家机关、人民团体、军队自用的房产。人民团体，是指经国务院授权的政府部门批准设立或登记备案的各种社会团体。自用的房产，是指这些单位本身的办公用房和公务用房。自 2004 年 8 月 1 日起，对军队空余房产租赁收入暂免征收房产税。

（2）国家财政部门拨付事业经费的单位自用的房产。事业单位自用的房产，是指这些单位本身的业务用房。上述单位所属的附属工厂、商店、招待所等不属于单位公务、业务的用房，应照章纳税。由国家财政部门拨付事业经费的单位，其经费来源实行自收自支后，应征收房产税。

（3）宗教寺庙、公园、名胜古迹自用的房产。宗教寺庙自用的房产，是指举行宗教仪式等的房屋和宗教人员使用的生活用房屋。公园、名胜古迹自用的房产，是指供公共参观浏览的房屋及其管理单位的办公用房屋。公园、名胜古迹中附设的营业单位，如影剧院、饮食部、茶社、照相馆等所使用的房产及出租的房产，应征收房产税。

（4）个人拥有的非营业用的房产。个人所有的非营业用房，主要是指居民住房，不分面积多少，一律免征房产税。个人拥有的营业用房或者出租的房产，不属于免税房产，应征收房产税。

（5）经财政部批准免税的其他房产。

2. 减免税优惠特殊规定

（1）企业办的各类学校、医院、托儿所、幼儿园自用的房产，可以比照由国家财政部门拨付事业经费单位自用的房产，免征房产税。

（2）经有关部门鉴定，对毁损不堪居住的房屋和危险房屋，在停止使用后，可免征房产税。

（3）自2004年8月1日起，对军队空余房产租赁收入暂免征收房产税。此前已征税款不予退还，未征税款不再补征。

（4）凡是在基建工地为基建工地服务的各种工棚、材料棚和办公室、食堂等临时性房屋，在施工期间一律免征房产税。但是如果在基建工程结束以后，施工企业将这种临时性房屋交还或者估价转让给基建单位的，应当从基建单位接收的次月起，依照规定征收房产税。

（5）自2004年7月1日起，纳税人因房屋大修导致连续停用半年以上的，在房屋大修理期间免征房产税。

（6）纳税单位与免税单位共同使用的房屋，按各自使用的部分划分，分别征收或免征房产税。

（7）老年服务机构自用的房产暂免征收房产税。老年服务机构是指专门为老年人提供生活照料、文化、护理、健身等多方面服务的福利性、非营利性的机构，主要包括老年社会福利院、敬老院（养老院）、老年服务中心、老年公寓（含老年护理院、康复中心、托老所）等。

（8）从2001年1月1日起，对按政府规定价格出租的公有住房和廉租住房（包括企业和自收自支事业单位向职工出租的单位自有住房）、房管部门向居民出租的公有住房、落实私房政策中带户发还产权并以政府规定租金标准向居民出租的私有住房等，暂免征房产税。其中，企业和自收自支事业单位向职工出租的单位自有住房，是指按照公有住房管理或纳入县级以上政府廉租住房管理的单位自有住房。

（9）对房地产开发企业建造的商品房，在出售前不征收房产税。但对出售前房地产开发企业已使用或出租、出借的商品房应按规定征收房产税。

（10）地方铁路运输企业自用的房产，免征房产税。

（11）为继续支持公租房建设和运营，对公租房免征房产税。公租房经营管理单位应单独核算公租房租金收入，未单独核算的，不得享受免征房产税优惠政策。

（12）对高校学生提供住宿服务，按照国家规定的收费标准收取住宿费的高校学生公寓，免征房产税。

（13）自2019年1月1日至2021年12月31日，对农产品批发市场、农贸市场专门用于经营农产品的房产，暂免征收房产税。

（14）自2019年1月1日至2020年12月31日，对向居民供热收取采暖费的"三北"地区供热企业，为居民供热所使用的厂房免征房产税。

（15）为推进国有经营性文化事业单位转企改制，对经营性文化事业单位由财政部门拨付事业经费的经营性文化事业单位转制为企业，自转制注册之日起五年内对其自用房产免征房产税。2018年12月31日前完成转制的企业，自2019年1月1日起对其自用房产可继续免征五年房产税。

（16）自2019年1月1日至2021年12月31日，由省、自治区、直辖市人民政府根据本地区实际情况，以及宏观调控需要确定，对增值税小规模纳税人可以在50%的税额幅度内减征房产税。

（17）自2019年1月1日至2021年12月31日，对商品储备管理公司及其直属库自用的承担商品储备业务的房产，免征房产税。

（18）自2019年6月1日至2025年12月31日，为社区提供养老、托育、家政等服务的机构自有或其通过承租、无偿使用等方式取得并用于提供养老、托育、家政等服务的房产，免征房产税。

（19）自2018年1月1日至2023年12月31日，对纳税人及其全资子公司从事大型民用客机发动机、中大功率民用涡轴涡桨发动机研制项目自用的科研、生产、办公房产，免征房产税。

（20）自2019年1月1日至2020年12月31日，对纳税人及其全资子公司从事大型客机研制项目自用的科研、生产、办公房产，免征房产税。

（21）自2019年1月1日至2020年12月31日，对饮水工程运营管理单位自用的生产、办公用房产，免征房产税。

（二）纳税义务发生时间

（1）原有房产用于生产经营的，从生产经营之月起缴纳房产税。

（2）纳税人自建房屋用于生产经营的，自建成次月起缴纳房产税。

（3）纳税人委托施工企业建房的，从办理验收手续次月起纳税；在办理验收手续前已使用的，从使用当月起计征房产税。

（4）纳税人购置新建商品房，自房屋交付使用次月起缴纳房产税。

（5）纳税人购置存量房地产，自房产证签发次月起缴纳房产税。

（6）纳税人出租、出借房产，自交付出租、出借房产之次月起缴纳房产税。

（7）房地产开发企业自用出租、出借本企业建造的商品房，自房产使用或交付次月起缴纳房产税。

(三) 纳税期限

房产税实行按年计算、分期缴纳的征收方法，具体纳税期限由省、自治区、直辖市人民政府确定。各地一般按季或半年征收。

(四) 纳税地点

房产税在房产所在地缴纳。房产不在同一地方的纳税人，应按房产的坐落地点分别向房产所在地的税务机关缴纳。

(五) 纳税申报

房产税的纳税人应按照条例的有关规定，将现有房屋的坐落地点、结构、面积、原值、出租收入等情况，据实向当地税务机关办理纳税申报，如实填写《房产税纳税申报表》，按规定纳税。纳税人住址发生变更、产权发生转移，以及出现新建、改建、扩建、拆除房屋等情况，而引起房产原值发生变化或者租金收入变化的，都要按规定及时向税务机关办理变更登记。

第二节 车 船 税

一、车船税概述

车船税是对在中华人民共和国境内属于《中华人民共和国车船税法》(以下简称《车船税法》)中《车船税税目税额表》所规定的车辆、船舶的所有人或管理人征收的一种税。2006年12月29日，国务院颁布了第482号令，公布了《中华人民共和国车船税暂行条例》，从2007年1月1日起开始实施，自此，内外资企业和个人实施统一的车船税。2011年2月25日，第十一届全国人民代表大会常务委员会第十九次会议通过了《车船税法》，自2012年1月1日起开始实施。这对统一税制、公平税负、拓宽税基、提高税法的法律级次、增加地方财政收入、增强地方税务征收管理具有重要意义。

二、纳税义务人与征税范围

(一) 纳税义务人

车船税的纳税义务人，是指在中华人民共和国境内的车辆、船舶(以下简称车船)的所有人或者管理人。其中包括在我国境内拥有车船的单位和个人。这里所称的单位是指行政机关、事业单位、社会团体以及中外各类企业；这里所称的个人是指我国境内的居民和外籍个人。

（二）征税范围

车船税征税范围是指在机场、港口以及其他企业内部场所行驶或作业，并在车船管理部门登记的车船。车船管理部门是指公安、交通、农业、渔业、军事武装警察部队等依法具有车船管理职能的部门。具体包括以下几个方面：

（1）依法应当在车船管理部门登记的机动车辆和船舶。

（2）依法不需要在车船管理部门登记的在单位内部场所行驶或者作业的机动车辆和船舶。

在现实中，车辆分为机动车辆和非机动车辆，船舶分为机动船舶和非机动船舶。车船税的征税范围包括机动车辆和船舶，不包括非机动车辆。

> **特别提醒**
>
> 按照 2012 年 1 月 1 日实施的《车船税法》和《中华人民共和国车船税法实施条例》，非机动车不属于车船税的征税范围。

三、税目与税率

车船税实行定额幅度税率，即对征税的车船规定上下限税额标准。税额确定总的原则是：排气量低的车辆税负轻于排气量高的车辆，小吨位船舶的税负轻于大船舶。由于车辆和船舶的行驶情况不同，车船税的税额也有所不同。具体税率如表 8-1 所示。

表 8-1 车船税税目税额表

税目		计税单位	年基准税额	备注
乘用车（按发动机汽缸容量（排气量）分档）	1.0 升（含）以下的	每辆	60 元至 360 元	核定载客人数 9 人（含）以下
	1.0 升以上至 1.6 升（含）的		300 元至 540 元	
	1.6 升以上至 2.0 升（含）的		360 元至 660 元	
	2.0 升以上至 2.5 升（含）的		660 元至 1 200 元	
	2.5 升以上至 3.0 升（含）的		1 200 元至 2 400 元	
	3.0 升以上至 4.0 升（含）的		2 400 元至 3 600 元	
	4.0 升以上的		3 600 元至 5 400 元	
商用车	客车	每辆	480 元至 1 440 元	核定载客人数 9 人以上，包括电车
	货车	整备质量每吨	16 元至 120 元	包括半挂牵引车、三轮汽车和低速载货汽车等，挂车减按 50% 计算
挂车		整备质量每吨	按照货车税额的 50% 计算	
其他车辆	专用作业车	整备质量每吨	16 元至 120 元	不包括拖拉机
	轮式专用机械车	整备质量每吨	16 元至 120 元	
摩托车		每辆	36 元至 180 元	
船舶	机动船舶	净吨位每吨	3 元至 6 元	拖船、非机动驳船分别按照机动船舶税额的 50% 计算
	游艇	艇身长度每米	600 元至 2 000 元	

【解释】：

（1）车辆的具体适用税额由省、自治区、直辖市人民政府依照《车船税税目税额表》规定的税额幅度和国务院的规定确定。

（2）船舶的具体适用税额由国务院在《车船税税目税额表》规定的税额幅度内确定。

车船税计税单位是"每辆""整备质量每吨""净吨位每吨""艇身长度每米"。车辆整备质量尾数不超过 0.5 吨（含 0.5 吨）的，按照 0.5 吨计算；超过 0.5 吨的，按照 1 吨计算。整备质量不超过 1 吨的车辆，按照 1 吨计算。

船舶净吨位尾数不超过 0.5 吨（含 0.5 吨）的，不予计算；超过 0.5 吨的，按照 1 吨计算。净吨位 1 吨以下的船舶，按照 1 吨计算。拖船按照发动机功率每 1 千瓦折合净吨位 0.67 吨计算征收车船税。

车船税法所涉及的排气量、整备质量、核定载客人数、净吨位、马力、艇身长度，以车船管理部门核发的车船登记证书或者行驶证所载数据为准。

依法不需要办理登记的车船和依法应当登记而未办理登记或者不能提供车船登记证书、行驶证的车船，以车船出厂合格证明或者进口凭证标注的技术参数、数据为准；不能提供车船出厂合格证明或者进口凭证的，由主管税务机关参照国家相关标准核定，没有国家相关标准的参照同类车船核定。

四、应纳税额的计算与代收代缴

（一）应纳税额的计算

纳税人按照纳税地点所在地的省、自治区、直辖市人民政府规定的具体适用税额缴纳车船税。

（1）购置的新车船，购置当年的应纳税额自纳税义务发生的当月起按月计算。

计算公式为：

$$应纳税额 =（年应纳税额 /12）× 应纳税月份数$$

（2）在一个纳税年度内，已完税的车船被盗抢、报废、灭失的，纳税人可以凭有关管理机关出具的证明和完税凭证，向纳税所在地的主管税务机关申请退还自被盗抢、报废、灭失月份起至该纳税年度终了期间的税款。

（3）已办理退税的被盗抢车船失而复得的，纳税人应当从公安机关出具相关证明的当月起计算缴纳车船税。

（4）在一个纳税年度内，纳税人在非车辆登记地由保险机构代收代缴机动车车船税，且能够提供合法有效完税证明的，纳税人不再向车辆登记地的地方税务机关缴纳车辆车船税。

（5）已缴纳车船税的车船在同一纳税年度内办理转让过户的，不另纳税，也不退税。

【例 8-4】某单位 2019 年 4 月 3 日购买奥迪轿车一辆。该省规定该排量乘用车每辆年税额为 600 元。

要求： 计算该单位这辆轿车当年应纳多少车船税。

【解析】

该单位这辆轿车当年应纳车船税＝600/12×9=450（元）

（二）保险机构代收代缴车船税

（1）从事机动车第三方责任强制保险业务的保险机构为机动车车船税的扣缴义务人，应在收取保险费时依法代收车船税，并出具代收税款凭证。

（2）保险机构在代收车船税时，应当在机动车交通事故责任强制保险的保险单以及保费发票上注明已收税款的信息和减免信息，作为代收税款凭证。

（3）纳税人在应当购买交通事故强制保险截止日期以后购买的，或以前年度没有缴纳车辆车船税的，保险机构在代收代缴税款的同时，还应代收代缴欠缴税款的滞纳金。

（4）已完税或按照《车船税法》第三条第（四）项、第四条规定减税、免税的车船，纳税人应当向扣缴义务人提供登记地主管税务机关出具的减免证明。扣缴义务人凭主管税务机关出具的减免税证明或完税证明，依法办理相关手续。

（5）不能提供完税证明或减免税证明，且拒绝扣缴义务人代收代缴车船税的纳税人，扣缴义务人不得出具保单、保险标志和保险发票等，同时报告主管机关处理。

（6）扣缴义务人应当及时解缴代收代缴的税款，并向地方税务机关申报。

五、税收优惠

（一）法定减免

车船税法定减免包括以下几项：

（1）捕捞、养殖渔船。

（2）军队、武装警察部队专用的车船。

（3）警用车船。

（4）悬挂应急救援专用号牌的国家综合性消防救援车辆和国家综合性消防救援专用船舶免征车船税。

（5）依照法律规定应当予以免税的外国驻华使领馆、国际组织驻华代表机构及其有关人员的车船。

（6）对节约能源的车船，减半征收车船税；对使用新能源的车船，免征车船税。节约能源、使用新能源的车辆包括电动汽车、燃料电池汽车和混合动力汽车。纯电动汽车、燃料电池汽车和插电式混合动力汽车免征车船税，其他混合动力汽车按照同类车辆适用税额减半征税。

（7）对受严重自然灾害影响纳税困难以及有其他特殊原因确需减税、免税的，可以减征或者免征车船税。

（8）省、自治区、直辖市人民政府根据当地实际情况，可以对公共交通车船，农村居民拥有并主要在农村地区使用的摩托车、三轮汽车和低速载货汽车定期减征或者免征车船税。

（二）特定减免

（1）经批准临时入境的外国车船和香港特别行政区、澳门特别行政区、台湾地区的车船，不征收车船税。

（2）按照规定缴纳船舶吨税的机动船舶，自《车船税法》实施之日起 5 年内免征车船税。

（3）依法不需要在车船登记管理部门登记的机场、港口、铁路站场内部行驶或作业的车船，自《车船税法》实施之日起 5 年内免征车船税。

（4）国家综合性消防救援车辆由部队号牌改挂应急救援专用号牌的，一次性免征改挂当年车船税。

第三节　车辆购置税

一、车辆购置税概述

车辆购置税是以在中国境内购置规定的车辆为课税对象，在特定的环节向车辆购置者征收的一种税。就其性质而言，属于直接税的范畴。《中华人民共和国车辆购置税法》规定，在中华人民共和国境内购置汽车、有轨电车、汽车挂车、排气量超过一百五十毫升的摩托车的单位和个人，为车辆购置税的纳税人，应当依照本法规定缴纳车辆购置税。

《中华人民共和国车辆购置税法》由第十三届全国人民代表大会常务委员会第七次会议于 2018 年 12 月 29 日通过，自 2019 年 7 月 1 日起施行。2000 年 10 月 22 日国务院公布的《中华人民共和国车辆购置税暂行条例》同时废止。

二、纳税义务人、征税对象与征税范围

（一）纳税义务人

纳税义务人为境内购置应税车辆的（各类性质的）单位和个人。

车辆购置税的应税行为包括：购买使用行为，进口使用行为，受赠使用行为，自产自用行为，获奖使用行为，以及以拍卖、抵债、走私、罚没等方式取得并使用的行为。

特别提醒

车辆购置税的应税行为是从各种渠道取得并使用应税车辆的行为。

（二）征税对象与征税范围

其征税范围包括汽车、有轨电车、汽车挂车、排气量超过150毫升的摩托车。

地铁、轻轨等城市轨道交通车辆，装载机、平地机、挖掘机、推土机等轮式专用机械车，以及起重机（吊车）、叉车、电动摩托车，不属于应税车辆。

三、税率及应纳税额的计算

（一）税率

我国车辆购置税实行统一比例税率10%。

（二）购买自用应税车辆应纳税额的计算

纳税人购买自用的应税车辆，其计税价格由纳税人支付给销售者的全部价款（不包括增值税税款）和价外费用组成。还要注意购买自用的应税车辆包括购买国产车、购买进口车。不论是购买国产车还是购买进口车，都应注意需要并入计税价格的项目。

1. 并入计税价格的项目

（1）购买者随购买车辆支付的工具件和零部件价款。

（2）支付的车辆装饰费。

（3）销售单位开展优质销售活动所开票收取的有关费用。

（4）凡使用代收单位（受托方）票据收取的款项，应视作代收单位价外收费，应并入计税价格中一并征税。

2. 不并入计税价格的项目

（1）支付的控购费。

（2）销售单位开给购买者的各种发票金额中包含的增值税税款。

（3）凡使用委托方票据收取，受托方只履行代收义务和收取代收手续费的款项（应按其他税收政策规定征税）。

【例8-5】 2019年3月，李某从某销售公司（增值税一般纳税人）购买轿车一辆供自己使用，支付含增值税的价款221 000元，另支付购置工具件和零配件价款1 000元，车辆装饰费4 000元，销售公司代收保险费等8 000元，支付的各项价款均由销售公司开具统一发票。

要求：计算李某应纳车辆购置税税额。

【解析】

应纳车辆购置税税额 = （221 000+1 000+4 000+8 000）÷（1+13%）×10%
  ≈ 20 707.96（元）

(三) 进口自用应税车辆应纳税额的计算

所谓进口自用车辆，指的是纳税人报关进口车辆并自用。纳税人进口自用的应税车辆以组成计税价格为计税依据。计税价格的计算公式为：

$$计税价格 = 关税完税价格 + 关税 + 消费税$$

进口自用应税车辆计征车辆购置税的计税依据，与进口环节计算增值税的计税依据一致。也可以用以下公式计算：

$$计税价格 = (关税完税价格 + 关税) \div (1 - 消费税税率)$$

如果进口车辆是不属于消费税征税范围的大卡车、大客车，则组成计税价格公式简化为：

$$计税价格 = 关税完税价格 + 关税$$

如果购买的进口车价格低于同类车辆最低计税，税务总局将给出一个最低计税价格；如果纳税人提供的车辆有效价格证明注明的价格明显偏低，主管税务机关有权核定应税车辆的计税价格。

(四) 其他自用应税车辆应纳税额的计算

纳税人自产自用、受赠使用、获奖使用和以其他方式取得并自用应税车辆的，凡不能取得该型车辆的购置价格，或者低于最低计税价格的，以国家税务总局核定的最低计税价格为计税依据计算征收车辆购置税。

(五) 特殊情形自用应税车辆应纳税额的计算

1. 减税、免税条件消失车辆应纳税额的计算

对免税条件消失的车辆，纳税人应该按现行规定，在办理车辆过户手续前或办理变更车辆登记注册手续前向主管税务机关缴纳车辆购置税。

$$计税依据 = 初次办理纳税申报时确定的计税价格 \times (1 - 使用年限 \times 10\%)$$

$$应纳税额 = 初次办理纳税申报时确定的计税价格 \times (1 - 使用年限 \times 10\%) \times 10\% - 已纳税款$$

计税价格以免税、减税车辆初次办理纳税申报时确定的价格为基础，每满1年扣除10%；未满1年的，计税价格为免税车辆原计税价格；使用满10年（含）以上的，计税价格为0。

使用年限的计算方法，自纳税人初次办理纳税申报之日起，至不再属于免税、减税范围情形发生之日止，使用年限取整计算，不满一年的不计算在内。

2. 未按规定纳税车辆应补税额的计算

纳税人未按规定缴税的，应按现行政策规定的计税价格，区分情况，分别确定征税。不能提供购车发票和有关购车证明资料的，检查地税务机关应按同类型应税车辆的最低计税价格征税；如果纳税人回落籍地后提供的购车发票金额与支付的价外费用之和高于核定的最低计税价格，落籍地主管税务机关还应对其差额计算补税。

四、税收优惠及征收管理

(一)车辆购置税税收优惠政策

(1)外国驻华使馆、领事馆和国际组织驻华机构及外交人员自用的车辆免税。

(2)中国人民解放军和中国人民武装警察部队列入军队武器装备订货计划的车辆免税。

(3)悬挂应急救援专用号牌的国家综合性消防救援车辆免税。

(4)设有固定装置的非运输车辆免税。

(5)城市公交企业购置公共汽电车辆免税。

(6)回国服务的在外留学人员用现汇购买1辆自用国产小汽车免税。

(7)长期来华定居专家进口的1辆自用小汽车。

(8)防汛部门和森林消防部门购置的由指定厂家生产的指定型号的用于指挥、检查、调度、防汛(警)、联络的设有固定装置的车辆免税。

(9)自2018年1月1日至2020年12月31日,对购置新能源汽车免税。

(10)自2018年7月1日至2021年6月30日,对购置挂车减半征税。

(11)中国妇女发展基金会"母亲健康快车"项目使用的流动医疗车免税。

(12)北京2022年冬奥会和冬残奥会组织委员会新购置车辆免税。

(13)原公安现役部队和原武警黄金、森林、水电部队改制后换发地方机动车牌证的车辆,一次性免税。

(14)农用三轮运输车免税。

(二)车辆购置税的退税

(1)车辆退回生产企业或者经销商的。

(2)符合免税条件的设有固定装置的非运输车辆已征税的。

(3)其他依据法律法规规定应予退税的情形。

车辆退回生产企业或者经销商的,纳税人申请退税时,主管税务机关自纳税人办理纳税申报之日起,按已缴纳税款每满1年扣减10%计算退税;未满1年的,按已缴纳税款全额退税。

$$应退税款 = 已纳税款 \times (1 - 使用年限 \times 10\%)$$

(三)征收管理

(1)车辆购置税纳税申报,实行一车一申报制。

(2)车辆购置税纳税环节。

车辆购置税征税环节选择在使用环节(即最终消费环节)。具体而言,车辆购置税在应税车辆上牌登记注册前的使用环节征收。

(3)车辆购置税纳税地点。

纳税人购置应税车辆，应当向车辆登记注册地的主管税务机关申报纳税；购置不需办理车辆登记注册手续的应税车辆，应当向纳税人所在地的主管税务机关申报纳税。车辆登记注册地是指车辆的上牌落籍地或落户地。

（4）车辆购置税纳税期限。

纳税人购买自用的应税车辆，自购买之日起60日内申报纳税；进口自用的应税车辆，应当自进口之日起60日内申报纳税；自产、受赠、获奖和以其他方式取得并自用应税车辆的，应当自取得之日起60日内申报纳税。免税车辆因转让、改变用途等原因，其免税条件消失的，纳税人应在免税条件消失之日起60日内到主管税务机关重新申报纳税。免税车辆发生转让，但仍属于免税范围的，受让方应当自购买或取得车辆之日起60日内到主管税务机关重新申报免税。

（5）车辆购置税的缴税管理。

车辆购置税缴纳税款的方法主要有以下几种：①自报核缴；②集中征收缴纳；③代征、代扣、代收。

（6）车辆购置税的退税制度。

1）已缴纳车辆购置税的车辆，车辆退回生产企业或者经销商的、符合免税条件的设有固定装置的非运输车辆但已征税的、其他依据法律法规规定应予退税的情形，准予纳税人申请退税。

2）对公安机关车辆管理机构不予办理车辆登记注册手续的车辆，退还全部已缴税款。

第四节 土地增值税

一、土地增值税的概念

土地增值税是对有偿转让国有土地使用权、地上建筑物及其附着物（以下简称"转让房地产"）并取得收入的单位和个人，就其转让房地产所取得的增值额征收的一种税。现行土地增值税的基本规范，是1993年12月13日国务院颁布并于1994年1月1日起实施的《中华人民共和国土地增值税暂行条例》和1995年1月27日财政部制定的《中华人民共和国土地增值税暂行条例实施细则》。

土地增值税是国家为了规范土地、房地产市场交易秩序，合理调节土地增值收益，维护国家权益而开征的税种，开征土地增值税是加强对房地产市场调控能力的客观需要，对抑制房地产炒作等投机行为，规范房地产市场健康、有序地发展起着重要的作用。

二、土地增值税的纳税人和征税范围

（一）土地增值税的纳税人

转让国有土地使用权、其他建筑物和附着物并取得收入的单位和个人为土地增值

税的纳税人。所称的单位包括各类企业单位、事业单位、国家机关、社会团体及其他组织；所称的个人包括个体经营者、中国公民与外籍个人等。此外，还包括外商投资企业、外国企业、外国驻华机构及海外华侨、我国港澳台同胞和外国公民。

（二）土地增值税的征税范围

1. 土地增值税征税范围的一般规定

土地增值税征税范围具有以下三个标准。

（1）"国有"标准。这是指转让的土地使用权必须是国家所有，即转让的土地使用权只能是国有土地使用权，不包括集体土地及耕地。

（2）"产权转让"标准。这是指土地使用权、地上建筑物及附着物必须发生产权转让。地上建筑物是指建于土地上的一切建筑物，包括地上地下的各种附属设施。附着物是指附着于土地上的，不能移动，一经移动即遭损坏的物品。

（3）"取得收入"标准。这是指征收土地增值税的行为必须取得转让收入。

房地产的权属虽转让但未取得收入的行为，如以继承、赠与方式无偿转让房地产的行为，不征税。

2. 土地增值税征税范围的具体规定

（1）出售的征收土地增值税。具体是：①出售国有土地使用权；②取得国有土地使用权并进行房屋开发建造后出售；③存量房地产买卖。

（2）继承的不征土地增值税。赠与中属于公益性赠与、赠与直系亲属或承担直接赡养义务人的不征土地增值税，而属于非公益性赠与的征收土地增值税。

（3）出租的不征土地增值税。

（4）以房地产进行投资、联营的，投资联营的一方以房地产作价入股进行投资或作为联营条件，将房地产转让到所投资、联营的企业时，暂免征收土地增值税；投资、联营企业将上述房地产再转让时，应征收土地增值税。

（5）对于一方出地，一方出资金，双方合作建房，建成后按比例分房自用的，暂免征收土地增值税；建成后转让的，应征收土地增值税。

（6）在企业兼并中，对被兼并企业将房地产转让到兼并企业中的，暂免征收土地增值税。

（7）房地产交换，应征收土地增值税，但个人之间互换自有居住用房的，经当地税务机关核实，可以免征土地增值税。

（8）房地产抵押的，抵押期间不征土地增值税；抵押期满以房产抵债而发生房地产权属转让的，应征土地增值税。

（9）代建行为，房地产开发公司代客服进行房地产的开发，开发完成后向客服收取代建收入，由于没有发生房地产权属的转移，其收入属于劳务收入性质，不属于土地增值税的征税范围。

（10）房地产的重新评估，国有企业在清产核资时对房地产进行重新评估而产生的评估增值，既没有发生房地产权属的转移，也未取得收入，不属于土地增值税的征税范围。

（11）企业改制重组。

按照《中华人民共和国公司法》的规定，非公司制企业整体改建为有限责任公司或者股份有限公司，有限责任公司（股份有限公司）整体改建为股份有限公司（有限责任公司）。对改建前的企业将国有土地、房屋权属转移、变更到改建后的企业，暂不征收土地增值税。整体改建是指不改变原企业的投资主体，并承继原企业权利、义务的行为。

（12）按照法律规定或者合同约定，两个或两个以上企业合并为一个企业，且原企业投资主体存续，对原企业将国有土地、房屋权属转移、变更到合并后的企业，暂不征收土地增值税。

（13）按照法律规定或者合同约定，企业分设为两个或两个以上与原企业投资主体相同的企业，对原企业将国有土地、房屋权属转移、变更到分立后的企业，暂不征收土地增值税。

（14）单位、个人在改制重组时以国有土地、房屋进行投资，对其将国有土地、房屋权属转移、变更到被投资的企业，暂不征收土地增值税。

（15）上述改制重组有关土地增值税政策不适用于房地产开发企业。

三、土地增值税的计算

（一）计税依据的确定

土地增值税的计税依据是纳税人转让房地产取得的增值额，即纳税人转让房地产所取得的收入额减去规定的扣除项目金额后的余额，因此，要准确地界定增值税必须确定应税的收入额和扣除项目金额。

1. 应税收入的确定

应税收入主要包括转让房地产的全部价款及有关的经济收益，包括货币收入、实物收入和其他收入。

（1）货币收入。这是指纳税人转让房地产而取得的现金、银行存款，以及国库券、金融债券、企业债券、股票等有价债券。

（2）实物收入。这是指纳税人转让房地产而取得的各种实物形态的收入，如钢材、水泥等建材，以及房屋、土地等不动产。对于这些实物收入，一般要按公允价值确定应税收入。

（3）其他收入。这是指纳税人转让房地产而取得的无形资产收入或具有财产价值的权利，如专利权、商标权、著作权、专有技术使用权、土地使用权和商誉权等。

2. 扣除项目及其金额的确定

根据税法的规定，准予从转让的房地产收入中扣除的项目包括以下6个方面。

（1）取得土地使用权所支付的金额，包括纳税人为取得土地使用权所支付的地价款和在取得土地使用权时按国家统一规定缴纳的有关费用。房地产开发企业为取得土地使用权所支付的契税，计入"取得土地使用权所支付的金额"中扣除。其中：以出让方式取得的，以支付的土地出让金为地价款；以行政划拨方式取得的，以补缴的土地出让金为地价款；以转让方式取得的，以向原土地使用人实际支付的金额为地价款。

（2）房地产开发成本。这是指房地产开发项目实际发生的成本，包括土地征用及拆迁补偿费、前期工程费、建筑安装工程费、基础设施费、公共配套设施费、开发间接费用等。

（3）房地产开发费用。这是指与房地产开发项目有关的销售费用、管理费用、财务费用。从转让收入中扣除的房地产开发费用，不按实际发生额扣除，而是按税法规定标准计算扣除。具体计算方法视财务费用中利息支出的内容分别处理。

1）财务费用中的利息支出，凡能够按转让房地产项目计算分摊并提供金融机构证明的，允许据实扣除，但最高不能超过按商业银行同类、同期贷款利率计算的金额；其他房地产开发费用，按照土地使用权所支付的金额和房地产开发成本金额之和的5%以内计算扣除。计算公式如下：

房地产开发费用 = 利息 + （取得土地使用权所支付的金额 + 房地产开发成本）×5%

2）财务费用中的利息支出，凡不能按转让房地产项目计算分摊利息或不能提供金融机构证明的，房地产开发费用按土地使用权支付金额和房地产开发成本之和的10%以内计算扣除。计算公式如下：

房地产开发费用 =（取得土地使用权所支付的金额 + 房地产开发成本）×10%

（4）与转让房地产有关的税金，包括在转让房地产时缴纳的城建税、印花税、教育费附加。房地产开发企业发生转让行为时缴纳的印花税已列入管理费用，在此不再单独扣除，其他纳税人缴纳的印花税允许在此扣除。

（5）其他扣除项目。这特指从事房地产开发的纳税人。可按取得土地使用权所支付的金额和房地产开发成本金额之和的20%加计扣除，除此之外的其他纳税人不适用。计算公式如下：

加计扣除费用 =（取得土地使用权所支付的金额 + 房地产开发成本金额）×20%

（6）旧房及建筑物的评估价格。

3. 存量房地产转让可扣除的项目

（1）旧房及建筑物的评估价格。旧房及建筑物的评估价格是指在转让已使用的房屋及建筑物时，由政府批准设立的房地产评估机构评定的重置成本价乘以成新度折扣率后的价格。其中，重置成本是指对旧房及建筑物按转让时的建材价格及人工费用，计算建造同样面积、同样层数、同样结构、同样建设标准的新房及建筑物所需花费的成本费用。

纳税人转让旧房及建筑物，能取得评估价格的，应按评估价格计算扣除项目金额（评估价格 = 重置成本价 × 成新度折扣率）；不能取得评估价格，但能提供购房发票的，经当地税务部门确认，取得土地使用权支付的金额、旧房及建筑物的评估价格，可按发票所载金额,从所载日期起到售房发票开具之日止每年加计5%计算扣除。计算扣除项目时"每年"是指按购房发票所载日期起至售房发票开具之日止,每满12个月计1年;超过1年,未满12个月但超过6个月的,可视同为1年。

(2)取得土地使用权所支付的地价款和按国家统一规定缴纳的有关费用。对取得土地使用权时未支付地价款或不能提供已支付地价款凭据的,在计征土地增值税时不允许扣除。

(3)转让环节缴纳的税金。

(二)税率的选择

土地增值税实行四级超率累进税率,是我国唯一采用超率累进税率的税种,具体如表8-2所示。

表8-2 土地增值税税率表

级次	增值额占扣除项目金额的比例	税率(%)	速算扣除系数(%)
1	50%(含)以下	30	0
2	50%~100%(含)	40	5
3	100%~200%(含)	50	15
4	200%以上	60	35

(三)优惠政策的运用

(1)纳税人建造普通标准住宅出售,增值率未超过扣除项目金额20%的,免征土地增值税,增值率超过扣除项目金额20%的,应就其全部增值额按规定计税。

所称的普通标准住宅,是指按所在地一般民用住宅标准建造的居住用住宅。高级公寓、别墅、度假村等不属于普通标准住宅。自2005年6月1日起,普通标准住宅是指同时满足以下条件的住宅:住宅小区建筑容积率在1.0以上,单套建筑面积在120平方米以下,实际成交价格低于同级别土地上住房平均交易价格1.2倍以下。各省、自治区、直辖市要根据实际情况,制定本地区享受优惠政策普通住房的具体标准,允许单套建筑面积和价格标准适当浮动,但向上浮动的比例不得超过上述标准的20%。

对纳税人既建普通标准住宅,又搞其他房地产开发的,应分别核算增值额;不分别核算增值额或不能准确核算增值额的,其建造的普通标准住宅不适用该免税规定。

(2)企事业单位、社会团体以及其他组织转让旧房作为改造安置房房源、公租房房源且增值额未超过扣除项目金额20%的,免征土地增值税。

(3)因国家建设需要依法征用、收回的房地产,免征土地增值税。

(4)因城市实施规划、国家建设的需要而搬迁,由纳税人自行转让原房地产的,免征土地增值税。

(5)对个人销售住房暂免征收土地增值税。

(6)企业改制重组暂不征收土地增值税。

根据财政部和税务总局发布的《关于继续实施企业改制重组有关土地增值税政策的公告》(财政部 税务总局公告 2021 年第 21 号)的规定：

1）非公司制企业整体改制为有限责任公司或股份有限公司，有限责任公司（股份有限公司）整体改制为股份有限公司（有限责任公司），对改制前的企业将国有土地使用权、地上的建筑物及其附着物（以下称房地产）转移、变更到改制后的企业，暂不征土地增值税；

2）按照法律规定或者合同约定，两个或两个以上企业合并为一个企业，且原企业投资主体存续的，对原企业将房地产转移、变更到合并后的企业，暂不征土地增值税；

3）按照法律规定或者合同约定，企业分设为两个或两个以上与原企业投资主体相同的企业，对原企业将房地产转移、变更到分立后的企业，暂不征土地增值税；

4）单位、个人在改制重组时以房地产作价入股进行投资，对其将房地产转移、变更到被投资的企业，暂不征土地增值税。

5）上述改制重组有关土地增值税政策不适用于房地产转移任意一方为房地产开发企业的情形。

6）改制重组后再转让房地产并申报缴纳土地增值税时，对"取得土地使用权所支付的金额"，按照改制重组前取得该宗国有土地使用权所支付的地价款和按国家统一规定缴纳的有关费用确定；经批准以国有土地使用权作价出资入股的，为作价入股时县级及以上自然资源部门批准的评估价格。按购房发票确定扣除项目金额的，按照改制重组前购房发票所载金额并从购买年度起至本次转让年度止每年加计 5% 计算扣除项目金额，购买年度是指购房发票所载日期的当年。

7）不改变原企业投资主体、投资主体相同，是指企业改制重组前后出资人不发生变动，出资人的出资比例可以发生变动；投资主体存续，是指原企业出资人必须存在于改制重组后的企业，出资人的出资比例可以发生变动。

8）执行期限为 2021 年 1 月 1 日至 2023 年 12 月 31 日。

（四）应纳税额的计算

1. 转让新开发房地产土地增值税的计算方法

第一步，确定收入总额。

第二步，计算扣除项目金额。

第三步，计算增值额。

$$增值额 = 收入额 - 扣除项目金额$$

第四步，计算增值率。

$$增值率 = 增值额 \div 扣除项目金额 \times 100\%$$

第五步，根据计算的增值率确定税率。

第六步，计算税额。

$$应纳土地增值税税额 = 增值额 \times 税率 - 扣除项目金额 \times 速算扣除系数$$

【例8-6】 某房地产开发公司出售一幢写字楼，收入总额为10 000万元（不含增值税）。开发该写字楼有关支出为：地价款及各种费用1 000万元；房地产开发成本3 000万元；财务费用中的利息支出为500万元（可按转让项目计算分摊并提供金融机构证明），但其中有50万元属于加罚的利息；转让环节缴纳的有关税费合计555万元；该单位所在地政府规定的其他房地产开发费用计算扣除比例为5%。

要求：计算该房地产开发公司应纳的土地增值税。

【解析】

$$收入总额 = 10\ 000（万元）$$

计算扣除项目金额：

$$取得土地使用权支付的地价款及有关费用 = 1\ 000（万元）$$

$$开发成本 = 3\ 000（万元）$$

$$开发费用 = 500 - 50 + (1\ 000 + 3\ 000) \times 5\% = 650（万元）$$

$$允许扣除的税费 = 555（万元）$$

$$从事房地产开发的纳税人可享受加计扣除额 = (1\ 000 + 3\ 000) \times 20\% = 800（万元）$$

$$允许扣除项目金额合计 = 1\ 000 + 3\ 000 + 650 + 555 + 800 = 6\ 005（万元）$$

$$增值额 = 10\ 000 - 6\ 005 = 3\ 995（万元）$$

$$增值率 = 3\ 995 \div 6\ 005 \times 100\% = 66.53（万元）$$

$$土地增值税适用税率为40\%，速算扣除系数为5\%。$$

$$应纳土地增值税税额 = 3\ 995 \times 40\% - 6\ 005 \times 5\% = 1\ 297.75（万元）$$

2. 转让旧房土地增值税的计算方法

第一步，确定收入总额。

第二步，计算评估价格。

$$评估价格 = 重置成本价 \times 成新度折扣率$$

第三步，汇集扣除项目金额。

第四步，计算增值率。

$$增值率 = 增值额 \div 扣除项目金额 \times 100\%$$

第五步，根据计算的增值率确定税率。

第六步，计算税额。

$$应纳土地增值税税额 = 增值额 \times 税率 - 扣除项目金额 \times 速算扣除系数$$

【例8-7】 某工业企业转让一栋办公楼，收入总额12 000万元。建造该办公楼时，为取得土地使用权支付金额3 000万元，发生建造成本4 000万元。转让时经政府批准的房地产评估机构评估后，确定该办公楼的重置成本价为8 000万元，成新度折扣率为60%，其他允许扣除的税费为666万元。

要求：计算应缴纳的土地增值税税额。

【解析】

$$\text{收入总额} = 12\,000\,(\text{万元})$$

计算扣除项目金额：

$$\text{办公楼评估价格} = 8\,000 \times 60\% = 4\,800\,(\text{万元})$$

$$\text{允许扣除项目金额的合计数} = 4\,800 + 3\,000 + 666 = 8\,466\,(\text{万元})$$

$$\text{增值额} = 12\,000 - 8\,466 = 3\,534\,(\text{万元})$$

土地增值税适用税率为30%。

$$\text{应纳土地增值税} = 3\,534 \times 30\% = 1\,060.2\,(\text{万元})$$

【例8-8】 A公司于2019年8月将拥有的商铺出售，实现收入总额800万元，经审核，该商铺购买发票显示日期为2014年1月，金额为500万元，已经税务机关确认允许扣除的税费为31.9万元。

要求：计算上述业务应缴纳的土地增值税。

【解析】没有评估价格，但提供了发票，可按发票所载金额，从所载日期起至发票开具之日止每年加计5%计算扣除。超过1年，未满12个月但超过6个月的，可视同为1年，2014年1月至2019年8月，共5年零7个月，按6年起算。

$$\text{扣除项目} = 500 \times (1 + 5\% \times 6) + 31.9 = 681.9\,(\text{万元})$$

$$\text{增值额} = 800 - 681.9 = 118.1\,(\text{万元})$$

$$\text{增值率} = 118.1 \div 681.9 \times 100\% = 17.32\%$$

土地增值税适用税率为30%。

$$\text{土地增值税} = 118.1 \times 30\% = 35.43\,(\text{万元})$$

（五）按房地产评估价格计算土地增值税

在实际的房地产交易过程中，纳税人有下列情形之一的，按照房地产评估价格计算征收土地增值税：

（1）隐瞒、虚报房地产成交价格的。
（2）提供扣除项目金额不实的。
（3）转让房地产的成交价格低于房地产评估价格，又无正当理由的。
（4）旧房及建筑物的转让。

四、土地增值税的征收管理

（一）纳税期限

土地增值税的纳税人应在转让房地产合同签订后的7日内，到房地产所在地主管税务机关办理纳税申报，并向税务机关提交房屋及建筑物产权证、土地使用权证书、土地转让与房产买卖合同、房地产评估报告及其他与转让房地产有关的资料。纳税人因经常发生房地产转让而难以在每次转让后申报的，经税务机关审核同意，可以定期进行纳税申报，具体期限由税务机关确定。纳税人预售房地产取得的收入，凡当地税务机关规定预征土地增值税的，纳税人应当到主管税务机关办理纳税申报，并按规定比例预交，待办理决算后，多退少补；凡当地税务机关规定不预征土地增值税的，也应在取得收入时先到税务机关登记或备案。

（二）纳税地点

土地增值税纳税地点的确定，根据纳税人性质不同分两种情况：

（1）法人纳税人。转让的房地产坐落地与其机构所在地一致的，以办理税务登记的原管辖税务机关为纳税地点；转让的房地产坐落地与其机构所在地或经营所在地不一致的，以房地产坐落地税务机关为纳税地点。

（2）自然人纳税人。转让的房地产坐落地与其居住所在地一致的，以居住所在地税务机关为纳税地点；转让的房地产坐落地与其居住所在地或经营所在地不一致的，以办理过户手续所在地税务机关为纳税地点。

（三）纳税申报

土地增值税纳税申报需提交相关纳税申报表。从事房地产开发的纳税人提交《土地增值税项目登记表》和《土地增值税纳税申报表（一）》，非从事房地产开发的纳税人提交《土地增值税纳税申报表（二）》。此外，清算时，从事房地产开发的纳税人需提交《土地增值税清算纳税申报表》。相关表从略。

◆ 本章小结

房产税是以房产为征税对象，以房屋的计税余值或租金收入为计税依据，向房屋产权所有人征收的一种财产税。其纳税义务人是房屋的产权所有人。征收房产税的房产，是以房屋形态表现的财产。房产税在城市、县城、建制镇和工矿区征收。房产税的计税办法分为两种，对于经营自用的房屋，以房产的计税余值为计税依据；对于出租的房屋，以租金收入为计税依据。房产税采用比例税率，依据房产余值计税的，税率为1.2%，依据房产租金收入计税的，税率为12%。个人出租住房，按4%的税率征收房产税。对企事业单位、社会团体以及其他组织按市场价格向个人出租用于居住的住房，减按4%的税率征收。

车船税是向境内的应税车辆和船舶，按照定额幅度税率征收的一种税。本章主要介绍了车船税的纳税义务人、征税范围、应纳税额的计算、税收优惠政策及征收管理。

车辆购置税是对境内购置应税车辆的单位和个人，在特定环节统一以10%的比例税率征收的一种税。本章主要介绍了车辆购置税的纳税义务人、征税范围、应纳税额的计算、税收优惠政策及征收管理。

土地增值税是对转让国有土地使用权、地上建筑物及附着物并取得收入的单位和个人，就其转让房地产所取得的增值额征收的一种税。

练习题

一、单项选择题

1. 下列各项中，符合房产税规定的是（　　）。
   A. 房屋出租的，由承租人缴纳房产税
   B. 房屋出典的，由出典人缴纳房产税
   C. 无租使用房产管理部门的房产，由使用人代为缴纳房产税
   D. 房屋产权未确定的，暂不缴纳房产税

2. 以下属于房产税征税范围，应纳房产税的是（　　）。
   A. 建制镇内的房屋　　　　　　　　B. 房地产开发企业开发的待售商品房
   C. 工矿区内的砖瓦石灰窑　　　　　D. 某市的露天游泳池

3. 纳税人经营自用的房屋的计税依据是（　　）。
   A. 房屋原值　　　B. 房屋净值　　　C. 市场价格　　　D. 计税余值

4. 下列属于房产税征税对象的是（　　）。
   A. 室外游泳池　　　　　　　　　　B. 水塔
   C. 工厂围墙　　　　　　　　　　　D. 房地产公司出租的写字楼

5. 我国房产税的计税价值是依照房产原值一次减除（　　）后的余值。
   A. 30%　　　　　B. 20%　　　　　C. 10%　　　　　D. 10%～30%

6. 某企业有一处房产原值1 000万元，2021年度用于投资联营（收取固定收入，不承担联营风险），投资期为5年。已知该企业当年取得固定收入50万元，当地政府规定的扣除比例为20%。该企业2013年应缴纳房产税（　　）万元。
   A. 6.0　　　　　B. 9.6　　　　　C. 10.8　　　　　D. 15.6

7. 赵某拥有三套房产，一套供自己和家人居住；另一套于2021年7月1日出租给王某居住，每月租金收入1 200元；还有一套于9月1日出租给李某用于生产经营，每月租金5 000元。2021年赵某应缴纳房产税（　　）元。
   A. 1 088　　　　B. 1 664　　　　C. 2 688　　　　D. 3 264

8. 甲企业2021年年初拥有厂房原值2 000万元，仓库原值500万元。2021年5月20日，甲企业将仓库以1 000万元的价格转让给乙企业，当地政府规定房产税减除比例为30%。甲企业当年应缴纳房产税（　　）万元。
   A. 17.65　　　　B. 18.2　　　　C. 18.55　　　　D. 20.3

9. 房产税（　　）。
   A. 按年征收，分期缴纳　　　　　　B. 按季征收，分期缴纳
   C. 按月征收，分期缴纳　　　　　　D. 由省、自治区、直辖市人民政府规定

10. 下列有关房产税纳税义务发生时间的说法中，正确的是（　　）。
    A. 纳税人自建房屋的，自房屋建成之日起开始缴纳房产税
    B. 纳税人委托施工企业建设的房屋，自办理验收手续之日起缴纳房产税
    C. 纳税人办理验收手续之前已经使用的房屋应征收房产税
    D. 纳税人将房屋出租的，自交付出租、出借房产之日起计征房产税
11. 下列各项中，符合车船税征收管理规定的是（　　）。
    A. 车船税按年申报，分月计算，一次性缴纳
    B. 纳税人自行申报缴纳车船税的，纳税地点为车船所有人居住地
    C. 车船税纳税义务发生时间为取得车船所有权或者管理权的次月
    D. 不需要办理登记的车船不缴纳车船税
12. 某小型运输公司拥有并使用以下车辆：①农业机械部门登记的拖拉机 5 辆，自重吨位为 2 吨；②自重 5 吨的载货卡车 10 辆；③自重吨位为 4 吨的汽车挂车 5 辆。当地政府规定，载货汽车的车辆税额为 60 元/吨，该公司当年应纳车船税为（　　）元。
    A. 3 900　　　　　　B. 4 020　　　　　　C. 3 600　　　　　　D. 4 260
13. 某汽车贸易公司 2021 年 10 月进口 11 辆小轿车，海关审定的关税完税价格为 25 万元/辆，当月销售 8 辆，取得含税销售收入 240 万元；2 辆企业自用，1 辆用于抵偿债务。合同约定的含税价格为 30 万元。该公司应纳车辆购置税（　　）万元（小轿车关税税率 28%，消费税税率 9%）。
    A. 7.03　　　　　　B. 5.00　　　　　　C. 7.50　　　　　　D. 10.55
14. 下列各项中，应当缴纳土地增值税的是（　　）。
    A. 继承房地产　　　　　　　　　　B. 以房地产作抵押向银行贷款
    C. 出售房屋　　　　　　　　　　　D. 出租房屋
15. 我国现行土地增值税实行的税率属于（　　）。
    A. 比例税率　　　B. 超额累进税率　　　C. 定额税率　　　D. 超率累进税率
16. 房地产开发费用中的利息支出，如能按转让房地产项目分摊并提供金融机构证明，允许据实扣除，其他开发费用限额扣除的比例为（　　）以内。
    A. 3%　　　　　　B. 5%　　　　　　C. 7%　　　　　　D. 10%

二、多项选择题

1. 房产税的纳税义务人有（　　）。
    A. 产权所有人，经营管理单位　　　　B. 承典人
    C. 房产代管人　　　　　　　　　　　D. 使用人
2. 下列说法不符合房产税相关规定的有（　　）。
    A. 完全建在地面以下的建筑不计征房产税
    B. 融资租赁方式租入的房屋，以每期支付的租赁费为计税依据
    C. 独立与地上建筑物相连的地下建筑物，应将地上建筑物与地下建筑物分开计算房产税

D. 对于更换房屋附属设备和配套设施中不易损坏、不经常更换的部分，在将其价值计入房产原值时，可扣减原来相应设备和设施的价值

3. 下列有关房产税的征税办法中，正确的有（　　）。
　　A. 融资租赁房屋，对出租方以租金收入为计税依据征税
　　B. 纳税人无租使用免税单位房产，暂免征收房产税
　　C. 以房产投资收取固定收入且不承担风险的，以取得的固定收入为计税依据征税
　　D. 以房产投资联营并参与分红，共同承担风险的，以房屋计税余值为计税依据征税

4. 根据《房产税暂行条例》及实施细则的规定，以下可以作为房产税计税依据的有（　　）。
　　A. 房产原值　　　B. 房产余值　　　C. 房产租金　　　D. 房产净值

5. 某房屋租赁企业，房产原值共1 800万元，2021年4月1日将原值为1 000万元的临街房出租给某连锁商店，月租金6万元。5月1日将另外的原值100万元的房屋出租给个人用于经营，月租金0.6万元。当地政府规定允许按房产原值减除20%后的余值计税。下列说法中，正确的有（　　）。
　　A. 企业出租给连锁商店的房产税税率为12%
　　B. 企业出租给个人的房产税税率为4%
　　C. 企业从价计征房产税税额为7.88万元
　　D. 当年应缴纳房产税16.5万元

6. 依据房产税相关规定，下列说法中，正确的有（　　）。
　　A. 房产税的征税范围包括农村
　　B. 房屋产权出典的，由出典人缴纳房产税
　　C. 老年服务机构自用的房产，免征房产税
　　D. 专门经营农产品批发市场使用的房产，在限定年度内免征房产税

7. 企业办的（　　）自用的房产，可免征房产税。
　　A. 学校　　　B. 医院　　　C. 托儿所　　　D. 幼儿园

8. 下列房产，可以免征房产税的有（　　）。
　　A. 停止使用半年以上的危险房产　　　B. 出租的名胜古迹空余房产
　　C. 企业办的各类学校自用的房产　　　D. 中国人民保险公司自用的房产

9. 下列房产中，需要缴纳房产税的有（　　）。
　　A. 政府机关自用的房产　　　B. 宗教寺庙出租的房产
　　C. 人民团体自用的房产　　　D. 行政机关所属的招待所使用的房产

10. 下列关于房产税纳税期限以及纳税申报的表述中，不正确的有（　　）。
　　A. 房产税的纳税期限由税务机关确定
　　B. 房产税在机构所在地缴纳
　　C. 纳税人住址发生变更、产权发生转移，应按规定及时向税务机关办理变更登记
　　D. 房产税按季计征，分期缴纳

11. 下列车船属于法定免税的有（　　）。

A. 专项作业车　　B. 警用车船　　C. 非机动驳船　　D. 捕捞、养殖渔船

12. 下列行为中，属于车辆购置税应税行为的有（　　）。
　　A. 销售应税车辆的行为　　　　B. 购买使用应税车辆的行为
　　C. 自产自用应税车辆的行为　　D. 进口使用应税车辆的行为

13. 下列车辆，属于车辆购置税征税范围的有（　　）。
　　A. 摩托车　　B. 无轨电车　　C. 半挂车　　D. 电动自行车

14. 下列各项中，属于土地增值税纳税人的有（　　）。
　　A. 建造房屋的施工单位　　　　B. 出售房产的中外合资房地产公司
　　C. 转让国有土地使用权的事业单位　　D. 房地产管理的物业公司

15. 计算土地增值税税额时可以扣除的项目包括（　　）。
　　A. 取得土地使用权所支付的金额　　B. 建筑安装工程费
　　C. 公共配套设施费　　　　　　　　D. 转让房地产有关的税金

三、判断题

1. 房产税从1994年税制改革后适用于外商投资企业。（　　）
2. 房产税的税率，依照房产余值计算缴纳的，税率为1.2%。（　　）
3. 由国家财政部门拨付事业经费的单位，其经费来源实行自收自支后，可以免征房产税。（　　）
4. 宗教寺庙、公园、名胜古迹中附设的营业单位使用或出租的房产，免征房产税。（　　）
5. 个人所有居住房屋，应当由当地核定面积标准，就超过面积标准的部分征收房产税。（　　）
6. 某工业企业利用一块闲置的土地的使用权换取某房地产公司的新建商品房，作为本单位职工的居民用房，由于没有取得收入，所以，该企业不需要缴纳土地增值税。（　　）
7. 在计算土地增值税时，对从事房地产开发的纳税人销售使用过的旧房及建筑物，仍可按取得土地使用权所支付的金额和房地产开发成本金额之和的20%加计扣除。（　　）
8. 某单位向政府有关部门缴纳土地出让金取得土地使用权时，不需缴纳土地增值税。（　　）
9. 我国的土地增值税实行四级超率累进税率。（　　）

四、业务题

1. A公司委托施工企业建设的房产在2021年5月30日办理验收手续，入账价值是450万元（含中央空调50万元），验收后投入使用。

　　要求：A公司新建房产2021年应纳多少房产税？

2. H 公司在 2021 年 6 月 30 日将原值为 250 万元的闲置用房向 C 企业投资，协议规定，H 公司每月向 C 企业收取固定收入 2.5 万元，C 企业的经营盈亏情况与 H 公司无关。投资前的房产一直处于闲置状态。

要求：H 公司投资的房产 2021 年应纳多少房产税？

3. 某外贸进出口公司于 2021 年 3 月从国外进口 10 辆宝马公司生产的某型号小轿车。该公司报送进口这批小轿车时，经报关地海关对有关报关资料的审查，确定关税完税价格为每辆 185 000 元人民币，海关按关税政策规定对每辆轿车征收了关税 37 000 元，并按消费税、增值税有关规定分别代征了每辆小轿车的进口消费税 11 684 元和增值税 30 379 元。由于联系业务需要，该公司将一辆小轿车留在本单位使用。

要求：根据以上资料，计算应纳车辆购置税。

4. 2021 年某房地产开发公司销售其新建商品房一幢，取得销售收入 1.4 亿元，已知该公司支付与商品房相关的土地使用权费及开发成本合计为 4 800 万元；该公司没有按房地产项目计算分摊银行借款利息；该商品房所在地的省政府规定计征土地增值税时房地产开发费用扣除比例为 10%；销售商品房缴纳的有关税金为 770 万元。

要求：计算该公司销售该商品房应缴纳的土地增值税。

第九章

行为税法

学习目标

1. 熟悉印花税和契税的基本知识。
2. 能根据相关规定计算印花税和契税的应纳税额。
3. 能熟练填制印花税和契税的纳税申报表，正确进行纳税申报。

重点与难点

各税种的概念、纳税人、征税范围、税目、税率、税额计算与税收优惠。

第一节 印 花 税

一、印花税的概念和特点

（一）印花税的概念

印花税是对经济活动和经济交往中书立、使用、领受具有法律效力的凭证的单位和个人征收的一种行为税。现行印花税的基本规范是1988年8月6日由国务院颁布并于同年10月1日实施的《中华人民共和国印花税暂行条例》以及1988年9月29日财政部制定的《中华人民共和国印花税暂行条例施行细则》。2016年11月29日，国家税务总局发布了《印花税管理规定（试行）》，并于2017年1月1日起施行。2021年1月4日，国务院常务会议通过了《中华人民共和国印花税法（草案）》，一方面总体保持现行税制不变，将证券交易印花税纳入法律规范；另一方面简并取消许可证照等印花税税目，降低加工承揽等合同税率，减轻企业税负。2021年6月10日第十三届全国人民代表大会常务委员会第二十九次会议通过了《中华人民共和国印花税法》（以下简称《印花税法》），本法自2022年7月1日起施行。1988年8月6日国务院发布的《中华人民共和国印花税暂行条例》同时废止。

（二）印花税的特点

印花税具有征税范围广、税率低、税负轻以及实行"三自"纳税办法（纳税人自行计算应纳税额、自行购买印花税票并贴花、自行盖章注销或划销）等特点。

二、纳税人、计税依据和税率

（一）纳税人

在中华人民共和国境内书立应税凭证、进行证券交易的单位和个人，为印花税的纳税人，应当依照《印花税法》规定缴纳印花税。在中华人民共和国境外书立在境内使用的应税凭证的单位和个人，应当依照《印花税法》规定缴纳印花税。上述单位和个人分别确定为立合同人、立据人、立账簿人、领受人、使用人和各类电子应税凭证的签订人6种。

（1）立合同人，是指合同的当事人，是对应税凭证有直接权利与义务关系的单位和个人，但不包括合同的担保人、证人和鉴定人。各类合同的纳税人是立合同人。

（2）立据人。产权转移书据的纳税人是立据人。

（3）立账簿人，是指设立并使用账簿的单位和个人，营业账簿的纳税人是立账簿人。

（4）领受人，是指领取或接受并持有该凭证的单位和个人，权利许可证照的纳税人是领受人。

（5）使用人。在国外书立、领受，但在国内使用的应税凭证，其纳税人是该凭证的使用人。

（6）各类电子应税凭证的签订人，即以电子形式签订的各类应税凭证的当事人。

特别提醒

（1）在境外书立、领受，但在我国内使用，在我国境内具有法律效力同时受我国法律保护的凭证，也是印花税应税凭证，其使用人为纳税人。

（2）对应税凭证，凡有两方或两方以上当事人共同书立的，其当事人各方都是印花税的纳税人，应各就其所持凭证的计税金额履行纳税义务。

（3）本法所称应税凭证，是指本法所附《印花税税目税率表》列明的合同、产权转移书据和营业账簿。

（4）本法所称证券交易，是指转让在依法设立的证券交易所、国务院批准的其他全国性证券交易场所交易的股票和以股票为基础的存托凭证。

（5）证券交易印花税对证券交易的出让方征收，不对受让方征收。

（二）计税依据

（1）应税合同的计税依据，为合同所列的金额，不包括列明的增值税税款。

（2）应税产权转移书据的计税依据，为产权转移书据所列的金额，不包括列明的增值税税款。

（3）应税合同、产权转移书据未列明金额的，印花税的计税依据按照实际结算的金额确定。计税依据按照前款规定仍不能确定的，按照书立合同、产权转移书据时的市场价格确定；依法应当执行政府定价或者政府指导价的，按照国家有关规定确定。

（4）应税营业账簿的计税依据，为账簿记载的实收资本（股本）、资本公积合计金额。

（5）证券交易的计税依据，为成交金额。证券交易无转让价格的，按照办理过户登记手续时该证券前一个交易日收盘价计算确定计税依据；无收盘价的，按照证券面值计算确定计税依据。

（三）税率

印花税的税率设计，遵循税负从轻、共同负担的原则。所以，税率比较低，凭证的当事人均应就其所持凭证依法纳税。印花税税目、税率如表9-1所示。

表9-1 印花税税目税率表

	税目	税率	备注
合同（指书面合同）	借款合同	借款金额的万分之零点五	指银行业金融机构、经国务院银行业监督管理机构批准设立的其他金融机构与借款人（不包括同业拆借）的借款合同
	融资租赁合同	租金的万分之零点五	
	买卖合同	价款的万分之三	指动产买卖合同（不包括个人书立的动产买卖合同）
	承揽合同	报酬的万分之三	
	建设工程合同	价款的万分之三	
	运输合同	运输费用的万分之三	指货运合同和多式联运合同（不包括管道运输合同）
	技术合同	价款、报酬或者使用费的万分之三	不包括专利权、专有技术使用权转让书据
	租赁合同	租金的千分之一	
	保管合同	保管费的千分之一	
	仓储合同	仓储费的千分之一	
	财产保险合同	保险费的千分之一	不包括再保险合同

(续)

	税目	税率	备注
产权转移书据	土地使用权出让书据	价款的万分之五	转让包括买卖（出售）、继承、赠与、互换、分割
	土地使用权、房屋等建筑物和构筑物所有权转让书据（不包括土地承包经营权和土地经营权转移）	价款的万分之五	
	股权转让书据（不包括应缴纳证券交易印花税的）	价款的万分之五	
	商标专用权、著作权、专利权、专有技术使用权转让书据	价款的万分之三	
营业账簿		实收资本（股本）、资本公积合计金额的万分之二点五	
证券交易		成交金额的千分之一	

注：1. 同一应税凭证载有两个以上税目事项并分别列明金额的，按照各自适用的税目税率分别计算应纳税额；未分别列明金额的，从高适用税率。

2. 同一应税凭证由两方以上当事人书立的，按照各自涉及的金额分别计算应纳税额。

3. 已缴纳印花税的营业账簿，以后年度记载的实收资本（股本）、资本公积合计金额比已缴纳印花税的实收资本（股本）、资本公积合计金额增加的，按照增加部分计算应纳税额。

三、税收优惠和应纳税额计算

（一）税收优惠

1. 基本优惠

（1）应税凭证的副本或者抄本；

（2）依照法律规定应当予以免税的外国驻华使馆、领事馆和国际组织驻华代表机构为获得馆舍书立的应税凭证；

（3）中国人民解放军、中国人民武装警察部队书立的应税凭证；

（4）农民、家庭农场、农民专业合作社、农村集体经济组织、村民委员会购买农业生产资料或者销售农产品书立的买卖合同和农业保险合同；

（5）无息或者贴息借款合同、国际金融组织向中国提供优惠贷款书立的借款合同；

（6）财产所有权人将财产赠与政府、学校、社会福利机构、慈善组织书立的产权转移书据；

（7）非营利性医疗卫生机构采购药品或者卫生材料书立的买卖合同；

（8）个人与电子商务经营者订立的电子订单。

根据国民经济和社会发展的需要，国务院对居民住房需求保障、企业改制重组、破产、支持小型微型企业发展等情形可以规定减征或者免征印花税，报全国人民代表大会常务委员会备案。

2. 其他优惠

（1）房地产管理部门与个人签订的用于生活居住的租赁合同，暂免贴花；

（2）军需物资运输、抢险救灾物资运输、新建铁路工程临管线运输等特殊的货运凭证，免征印花税；

（3）经国务院和省级人民政府决定或批准进行的国有企业改组改制而发生的上市公司国有股权无偿转让行为，暂不征收证券（股票）交易印花税；

（4）经县级以上人民政府及企业主管部门批准改制的企业改制前签订但尚未履行完的各类应税合同，改制后需变更执行主体的，对仅改变执行主体，其余条款未作变动且改制前已贴花的，不再贴花；

（5）经县级以上人民政府及企业主管部门批准改制的企业改制签订的产权转移书据，免予贴花；

（6）投资者买卖封闭式证券投资基金，免征印花税；

（7）国家石油储备基地第一期项目建设过程中涉及的印花税免征；

（8）证券投资者保护基金有限责任公司的下列凭证和产权转移书，免征印花税：

新设立的资金账簿；与中国人民银行签订的再贷款合同、与证券公司行政清算机构签订的借款合同；接受被处置证券公司财产签订的产权转移书据；以保护基金自有财产和接受的受偿资产与保险公司签订的财产保险合同。

（9）对公租房经营管理单位建设、管理公租房涉及的印花税予以免征；

（10）为贯彻落实《国务院关于加快棚户区改造工作的意见》，对改造安置住房经营管理单位、开发商与改造安置住房相关的印花税以及购买安置住房的个人涉及的印花税自2013年7月4日起予以免征；

（11）自2018年5月1日起，对按万分之五税率贴花的资金账簿减半征收印花税，对按件贴花五元的其他账簿免征印花税；

（12）自2019年1月1日至2021年12月31日，对与高校学生签订的高校学生公寓租赁合同，免征印花税。高校学生公寓，是指为高校学生提供住宿服务，按照国家规定的收费标准收取住宿费的学生公寓。企业享受相关规定的免税政策，应按规定进行免税申报，并将不动产权属证明、载有房产原值的相关材料、房产用途证明、租赁合同等资料留存备查；

（13）对商品储备管理公司及其直属库资金账簿免征印花税；对其承担商品储备业务过程中书立的购销合同免征印花税；

（14）对开展融资租赁业务签订的融资租赁合同（含融资性售后回租），统一按其所载明的租金金额依照"借款合同"税目贴花；

（15）自2019年1月1日至2021年12月31日，由省、自治区、直辖市人民政府根据本地区实际情况，以及宏观调控需要确定，对增值税小规模纳税人可以在50%的税额幅度内减征印花税；

（16）为支持2022年北京冬奥会和冬残奥会，对国际奥组委相关实体和北京冬奥组委签订的各类合同，免征国际奥组委相关实体应缴纳的印花税；

（17）自2019年1月1日至2020年12月31日，对饮水工程运营管理单位为建设饮水工程取得土地使用权而签订的产权转移书据,以及与施工单位签订的建设工程承包合同,免征印花税。

(二)应纳税额的计算

印花税的应纳税额按照计税依据乘以适用税率计算,其计算公式为:

$$应纳税额 = 应税凭证计税金额 \times 适用税率$$

【例9-1】某企业2021年发生以下有关业务事项:订立一份商品买卖合同,合同金额为100万元;订立借款合同一份,所载金额为100万元;企业记载资金的账簿,"实收资本"账户余额为500万元,"资本公积"账户余额为100万元。

要求:计算该企业当年应缴纳的印花税税额。

【解析】

(1)企业订立买卖合同应纳税额:

$$应纳税额 = 1\,000\,000 \times 0.3‰ = 300(元)$$

(2)企业订立借款合同应纳税额:

$$应纳税额 = 1\,000\,000 \times 0.05‰ = 50(元)$$

(3)企业记载资金的账簿应纳税额:

$$应纳税额 = (5\,000\,000 + 1\,000\,000) \times 0.025\% = 1\,500(元)$$

(4)企业当年应纳印花税税额:

$$300 + 50 + 1\,500 = 1\,850(元)$$

四、印花税的征收管理

印花税由税务机关依照《印花税法》和《中华人民共和国税收征收管理法》的规定征收管理。纳税人、扣缴义务人和税务机关及其工作人员违反《印花税法》规定的,依照《中华人民共和国税收征收管理法》和有关法律、行政法规的规定追究法律责任。

(一)纳税义务发生时间

印花税的纳税义务发生时间为纳税人书立应税凭证或者完成证券交易的当日。证券交易印花税扣缴义务发生时间为证券交易完成的当日。印花税的纳税方法,根据应纳税额的大小、贴花次数多少以及税收征收管理的需要,分别采用以下三种纳税办法。

1. 自行贴花

自行贴花是指由纳税人自行计算应纳税额,自行购买并贴足印花税票,自行注销或划销的缴纳方法,即印花税的"三自"纳税方法。此方法一般适用于应税凭证较少或贴花次数较少的纳税人。按比例税率计算而应纳税额不足1角的免纳印花税,应纳税额在1角以上的,其税额尾数不满5分的不计,满5分的按1角计算缴纳;对财产租赁合同规定了最低1元的应纳税额起点,即税额超过1角但不足1元的,按1元纳税。采用该纳税方法的纳税人,一般无须填写印花税纳税申请表。

印花税可以采用粘贴印花税票或者由税务机关依法开具其他完税凭证的方式缴纳。印花税票粘贴在应税凭证上的,由纳税人在每枚税票的骑缝处盖戳注销或者画销。印花税票由国务院税务主管部门监制。

2. 汇贴或汇缴

这种办法,一般适用于应税税额较大或贴花次数频繁的纳税人。

一份凭证应纳税额超过500元的,应当向当地税务机关申请填写缴款书或者完税凭证,将其中一联粘贴在凭证上或由税务机关在凭证上加注完税标记代替贴花。这就是常说的"汇贴"办法。

对同一种凭证需频繁贴花的,纳税人可根据实际情况自行决定是否采用按期汇总缴纳印花税的方式。汇总缴款的期限最长不超过一个月。纳税期满后,纳税人应填写《印花税纳税申报表》,向主管税务机关申报纳税。凡汇缴印花税的凭证,应加盖税务机关的汇缴标记,编号并装订成册后,将已贴印花税票或缴款书的一联粘附册后,盖章注销,保存备查。

3. 委托代征

委托代征是受托单位按税务机关的要求,以税务机关的名义向纳税人征收税款的一种方式。受托单位一般是发放、鉴证、公证应税凭证的政府部门或其他社会组织。税务机关应与代征单位签订代征委托书。纳税人在办理应税凭证相关业务时,由上述受托单位代为征收印花税款,要求纳税人购花并贴花,这样做主要是为了加强税源控制。

(二)纳税期限

印花税按季、按年或者按次计征。实行按季、按年计征的,纳税人应当自季度、年度终了之日起十五日内申报缴纳税款;实行按次计征的,纳税人应当自纳税义务发生之日起十五日内申报缴纳税款。

证券交易印花税按周解缴。证券交易印花税扣缴义务人应当自每周终了之日起五日内申报解缴税款以及银行结算的利息。

(三)纳税地点

印花税一般实行就地纳税。纳税人为单位的,应当向其机构所在地的主管税务机关申报缴纳印花税;纳税人为个人的,应当向应税凭证书立地或者纳税人居住地的主管税务机关申报缴纳印花税。不动产产权发生转移的,纳税人应当向不动产所在地的主管税务机关申报缴纳印花税。

纳税人为境外单位或者个人,在境内有代理人的,以其境内代理人为扣缴义务人;在境内没有代理人的,由纳税人自行申报缴纳印花税,具体办法由国务院税务主管部门规定。证券登记结算机构为证券交易印花税的扣缴义务人,应当向其机构所在地的主管税务机关申报解缴税款以及银行结算的利息。

第二节 契 税

一、契税的概念和特点

(一) 契税的概念

契税是以所有权发生转移变动的不动产为征税对象,向产权承受人征收的一种财产税。按照税法规定,在我国境内转移土地、房屋权属(即土地使用权、房屋所有权)的,依当事人所订契约,由承受(指通过购买、受让、受赠、交换等方式取得土地使用权、房屋所有权)单位和个人缴纳契税。

我国现行契税的基本规范是于2020年8月11日由第十三届全国人民代表大会常务委员会第二十一次会议通过的《中华人民共和国契税法》(以下简称《契税法》),本法自2021年9月1日起施行。1997年7月7日国务院发布的《中华人民共和国契税暂行条例》同时废止。

契税属于地方税种。一般税种都确定销售者为纳税人,即卖方纳税,契税则是对产权承受者一次性征税,而不是对转让方征税;采用有幅度的比例税率,普遍适用于内外资企业和中国公民、外籍人员,税负较轻;契税对公平税负、规范房地产市场、促进房地产经济的发展、建立良好的房地产秩序以及增加财政收入等方面,都有着十分重要的现实意义。

(二) 契税的特点

(1) 契税属于财产转移税。即以所有权发生转移变动的不动产为征税对象,具有对财产转移课税的性质;对未发生转移的,不征契税。

(2) 契税由财产承受人纳税。

二、契税的纳税义务人和征税对象

(一) 纳税义务人

契税的纳税义务人是指在中华人民共和国境内转移土地、房屋权属承受的单位和个人。境内是指中华人民共和国实际税收行政管辖范围内。土地、房屋权属是指土地使用权和房屋所有权。单位是指企业单位、事业单位、国家机关、军事单位和社会团体以及其他组织。个人是指个体经营者及其他个人,包括中国公民和外籍人员。

注:区别于其他税种,契税的纳税人是境内转移土地、房屋权属的承受方,不是转让方。

(二) 征税对象

契税的征税对象是境内转移的土地、房屋权属，具体包括以下五项内容。

1. 国有土地使用权出让

国有土地使用权出让是指土地使用者向国家交付土地使用权出让费用，国家将国有土地使用权在一定年限内让与土地使用者的行为。不包括土地承包经营权和土地经营权的转移。

以招拍挂方式，出让国有土地使用权的，纳税人为最终与土地管理部门签订出让合同的土地使用权承受人，产权承受方应照章缴纳契税。

2. 土地使用权的转让

土地使用权的转让包括土地使用者以出售、赠与、交换或者其他方式将土地使用权转移给其他单位和个人的行为。此项交易中，使用权的受让方应缴纳契税。

注：不包括农村集体土地承包经营权和土地经营权的转移。

3. 房屋买卖

房屋买卖是指以货币为媒介，出卖者向购买者过渡房产所有权的交易行为，或视同房屋买卖的情况。

（1）房产抵债或实物交换房屋。经当地政府和有关部门批准，以房抵债和实物交换房屋，均视同为房屋买卖，产权承受人应按房屋现值缴纳契税。

（2）以房产作投资、入股。此种交易业务属房屋产权转移，应根据国家房地产管理的有关规定，办理房屋产权交易和产权变更登记手续，视同房屋买卖，由产权承受方按契税税率计算缴纳契税。

注：以自有产权入股，本人独资经营的企业免纳契税，此种情况下，产权所有人和使用权未发生变化，不需要办理房产变更手续，所以也不办理契税手续。

（3）买房拆料或翻建新房。买房者不论其购买目的是拆用材料还是得到旧房后翻建成新房，都要涉及办理产权转移手续，只要房屋权属变化，就要照章缴纳契税。例如，甲某购买乙某房产，不论其目的是取得该房产的建筑材料还是翻建新房，实际均构成房屋买卖。甲某应首先办理房屋产权变更手续，并按买价缴纳契税。

（4）以划转方式转移土地、房屋权属的，应当依照《契税法》规定征收契税。

4. 房屋赠与

（1）房屋赠与是指房屋产权所有人将房屋无偿转让给受赠人所有，受赠人须按规定缴纳契税。

（2）房屋赠与交易涉及赠与人和受赠人，赠与人是将自己的房屋转交给他人的法人和自然人，受赠人是指接受他人房屋的法人和自然人，前提必须是产权无纠纷，赠与人和受赠人双方自愿。

（3）法律要求房屋赠与行为需要有书面合同（契约），并且要到房地产管理机关或农村基层政权机关办理登记过户手续，才能生效。若房屋赠与行为涉及涉外关系，还需要公证处证明和外事部门认证,才能生效。

注:(1)法定继承不征契税,非法定继承人根据遗嘱接受死者生前的土地、房屋权属的属于赠与行为,需要征契税;(2)以获奖方式取得房屋产权的,其实质是接受赠与房产,应缴纳契税。

5. 房屋交换

房屋交换是指房屋所有者之间相互交换房屋的行为。若房屋交换为等价交换,那么此项交易免征契税;若房屋交换存在差价,那么对于这类不等价交换,由多交付货币、实物、无形资产或者其他经济利益的一方缴纳契税。

视同土地使用权转让、房屋买卖或者房屋赠与的行为有以下几项:

(1)以土地、房屋权属作价投资、入股,应按规定办理房屋产权交易和产权变更登记手续,视同房屋买卖,由产权承受方按入股房产现值缴纳契税。

(2)以土地、房屋权属抵债,由产权承受人按房屋现值缴纳契税。

(3)以获奖方式承受土地、房屋权属,其实质是接受赠与房产,应照章缴纳契税。

(4)以预购方式或者预付集资建房款方式承受土地、房屋权属。

土地增值税征税范围和契税征税范围比较如表9-2所示。

表9-2 土地增值税征税范围和契税征税范围比较

情境	是否为契税征税范围	是否为土地增值税征税范围
国有土地使用权出让	是	不是
土地使用权转让	是	是
房屋买卖(以房屋抵债、投资、买房拆料或翻建新房等视同房屋买卖行为)	是	是
房屋赠与(含获奖、继承方式)	除法定继承之外都是	除赠与直系亲属、承担直接赡养义务人,以及公益性赠与、继承之外都是
房屋交换	是,等价交换免税	是(个人交换居住用房,经核实可免税)

三、契税的计算

(一)计税依据

契税的计税依据是指在土地、房屋权属转移时双方当事人签订的契约价格。由于土地、房屋权属转移方式不同,定价方法不同,因而具体计税依据要视不同情况来确定。根据土地、房屋交易的不同情况,具体规定如下:

(1)国有土地使用权出让、土地使用权出售、房屋买卖,其计税依据为成交价格。成交价格是指土地、房屋权属转移合同确定的价格,包括承受者应当缴付的货币、实物、无形资产或者其他经济利益对应的价值。

(2)土地使用权赠与和房屋赠与,以及其他没有价格的转移土地、房屋权属行为,其计税依据为税务机关参照土地使用权出售、房屋买卖的市场价格依法规定的价格。

(3)土地使用权交换、房屋交换,以所交换的土地使用权、房屋价格的差额作为计税依据。土地使用权交换和房屋交换价格不相等的,由多交付货币、实物、无形资产或者其他经济利益的一方缴纳税款。对交换价格相等的,免征契税。

(4)以划拨方式取得土地使用权的,经批准转让房地产时,应由房地产转让者补缴契税,其计税依据为补缴的土地使用权出让费或者土地收益。

(5)房屋附属设施按下列规定计税:采取分期付款方式购买房屋附属设施土地使用权、房屋所有权的,按合同规定的总价款计征契税;承受的房屋附属设施权属为单独计价的,按当地规定的适用税率征收,如与房屋统一计价,适用与房屋相同的税率计征。

成交价格明显低于市场价格并且无正当理由的,或所交换土地使用权、房屋的价格的差额明显不合理并且无正当理由的,由征收机关参照市场价格核定。

契税计税依据如表9-3所示。

表9-3 契税计税依据

情境	计税依据
国有土地使用权出让、土地使用权出售、房屋买卖	成交价格,土地、房屋权属转移合同确定的价格,包括承受者应交付的货币、实物、无形资产或者其他经济利益
土地使用权赠与、房屋赠与	征收机关参照市场价格核定
土地使用权交换、房屋交换	交换价格相等时,免征契税;交换价格不等时,由多交付货币、实物、无形资产或者其他经济利益的一方缴纳契税
划拨方式取得的土地使用权	经批准转让房地产时,由房地产转让者补缴契税。计税依据为补缴的土地使用权出让费用或者土地收益
房屋附属设施征收契税	采取分期付款方式购买房屋附属设施土地使用权、房屋所有权的,应按合同规定的总价款计征契税;承受的房屋附属设施权属为单独计价的,应按照当地确定的适用税率征收契税;与房屋统一计价的,适用与房屋相同的契税税率
个人无偿赠与不动产行为(不包括法定继承人)	对受赠人全额征收契税

注:以划拨方式取得土地使用权时,房地产转让者要完成对土地使用权的受让过程,以补缴法人土地使用权出让费用或者土地收益为依据补缴契税,而房地产的承受方要以成交价格为计税依据缴纳契税。

(二)税率

在税率设计上,契税采用幅度比例税率。目前,我国采用3%~5%的幅度比例税率。实行幅度比例税率是考虑到我国经济发展的不平衡,各地经济差别较大的实际情况。

契税的适用税率,由各省、自治区、直辖市人民政府,在前款规定的幅度内提出,报同级人民代表大会常务委员会决定,并报全国人民代表大会常务委员会和国务院备案,省自治区、直辖市可以依照前款规定的程序对不同主体、不同地区、不同类型的住房的权属转移确定差别税率。

2010年10月1日起,对个人购买90平方米及以下且属家庭唯一住房的普通住房,减按1%税率征收契税。

（三）应纳税额的计算

契税采用比例税率。当计税依据确定以后，应纳税额的计算就比较简单了。契税的计算公式为：

$$应纳税额 = 计税依据 \times 适用税率$$

具体又分为以下几种情况。

（1）土地使用权出让、土地使用权出售：应纳税额 = 成交价格 × 适用税率。

根据《契税暂行条例实施细则》的规定，成交价格是指土地、房屋权属转移合同确定的价格，包括承受者应支付的货币、实物、无形资产或者其他经济利益。成交价格是指土地、房屋权属转移合同价格，土地、房屋权属转移合同上的优惠额不能作为计税额予以扣除。

（2）土地使用权赠与：应纳税额 = 该土地使用权的市场价格 × 适用税率。

（3）土地使用权交换：应纳税额 = 成交价格 × 适用税率。

（4）房屋买卖：应纳税额 = 成交价格 × 适用税率。

（5）房屋赠与：应纳税额 = 该房屋的市场价格 × 适用税率。

（6）房屋交换：应纳税额 = 所交换房屋价格的差额 × 适用税率。

纳税人应纳的契税税额以人民币计算。转移土地、房屋权属以外币结算的，按照纳税义务发生之日中国人民银行公布的人民币市场汇率中间价折合成人民币计算。

【例9-2】 某居民承典房产，典价为30 000元。假定当地省政府规定的契税税率为3%。

要求：计算其应当缴纳的契税税额。

【解析】

$$应纳契税 = 30\,000 \times 3\% = 900（元）$$

【例9-3】 居民A拖欠居民B 180万元的款项无力偿还，2021年9月经当地有关部门调解，以房产抵偿该笔债务，居民B因此取得该房产的产权并支付给居民A差价款20万元。假定当地省政府规定的契税税率为5%。

要求：计算居民A、B相关行为应缴纳的契税。

【解析】契税的纳税人为承受房产权属的单位和个人，所以需要缴纳契税的是居民B，计税依据为总价，所以居民B应纳契税 =（180+20）× 5% = 10（万元）。

四、税收优惠

（一）契税优惠的一般规定

有下列情形之一的，免征契税：

（1）国家机关、事业单位、社会团体、军事单位承受土地、房屋权属用于办公、教学、医疗、科研、军事设施；

(2) 非营利性的学校、医疗机构、社会福利机构承受土地、房屋权属用于办公、教学、医疗、科研、养老、救助；

(3) 承受荒山、荒地、荒滩土地使用权用于农、林、牧、渔业生产；

(4) 婚姻关系存续期间夫妻之间变更土地、房屋权属；

(5) 法定继承人通过继承承受土地、房屋权属；

(6) 依照法律规定应当予以免税的外国驻华使馆、领事馆和国际组织驻华代表机构承受土地、房屋权属；

(7) 根据国民经济和社会发展的需要，国务院对居民住房需求保障、企业改制重组、灾后重建等情形可以规定免征或者减征契税，报全国人民代表大会常务委员会备案。

(二) 其他减征、免征契税项目

省、自治区、直辖市可以决定对下列情形免征或者减征契税：

(1) 因土地、房屋被县级以上人民政府征收、征用，重新承受土地、房屋权属。

(2) 因不可抗力灭失住房，重新承受住房权属。

前款规定的免征或者减征契税的具体办法，由省、自治区、直辖市人民政府提出，报同级人民代表大会常务委员会决定，并报全国人民代表大会常务委员会和国务院备案。

注：纳税人改变有关土地、房屋的用途，或者有其他不再属于《契税法》第六条规定的免征、减征契税情形的，应当缴纳已经免征、减征的税款。

(3) 售后回租及相关事项的契税政策。

1) 对金融租赁公司开展售后回租业务，承受承租人房屋、土地权属的，照章征税。对售后回租合同期满，承租人回购原房屋、土地权属的，免征契税。

2) 居民因个人房屋被征收而选择货币补偿用以重新购置房屋，并且购房成交价格不超过货币补偿的，对新购房屋免征契税；购房成交价格超过货币补偿的，对差价部分按规定征收契税。居民因个人房屋被征收而选择房屋产权调换，并且不缴纳房屋产权调换差价的，对新换房屋免征契税；缴纳房屋产权调换差价的，对差价部分按规定征收契税。

3) 个体工商户的经营者将其个人名下的房屋、土地权属转移至个体工商户名下，或个体工商户名下的房屋、土地权属转回至原经营者个人名下，免征契税。

(4) 对国家石油储备基地第一期项目建设过程中涉及的契税予以免征。

(5) 自2010年10月1日起，个人购买普通住房，且该住房属于家庭唯一住房的，享受契税减半征收的优惠。普通住房标准：住宅小区建筑容积率在1.0以上、单套建筑面积在120平方米以下、实际成交价格低于同级别土地上住宅平均交易价格1.2倍以下。

(6) 在婚姻关系存续期间，房屋、土地权属原归夫妻一方所有，变更为夫妻双方共有或另一方所有的，或者房屋、土地权属原归夫妻双方所有，变更为其中一方所有的，或者房屋、土地权属原归夫妻双方所有，双方约定、变更共有份额的，免征契税。

(7) 对已缴纳契税的购房单位和个人，在未办理房屋权属变更登记前退房的，退还已纳契税；在办理房屋权属变更登记后退房的，不予退还已纳契税。

（8）对公租房经营管理单位购买住房作为公租房，免征契税。

（9）棚户区改造相关契税政策。

1）对经营管理单位回购已分配的改造安置住房继续作为改造安置房源的，免征契税。

2）个人首次购买90平方米以下改造安置住房，按1%的税率计征契税；购买超过90平方米的，但符合普通住房标准的改造安置住房，按法定税率减半计证契税。

3）个人因房屋被征收而取得货币补偿并用于购买改造安置住房，或因房屋被征收而进行房屋产权调换而取得改造安置住房，按有关规定减免契税。

（10）为社区提供养老、托育、家政等服务的机构，承受房屋、土地用于提供社区养老、托育、家政服务的，免征契税。

（11）对饮水工程运营管理单位为建设饮水工程而承受土地使用权，免征契税。

（12）对个人购买家庭唯一住房，面积为90平方米及以下的，减按1%的税率征收契税；面积为90平方米以上的，减按1.5%的税率征收契税。

（13）对个人购买家庭第二套改善性住房，面积为90平方米及以下的，减按1%的税率征收契税；面积为90平方米以上的，减按2%的税率征收契税。

（14）企事业单位改制契税政策

1）企业改制。企业按照《中华人民共和国公司法》有关规定整体改制，包括非公司制企业改制为有限责任公司或股份有限公司，有限责任公司变更为股份有限公司，股份有限公司变更为有限责任公司，原企业投资主体存续并在改制（变更）后的公司中所持股权（股份）比例超过75%，且改制（变更）后公司承继原企业权利、义务的，对改制（变更）后公司承受原企业土地、房屋权属，免征契税。

2）事业单位改制。事业单位按照国家有关规定改制为企业，原投资主体存续并在改制后企业中出资（股权、股份）比例超过50%的，对改制后企业承受原事业单位土地、房屋权属，免征契税。

3）公司合并。两个或两个以上的公司，依照法律规定、合同约定，合并为一个公司，且原投资主体存续的，对合并后公司承受原合并各方土地、房屋权属，免征契税。

4）公司分立。公司依照法律规定、合同约定分立为两个或两个以上与原公司投资主体相同的公司，对分立后公司承受原公司土地、房屋权属，免征契税。

5）公司破产。企业依照有关法律法规规定实施破产，债权人（包括破产企业职工）承受破产企业抵偿债务的土地、房屋权属，免征契税；对非债权人承受破产企业土地、房屋权属，凡按照《中华人民共和国劳动法》等国家有关法律法规政策妥善安置原企业全部职工，与原企业全部职工签订服务年限不少于三年的劳动用工合同的，对其承受所购企业土地、房屋权属，免征契税；与原企业超过30%的职工签订服务年限不少于三年的劳动用工合同的，减半征收契税。

6）资产划转。对承受县级以上人民政府或国有资产管理部门按规定进行行政性调整、划转国有土地、房屋权属的单位,免征契税。

7)债券转股权。经国务院批准实施债权转股权的企业,对债权转股权后新设立的公司承受原企业的土地、房屋权属,免征契税。

8)划拨用地出让或作价出资。以出让方式或国家作价出资(入股)方式承受原改制重组企业、事业单位划拨用地的,不属上述规定的免税范围,对承受方应按规定征收契税。

9)公司股权(股份)转让。在股权(股份)转让中,单位、个人承受公司股权(股份),公司土地、房屋权属不发生转移,不征收契税。

10)有关用语含义。此处所称企业、公司,是指依照我国有关法律法规设立并在中国境内注册的企业、公司。

五、征收管理

(一)纳税义务发生时间

根据《契税暂行条例》的规定,契税纳税人的纳税义务发生时间,为纳税人签订土地、房屋权属转移合同的当天,或者纳税人取得其他具有土地、房屋权属转移性质的凭证的当天。

(二)纳税期限

纳税人应当在依法办理土地、房屋权属登记手续前向土地、房屋所在地的契税征收机关办理纳税申报。

(三)纳税地点

契税实行属地征收管理,纳税人发生契税纳税义务时,应向土地、房屋所在地的税务征收机关申报纳税。

(四)征收管理

纳税人办理纳税事宜后,税务机关应当开具契税完税凭证。纳税人办理土地、房屋权属登记,不动产登记机构应当查验契税完税、减免税凭证或者有关信息。未按照规定缴纳契税的,不动产登记机构不予办理土地、房屋权属登记。

在依法办理土地、房屋权属登记前,权属转移合同、权属转移合同性质凭证不生效、无效、被撤销或者被解除的,纳税人可以向税务机关申请退还已缴纳的税款,税务机关应当依法办理。

税务机关应当与相关部门建立契税涉税信息共享和工作配合机制。自然资源、住房城乡建设、民政、公安等相关部门应当及时向税务机关提供与转移土地、房屋权属有关的信息，协助税务机关加强契税征收管理。

税务机关及其工作人员对税收征收管理过程中知悉的纳税人的个人信息，应当依法予以保密，不得泄露或者非法向他人提供。

契税由土地、房屋所在地的税务机关依照《契税法》和《中华人民共和国税收征收管理法》的规定征收管理。纳税人、税务机关及其工作人员违反本法规定的，依照《中华人民共和国税收征收管理法》和有关法律法规的规定追究法律责任。

本章小结

1. 印花税法

①印花税概述；②纳税（4种）征税对象（4大类17个税目）的确定；③应纳税额计算：计税依据的确定、税率的选择、优惠政策的运用、应纳税额的计算。④印花税的缴纳：纳税地点、纳税期限、纳税申报。

2. 契税法

①契税概述；②纳税人和征税对象的确定；③应纳税额计算：计税依据的确定、税率的选择（比例税率）、优惠政策的运用、应纳税额的计算；④契税的征收管理：纳税地点、纳税期限、纳税申报。

练习题

一、单项选择题

1. 甲公司与乙公司签订了一份购销合同，合同所载金额为6 000万元，双方各执一份，印花税税率为0.3‰，则甲、乙公司各应缴纳（   ）万元印花税。
   A. 3.5　　　　　　B. 1.8　　　　　　C. 0.9　　　　　　D. 3.2
2. 下列不属于印花税征税范围的是（   ）。
   A. 企业签订的融资租赁合同　　　　B. 企业领取的工商营业执照
   C. 企业签订的借款合同　　　　　　D. 企业填制的限额领料单
3. 企业签订的合同贴印花税票的时间是（   ）。
   A. 签订时　　　　B. 生效时　　　　C. 使用时　　　　D. 终止时
4. 下列不属于印花税纳税人的是（   ）。
   A. 购货合同的保证人　　　　　　　B. 在国外书立、在国内使用技术合同的单位
   C. 购货合同的当事人　　　　　　　D. 借款合同的双方当事人
5. 下列各项中，应缴纳契税的是（   ）。
   A. 承包者获得农村集体土地承包经营权　　B. 企业受让土地使用权
   C. 企业将厂房抵押给银行　　　　　　　　D. 个人承租居民住宅
6. 下列属于契税纳税义务人的是（   ）。
   A. 土地、房屋抵债的抵债方　　　　B. 房屋赠与中的受赠方

C.房屋赠与中的赠与方　　　　　　　　D.土地、房屋投资的投资方
7. 某省一体育器材公司于2021年10月向本省某运动员奖励住宅一套，市场价格80万元，该运动员随后以70万元的价格将奖励住宅出售，当地契税适用税率为3%。该运动员应缴纳的契税为（　　）万元。
　　A. 2.4　　　　　B. 2.1　　　　　C. 4.5　　　　　D. 0
8. 下列合同中，应当缴纳印花税的是（　　）。
　　A.电网与用户之间签订的供电合同　　B.企业与会计师事务所签订的审计合同
　　C.购货合同　　　　　　　　　　　　D.高校学生公寓租赁合同
9. 某企业与运输公司签订一份合同，载明运输货物金额300万元，运输费40万元，装卸费12万元。该企业应缴纳印花税（　　）元。
　　A. 100　　　　　B. 120　　　　　C. 200　　　　　D. 180
10. 下列行为不符合契税减免税规定的是（　　）。
　　A.事业单位购置的用于科学研究的科研楼
　　B.某大学购买价值600万元的房产作校办工厂的经营性用房
　　C.承受用于造林的荒山的使用权，并用于农业生产
　　D.法定继承人通过继承承受的房屋

二、多项选择题

1. 加工承揽合同的计税依据包括（　　）。
　　A.加工或承揽收入　　　　　　　　　B.受托方提供的原材料金额
　　C.受托方提供的辅助材料金额　　　　D.委托方提供的原材料金额
2. 印花税的征税对象包括（　　）。
　　A.合同或具有合同性质的凭证　　　　B.产权转移书据
　　C.营业账簿　　　　　　　　　　　　D.证券交易
3. 某建筑公司与一单位签订建筑承包合同，总承包额800万元，工期12个月，该建筑公司所持合同应纳印花税的处理为（　　）。
　　A.适用0.3‰的比例税率　　　　　　B.应纳税额2 400元
　　C.可以采用汇贴方法缴纳　　　　　　D.完工时缴纳
4. 下列以成交价格为依据计算契税的有（　　）。
　　A.土地使用权赠与　　B.土地使用权出让　　C.土地使用权交换　　D.土地使用权转让
5. 下列各项中，可以享受契税免税优惠的有（　　）。
　　A.城镇职工自己购买商品住房　　　　B.政府机关承受房屋用于办公
　　C.遭受自然灾害后重新购买住房　　　D.军事单位承受房屋用于军事设施
6. 以下属于印花税纳税人的有（　　）。
　　A.合同的签订人　　　　　　　　　　B.合同的鉴定人
　　C.进行证券交易　　　　　　　　　　D.电子应税凭证签订人

7. 下列关于印花税优惠的说法中，正确的有（　　）。
   A. 副本视同正本使用的应另贴花
   B. 无息、贴息贷款合同免征印花税
   C. 对投资者买卖封闭式证券投资基金，免征印花税
   D. 对金融机构与企业签订的借款合同，免征印花税

8. 老王将自有的两栋住房中的一栋赠与其儿子，另一栋无偿赠与其最好的朋友孙某，已向税务机关提交经审核并签字盖章的个人无偿赠与不动产登记表。下列关于缴纳契税的表述中，正确的有（　　）。
   A. 老王应缴纳契税
   B. 孙某应缴纳契税
   C. 老王的儿子应缴纳契税
   D. 老王的儿子不用缴纳契税

9. 下列关于契税计税依据的表述中，符合法律制度规定的有（　　）。
   A. 受让国有土地使用权的，以成交价格为计税依据
   B. 受赠房屋的，由征收机关参照房屋买卖的市场价格规定计税依据
   C. 购入土地使用权的，以评估价格为计税依据
   D. 房屋买卖的，以成交价格为计税依据

三、判断题

1. 凡是由两方或两方以上当事人共同书立的应税凭证，其当事人各方都是印花税的纳税人，应各自就其所持凭证的计税金额全额纳税。（　　）
2. 王某将自有的一间房屋出租给某单位使用，合同规定每月租金为1 500元，租期1年。王某在租房合同签订时按5元贴花注销后，纳税义务即告完成。（　　）
3. 已缴纳印花税的凭证的副本或抄本免税。（　　）
4. 对已贴花的凭证，修改后所载金额增加的，其增加部分应当补贴印花税票；凡多贴印花税票的，可申请退税或抵用。（　　）
5. 现行税法规定，财产所有人将财产赠送给政府、社会团体、学校、社会福利单位所立书据免征印花税。（　　）
6. 立合同人是指合同的当事人，即指对凭证有直接权利义务关系的单位和个人，但不包括合同的担保人、证人、鉴定人。（　　）
7. 企业缴纳的印花税，可不通过"应交税费"科目核算，直接在"管理费用——印花税"科目中反映。（　　）
8. 企业发生分立、合并和联营等变更后，凡须重新进行法人登记的企业原有资金账簿，已贴印花税票继续有效。（　　）
9. 甲公司与乙公司签订一份加工合同，甲公司提供价值30万元的辅助材料并收取加工费25万元，乙公司提供价值100万元的原材料。甲公司应纳印花税165元。（　　）
10. 加工承揽合同的印花税税率为报酬的万分之三。（　　）

11. 印花税的税率有两种形式,即比例税率和定额税率。加工承揽合同适用比例税率,税率为0.5‰,营业账簿适用定额税率,税额为每件5元。( )

12. 加工承揽合同中,如由受托方提供原材料和辅助材料金额,可将辅助材料金额剔除后计征印花税。( )

13. 某施工单位将自己承包建设项目中的安装工程部分,又转包给了其他单位,其转包部分在总承包合同中已缴过印花税,因此不必再次贴花纳税。( )

14. 对融资租赁合同,其合同所载租赁总额,按借款合同计税贴花。( )

15. 同一应税凭证载有两项经济事项,并分别记载金额,可按两项金额合计和最低的适用税率,计税贴花。( )

16. 纳税人为境外单位或者个人,由纳税人自行申报缴纳印花税。( )

17. 根据《印花税法》的规定,在国外签订的合同,在我国境内履行的,不缴纳印花税。( )

18. 甲企业以价值300万元的办公用房与乙企业互换一处厂房,并向乙企业支付差价款100万元,在这次互换中,乙企业不需要缴纳契税,应由甲企业缴纳。( )

19. 企业破产清算期间,对债权人承受破产企业土地、房屋权属的,应当征收契税。( )

20. 土地、房屋权属变动中的各种形式,如典当、继承、出租或者抵押等,均属于契税的征税范围。( )

四、业务题

1. 某企业2022年度有关资料如下:

"实收资本"比2021年增加200万元,"资本公积"比2021年增加40万元;向银行借款100万元,借款合同上约定的年利率为6%;与A公司签订买卖合同,价款为250万元,与C公司签订买卖合同,价款为300万元;与B公司签订技术转让合同,约定B公司应付价款500万元。

要求:计算该企业2021年度应纳印花税税额。

2. 某地下列纳税人发生如下业务:①甲签订运输合同一份,总金额100万元(含装卸费5万元),进行货物国际联运;②乙出租居住用房一间给某单位,月租金500元,租期1年;③丙签订销售合同,数量5 000件,无金额,当期市价50元/件;④房管部门与个人签订租房合同(用于生活居住),月租金600元,租期2年;⑤丁企业与他人签订一份仓储合同,保管费50 000元。

要求:计算各纳税人应纳的印花税税额。

3. 居民乙拖欠居民甲180万元款项无力偿还,2021年9月经当地有关部门调解,以房产抵偿该笔债务,居民甲因此取得该房产的产权并支付给居民乙差价款20万元。假定当地省政府规定的契税税率为3%。

要求:计算居民甲、居民乙各自应缴纳的契税。

Chapter10
第十章

资源税法

学习目标

1. 熟悉城镇土地使用税、资源税、耕地占用税和环境保护税的基本知识。
2. 能根据相关规定计算城镇土地使用税、资源税、耕地占用税和环境保护税的应纳税额。

重点与难点

各税种的概念、纳税人、税目、税率、税额计算等。

第一节 城镇土地使用税

一、城镇土地使用税概述

城镇土地使用税简称"土地使用税",是对城市、县城、建制镇和工矿区范围内使用土地的单位和个人,按实际占用土地面积所征收的一种税。城镇土地使用税是一种资源税性质的税种,对拥有土地使用权的单位和个人征收。土地使用税法是用以调整国家与土地使用税纳税人之间征纳关系的法律规范。其基本法律依据是1988年9月国务院颁布的《中华人民共和国城镇土地使用税暂行条例》(以下简称《城镇土地使用税暂行条例》),2006年12月31日国务院发布第483号令,对1988年国务院发布施行的《城镇土地使用税暂行条例》做了相应修改,提高了城镇土地使用税税额标准,同时将城镇土地使用税的征收范围扩大到外商投资企业和外国企业,于2007年1月1日起执行。

城镇土地使用税的征收有利于合理使用城镇土地，用经济手段加强对土地的控制和管理，变土地的无偿使用为有偿使用；调节不同地区、不同地段之间的土地级差收入，使纳税人的收入水平大体均衡；促进全社会合理使用土地，提高土地使用效益。

二、城镇土地使用税的纳税人和征税对象

城镇土地使用税的纳税人是我国境内城市、县城、建制镇、工矿区范围内使用土地的单位和个人，拥有土地使用权的纳税人不在土地所在地的，由该土地的代管人或实际使用人缴纳；土地使用权未确定或权属纠纷未解决的，由实际使用人纳税；土地使用权为多方共有的，由共有各方分别纳税。

城镇土地使用权的课税对象是土地。征税范围为城市、县城、建制镇范围内的国家所有和集体所有的土地，不包括农村集体所有的土地。

自2009年1月1日起，公园、名胜古迹内的索道公司经营用地，应按照规定缴纳城镇土地使用税。自2009年12月1日起，单独建造的地下建筑用地，按规定征收城镇土地使用税。

三、城镇土地使用税的计算

（一）计税依据的确定

城镇土地使用税以纳税人实际占用的土地面积为计税依据，土地面积计量标准为每平方米，按下列办法确定：

（1）由省、自治区、直辖市人民政府确定的单位组织测定土地面积的，以测定的面积为准。

（2）尚未组织测量，但纳税人持有政府部门核发的土地使用证书的，以证书确认的土地面积为准。

（3）尚未核发土地使用证书的，应由纳税人据实申报土地面积，据以纳税，待核发土地使用证以后再做调整。

（4）对在城镇土地使用税征税范围内单独建造的地下建筑用地，按规定征收城镇土地使用税。其中，已取得地下土地使用权证的，按土地使用权证确认的土地面积计算应征税款；未取得地下土地使用权证或地下土地使用权证上未标明土地面积的，按地下建筑垂直投影面积计算应征税款。

对上述地下建筑用地，暂按应征税款的50%征收城镇土地使用税。

（二）税率的选择

城镇土地使用税采用定额税率，即采用有幅度的差别税额，按大、中、小城市和县城、建制镇、工矿区分别规定每平方米城镇土地使用税年应纳税额。

城镇土地使用税税率如表10-1所示。

表10-1 城建土地使用税税率表

级别	人口（人）	每平方米税额（元）
大城市	50万以上	1.5～30
中等城市	20万～50万	1.2～24
小城市	20万以下	0.9～18
县城、建制镇、工矿区	—	0.6～12

各省、自治区、直辖市人民政府可根据市政建设情况和经济繁荣程度在规定税额幅度内，确定所辖地区的适用税额幅度。经济落后地区的土地使用税的适用税额标准可适当降低，但降低额不得超过上述规定最低税额的30%，经济发达地区的适用税额标准可适当提高，但须报财政部批准。

（三）优惠政策的运用

1. 减免税优惠的基本规定

（1）国家机关、人民团体、军队自用的土地。

（2）由国家财政部门拨付事业经费的单位自用的土地。

（3）宗教寺庙、公园、名胜古迹自用的土地。

（4）市政街道、广场、绿化地带等公共用地。

（5）直接用于农、林、牧、渔业的生产用地。

（6）经批准开山填海整治的土地和改造的废弃土地，从使用之月起免缴土地使用税5年～10年。

（7）由财政部另行规定免税的能源、交通、水利设施用地和其他用地。

（8）个人所有的居住房屋、房产管理部门、集体和个人开办学校用地。

（9）企业办学校、医院、托儿所、幼儿园，其用地能与企业其他用地明确区分的，免征城镇土地使用税。

2. 减免税优惠的特殊规定

（1）为避免对一块土地同时征收耕地占用税和城镇土地使用税，税法规定，凡是缴纳了耕地占用税的，从批准征用之日起满1年后征收城镇土地使用税；征用非耕地因不需要缴纳耕地占用税，应从批准征用之次月起征收城镇土地使用税。

（2）免税单位与纳税单位之间无偿使用的土地。

对免税单位无偿使用纳税单位的土地（如公安、海关等单位使用铁路、民航等单位的土地），免征城镇土地使用税；对纳税单位无偿使用免税单位的土地，纳税单位应照章缴纳城镇土地使用税。

（3）房地产开发公司开发建造商品房的用地。

房地产开发公司开发建造商品房的用地，除经批准开发建设经济适用房的用地外，对各类房地产开发用地一律不得减免城镇土地使用税。

（4）防火、防爆、防毒等安全防范用地

对于各类危险品仓库、厂房所需的防火、防爆、防毒等安全防范用地，可由各省、自治区、直辖市税务局确定，可以暂免征收城镇土地使用税；对仓库库区、厂房本身用地，应依法征收城镇土地使用税。

（5）企业的铁路专用线、公路等用地

对企业的铁路专用线、公路等用地，除另有规定者外，在企业厂区（包括生产、办公及生活区）以内的，应照章征收城镇土地使用税；在厂区以外、与社会公用地段未加隔离的，暂免征收城镇土地使用税。

（6）企业的绿化用地

对企业厂区（包括生产、办公及生活区）以内的绿化用地，应照章征收城镇土地使用税。厂区以外的公共绿化用地和向社会开放的公园用地，暂免征收城镇土地使用税。

（7）困难减免税规定

依据《国家税务总局关于下放城镇土地使用税困难减免税审批权限有关事项的公告》（国家税务总局公告2014年第1号），城镇土地使用税困难减免税（以下简称困难减免税）审批权限下放至县以上税务机关，具体规定如下：

1）各省、自治区、直辖市和计划单列市税务机关（以下简称省税务机关）要根据纳税困难类型、减免税金额大小及本地区管理实际，按照减负提效、放管结合的原则，合理确定省、市、县税务机关的审批权限，做到审批严格规范、纳税人办理方便。

2）困难减免税按年审批，纳税人申请困难减免税应在规定时限内向主管税务机关或有权审批的税务机关提交书面申请并报送相关资料。纳税人报送的资料应真实、准确、齐全。

3）申请困难减免税的情形、办理流程、时限及其他事项由省税务机关确定。省税务机关在确定申请困难减免税情形时要符合国家关于调整产业结构和促进土地节约集约利用的要求。对因风、火、水、地震等造成的严重自然灾害或其他不可抗力因素遭受重大损失，从事国家鼓励和扶持产业或社会公益事业发生严重亏损，缴纳城镇土地使用税确有困难的，可给予定期减免税。对从事国家限制或不鼓励发展的产业不予减免税。

（8）盐场、盐矿用地

1）对盐场、盐矿的生产厂房、办公、生活区用地，应照章征收城镇土地使用税。

2）盐场的盐滩、盐矿的矿井用地，暂免征收城镇土地使用税。

3）对盐场、盐矿的其他用地，由各省、自治区、直辖市税务局根据实际情况，确定征收城镇土地使用税或给予定期减征、免征的照顾。

（9）矿山企业用地

1）矿山的采矿场、排土场、尾矿库、炸药库的安全区，以及运矿运盐公路、尾矿输送管道及回水系统用地，免征城镇土地使用税。

2）对位于城镇土地使用税征税范围内的煤炭企业已取得土地使用权、但未利用的塌陷地，自2006年9月1日起恢复征收城镇土地使用税。除上述规定外，对矿山企业的其他生产用地及办公、生活区用地，应照章征收城镇土地使用税。

（10）电力行业用地

1）火电厂厂区围墙内的用地，均应征收城镇土地使用税。对厂区围墙外的灰场、输灰管、输油管道、铁路专用线用地，免征城镇土地使用税；厂区围墙外的其他用地，应照章征税。

2）水电站的发电厂房用地（包括坝内、坝外式厂房），生产、办公、生活用地，应征收城镇土地使用税；对其他用地给予免税照顾。

3）对供电部门的输电线路用地、变电站用地，免征城镇土地使用税。

（11）水利设施用地

水利设施及其管扩用地（如水库库区、大坝、堤防、灌渠、泵站等用地），免征城镇土地使用税；其他用地，如生产、办公、生活用地、应照章征税。

（12）核工业总公司所属企业用地

对生产核系列产品的厂矿，除生活区、办公区用地应依照规定征收城镇土地使用税外，其他用地暂免征城镇土地使用税。

（13）交通部门港口用地

对港口的码头（泊位）用地，免征城镇土地使用税。

（14）民航机场用地

1）机场飞行区用地、场内外通信导航设施用地和飞行区四周排水防洪设施用地，免征城镇土地使用税。

2）在机场道路中，场外道路用地免征城镇土地使用税；场内道路用地依照规定征收城镇土地使用税。

3）机场工作区（包括办公、生产和维修用地及候机楼、停车场）用地、生活区用地、绿化用地，均须依照规定征收城镇土地使用税。

（15）司法部所属劳改劳教单位用地

1）对少年犯管教所的用地和由国家财政部门拨付事业经费的劳教单位自用的土地，免征土地使用税。

2）对劳改单位及经费实行自收自支的劳教单位的工厂、农场等，凡属于管教或生活用地，例如：办公室、警卫室、职工宿舍、犯人宿舍、储藏室、食堂、礼堂、图书室、阅览室、浴室、理发室、医务室等房屋、建筑物用地及其周围土地，均免征土地使用税。

3）对监狱的用地，若主要用于关押犯人，只有极少部分用于生产经营的，可从宽掌握，免征土地使用税。但对设在监狱外部的门市部、营业部等生产经营用地，应征收土地使用税；对生产设施较大的监狱，可以比照本规定第二条办理。具体由各省、自治区、直辖市税务局根据情况确定。

（16）老年服务机构自用的土地，暂免征收城镇土地使用税。

（17）国家天然林保护工程自用的土地，免征城镇土地使用税。

（18）铁路行业自用的土地，免征城镇土地使用税。

（19）核电站和公告租赁住房用地

1）对核电站的核岛、常规岛、辅助厂房和通信设施用地（不包括地下线路用地），生活、办公用地按规定征收城镇土地使用税，其他用地免征城镇土地使用税。

2）对公共租赁住房建设期间用地及公共租赁住房建成后占地免征城镇土地使用税。

（20）棚户区改造相关税收政策

对改造安置住房建设用地免征城镇土地使用税。在商品住房等开发项目中配套建造安置住房的，依据政府部门出具的相关材料、房屋征收（拆迁）补偿协议或棚户区改造合同（协议），按改造安置住房建筑面积占总建筑面积的比例免征城镇土地使用税。

（21）自2016年1月1日至2018年12月31日，对专门经营农产品的农产品批发市场、农贸市场使用（包括自有和承租，下同）的房产、土地，暂免征收城镇土地使用税。对同时经营其他产品的农产品批发市场和农贸市场使用的房产、土地，按其他产品与农产品交易场地面积的比例确定征免城镇土地使用税。

（22）自2019年1月1日至2020年12月31日，对向居民供热收取采暖费的"三北"地区供热企业，为居民供热所使用的厂房及土地免征城镇土地使用税。

（23）自2019年1月1日至2021年12月31日，对商品储备管理公司及其直属库自用的承担商品储备业务的土地，免征城镇土地使用税。

（24）民用航空发动机、新支线飞机和大型客机相关政策

1）自2018年1月1日至2023年12月31日，对纳税人及其全资子公司从事大型民用客机发动机、中大功率民用涡轴涡桨发动机研制项目自用的科研、生产、办公房产及土地，免征城镇土地使用税。

2）自2019年1月1日至2020年12月31日，对纳税人及其全资子公司从事大型客机研制项目自用的科研、生产、办公房产及土地，免征城镇土地使用税。

（25）对饮水工程运营管理单位自用的生产、办公用土地，免征城镇土地使用税。

（26）自2019年1月1日至2021年12月31日，为社区提供养老、托育、家政等服务的机构自有或通过承租、无偿使用等方式取得并用于提供社区养老、托育、家政服务的土地，免征城镇土地使用税。

（27）自2019年1月1日至2021年12月31日，由省、自治区、直辖市人民政府根据本地区实际情况，以及宏观调控需要确定，对增值税小规模纳税人可以在50%的税额幅度内减征城镇土地使用税。

（28）自2020年1月1日至2022年12月31日，对物流企业自有或承租的大宗商品仓储设施用地，减按所属土地等级适用税额标准的50%计征城镇土地使用税。

（四）应纳税额的计算

城镇土地使用税的应纳税额可以通过纳税人实际占用的土地面积乘以该土地所在地

段适用税率求得，其计算公式为：

全年应纳税额＝实际占用应税土地面积（平方米）×适用税率

【例10-1】 天天公司坐落于某中等城市，占用土地20 000平方米，其中企业自办的托幼机构占用土地面积1 000平方米，当地政府核定的城镇土地使用税税额每平方米4元。

要求：计算该公司当年应纳的土地使用税税额。

【解析】

全年应纳土地使用税税额＝（20 000-1 000）×4=76 000（元）

四、城镇土地使用税的征收管理

（一）纳税期限

城镇土地使用税按年计算，分期缴纳。缴纳期限由省、自治区、直辖市人民政府规定。

（二）纳税义务发生时间

（1）纳税人购置新建商品房，自房屋交付使用之次月起计征城镇土地使用税。

（2）纳税人购置存量房，自办理房屋权属转移、变更登记手续，房地产权属登记机关签发房屋权属证书之次月起计征城镇土地使用税。

（3）纳税人出租、出借房产，自交付出租、出借房产之次月起计征城镇土地使用税。

（4）纳税人新征用的耕地，自批准征用之日起满一年时开始缴纳土地使用税。

（5）纳税人新征用的非耕地，自批准征用次月起缴纳城镇土地使用税。

（6）纳税人以出让或转让方式有偿取得城镇土地使用权的，应由受让方从合同约定交付土地时间的次月起缴纳城镇土地使用税；合同未约定交付时间的，由受让方从合同签订的次月起缴纳城镇土地税。

（7）自2009年1月1日起，纳税人因土地的权利发生变化而依法终止城镇土地使用税纳税义务的，其应纳税款的计算应截至土地权利发生变化的当月末。

特别提醒

只有第（4）种情况从"征用之日起满一年"时缴纳土地使用税，其余都是从"次月"起缴纳城镇土地使用税。

（三）纳税地点

城镇土地使用税的纳税地点为土地所在地，由土地所在地地方税务机关征收。

纳税人使用的土地不属于同一省、自治区、直辖市管辖的，由纳税人分别向土地所在地的税务机关申报缴纳；在同一省、自治区、直辖市管辖范围内，纳税人跨地区使用土地，其纳税地点由各省、自治区、直辖市税务局确定。

第二节 资 源 税

一、资源税概述

（一）资源税的概念

资源税是对在我国境内从事应税矿产品开采和生产盐的单位和个人征收的一种税。资源税的设置与开征，有利于实现国家作为自然资源所有者的经济利益，有利于平衡不同等级自然资源开发与利用者的税收负担，有利于合理开发与利用自然资源，实现经济的可持续发展。

我国对资源占用征税的历史至少可以追溯到周代，当时的"山泽之赋"就是对伐木、采矿、狩猎、捕鱼、煮盐等开发、利用自然资源的生产活动课征的赋税。此后，我国历代政府一直延续了对矿冶资源、盐业资源等自然资源开发利用课税的制度。1950年1月颁布的《全国税政实施要则》规定对盐的生产、运销征收盐税。1984年9月，国务院发布了《中华人民共和国资源税条例（草案）》，标志着我国的资源税正式设立，其征税对象为原油、天然气、煤炭三种矿产品及盐。

1993年12月，国务院发布了《中华人民共和国资源税暂行条例》，扩大了资源税征税范围，对所有的矿产品及盐征收资源税。2011年为进一步理顺资源产品的价税关系，促进资源的合理开发利用，国务院发布了《关于修改〈中华人民共和国资源税暂行条例〉的决定》，自2011年11月1日起施行新的暂行条例。经国务院批准，为促进资源节约集约利用和环境保护，规范资源税费制度，2014年12月1日起，实施煤炭资源税从价计征改革，调整了原油、天然气资源税相关政策；为深化财税体制改革，促进资源节约集约利用，加快生态建设，从2016年7月1日起本着"清费立税、合理负担、适度分权、循序渐进"的原则，在全国范围全面推进资源税的改革，除对经营分散、多为现金交易且难以控管的黏土、砂石，按照便利征管原则仍实行从量定额计征，其他应税产品全部实行了从价计征改革。为加强水资源管理和保护，促进水资源节约与合理开发利用，自2017年12月1日起，在北京市、天津市、山西省、内蒙古自治区、河南省、山东省、四川省、陕西省、宁夏回族自治区开展水资源改革试点。2019年8月26日第十三届全国人民代表大会常务委员会第十二次会议通过了《中华人民共和国资源税法》，本法自2020年9月1日起施行。1993年12月25日国务院发布的《资源税暂行条例》同时废止。

（二）资源税的特点

1. 只对特定资源征税

我国现行资源税并非对全部的自然资源征税，也并非对所有的具有商品属性的资源都征税，而是选择对矿产资源征税。

2. 具有级差收入税的特点

我国资源税通过对同一资源实行高低不同的差别税率，可以直接调节资源条件不同而产生的级差收入。

3. 具有受益性质

在我国，自然资源的所有权属于国家，国家对开发经营国有自然资源征税实质上既体现了税收强制性、固定性的特征，也体现了对国有资源的有偿占用性。

（三）资源税的作用

（1）调节资源级差收入，有利于企业在同一水平上竞争。

（2）加强资源管理，有利于促进企业合理开发、利用。

（3）与其他税种配合，有利于发挥税收杠杆的整体功能。

（4）使自然资源条件优越的级差收入归国家所有，排除因资源优劣造成企业利润分配上的不合理状况。

二、纳税人和扣缴义务人

在中华人民共和国领域和中华人民共和国管辖的其他海域开发应税资源的单位和个人，为资源税的纳税人，包括各类企业、行政单位、事业单位、军事单位、社会团体及个人。收购未税矿产品的单位为资源税的扣缴义务人，包括独立矿山、联合企业和其他收购未税矿产品的单位。

【例10-2】根据资源税法律制度的规定，应缴纳资源税的有（　　）。

A. 冶炼企业进口铁矿石　　　　　　B. 个体经营者开采煤矿
C. 军事单位开采石油　　　　　　　D. 中外合作开采天然气

【解析】BCD。根据资源税纳税人的规定，对在境内开采应税矿产品的单位和个人征收资源税，进口资源产品不征收资源税；中外合作开采石油、天然气，按照现行规定征收资源税。

三、征税范围

（一）能源矿石

（1）原油，这是指开采的天然原油，不包括人造石油。

(2) 天然气、页岩气、天然气水合物。

(3) 煤，即原煤或选矿。

(4) 煤成（层）气。

(5) 铀、钍。

(6) 油页岩、油砂、天然沥青、石煤。

(7) 地热。

（二）金属矿石

(1) 黑色金属，包括铁矿、锰矿、铬矿、钒矿、钛矿原矿或选矿。

(2) 有色金属，如铜、铝土矿、钨、钼、金、铂、轻稀土、中重轻稀土、锂等原矿或选矿。

（三）非金属矿

(1) 矿物类，包括高岭土、石灰岩、磷、石墨、萤石、天然石英砂、叶蜡石、其他黏土等。

(2) 岩石类，包括大理岩、砂石等。

(3) 宝玉石类，包括宝石、玉石、宝石级金刚石、玛瑙、黄玉、碧玺。

（四）水气矿

(1) 二氧化碳气、硫化氢气、氦气、氡气。

(2) 矿泉水。

（五）盐

(1) 钠盐、钾盐、镁盐、锂盐。

(2) 天然卤水。

(3) 海盐。

纳税人开采或者生产应税产品，自用于连续生产应税产品的，不缴纳资源税；自用于其他方面的，视同销售，缴纳资源税。

四、税率

从 2016 年 7 月 1 日起，资源税实行幅度的比例税率为主和定额税率为辅的计征方式。2019 年 9 月 1 日《资源税法》正式实施，因而实行最新的《资源税税目税率表》。资源税实行从价计征或者从量计征。《资源税税目税率表》中规定可以选择实行从价计征或者从量计征的，具体计征方式由省、自治区、直辖市人民政府提出，报同级人民代表大会常务委员会决定，并报全国人民代表大会常务委员会和国务院备案。实行从价计征的，应纳税额按照应税资源产品（以下称应税产品）的销售额乘以具体适用税率计算。实行从量计征的，应纳税额按照应税产品的销售数量乘以具体适用税率计算。具体税率幅度如表 10-2 所示。

表 10-2 资源税税目税率表

税目			征税对象	税率
能源矿产		原油	原矿	6%
		天然气、页岩气、天然气水合物	原矿	6%
		煤	原矿或选矿	2%～10%
		煤成（层）气	原矿	1%～2%
		铀、钍	原矿	4%
		油页岩、油砂、天然沥青、石煤	原矿或选矿	1%～4%
		地热	原矿	1%～20% 或者每立方米 1～30 元
非金属矿原矿	矿物类	高岭土	原矿或选矿	1%～6%
		石灰岩	原矿或选矿	1%～6% 或者每吨（或者每立方米）1～10 元
		磷	原矿或选矿	3%～8%
		石墨	原矿或选矿	3%～12%
		萤石、硫铁矿、自然硫	原矿或选矿	1%～8%
	矿物类	天然石英砂、脉石英、粉石英、水晶、工业用金刚石、冰洲石、蓝晶石、硅线石（矽线石）、长石、滑石、刚玉、菱镁矿、颜料矿物、天然碱、芒硝、钠硝石、明矾石、砷、硼、碘、溴、膨润土、硅藻土、陶瓷土、耐火黏土、铁矾土、凹凸棒石黏土、海泡石黏土、伊利石黏土、累托石黏土	原矿或选矿	1%～12%
		叶蜡石、硅灰石、透辉石、珍珠岩、云母、沸石、重晶石、毒重石、方解石、蛭石、透闪石、工业用电气石、白垩、石棉、蓝石棉、红柱石、石榴子石、石膏	原矿或选矿	2%～12%
		其他黏土（铸型用黏土、砖瓦用黏土、陶粒用黏土、水泥配料用红土、水泥配料用黄土、水泥配料用泥岩、保温材料用黏土）	原矿或选矿	1%～5% 或者每吨（或者每立方米）0.1～5 元
	岩石类	大理岩、花岗岩、白云岩、石英岩、砂岩、辉绿岩、安山岩、闪长岩、板岩、玄武岩、片麻岩、角闪岩、页岩、浮石、凝灰岩、黑曜岩、霞石正长岩、蛇纹岩、麦饭石、泥灰岩、含钾岩石、含钾砂页岩、天然油石、橄榄岩、松脂岩、粗面岩、辉长岩、辉石岩、正长岩、火山灰、火山渣、泥炭	原矿或选矿	1%～10%
		砂石	原矿或选矿	1%～5% 或者每吨（或者每立方米）0.1～5 元
	宝石类	宝石、玉石、宝石级金刚石、玛瑙、黄玉、碧玺	原矿或选矿	4%～20%

（续）

税目		征税对象	税率
金属矿产	黑色金属 铁、锰、铬、钒、钛	原矿或选矿	1%～9%
	有色金属 铜、铅、锌、锡、镍、锑、镁、钴、铋、汞	原矿或选矿	2%～10%
	铝土矿	原矿或选矿	2%～9%
	钨	选矿	6.5%
	钼	选矿	8%
	金、银	原矿或选矿	2%～6%
	铂、钯、钌、锇、铱、铑	原矿或选矿	5%～10%
	轻稀土	选矿	7%～12%
	中重稀土	选矿	20%
	铍、锂、锆、锶、铷、铯、铌、钽、锗、镓、铟、铊、铪、铼、镉、硒、碲	原矿或选矿	2%～10%
水气矿产	二氧化碳气、硫化氢气、氦气、氡气	原矿	2%～5%
	矿泉水	原矿	1%～20%或者每立方米1～30元
盐	钠盐、钾盐、镁盐、锂盐	选矿	3%～15%
	天然卤水	原矿	3%～15%或者每吨（或者每立方米）1～10元
	海盐		2%～5%

注：

（1）低丰度油气田，包括陆上低丰度油田、陆上低丰度气田、海上低丰度油田、海上低丰度气田。陆上低丰度油田是指每平方公里原油可开采储量丰度低于25万立方米的油田；陆上低丰度气田是指每平方公里天然气可开采储量丰度低于2.5亿立方米的气田；海上低丰度油田是指每平方公里原油可开采储量丰度低于60万立方米的油田；海上低丰度气田是指每平方公里天然气可开采储量丰度低于6亿立方米的气田。

（2）高含硫天然气，是指硫化氢含量在每立方米30克以上的天然气。

（3）三次采油，是指二次采油后继续以聚合物驱、复合驱、泡沫驱、气水交替驱、二氧化碳驱、微生物驱等方式进行采油。

（4）深水油气田，是指水深超过300米的油气田。

（5）稠油，是指地层原油黏度大于或等于每秒50毫帕或原油密度大于或等于每立方厘米0.92克的原油。

（6）高凝油，是指凝固点高于40摄氏度的原油。

（7）衰竭期矿山，是指设计开采年限超过15年，且剩余可开采储量下降到原设计可开采储量的20%以下或者剩余开采年限不超过5年的矿山。衰竭期矿山以开采企业下属的单个矿山为单位确定。

纳税人开采或者生产不同税目应税产品的，应当分别核算不同税目应税产品的销售额或者销售数量；未分别核算或者不能准确提供不同税目应税产品的销售额或者销售数量的，从高适用税率。

扣缴义务人代扣代缴资源税适用税率按如下规定执行：独立矿山、联合企业收购未税矿产品的单位，按照本单位应税产品税率代扣代缴资源税；其他收购单位收购的未税矿产品，按税务机关核定的应税产品税率代扣代缴资源税。

国务院根据国民经济和社会发展需要，依照《资源税法》的原则，对取用地表水或者地下水的单位和个人试点征收水资源税。征收水资源税的，停止征收水资源费。水资源税根据当地水资源状况、取用水类型和经济发展等情况实行差别税率。水资源税试点实施办法由国务院规定，报全国人民代表大会常务委员会备案。国务院自《资源税法》施行之日起 5 年内，就征收水资源税试点情况向全国人民代表大会常务委员会报告，并及时提出修改法律的建议。

中外合作开采陆上、海上石油资源的企业依法缴纳资源税。2011 年 11 月 1 日前已依法订立中外合作开采陆上、海上石油资源合同的，在该合同有效期内，继续依照国家有关规定缴纳矿区使用费，不缴纳资源税；合同期满后，依法缴纳资源税。

五、资源税的计算

（一）计税依据的确定

资源税按照《资源税税目税率表》实行从价计征或者从量计征。《资源税税目税率表》中规定可以选择实行从价计征或者从量计征的，具体计征方式由省、自治区、直辖市人民政府提出，报同级人民代表大会常务委员会决定，并报全国人民代表大会常务委员会和国务院备案。应税产品为矿产品的，包括原矿和选矿产品。其计税依据规定如下。

1. 计税销售额的确定

实行从价计征的，应纳税额按照应税资源产品（以下称应税产品）的销售额乘以具体适用税率计算。销售额为纳税人销售应税产品向购买方收取的全部价款和价外费用，但不包括收取的增值税销项税额和运杂费用。价外费用，包括价外向购买方收取的手续费、补贴、基金、集资费、返还利润、奖励费、违约金、滞纳金、延期付款利息、赔偿金、代收款项、代垫款项、包装费、包装物租金、储备费、优质费、运输装卸费以及其他各种性质的价外收费（原煤销售额不包含从坑口到车站、码头等的运输费用）。但下列项目不包括在内：

（1）同时符合以下条件的代垫运输费用。①承运部门的运输费用发票开具给购买方的；②纳税人将该项发票转交给购买方的。

（2）同时符合以下条件代为收取的政府性基金或者行政事业性收费。①由国务院或者财政批准设立的政府性基金，由国务院或者省级人民政府及其财政、价格主管部门批准设立的行政事业性收费；②收取时开具省级以上财政部门印制的财政票据；③所收款项全额上缴财政。

纳税人以人民币以外的货币结算销售额的，应当折合人民币计算。其销售额的人民币折合率可以选择销售额发生的当天或者当月 1 日的人民币汇率中间价。纳税人应在事先确定采取何种折合率计算方法，确定后 1 年内不得变更。

纳税人申报的应税产品销售额明显偏低且无正当理由的，有视同销售应税产品行为而无销售额的，除财政部、国家税务总局另有规定外，按下列顺序确定销售额：

（1）按纳税人最近时期同类产品的平均销售价格确定。

（2）按其他纳税人最近时期同类产品的平均销售价格确定。

（3）按组成计税价格确定。

组成计税价格的计算公式为：

$$组成计税价格 = 成本 \times (1+ 成本利润率)/(1- 资源税税率)$$

公式中的成本是指应税产品的实际生产成本。公式中的成本利润率由省、自治区、直辖市税务机关确定。

2. 课税数量的确定

实行从量计征的，应纳税额按照应税产品的销售数量乘以具体适用税率计算。

（1）纳税人开采或者生产各种应税产品，凡直接对外销售的，以实际销售数量为课税数量。

（2）纳税人开采或者生产各种应税产品，凡产品自用的，以移送自用数量为课税数量。

（3）纳税人不能准确提供应税产品销售数量的，以应税产品的产量或者主管税务机关确定的折算比换算成的数量为计征资源税的销售数量。

（4）纳税人的减税、免税项目，应当单独核算销售额和销售数量；未单独核算或者不能准确提供销售额和销售数量的，不予减税或者免税。

（二）应纳税额的计算

资源税按照从价定率或者从量定额的办法征收，分别以应税产品的销售额乘以纳税人具体适用的比例税率或者以应税产品的销售数量乘以纳税人具体适用的定额税率计算。

纳税人开采或者生产应税产品，自用于连续生产应税产品的，不缴纳资源税；自用于其他方面的，视同销售，缴纳资源税。

实现从价计征的，其应纳税额的计算公式为：

$$应纳税额 = 计税销售额 \times 适用税率$$

实行从量计征的，其应纳税额的计算公式为：

$$应纳税额 = 课税数量 \times 定额税率$$

【例 10-3】某油田 2020 年 1 月份生产原油 10 万吨，其中销售 7 万吨，实现销售收入 1 120 万元，加热、修井用 1 万吨，库存 2 万吨。当月在采油过程中回收并销售伴生天然气 2 000 万立方米，实现销售收入 320 万元。已知该油田适用的资源税税率为 6%，天然气适用的资源税税率为 6%。

要求：计算该油田 2 月份应纳资源税税额。

【解析】根据税法规定，开采原油过程中用于加热、修井的原油免税。采油过程中伴生的天然气应征资源税。

原油应纳资源税税额 =1 120×6%=67.2（万元）

天然气应纳资源税税额 =320×6%=19.2（万元）

该油田 12 月应纳资源税税额 =67.2+19.2=86.4（万元）

【例10-4】 甲厂本月开采砂石300万立方米，销售了250万立方米，其余50万立方米待售。已知该厂开采的砂石适用的资源税税额为0.2元/立方米。

要求：甲厂本月销售自采砂石应当缴纳多少资源税？

【解析】

$$砂石应纳资源税税额 = 250 \times 0.2 = 50（万元）$$

六、资源税的税收优惠政策

纳税人的免税、减税项目，应当单独核算销售额或者销售数量；未单独核算或者不能准确提供销售额或者销售数量的，不予免税或者减税。

（一）有下列情形之一的，免征资源税

（1）开采原油以及在油田范围内运输原油过程中用于加热的原油、天然气。

（2）煤炭开采企业因安全生产需要抽采的煤成（层）气。

（二）有下列情形之一的，减征资源税

（1）从低丰度油气田开采的原油、天然气，减征20%资源税。

（2）高含硫天然气、三次采油和从深水油气田开采的原油、天然气，减征30%资源税。

（3）稠油、高凝油减征40%资源税。

（4）从衰竭期矿山开采的矿产品，减征30%资源税。

根据国民经济和社会发展需要，国务院对有利于促进资源节约集约利用、保护环境等情形可以规定免征或者减征资源税，报全国人民代表大会常务委员会备案。

（三）有下列情形之一的，省、自治区、直辖市可以决定免征或者减征资源税

（1）纳税人开采或者生产应税产品过程中，因意外事故或者自然灾害等原因遭受重大损失。

（2）纳税人开采共伴生矿、低品位矿、尾矿。

前款规定的免征或者减征资源税的具体办法，由省、自治区、直辖市人民政府提出，报同级人民代表大会常务委员会决定，并报全国人民代表大会常务委员会和国务院备案。

七、资源税的征收管理

资源税由税务机关依照《资源税法》和《税收征收管理法》的规定征收管理。税务机关与自然资源等相关部门应当建立工作配合机制，加强资源税征收管理。纳税人、税

务机关及其工作人员违反《资源税法》规定的,依照《税收征收管理法》和有关法律法规的规定追究法律责任。

(一) 纳税人义务发生时间

(1) 纳税人销售应税产品,纳税义务发生时间为收讫销售款或者取得索取销售款凭据的当日,但有下列特殊情况:

1) 纳税人采取分期收款结算方式的,其纳税义务发生时间为销售合同规定收款日期的当天。

2) 纳税人采取预收货款结算方式的,其纳税义务发生时间为发出应税产品的当天。

3) 纳税人采取其他结算方式的,其纳税义务发生时间为收讫销售款或者取得索取销售款凭据的当天。

(2) 纳税人自产自用应税产品的纳税义务发生时间,为移送使用应税产品的当天。

(3) 扣缴义务人代扣代缴税款的纳税义务发生时间,为支付首笔货款或首次开具支付货款凭据的当天。

(二) 纳税地点

(1) 纳税人应纳的资源税,应当向应税产品的开采地或者生产所在地主管税务机关缴纳。

(2) 纳税人在本省、自治区、直辖市范围内开采或者生产应税产品,其纳税地点需要调整的,由省、自治区、直辖市税务机关决定。

(3) 纳税人跨省、自治区、直辖市开采或者生产应税产品,其下属生产单位与核算单位不在同一省、自治区、直辖市的,对其开采或者生产的应税产品,一律在开采地或者生产地纳税。实行从量计征的应税产品,其应纳税款一律由独立核算的单位按照每个开采地或者生产地的销售量及适用税率计算划拨;实行从价计征的应税产品,其应纳税款一律由独立核算的单位按照每个开采地或者生产地的销售量、单位销售价格及适用税率计算划拨。

(4) 扣缴义务人代扣代缴的资源税,应当向收购地主管税务机关缴纳。

(三) 纳税期限

资源税纳税期限为1日、3日、5日、10日、15日或1个月,具体由主管税务机关根据实际情况核定;不能按固定期限计算缴纳的,可以按次申报缴纳。

纳税人以1个月为一期纳税的,自期满之日起10日内申报缴纳;以1日、3日、5日、10日、15日为一期纳税的,自期满之日起5日内预缴税款,于次月1日起10日内申报并结清上月税款。

扣缴义务人解缴税款期限,比照上述规定执行。

第三节 耕地占用税

一、耕地占用税概述

（一）耕地占用税的概念

耕地占用税，是中国政府为了合理利用土地资源，加强土地管理，保护耕地而向占用耕地用于其他非农业建设的单位和个人收取的税种。耕地占用税属于行为税的一种，于1987年4月1日起征收，该税种依据的法源为由中华人民共和国国务院颁布的《中华人民共和国耕地占用税暂行条例》，财政部制定的《耕地占用税暂行条例实施细则》，以及各省、自治区、直辖市制定的《耕地占用税实施办法》。2007年12月1日，国务院对原《耕地占用税暂行条例》进行了重大修改并重新颁布。2018年12月29日第十三届全国人民代表大会常务委员会第七次会议通过了《中华人民共和国耕地占用税法》（以下简称《耕地占用税法》）。

（二）耕地占用税的特点

耕地占用税作为一个出于特定目的、对特定的土地资源课征的税种，与其他税种相比，具有比较鲜明的特点，主要表现在以下几个方面。

1. 兼具资源税与特定行为税的性质

耕地占用税以占用农用耕地建房或从事其他非农用建设的行为为征税对象，以约束纳税人占用耕地的行为、促进土地资源的合理运用为课征目的，除具有资源占用税的属性外，还具有明显的特定行为税的特点。

2. 采用地区差别税率

耕地占用税采用地区差别税率，根据不同地区的具体情况，分别制定差别税额，以适应我国地域辽阔、各地区之间耕地质量差别较大、人均占有耕地面积相差悬殊的具体情况，具有因地制宜的特点。

3. 在占用耕地环节一次性课征

耕地占用税在纳税人获准占用耕地的环节征收，除对获准占用耕地后超过两年未使用者须加征耕地占用税外，此后不再征收耕地占用税。因而，耕地占用税具有一次性征收的特点。

4. 税收收入专用于耕地开发与改良

耕地占用税收入按规定应用于建立发展农业专项基金，主要用于开展宜耕土地开发和改良现有耕地之用，因此，具有"取之于地、用之于地"的补偿性特点。

二、耕地占用税的纳税人与征税范围

（一）纳税人

耕地占用税的纳税人是指在中华人民共和国境内占用耕地建设建筑物、构筑物或者

从事非农业建设的单位或者个人。

所称单位,包括国有企业、集体企业、私营企业、股份制企业、外商投资企业、外国企业、其他企业、事业单位、社会团体、国家机关、部队以及其他单位;所称个人,包括个体工商户以及其他个人。

(二)征税范围

耕地占用税的征税范围为国家所有和集体所有的耕地。

耕地是指用于种植农作物的土地,如种植粮食作物、经济作物的农田,种植蔬菜和果树的菜地、园地,还包括其附属的土地,如田间道路等。

以下情况视同占用耕地征收耕地占用税:

(1)占用园地建房或者从事非农业建设。

(2)占用林地、牧草地、农田水利地、养殖水面以及渔业水域滩涂等其他农用地建房或者从事非农业建设。其中:

1)林地,包括有林地、灌木林地、疏林地、未成林地、迹地、苗圃等,不包括居民点内部的绿化林木用地,铁路、公路征收范围内的林木用地,河流、沟渠的护堤林用地。

2)牧草地,包括天然牧草地、人工牧草地。

3)农田水利用地,包括农田排灌沟渠和相应附属设施用地。

4)养殖水面,包括人工开挖和天然形成的用于水产养殖的各种水面及相应附属设施用地。

5)渔业水域滩涂,包括专门用于种植、养殖水生动植物的海水潮浸地带和滩地。

6)园地,包括果园、茶园、橡胶园和其他园地。

(3)直接为农业生产服务的生产设施,是指直接为农业生产服务而建设的建筑物和构筑物,包括农业生产者从事农业生产必需的食宿和管理设施;其他直接为农业生产服务的生产设施。

(4)不征收耕地占用税的行为:

1)农田水利占用耕地的;

2)建设直接为农业生产服务的生产设施占用园地、林地、牧草地、农田水利用地、养殖水面、渔业水域滩涂等其他农用地的。

三、耕地占用税的计算

(一)耕地占用税的计税依据

耕地占用税以纳税人实际占用的耕地面积为计税依据,按照规定的适用税额一次性征收。

(二) 税率

(1) 实行地区差别幅度定额税率。人均耕地面积越少,单位税额越高。

(2) 税率规定如下:

1) 人均耕地不超过 1 亩①的地区(以县级行政区域为单位,下同),每平方米为 10～50 元。

2) 人均耕地超过 1 亩但不超过 2 亩的地区,每平方米为 8～40 元。

3) 人均耕地超过 2 亩但不超过 3 亩的地区,每平方米为 6～30 元。

4) 人均耕地超过 3 亩的地区,每平方米为 5～25 元。

各地区耕地占用税的适用税额,由省、自治区、直辖市人民政府根据人均耕地面积和经济发展等情况,在上述规定的税额幅度内提出,报同级人民代表大会常务委员会决定,并报全国人民代表大会常务委员会和国务院备案。各省、自治区、直辖市耕地占用税适用税额的平均水平,不得低于《中华人民共和国耕地占用税法》所附《各省、自治区、直辖市耕地占用税平均税额表》规定的平均税额。

在人均耕地低于 0.5 亩的地区,省、自治区、直辖市可以根据当地经济发展情况,适当提高耕地占用税的适用税额,但提高的部分不得超过确定的适用税额的 50%。

占用基本农田的,应当按照适用税额加征 150%。

各省、自治区、直辖市耕地占用税平均税额如表 10-3 所示。

表 10-3 各省、自治区、直辖市耕地占用税平均税额 (单位:元)

地区	每平方米平均税额	地区	每平方米平均税额
上海	45	河北、安徽、江西、山东、河南、重庆、四川	22.5
北京	40	广西、海南、贵州、云南、陕西	20
天津	35	山西、吉林、黑龙江	17.5
江苏、浙江、福建、广东	30	内蒙古、西藏、甘肃、青海、宁夏、新疆	12.5
辽宁、湖北、湖南	25		

(三) 耕地占用税的税额计算

耕地占用税以纳税人实际占用的耕地面积为计税依据,按照规定的适用税额一次性征收。应纳税额的计算公式为:

$$应纳税额 = 纳税人实际占用的耕地面积(平方米) \times 适用定额税率$$

【例 10-5】 假设某市一家企业新占用 20 000 平方米耕地用于工业建设,所占耕地适用的定额税率为 20 元每平方米。

要求: 计算该企业应纳的耕地占用税是多少。

【解析】

$$应纳税额 = 20\,000 \times 20 = 400\,000(元)$$

---

① 1 亩 ≈ 666.667 平方米。

四、耕地占用税的税收优惠

耕地占用税对占用耕地实行一次性征收，对生产经营单位和个人不设立减免税，仅对公益性单位和需照顾群体设立减免税。

（一）免征耕地占用税

（1）军事设施占用耕地。军事设施，包括地上、地下的军事指挥、作战工程；军用机场、港口、码头；营区、训练场、试验场；军用洞库、仓库；军用通信、侦察、导航、观测台站，以及测量、导航、助航标志；军用公路、铁路专用线，军用通信、输电线路，军用输油、输水管道；其他直接用于军事用途的设施。

（2）学校占用耕地。学校，包括经县级以上人民政府教育行政部门批准成立的大学、中学、小学、学历性职业教育和特殊教育学校。学校内经营性场所和教职工住房占用耕地的，按照当地适用税率缴纳耕地占用税。

（3）幼儿园占用耕地。幼儿园，包括在县级以上人民政府教育行政部门登记或备案的幼儿保育、教育的场所。

（4）社会福利机构占地。社会福利机构，包括依法登记的养老服务机构、残疾人服务机构、儿童福利机构、社会救助机构。

（5）医院占用耕地。医院包括县级以上人民政府卫生行政单位部门批准设立的用于提供医疗服务的场所及其配套设施。医院内职工住房占用耕地的，按照当地适用税率缴纳耕地占用税。

（6）农村烈士遗属、因公牺牲军人遗属、残疾军人以及符合农村最低生活保障条件的农村居民，在规定用地标准以内新建自用住宅，免征耕地占用税。

（二）下列情形减征耕地占用税

（1）铁路线路、公路线路、飞机场跑道、停机坪、港口、航道、水利工程占用耕地，减按每平方米2元的税额征收耕地占用税。

根据实际需要，国务院财政、税务主管部门商国务院有关部门并报国务院批准后，可以对以上情形免征或者减征耕地占用税。

（2）农村居民占用耕地新建住宅，按照当地适用税额减半征收耕地占用税。

农村居民经批准搬迁，原宅基地恢复耕种，凡新建住宅占用耕地不超过原宅基地面积的，不征收耕地占用税；超过原宅基地面积的，对超过部分按照当地适用税额减半征收耕地占用税。

（3）根据国民经济和社会发展需要，国务院可以规定免征或者减征耕地占用税的其他情形，报全国人民代表大会常务委员会备案。

（4）2019年1月1日至2021年12月31日，各省、自治区、直辖市人民政府根据本地区实际情况，以及宏观调控需要确定，对增值税小规模纳税人在50%的税额幅度内减征耕地占用税。

五、耕地占用税的征收管理

耕地占用税由税务机关负责征收。耕地占用税的纳税义务发生时间为纳税人收到自然资源主管部门办理占用耕地手续的书面通知的当日。纳税人应当自纳税义务发生之日起30日内申报缴纳耕地占用税。

自然资源主管部门凭耕地占用税完税凭证或者免税凭证和其他有关文件发放建设用地批准书。

纳税人因建设项目施工或者地质勘查临时占用耕地，应当按规定缴纳耕地占用税。纳税人在批准临时占用耕地期满之日起一年内依法复垦，恢复种植条件的，全额退还已经缴纳的耕地占用税。

第四节 环境保护税

环境保护税法是指国家制定的调整环境保护税征收与缴纳相关权利及义务关系的法律规范。现行环境保护税法的基本规范包括2016年12月25日第十二届全国人民代表大会常务委员会第二十五次会议通过的《中华人民共和国环境保护税法》（以下简称《环境保护税法》）、2017年12月30日国务院发布的《中华人民共和国环境保护税法实施条例》等。《环境保护税法》自2018年1月1日起实施，同时停征排污费。

环境保护税是对在我国领域以及管辖的其他海域直接向环境排放应税污染物的企事业单位和其他生产经营者征收的一种税，其立法目的是保护和改善环境，减少污染物排放，推进生态文明建设。环境保护税是我国首个明确以环境保护为目标的独立型环境税税种，有利于解决排污费制度存在的执法刚性不足问题，有利于提高纳税人环保意识和强化企业治污减排责任。

直接向环境排放应税污染物的企事业单位和其他生产经营者，除依照《环境保护税法》规定缴纳环境保护税外，应当对所造成的损害依法承担责任。

一、纳税义务人

环境保护税的纳税义务人是在中华人民共和国领域和中华人民共和国管辖的其他海域直接向环境排放应税污染物的企事业单位和其他生产经营者。

应税污染物，是指《环境保护税法》所附《环境保护税税目税额表》《应税污染物和当量值表》所规定的大气污染物、水污染物、固体废物和噪声。

有下列情形之一的，不属于直接向环境排放污染物，不缴纳相应污染物的环境保护税：

（1）企事业单位和其他生产经营者向依法设立的污水集中处理、生活垃圾集中处理场所排放应税污染物的。

（2）企事业单位和其他生产经营者在符合国家和地方环境保护标准的设施、场所贮存或者处理固体废物的。

达到省级人民政府确定的规模标准并且有污染物排放口的畜禽养殖场，应当依法缴纳环境保护税，依法对畜禽养殖废弃物进行综合利用和无害化处理。

二、税目与税率

环境保护税税目包括大气污染物、水污染物、固体废弃物和噪声4大类，采用定额税率，其中，对应税大气污染物和水污染物规定了幅度定额税率，具体适用税率的确定和调整由省、自治区、直辖市人民政府统筹考虑本地区环境承载能力、污染物排放现状和经济社会生态发展目标要求，在规定的税额幅度内提出，报同级人民代表大会常务委员会决定，并报全国人民代表大会常务委员会和国务院备案。环境保护税税目税额如表10-4所示。

表10-4 环境保护税税目税额表

税目		计税单位	税额	备注
大气污染物		每污染当量	1.2～12元	
水污染物		每污染当量	1.4～14元	
固体废物	煤矸石	每吨	5元	
	尾矿	每吨	15元	
	危险废物	每吨	1 000元	
	冶炼渣、粉煤灰、炉渣、其他固体废物（含半固态、液态废物）	每吨	25元	
噪声	工业噪声	超标1～3分贝	每月350元	1.一个单位边界上有多处噪声超标，根据最高一处超标声级计算应纳税额；当沿边界长度超过100米有两处以上噪声超标，按照两个单位计算应纳税额 2.一个单位有不同地点作业场所的，应当分别计算应纳税额，合并计征 3.昼、夜均超标的环境噪声，昼、夜分别计算应纳税额，累计计征 4.声源一个月内超标不足15天的，减半计算应纳税额 5.夜间频繁突发和夜间偶然突发厂界超标噪声，按等效声级和峰值噪声两种指标中超标分贝值高的一项计算应纳税额
		超标4～6分贝	每月700元	
		超标7～9分贝	每月1 400元	
		超标10～12分贝	每月2 800元	
		超标13～15分贝	每月5 600元	
		超标16分贝以上	每月11 200元	

三、计税依据

（一）计税依据确定的基本方法

应税污染物的计税依据，按照下列方法确定：①应税大气污染物按照污染物排放量折合的污染当量数确定；②应税水污染物按照污染物排放量折合的污染当量数确定；③应税固体废物按照固体废物的排放量确定；④应税噪声按照超过国家规定标准的分贝数确定。

（1）应税大气污染物、水污染物按照污染物排放量折合的污染当量数确定计税依据。

污染当量数以该污染物的排放量除以该污染物的污染当量值计算。计算公式为：

应税大气污染物、水污染物的污染当量数 = 该污染物的排放量 ÷ 该污染物的污染当量值

污染当量，是指根据污染物或者污染排放活动对环境的有害程度以及处理的技术经济性，衡量不同污染物对环境污染的综合性指标或者计量单位。同一介质相同的污染当量的不同污染物，其污染程度基本相当。每种应税大气污染物、水污染物的具体污染当量值，依照《环境保护税法》所附《应税污染物和当量值表》执行。

每一排放口或者没有排放口的应税大气污染物，按照污染当量数从大到小排序，对前三项污染物征收环境保护税。每一排放口的应税水污染物，按照《环境保护税法》所附《应税污染物和当量值表》，区分第一类水污染物和其他类水污染物，按照污染当量数从大到小排序，对第一类水污染物按照前五项征收环境保护税，对其他类水污染物按照前三项征收环境保护税。

省、自治区、直辖市人民政府根据本地区污染物减排的特殊需要，可以增加同一排放口征收环境保护税的应税污染物项目数，报同级人民代表大会常务委员会决定，并报全国人民代表大会常务委员会和国务院备案。

纳税人有下列情形之一的，以其当期应税大气污染物、水污染物的产生量作为污染物的排放量：

1）未依法安装使用污染物自动监测设备或者未将污染物自动监测设备与环境保护主管部门的监控设备联网。

2）损毁或者擅自移动、改变污染物自动监测设备。

3）篡改、伪造污染物监测数据。

4）通过暗管、渗井、渗坑、灌注或者稀释排放以及不正常运行防治污染设施等方式违法排放应税污染物。

5）进行虚假纳税申报。

【例10-6】 某企业2019年3月向水体直接排放第一类水污染物总汞10千克，根据一类水污染物污染当量值表，总汞的污染当量值为0.000 5千克。

要求：计算污染当量数。

污染当量数 = 10/0.000 5 = 20 000

（2）应税固体废物按照固体废物的排放量确定计税依据。

固体废物的排放量为当期应税固体废物的产生量减去当期应税固体废物的贮存量、处置量、综合利用量的余额。其中，固体废物的贮存量、处置量，是指在符合国家和地方环境保护标准的设施、场所贮存或者处置的固体废物数量；固体废物的综合利用量，是指按照国务院发展改革、工业和信息化主管部门关于资源综合利用要求以及国家和地方环境保护标准进行综合利用的固体废物数量。计算公式为：

$$固体废物的排放量 = 当期固体废物的产生量 - 当期固体废物的综合利用量$$
$$- 当期固体废物的贮存量 - 当期固体废物的处置量$$

纳税人有下列情形之一的，以其当期应税固体废物的产生量作为固体废物的排放量：

1）非法倾倒应税固体废物。

2）进行虚假纳税申报。

（3）应税噪声按照超过国家规定标准的分贝数确定计税依据。

工业噪声按超过国家规定标准的分贝数确定每月税额，超过国家规定标准的分贝数是指实际产生的工业噪声与国家规定的工业噪声排放标准限值之间的差值。

（二）应税大气污染物、水污染物、固体废物的排放量和噪声分贝数的确定方法

应税大气污染物、水污染物、固体废物的排放量和噪声分贝数，按照下列方法和顺序计算：

（1）纳税人安装使用符合国家规定和监测范围的污染物自动监测设备的，按照污染物自动监测数据计算。

（2）纳税人未安装使用污染物自动监测设备的，按照监测机构出具的符合国家有关规定和监测规范的监测数据计算。

（3）因排放污染物种类多等原因不具备监测条件的，按照国务院环境保护主管部门规定的排污系数、物料衡算方法计算。

（4）不能按照上述方法计算的，按照省、自治区、直辖市人民政府环境保护主管部门规定的抽样测算的方法核定计算。

四、应纳税额的计算

（一）应税大气污染物应纳税额的计算

应税大气污染物应纳税额为污染当量数乘以具体适用税额。计算公式为：

$$应税大气污染物的应纳税额 = 污染当量数 \times 适用税额$$

【例10-7】 某企业2019年3月向大气直接排放二氧化硫、氟化物各100千克，一氧化碳200千克，氯化氢80千克，假设当地大气污染物每污染当量税额1.2元。该企业只有一个排放口。

要求： 计算其应纳税额。

【解析】

第一步：计算各污染物的污染当量数。

$$污染当量数 = 该污染物的排放量 \div 该污染物的污染当量值$$

二氧化硫污染当量数 $=100/0.95 \approx 105.26$

氟化物污染当量数 $=100/0.87 \approx 114.94$

$$一氧化碳污染当量数 = 200/16.7 \approx 11.98$$
$$氯化氢污染当量数 = 80/10.75 \approx 7.44$$

第二步：按污染当量数排序。

氟化物污染当量数（114.94）＞二氧化硫污染当量数（105.26）＞一氧化碳污染当量数（11.98）＞氯化氢污染当量数（7.44）。

该企业只有一个排放口，排序选取计税前三项污染物为：氟化物、二氧化硫、一氧化碳。

第三步：计算应纳税额。

$$应纳税额 = （114.95+105.26+11.98）\times 1.2 = 278.628（元）$$

（二）应税水污染物应纳税额的计算

应税水污染物的应纳税额为污染当量数乘以具体适用税额。

1. 一般水污染物应纳税额的计算

一般水污染物（包括第一类水污染物和第二类水污染物）的应纳税额为污染当量数乘以具体适用税额。计算公式为：

$$应税水污染物的应纳税额 = 污染当量数 \times 适用税额$$

【例 10-8】 甲化工厂是环境保护税纳税人，该厂仅有一个污水排放口且直接向河流排放污水，已安装使用符合国家规定和监测规范的污染物自动监测设备。检测数据显示，该排放口 2019 年 2 月共排放污水 6 万吨（折合 6 万立方米），应税污染物为六价铬，浓度为 0.5mg/L。

要求： 计算该化工厂 2 月应缴纳的环境保护税（该厂所在省的水污染物税率为 2.8 元/污染当量，六价铬的污染当量值为 0.02）。

【解析】
$$六价铬污染当量数 = 排放总量 \times 浓度值 \div 当量值$$
$$= 60\,000\,000 \times 0.5 \div 1\,000\,000 \div 0.02 = 1\,500$$
$$应纳税额 = 1\,500 \times 2.8 = 4\,200（元）$$

2. pH 值、大肠菌群数、余氯量、色度应纳税额的计算

pH 值、大肠菌群数、余氯量、色度的应纳税额为污染当量数乘以具体适用税率。

（1）pH 值、大肠菌群数、余氯量。

pH 值、大肠菌群数、余氯量污染当量数以该污染物的排放量除以该污染物的污染当量值计算。

$$应纳税额 = 污水排放量（吨）\div 该污染物污染当量值（吨）\times 适用税额$$

（2）色度。

色度污染当量数以污水排放量（吨）与色度超标倍数的乘积除以色度的污染当量值（吨·倍）计算。计算公式为：

色度污染当量数 = 污水排放量（吨）× 色度超标倍数 ÷ 色度污染当量值（吨·倍）

应纳税额 = 色度污染当量数 × 适用税额

3. 适用《环境保护税法》所附《禽畜养殖业、小型企业和第三产业水污染物污染当量值》的纳税人应纳税额的计算

（1）禽畜养殖业的水污染物应纳税额。

禽畜养殖业的水污染物应纳税额为污染当量数乘以具体适用税额。其污染当量数以禽畜养殖数量除以污染当量值计算。

【例10-9】某养殖场2018年2月养牛存栏量为100头，污染当量值为0.1头，假设当地水污染物适用税额为每污染当量2.8元。

要求：计算当月应纳环境保护税税额。

【解析】

水污染物当量数 = 100 ÷ 0.1 = 1 000

应纳税额 = 1 000 × 2.8 = 2 800（元）

（2）小型企业和第三产业排放的水污染物应纳税额。

小型企业和第三产业的水污染物应纳税额为污染当量数乘以具体适用税额。其污染当量数以污水排放量（吨）除以污染当量值（吨）计算。计算公式为：

应纳税额 = 污水排放量（吨）÷ 污染当量值（吨）× 适用税额

【例10-10】某餐饮公司通过安装水流量计测得2018年2月排放污水量为60吨，污染当量值为0.5吨。假设当地水污染物适用税额为每污染当量2.8元。

要求：计算当月应纳环境保护税税额。

【解析】

水污染物当量数 = 60 ÷ 0.5 = 120

应纳税额 = 120 × 2.8 = 336（元）

（3）医院排放的水污染物应纳税额。

医院排放的水污染物应纳税额为污染当量数乘以具体适用税额。其污染当量数以病床数或者污水排放量除以相应的污染当量值计算。计算公式为：

应纳税额 = 医院床位数 ÷ 污染当量值 × 适用税额

应纳税额 = 污水排放量 ÷ 污染当量值 × 适用税额

【例10-11】某县医院，床位56张，每月按时消毒，无法计量月污水排放量，污染当量值为0.14床。假设当地水污染物适用税额为每污染当量2.8元。

要求：计算当月应纳环境保护税税额。

【解析】

水污染物当量数 = 56 ÷ 0.14 = 400

应纳税额 = 400 × 2.8 = 1 120（元）

(三) 应税固体废物应纳税额的计算

应税固体废物的应纳税额为固体废物排放量乘以具体适用税额，其排放量为当期应税固体废物的产生量减去当期应税固体废物的贮存量、处置量、综合利用量的余额。计算公式为：

应税固体废物的应纳税额 =（当期固体废物的产生量 − 当期固体废物的综合利用量 − 当期固体废物的贮存量 − 当期固体废物的处置量）× 适用税额

【例10-12】 假设某企业2018年3月产生尾矿1 000吨，其中综合利用的尾矿300吨（符合国家相关规定），在符合国家和地方环境保护标准的设施贮存300吨。

要求：计算该企业当月尾矿应缴纳的环境保护税。

【解析】

环境保护税应纳税额 =（1 000−300−300）×15=6 000（元）

(四) 应税噪声应纳税额的计算

应税噪声的应纳税额为超过国家规定标准的分贝数对应的具体适用税额。

【例10-13】 假设某工业企业只有一个生产场所，只在昼间生产，边界处声环境功能区类型为1类，生产时产生的噪声为60分贝，《工业企业厂界环境噪声排放标准》规定1类功能区昼间的噪声排放限值为55分贝，当月超标天数为18天。

要求：计算该企业当月噪声污染应缴纳的环境保护税。

【解析】

超标分贝数 =60−55=5（分贝）

根据《环境保护税税目税额表》，可得出该企业当月噪声污染应缴纳环境保护税700元。

五、税收减免

(一) 暂免征税项目

下列情形，暂予免征环境保护税：

（1）农业生产（不包括规模化养殖）排放应税污染物的。

（2）机动车、铁路机车、非道路移动机械、船舶和航空器等流动污染源排放应税污染物的。

（3）依法设立的城乡污水集中处理、生活垃圾集中处理场所排放相应应税污染物，不超过国家和地方规定的排放标准的。

（4）纳税人综合利用的固体废物，符合国家和地方环境保护标准的。

（5）国务院批准免税的其他情形。

(二)减征税额项目

(1)纳税人排放应税大气污染物或者水污染物的浓度值低于国家和地方规定的污染物排放标准30%的,减按75%征收环境保护税。

(2)纳税人排放应税大气污染物或者水污染物的浓度值低于国家和地方规定的污染物排放标准50%的,减按50%征收环境保护税。

六、征收管理

(一)征管方式

环境保护税采用"企业申报、税务征收、环保协同、信息共享"的征管方式。纳税人应当依法如实办理纳税申报,对申报的真实性和完整性承担责任;税务机关依照《税收征收管理法》和《环境保护税法》的有关规定征收管理;环境保护主管部门依照《环境保护税法》和有关环境保护法律法规的规定对污染物监测管理;县级以上地方人民政府应当建立税务机关、环境保护主管部门和其他相关单位分工协作工作机制;环境保护主管部门和税务机关应当建立涉税信息共享平台和工作配合机制,定期交换有关纳税信息资料。

(二)数据传递和比对

环境保护主管部门应当将排污单位的排污许可、污染物的排放数量、环境违法和受行政处罚情况等环境保护相关信息,定期交送税务机关。

税务机关应当将纳税人的纳税申报、税款入库、减免税额、欠缴税款以及风险疑点等环境保护税涉税信息,定期交送环境保护主管部门。

税务机关应当将纳税人的纳税申报数据资料与环境保护主管部门交送的相关数据资料进行比对。纳税人申报的污染物排放数据与环境保护主管部门交送的相关数据不一致的,按照环境保护主管部门交送的数据确定应税污染物的计税依据。

(三)复核

税务机关发现纳税人的纳税申报数据资料异常或者纳税人未按照规定期限办理纳税申报的,可以提请环境保护主管部门进行复核,环境保护主管部门应当自收到税务机关的数据资料之日起15日内向税务机关出具复核意见。税务机关应当按照环境保护主管部门复核的数据资料调整纳税人的应纳税额。

纳税人的纳税申报数据资料异常,包括但不限于下列情形:

(1)纳税人当期申报的应税污染物排放量与上一年同期相比明显偏低,且无正当理由。

(2)纳税人单位产品污染物排放量与同类型纳税人相比明显偏低,且无正当理由。

(四) 纳税时间

环境保护税纳税义务发生时间为纳税人排放应税污染物的当日。环境保护税按月计算，按季申报缴纳。不能按固定期限计算缴纳的，可以按次申报缴纳。

纳税人按季申报缴纳的，应当自季度终了之日起 15 日内，向税务机关办理纳税申报并缴纳税款。纳税人按次申报缴纳的，应当自纳税义务发生之日起 15 日内，向税务机关办理纳税申报并缴纳税款。纳税人申报缴纳时，应当向税务机关报送所排放应税污染物的种类、数量，大气污染物、水污染物的浓度值，以及税务机关根据实际需要要求纳税人报送的其他纳税资料。

(五) 纳税地点

纳税人应当向应税污染物排放地的税务机关申报缴纳环境保护税。应税污染物排放地是指应税大气污染物、水污染物排放口所在地，应税固体废物产生地，应税噪声产生地。

纳税人跨区域排放应税污染物，税务机关对税收征收管辖有争议的，由争议各方按照有利于征收管理的原则协商解决。

纳税人从事海洋工程向中华人民共和国管辖海域排放应税大气污染物、水污染物或者固体废物，申报缴纳环境保护税的具体办法，由国务院税务主管部门会同国务院海洋主管部门规定。

◆ 本章小结

1. 城镇土地使用税

①城镇土地使用税概述；②纳税人和征税对象的确定；③应纳税额计算：计税依据的确定、税率的选择（定额税率）、优惠政策的运用、应纳税额的计算（从量计征）；④城镇土地使用税的征收管理：纳税地点、纳税期限、纳税申报。

2. 资源税

①资源税概述；②纳税人和征税对象的确定，资源税的纳税义务人是境内转移土地、房屋土地承受一方，而不是转让的一方，征税对象是在境内发生土地使用权、房屋所有权权属转移的土地和房屋；③应纳税额计算：计税依据的确定、税率的选择（比例税率、定额税率，契税征收实行3%～5%的幅度税率，由各省、自治区、直辖市人民政府根据实际情况确定）、优惠政策的运用（契税的优惠分为一般规定和特殊规定）、应纳税额的计算（从价计征、从量计征）；④资源税的征收管理：纳税地点、纳税期限、纳税申报。

3. 耕地占用税

（1）耕地占用税是对占用耕地建房或者从事其他非农业建设的单位和个人，按照规定税率一次性征收的税种。耕地占用税具有以下特点：①兼具资源税与特定行为税的性质；②采用地区差别税率；③在占用耕地环节一次性课征；④税收收入专用于耕地开发与改良。

（2）耕地占用税的纳税人是占用耕地建房或者从事非农业建设的单位或者个人，包括各类性质的企业、事业单位、社会团体、国家机关、部队以及其他单位，也包括个体工商户以及其他个人。

（3）征收范围，包括用于建房或从事其他非农业建设征（占）用的国家和集体所有的耕地。

（4）应纳税额的计算：①计税依据。耕地占用税以纳税人占用的耕地面积为计税依据。②税率。在每个范围，最高税率是最低税率的5倍。实行地区差别幅度定额税率。人均耕地面积越少，单位税额越高。③税额计算，耕地占用税以纳税人实际占用的耕地面积为计税依据，按照规定的适用税额标准计算应纳税额，实行一次性征收。应纳税额计算公式：应纳税额＝纳税人实际占用的耕地面积×适用税额标准。

（5）税收优惠。①下列情形免征耕地占用税：军事设施占用耕地；学校、幼儿园、养老院、医院占用耕地。②减税：铁路线路、公路线路、飞机场跑道、停机坪、港口、航道占用耕地，减按每平方米2元的税额征收耕地占用税；农村居民占用耕地新建住宅，按照当地适用税额减半征收耕地占用税。

（6）耕地占用税的征收管理。耕地占用税由地方税务机关负责征收。土地管理部门在通知单位或者个人办理占用耕地手续时，应当同时通知耕地所在地同级地方税务机关。获准占用耕地的单位或者个人应当在收到土地管理部门的通知之日起30日内缴纳耕地占用税。土地管理部门凭耕地占用税完税凭证或者免税凭证和其他有关文件发放建设用地批准书。

4. 环境保护税

环境保护税的纳税人为在我国境内直接向环境排放应税污染物的企事业单位和其他个人；环境保护税的征税范围是法定的大气污染、水污染、固体废物和噪声；环境保护税实行定额税率；纳税义务时间是排放污染物的当天。

练习题

一、单项选择题

1. 城镇土地使用税的计税依据是（　　）。
   A. 纳税人使用土地而产生的收益　　B. 纳税人因地理位置不同而产生的级差收入
   C. 纳税人出租场地而取得的租金收入　　D. 纳税人实际占用的土地面积

2. 城镇土地使用税的税率采用（　　）。
   A. 有幅度差别的比例税率　　B. 有幅度差别的定额税率
   C. 全国统一定额　　D. 税务机关确定的定额

3. 某歌舞厅实际占用的土地面积为400平方米，经税务机关核定，该土地每平方米年应纳税额为5元，税款分两期缴纳。该歌舞厅每期应缴纳的城镇土地使用税税额为

（　　）元。

 A. 167   B. 500   C. 1 000   D. 2 000

4. 城镇土地使用税的纳税办法是（　　）。

 A. 按日计算，按期缴纳   B. 按季计算，按期缴纳

 C. 按年计算，分期缴纳   D. 按年计算，按期缴纳

5. 下列各项中不属于资源税征税范围的是（　　）。

 A. 与原油同时开采的天然气   B. 煤矿生产的天然气

 C. 开采的天然原油   D. 生产的海盐原盐

6. 下列各项中，属于资源税征税范围的是（　　）。

 A. 人造原油   B. 原煤   C. 固体盐   D. 煤矿生产的天然气

7. 某矿山11月份开采非金属矿3万吨（单位税额8元/吨），其中销售了2万吨，自用（非生产用）0.5万吨，则该矿山11月份应纳资源税税额为（　　）万元。

 A. 20   B. 24   C. 16   D. 4

8. 某油田3月份生产原油5 000吨，当月销售3 000吨，每吨售价800元，加热、修井自用100吨，已知该油田原油适用的资源税税率为5%，该油田3月份应缴纳的资源税税额为（　　）元。

 A. 120 000   B. 200 000   C. 124 000   D. 4 000

9. 某企业占用林地140万平方米建造花园式厂房，所占耕地适用的定额税率为20元/平方米。该企业应缴纳耕地占用税（　　）万元。

 A. 800   B. 1 400   C. 2 000   D. 2 800

10. 下列各项中，关于耕地占用税说法正确的是（　　）。

 A. 占用菜地开发花圃属于耕地占用税征税范围

 B. 集体土地不属于耕地占用税征税范围

 C. 占用食品加工厂用地属于耕地占用税征税范围

 D. 占用鱼塘建房属于耕地占用税征税范围

11. 获准占用耕地的单位或者个人应当在（　　）缴纳耕地占用税。

 A. 实际占用耕地之日起10日内

 B. 实际占用耕地之日起30日内

 C. 收到自然资源管理部门的通知之日起10日内

 D. 收到自然资源管理部门的通知之日起30日内

12. 占用耕地从事建房应该依法征收耕地占用税的单位不含（　　）。

 A. 学校占用耕地   B. 自然人占地建自住房

 C. 国家机关占地建办公楼   D. 国有企业占地建厂房

13. 某企业占用林地30万平方米建造生产厂房，还占用林地100万平方米开发经济林木，所占耕地适用的定额税率为20元/平方米。该企业应缴纳耕地占用税（　　）万元。

A. 600　　　　　　B. 1 400　　　　　　C. 2 000　　　　　　D. 2 600

14. 下列各项中，不征收环境保护税的是（　　）。

　　A. 光源污染　　　B. 噪声污染　　　C. 水污染　　　D. 大气污染

15. 甲企业生产150吨炉渣，30吨在符合国家和地方环境保护标准的设施中贮存，100吨综合利用且符合国家和地方环境保护标准，其余倒置弃于空地。已知炉渣适用的环境保护税税额为25元/吨。下列计算环境保护税的计税列式中，正确的是（　　）。

　　A.（150-100-30）×25＝500（元）　　B.（150-30）×25＝500（元）

　　C.（150-100）×25＝1 250（元）　　　D. 150×25＝3 750（元）

二、多项选择题

1. 根据《城镇土地使用税暂行条例》，下列地区中，开征城镇土地使用税的有（　　）。

　　A. 城市　　　　B. 县城建制镇　　　C. 农村　　　D. 工矿区

2. 下列各项中，可以免征城镇土地使用税的有（　　）。

　　A. 机场飞行区用地　　　　　　　　B. 财政部门拨付事业经费单位的食堂用地

　　C. 中外合资企业用地　　　　　　　D. 名胜古迹场所设立的照相馆用地

3. 下列各项中，符合城镇土地使用税有关纳税义务发生时间规定的有（　　）。

　　A. 纳税人新征用的耕地，自批准征用之月起缴纳城镇土地使用税

　　B. 纳税人出租房产，自交付出租房产之次月起缴纳城镇土地使用税

　　C. 纳税人新征用的非耕地，自批准征用之月起缴纳城镇土地使用税

　　D. 纳税人购置新建商品房，自房屋交付使用之次月起缴纳城镇土地使用税

4. 下列关于城镇土地使用税的说法，正确的有（　　）。

　　A. 城镇土地使用税属于资源税

　　B. 城镇土地使用税通过"税金及附加"核算

　　C. 城镇土地使用税在土地所在地缴纳

　　D. 城镇土地使用税从管理费用中支出

5. 下列各项中，关于资源税纳税义务发生时间的表述正确的有（　　）。

　　A. 采用分期收款结算方式销售应税产品的，为发出应税产品的当天

　　B. 采用预收货款结算方式销售应税产品的，为收到预收款的当天

　　C. 自产自用应税产品的，为移送使用应税产品的当天

　　D. 扣缴义务人代扣代缴税款的，为支付首笔货款的当天

6. 耕地占用税的特点有（　　）。

　　A. 兼具资源税和特定行为税的性质　　　B. 采用地区差别税率

　　C. 在占用耕地环节一次征收　　　　　　D. 税收收入专用于耕地开发和改良

7. 下列关于耕地占用税税率的陈述，正确的有（　　）。

　　A. 耕地占用税单位税额最高每平方米50元，最低5元

　　B. 国务院财政、税务主管部门根据人均耕地面积和经济发展情况确定各省、自治区、

直辖市的平均税额

C. 经济特区、经济技术开发区和经济发达且人均耕地特别少的地区，适用税额可以适当提高，但是提高的部分最高不得超过规定的当地适用税额的 30%

D. 耕地占用税以每平方米为计量单位

8. 下列情形中，（　　）免征耕地占用税。
  A. 军事设施占用耕地　　　　　　　　B. 学校占用耕地
  C. 幼儿园占用耕地　　　　　　　　　D. 养老院、医院占用耕地

9. 下列选项中，减按每平方米 2 元的税额征收耕地占用税的有（　　）。
  A. 铁路线路占用耕地　　　　　　　　B. 公路线路占用耕地
  C. 飞机场跑道占用耕地　　　　　　　D. 航道占用耕地

10. 耕地是指种植农作物的土地，包括（　　）。
  A. 花圃
  B. 药材种植园
  C. 人工开掘的水产养殖水面
  D. 弃荒的前三年内曾用于种植农作物的土地

三、判断题

1. 城镇土地使用税是以城镇国有土地为征税对象，对拥有土地经营权的单位和个人征收的一种税。（　　）

2. 城镇土地使用税的征收范围是城市、县城、建制镇、工矿区范围的国家所有的土地。（　　）

3. 城镇土地使用税采取有幅度的差别税额，按大、中、小城市和县城、建制镇、工矿区分别确定每平方米土地使用税年应纳税额。（　　）

4. 凡在中华人民共和国境内拥有土地使用权的单位和个人，均应依法缴纳城镇土地使用税。（　　）

5. 城镇土地使用税实行按年计算、分期缴纳的征收方法，具体纳税期限由省、自治区、直辖市人民政府确定。（　　）

6. 纳税单位无偿使用免税单位的土地免征城镇土地使用税，免税单位无偿使用纳税单位的土地照章征收城镇土地使用税。（　　）

7. 在城镇土地使用税征收范围内，利用林场土地兴建度假村等休闲娱乐场所的，其经营、办公和生活用地，应按规定征收城镇土地使用税。（　　）

8. 某工厂于 8 月份购买一处旧厂房，于 9 月份在房地产权属管理部门办理了产权证书，该厂新增土地计算征收城镇土地使用税的时间是 9 月。（　　）

9. 资源税对在中国境内开采、生产以及进口的矿产品和盐的单位和个人征收。（　　）

10. 独立矿山、联合企业及其他收购单位收购的未税矿产品，一律按税务机关核定的应税产品税额标准，依据收购的数量代扣代缴资源税。（　　）

11. 纳税人将开采的原煤自用于连续生产洗选煤的,在原煤移送使用环节缴纳资源税。(　　)
12. 耕地占用税以纳税人实际占用的耕地面积为计税依据,实行地区差别幅度定额税率,人均耕地面积越少,单位税额越低。(　　)
13. 经济发达地区、人均耕地特别少的地区,耕地占用税的税额可以适当提高,但最多不得超过规定税额的50%。(　　)
14. 畜禽养殖设施占用耕地应该照章征收耕地占用税。(　　)
15. 党校建设占用耕地应免征耕地占用税。(　　)
16. 建设直接为农业生产服务的生产设施占用耕地的,不征收耕地占用税。(　　)

四、业务题

1. 好友超级市场与某娱乐中心共同使用一块面积为1 800平方米的土地,其中超级市场实际使用的土地面积占这块土地总面积的2/3,另外1/3归娱乐中心使用。当地每平方米土地使用税年税额为5元,税务机关每半年征收一次城镇土地使用税。

要求:计算该超级市场每季度应纳城镇土地使用税。

2. 某市某购物中心实行统一核算,土地使用证上载明,该企业实际占用土地情况为:中心店占地8 200平方米,一分店占地3 600平方米,二分店占地58 00平方米,企业仓库占地6 300平方米,企业自办托儿所占地360平方米。经税务机关确认,该企业所占用土地分别适用市政府确定的以下税额:中心店位于一等地段,每平方米年税额7元;一分店和托儿所位于二等地段,每平方米年税额5元;二分店位于三等地段,每平方米年税额4元;仓库位于五等地段,每平方米年税额1元。另外,该市政府规定,企业自办托儿所、幼儿园、学校用地免征城镇土地使用税。

要求:计算该购物中心年应纳城镇土地使用税税额。

3. 位于县城的某内资原煤生产企业为增值税一般纳税人,2019年1月发生以下业务:

(1)开采原煤10 000吨。采取分期收款方式销售原煤9 000吨,每吨单价500元,税率为5%,购销合同约定,本月应收取1/3的价款,但实际只收取不含税价款120万元。

(2)销售开采原煤过程中产生天然气125千立方米,取得不含税销售额25万元。

假设该煤矿所在地原煤的资源税税率为5%,天然气资源税税率为10%。

要求:计算该企业当月应缴纳的资源税。

part 3
第三部分

第十一章 税收征收管理法律制度

第十一章

税收征收管理法律制度

学习目标

1. 掌握税务登记的相关规定和要求,能办理企业的各类税务登记工作和日常税务管理工作。
2. 熟悉发票管理、账证设置的相关内容,会根据企业的经营业务进行账证管理和发票管理。
3. 掌握税款征收措施,依法征收税款。
4. 掌握税务行政复议、诉讼的基本概念。
5. 熟悉税务检查的内容、形式和权限;会进行税务检查,并对查出的税务违法行为依法处理。
6. 了解税务行政复议的基本程序。

重点与难点

税务行政复议与诉讼的区别。

第一节 税收征收管理法概述

一、税收征收管理法的概念

税收征收管理法(即税收征管法)是指调整税收征收与管理过程中所发生的社会关系的法律规范的总称,包括国家权力机关制定的税收征管法律、国家权力机关授权行政机关制定的税收征管行政法规和有关税收征管的规章制度等。税收征收管理法是以规定税收实体法中所确定的权利义务的履行程序为主要内容的法律规范，属税收程序法。

税收征管法不仅是纳税人全面履行纳税义务必须遵守的法律准则，也是税务机关履行征税职责的法律依据。我国现行的税收征收管理法律制度的核心是 1992 年 9 月 4 日全国人大常委会第二十七次会议通过、1995 年 2 月 28 日第八届全国人民代表大会常务委员会第十二次会议修订的《税收征收管理法》。它是中华人民共和国成立后的第一部税收程序法，也是我国税收征管的基本法。自 2015 年 5 月 1 日起，国家税务总局在全国范围内试行了《全国税收征管规范（1.0 版）》。该法规全面梳理了税收征管的所有具体事项，对每一个业务事项的流程、环节、操作要求做出了详细规定，明确税收管理行政行为标准，压缩自由裁量空间，限定税收行政行为随意性，更好地服务纳税人。

二、税收征管法的适用范围

凡依法由税务机关征收的各种税收的征收管理均适用《税收征收管理法》。就现行有效税种而言，增值税、消费税、关税、车辆购置税、企业所得税、个人所得税、资源税、房产税、城镇土地使用税、车船税、土地增值税、印花税、城市维护建设税、耕地占用税、契税、烟叶税和环境保护税等税种的征收管理适用《税收征收管理法》。

由海关负责征收的关税以及海关代征的进口环节的增值税、消费税，依法律、行政法规的有关规定执行。

三、征纳双方的权利和义务

（一）征税主体的权利和义务

征税主体的权利和义务，即征税机关和税务人员的职权与职责。

1. 征税主体的权利

（1）税收立法权，包括参与起草税收法律法规草案，提出税收政策建议，在职权范围内制定、发布关于税收征管的部门规章等。

（2）税务管理权，包括对纳税人进行税务登记管理、账簿和凭证管理、发票管理、纳税申报管理等。

（3）税款征收权，包括依法计征权、核定税款权、税收保全和强制执行权、追征税款权等。

（4）税务检查权，包括查账权、场地检查权、询问权、责成提供资料权、追征税款权等。

（5）税务行政处罚权，如依法定标准予以行政制裁的权利，如罚款等。

（6）其他职权，如委托代征权。

2. 征税主体的义务

（1）宣传税法，普及纳税知识，无偿为纳税人提供纳税咨询服务。

（2）依法为纳税人、扣缴义务人的情况保密，为检举违反税法行为者保密。

（3）加强队伍建设，提高税务人员的政治业务素质。

（4）秉公执法，忠于职守，清正廉洁，尊重和保护纳税人、扣缴义务人的权利，依法接受监督。

（5）税务人员不得贿赂受贿、徇私舞弊、玩忽职守、不征或少征应征税款，不得滥用职权多征税款。

（6）税务人员在核定应纳税额、调整税收定额、进行税务检查、实施税务行政处罚、办理税务行政复议时，与纳税人、扣缴义务人或者其他法定代表人、直接责任人有利害关系的，应当回避。

（7）建立、健全内部制约和监督制度。

（二）纳税人或扣缴义务人的权利和义务

1. 纳税人或扣缴义务人的权利

（1）知情权。

（2）保密权。

（3）税收监督权。

（4）纳税申报方式选择权。

（5）申请延期申报权。

（6）申请延期缴纳税款权。

（7）申请退还多缴税款权。

（8）依法享受税收优惠权。

（9）委托税务代理权。

（10）陈述与申辩权。纳税人或扣缴义务人对税务机关或税务人员做出的决定，享有陈述权和申辩权。

（11）对未出示税务检查证和税务检查通知书的拒绝检查权。税务机关派出的人员进行税务检查时，应当向纳税人或扣缴义务人出示税务检查证和税务通知书。对未出示税务检查证和税务检查通知书的，纳税人或扣缴义务人有权拒绝检查。

（12）税收法律救济权。

（13）依法要求听证的权利。

（14）索取有关税收凭证的权利。

2. 纳税人或扣缴义务人的义务

（1）依法进行税务登记的义务。

（2）依法设置账簿、保管账簿和有关资料，以及依法开具、使用、取得和保管发票的义务。

（3）财务会计制度和核算软件备案的义务。
（4）按新规定安装使用税控装置的义务。
（5）按期如实办理纳税申报的义务。
（6）按时缴纳税款的义务。
（7）接受税务检查的义务。
（8）代扣、代收税款的义务。
（9）及时提供信息的义务。
（10）报告其他涉税信息的义务。

第二节　税务管理

税务管理是税务机关依据国家税收政策法规所进行的税款征收活动过程中实施的基础性管理制度和管理行为，是依据客观经济规律和税收分配特点，对税收分配的全过程进行决策、计划、组织、监督和协调，以保证税收职能得以实现的一种管理活动。税务管理是税收征收管理制度的基本环节，主要包括税务登记管理、账簿凭证管理和纳税申报管理等内容，是做好税款征收和税务检查的前提工作。

一、税务登记制度概述

税务登记是税务机关根据税法规定，对从事生产经营活动的纳税人以及其他纳税人进行登记的一项税务管理制度。税务登记标志着征纳双方法律关系的确定，税务登记主要包括开业登记、变更登记、停业复业登记、外出经营报验登记以及注销登记等。从事生产、经营活动的企事业单位和个人，自领取营业执照之日起30日内，持有关证件，向税务机关申报办理税务登记。

(一) 税务登记申请人

企业，企业在外地设立的分支机构和从事生产、经营的场所，个体工商户和从事生产、经营的事业单位，都应当办理税务登记（统称从事生产、经营的纳税人）。

前述规定以外的纳税人，除国家机关、个人和无固定生产经营场所的流动性农村小商贩外，其也应当办理税务登记（统称非从事生产经营但依照规定负有纳税义务的单位和个人）。

根据税收法律、行政法规的规定，负有扣缴税款义务的扣缴义务人（国家机关除外），应当办理扣缴税款登记。

【例11-1】2019年1月，下岗职工赵某开办了一个商品经销部，按规定享受一定期限内的免税优惠。他认为既然免税就不需要税务登记。

要求： 分析赵某的观点是否正确。

【解析】

赵某的观点不正确。根据税收征收管理法律制度的规定，凡是从事生产经营的单位和个体工商户均应办理税务登记。

(二) 税务登记主管机关

县以上（含本级，下同）税务局（分局）是税务登记的主管机关，负责税务登记的设立登记、变更登记、注销登记，以及非正常户处理、报验登记等有关事项。

县以上税务局（分局）按照国务院规定的税收征收管理范围，实施属地管理，办理税务登记。有条件的城市，可以按照"各区分散受理、全市集中处理"的原则办理税务登记。

(三) "多证合一"登记制度改革

为提升政府行政服务效率，降低市场主体创设的制度性交易成本，激发市场活力和社会创新力，自 2015 年 10 月 1 日起，登记制度改革在全国推行。随着国务简政放权、放管结合、优化服务的"放管服"改革不断深化，登记制度改革从"三证合一"推进为"五证合一"，又进一步推进为"多证合一、一照一码"。即全面实施企业、农民专业合作社工商营业执照、组织机构代码证、税务登记证、社会保险登记证、统计登记证"五证合一、一照一码"，营业执照成为企业唯一的"身份证"，使统一社会信用代码成为企业唯一的身份代码。

二、税务登记的内容

根据我国法律和行政法规的规定，我国现行税务登记包括开业（设立）税务登记、变更税务登记、注销税务登记、外出经营报验登记，以及停业、复业登记等。此外，《全国税收征管规范（1.0 版）》还增加了自然人登记、社会保险费登记、税源项目登记、登记户日常管理、登记创新处理等新的登记内容。

(一) 设立税务登记

1. 设立税务登记（开业税务登记）的对象

设立税务登记的对象有：①企业；②企业在外地设立的分支机构和从事生产经营的场所；③个体工商户；④从事生产经营的机关团体、部队、学校和其他事业单位；⑤其他纳税人。前述规定以外的纳税人，除国家机关、个人和无固定生产、经营场所的流动性农村小商贩外，也应该按规定办理税务登记。此外，负有代扣代缴或者代收代缴税款的扣缴义务人，也应当依法办理扣缴税款登记。

2. 设立税务登记的时间和地点

从事生产、经营的纳税人领取营业执照的，应当自领取工商营业执照之日起 30 日内申报办理税务登记，税务机关发放税务登记证及副本。

扣缴义务人应当自扣缴义务发生之日起 30 日内，向所在地的主管税务机关申报办理扣缴税款登记，领取扣缴税款登记证件；税务机关对已办理税务登记的扣缴义务人，可以只在其税务登记证件上登记扣缴税款事项，不再发放扣缴税款登记证件。

3. 设立税务登记的内容

（1）单位名称、法定代表人或业主姓名及其居民身份证、护照或者其他证明身份的合法证件。

（2）住所、经营地点。

（3）登记类型。

（4）核算方式。

（5）生产经营方式。

（6）生产经营范围。

（7）注册资金（资本）、投资总额。

（8）生产经营期限。

（9）财务负责人、联系电话。

企业在外地的分支机构或者从事生产、经营的场所，还应当登记总机构名称、地址、法人代表、主要业务范围及财务负责人。

4. 设立登记的程序

（1）税务登记的申请。办理税务登记是为了建立正常的征纳秩序，是纳税人履行纳税义务的第一步。为此，纳税人必须严格按照规定的期限，向当地主管税务机关及时申报办理税务登记手续，实事求是地填报登记项目。

（2）纳税人办理税务登记时应提供的资料。

1）工商营业执照或其他核准执业证件。

2）有关合同、章程、协议书。

3）组织机构统一代码证书。

4）法定代表人或负责人或业主居民身份证、护照或者其他合法证件。

其他需要提供的有关证件、资料由省、自治区、直辖市税务机关确定。

根据 2014 年《国家税务总局关于创新税收服务和管理的意见》，纳税人申请办理税务登记时，税务机关应根据申请人情况，不再统一要求纳税人提供注册地址及生产、经营地址等场地的证明材料和验资报告，可不进行实地核查。

（3）税务登记证的核发。纳税人提交的证件和资料齐全且税务登记表的填写内容符合规定的，税务机关应于当日办理并发放税务登记证件。纳税人提交的证件和资料不齐全或税务登记表的填写内容不符合规定的，税务机关应当场通知其补正或者重新填报。

(二) 变更税务登记

变更税务登记是指纳税人税务登记内容发生变化时向税务机关申报办理的税务登记手续。

1. 变更登记的范围

纳税人变更税务登记有两种情况：一是纳税人变更生产、经营内容，需要工商行政管理机关或其他机关批准的，要在工商行政管理机关或其他机关办理变更登记之日起30日内，持有关证件向主管税务机关申报办理变更税务登记；二是纳税人税务登记内容发生变化，不需要到工商行政管理机关或其他机关办理变更登记的，应当自发生变化之日起30日内，持有关证件向原税务登记机关申报办理变更税务登记。

2. 变更登记的要求

纳税人办理变更税务登记需提供下列证件和资料：变更税务登记申请书；变更登记的有关证明文件；税务机关发放的原税务登记证件（包括税务登记证及其副本、税务登记等）；其他有关资料。

3. 变更税务登记的时间

在工商行政管理部门办理变更登记的，应当自工商行政管理部门办理变更登记之日起30日内，持有关证件、资料到原税务登记机关申报办理变更税务登记。

按照规定不需要在工商行政管理机关办理变更登记的，或者税务登记的内容与工商登记内容无关的，应当自有关机关批准或者宣布变更之日起30日内，持有关证件、资料到原税务登记机关申报办理变更税务登记。

纳税人提交的有关变更登记的证件、资料齐全的，应如实填写变更税务登记表，符合规定的，税务机关应当日办理；不符合规定的，税务机关应通知其补正。税务机关应当于受理当日办理变更税务登记。纳税人税务登记表和税务登记证中的内容都发生变更的，税务机关按变更后内容重新发放税务登记证件；纳税人税务登记表的内容发生变更而税务登记证的内容未发生变更的，税务机关不重新发放税务登记证。

(三) 停业、复业登记

停业、复业登记，是指实行定期定额征收方式的纳税人，因自身经营的需要暂停经营或者恢复经营而向主管税务机关申请办理的税务登记手续。

1. 停业登记

实行定期定额征收方式的个体商户需要停业的，应当在停业前向税务机关申报办理停业登记。纳税人的停业期限不得超过1年。

纳税人在申报办理停业登记时，应如实填写停业申请登记表，说明停业理由、停业期限、停业前的纳税情况和发票的领、用、存情况，并结清应纳税款、滞纳金、罚款。税务机关应收存其税务登记证及副本、发票领购簿、未使用完的发票和其他税务证件。

在停业期间发生纳税义务的,应当按照税收法律、行政法规的规定申报缴纳税款。

2. 复业登记

纳税人应当于恢复生产、经营之前,向税务机关申报办理复业登记,如实填写《停业复业报告书》,领回并启用税务登记证件、发票领购簿及其停业前领购的发票。

纳税人停业期满不能及时恢复生产经营的,应当在停业期满前到税务机关办理延长停业登记,并如实填写《停业复业报告书》。

(四) 外出经营报验登记

外出经营报验登记是指从事生产经营的纳税人到外县(市)进行临时性的生产经营活动时,按规定申报办理的税务登记手续。纳税人到外县(市)临时从事生产经营活动的,应当在外出生产经营以前,持税务登记证向主管税务机关申请开具《外出经营活动税收管理证明》(以下简称《外管证》)。

税务机关按照一地一证的原则,发放《外管证》,《外管证》的有效期限一般为30天,最长不得超过180天。

纳税人应当在《外管证》注明地进行生产经营活动前,向当地税务机关报验登记并提交税务登记证副本和《外管证》。纳税人在《外管证》注明地销售货物时,除提交以上证件、资料外,还应如实填写《外出经营货物报验单》,申报查验货物。

纳税人外出经营活动结束,应当向经营地税务机关填报《外出经营活动情况申报表》,并结清税款、缴销发票。纳税人应当在《外管证》有效期限届满后10日内,持《外管证》回原税务登记地税务机关办理《外管证》缴销手续。

(五) 注销税务登记

注销税务登记,是指纳税人税务登记内容发生了根本性变化,需终止履行纳税义务时向税务机关申报办理的税务登记手续。

1. 注销登记的范围

纳税人有下列情形之一的,应持相关资料到原主管税务机关申请办理注销税务登记手续,并领取《注销税务登记申请审批表》:

(1) 经营期限届满而自动解散。

(2) 企业由于改组、分立、合并等原因而被撤销。

(3) 企业资不抵债而破产。

(4) 纳税人住所、经营地址迁移而涉及改变原主管税务机关。

(5) 纳税人被工商行政管理部门吊销营业执照。

(6) 纳税人依法终止履行纳税义务的其他情形。

2. 注销税务登记的时间

纳税人发生破产、解散、撤销等情形且在工商行政管理机关办理注册登记的,应在注销工商登记前注销税务登记；发生破产、解散、撤销等情形但不在工商行政管理机关注册登记的，应在有关部门批准或宣告破产、解散、撤销之日起 15 日内，向原税务机关登记申报办理注销税务登记；纳税人被工商行政管理机关吊销营业执照的，应在执照被吊销之日起 15 日内，向原税务登记机关申报办理注销税务登记；纳税人因住所、经营地点变动，涉及改变税务登记机关的，应当在向工商行政管理机关或者其他申请办理变更、注销登记前，或者住所、经营地点变动前，持有关证件和资料，向原税务登记机关申报办理注销税务登记，并自注销税务登记之日起 30 日内向迁达地税务机关申报办理税务登记。

（六）非正常户处理

已办理税务登记的纳税人未按照规定的期限申报纳税，在税务机关责令其限期改正后，逾期不改正的，税务机关应当派员实地检查，查无下落并且无法强制其履行纳税义务的，由检查人员制作非正常户认定书，存入纳税人档案，税务机关暂停其税务登记证件、发票领购簿和发票的使用。纳税人被列入非正常户超过 3 个月的，税务机关可以宣布其税务登记证件失效，其应纳税款的追征仍按《税收征收管理法》及其实施细则的规定执行。

《全国税收征管规范（1.0 版）》规定，税务机关应在非正常户认定的次月，在办税场所或者广播、电视、报纸、期刊、网络等媒体上公告非正常户。对没有欠税且没有未缴销发票的纳税人，认定为非正常户超过两年的，税务机关可以注销其税务登记证件。

（七）扣缴税款登记

根据税收法律、行政法规的规定，负有扣缴税款义务的扣缴义务人（国家机关除外），应当办理扣缴税款登记。

已办理税务登记的扣缴义务人应当自扣缴义务发生之日起 30 日内，到税务登记地税务机关申报办理扣缴登记。税务机关在其税务登记证件上登记扣缴税款事项，税务机关不再发放扣缴税款登记证件。

根据税收法律、行政法规的规定可不办理税务登记的扣缴义务人，应当自扣缴义务发生之日起 30 日内，向机构所在地税务机关申报办理扣缴税款登记。税务机关发放扣缴税款登记证件。

【例 11-2】纳税人在 2019 年度发生下列哪些行为，应当办理税务登记？（　　）
A. 纳税人变更法定代表人
B. 纳税人变更经营范围
C. 实行定期定额征收方式的个体工商户停业
D. 纳税人到外县进行临时生产经营活动

【解析】ABCD。根据税收征收管理法律制度的规定,税务登记的情况,包括开业登记、变更登记、停业复业登记、外出经营报验登记、注销登记等。

三、我国税务管理制度改革

(一)个体工商户的"两证整合"

从 2016 年 12 月 1 日起,全国正式实施个体工商户营业执照和税务登记证"两证整合"。公民只需填写一张表,向一个窗口提交一套材料即可办理个体工商户工商及税务登记,将由工商行政管理、税务部门分别核发的营业执照和税务登记证,改为由工商行政管理部门核发一个加载法人和其他组织统一社会信用代码(简称统一社会信用代码)的营业执照。同时,实现工商、税务部门的个体工商户数据信息实时共享。

(二)外出经营的管理

2016 年 7 月 6 日,国家税务总局就外出经营加强税收管理。

(1)"一地一证"。从事生产经营的纳税人跨省从事生产经营活动的,应当在外出生产经营之前,到机构所在地主管税务机关开具《外管证》。税务机关按照"一地一证"的原则发放《外管证》。

(2)简化资料报送。一般情况下,纳税人办理《外管证》时只需提供税务登记证件副本或者加盖纳税人印章的副本首页复印件(实行实名办税的纳税人,可不提供上述证件);从事建筑安装的纳税人另需提供外出经营合同原件或复印件(没有合同或合同内容不全的,提供外出经营活动情况说明)。

(三)金税三期系统

金税工程是经国务院批准的国家级电子政务工程,是国家电子政务"十二金"工程之一,是税收管理信息系统工程的总称,自 1994 年开始,历经金税一期、金税二期、金税三期工程建设,为我国税收工作取得巨大成就和不断进步做出了重要的贡献。2015 年 1 月 8 日,金税三期系统正式启用。金税三期系统上线后,纳税人足不出厅即可完成之前的涉税项目。系统统一后,纳税人在税务局提交,就能办理涉税事项。

(四)办税事项"二维码"一次性告知措施

国家税务总局决定自 2016 年 1 月起在全国推行办税事项"二维码"一次性告知措施(以下简称"二维码"措施)。办税事项"二维码"一次性告知是指税务机关制作并在办税服务厅、门户网站等办税服务平台放置二维码图标,纳税人扫描相应业务的二维码即可通过手机等移动终端获知办理该项业务所需准备的资料、基本流程等信息。

1. "二维码"措施的业务内容

"二维码"一次性告知事项内容主要包含全国统一事项和地方适用事项。

(1) 全国统一事项,是指国家税务总局根据《全国税务机关纳税服务规范》对全国统一事项、服务事项进行梳理,就全国通行事项统一制发二维码。国家税务总局共梳理全国统一事项110项,包括税务登记20项、税务认定27项、发票办理11项、申报纳税23项、优惠办理4项、证明办理25项。国家税务总局将根据具体业务的变化定期对全国统一事项业务内容进行增减和修订。

(2) 地方适用事项,是指省税务机关对地方业务进行处理,自行生成供本地纳税人使用的二维码。地方适用事项不得与现行涉税法律法规全国统一事项及相关规定相悖,原则上不与全国统一事项重复。

2. "二维码"措施的宣传和应用

各级税务机关要利用办税服务厅、门户网站、微博、微信等多种渠道加强对办税事项"二维码"一次性告知工作的宣传,办税服务厅人员和热线座席人员要主动引导纳税人扫描相应业务的二维码,帮助纳税人理解和使用二维码。

(1) 各地税务机关应在办税服务厅的导税台、咨询台和各办税窗口明显位置摆放印有二维码图标的指南,同时在资料架上摆放宣传手册供纳税人查阅。

(2) 国家税务总局和省税务机关应在门户网站等网上办税平台首页显示"二维码"一次性告知窗口(悬浮窗),纳税人点开链接后可以扫描二维码查看相应业务。已开通手机App、微信和微博的单位,可以通过这些渠道主动推送二维码。

四、账簿和凭证管理

账簿是纳税人、扣缴义务人连续记录其各种经济业务的账册或账簿;凭证是指能够用来证明经济业务事项发生、明确经济责任并据以登记账簿、具有法律效力的书面证明。因此,对纳税的账簿和凭证进行管理,对于依法征税、依法纳税以及税收征收管理具有重要意义。

(一) 账簿、凭证的设置

从事生产、经营的纳税人自领取营业执照或发生纳税义务之日起15日内设置账簿;扣缴义务人应当自扣缴义务发生之日起10日内,按照所代扣、代收的税种,分别设置代扣代缴、代收代缴税款账簿。生产经营规模小又确无建账能力的纳税人,可以聘请注册会计师或者经税务机关认可的代理记账机构代为建账和办理账务;聘请注册会计师或者经税务机关认可的代理记账机构有实际困难的,经县以上税务机关批准,可以按照税务机关的规定,建立收支凭证粘贴簿、进货销货登记簿等。

(二) 财务制度的建立

从事生产、经营的纳税人的财务、会计制度或者财务、会计处理方法和会计核算软件,应于领取税务登记证件 15 日内报送税务机关备案。财会制度和方法不得与国务院或者国务院财政、税务主管部门有关税收的规定相抵触。纳税人使用电子计算机记账的,应当在使用前将会计核算软件、使用说明书及有关资料报送主管税务机关备案。

(三) 税控装置的安装

国家为防止税款流失,要求纳税人安装使用税控装置,并不得损毁或者擅自改动税控装置。违者将由税务机关责令改正,可以处 2 000 元以下罚款,情节严重的可以处 2 000 元以上 10 000 元以下罚款。

(四) 账证资料的保管

从事生产、经营的纳税人、扣缴义务人必须按照国务院财政、税务主管部门规定的保管期限保管账簿、记账凭证、完税凭证及其他有关资料。纳税人、扣缴义务人对各类账簿、会计凭证、报表、完税凭证及其他有关纳税资料应当保存 10 年。但是,法律、行政法规另有规定的除外。

五、发票的管理

发票是指在购销商品、提供或者接受服务以及从事其他经营活动中,开具、收取的收付款凭证。它是确定经济收支行为发生的法定凭证,是会计核算的原始依据。税务机关是发票的主管机关,负责发票印制、领购、开具、取得、保管、缴销的管理和监督。

(一) 发票的种类

按照行业特点和纳税人的生产经营项目,将发票划分为增值税普通发票、增值税专用发票和其他发票三种。

1. 增值税普通发票

增值税普通发票是最常见的一种发票,它的适用面最广,各种经济类型的纳税人都可以使用,包括增值税普通发票(折叠票)、增值税电子普通发票和增值税普通发票(卷票)。

2. 增值税专用发票

增值税专用发票是专供增值税一般纳税人使用的一种特殊发票。增值税专用发票除具备普通发票的基本特征外,还具备抵扣增值税税款的功能。增值税专用发票不仅是经济活动的重要商事凭证,而且是记录销货方纳税义务和购货方进项税额的合法证明,对增值税的计算与管理起着决定性的作用。

3. 其他发票

其他发票包括农产品收购发票、农产品销售发票、门票、过路（过桥）费发票、定额发票、客运发票和二手车销售统一发票等。

（二）发票的印制管理

增值税专用发票由国务院税务主管部门指定的企业印制，其他发票按照税务机关主管部门的规定分别由省、自治区、直辖市税务局指定企业印制。印制发票应当使用税务总局确定的全国统一的发票防伪专用品。禁止非法制造发票防伪专用品。发票应当套印全国统一发票监制章。全国统一发票监制章由省、自治区、直辖市税务机关制作。禁止伪造发票监制章。发票实行不定期换版制度。禁止在境外印制发票。

（三）发票适用的范围

（1）增值税一般纳税人销售货物、提供加工修理修配劳务和发生应税行为，使用增值税发票管理新系统（简称新系统）开具增值税专用发票、增值税普通发票、机动车销售统一发票、增值税电子普通发票。自2018年4月1日起，二手车交易市场、二手车经销企业、经纪机构和拍卖企业应当通过新系统开具二手车销售统一发票。通过新系统开具的二手车销售统一发票与现行二手车销售统一发票票样保持一致。单位和个人可以登录全国增值税发票查验平台对新系统开具的发票信息进行查验。

（2）增值税小规模纳税人销售货物、提供加工修理修配劳务月销售额超过3万元（按季纳税9万元），或者销售服务、无形资产月销售额超过3万元（按季纳税9万元），使用新系统开具增值税普通发票、机动车销售统一发票、增值税电子普通发票。自2018年2月1日起，月销售额超过3万元（或季销售额超过9万元）的工业以及信息传输、软件和信息技术服务业增值税小规模纳税人发生增值税应税行为，需要开具增值税专用发票的，可以通过新系统自行开具。上述纳税人销售其不动产，需要开具增值税专用发票的，应当按照有关规定向税务机关申请代开。

（3）2017年1月1日起启用增值税普通发票（卷票），分为两种规格。增值税普通发票（卷票）由纳税人自愿选择使用，重点在生活性服务业纳税人中推广。

（4）门票、过路（过桥）费发票、定额发票、客运发票和二手车销售发票继续使用。

（5）餐饮行业增值税一般纳税人购进农业生产者自产农产品，可以使用税务机关监制的农产品收购发票，按照现行规定计算抵扣进项税额。

（6）采取汇总纳税的金融机构，省、自治区所辖区县及以下分支机构可以使用地市级机构统一领取的增值税专用发票、增值税普通发票、增值税电子普通发票；直辖市、计划单列市所辖区县及以下分支机构可以使用直辖市、计划单列市机构统一领取的增值税专用发票、增值税普通发票、增值税电子发票。

（7）税务机关使用新系统代开增值税专用发票和增值税普通发票。代开增值税专用发票使用六联票，代开增值税普通发票使用五联票。

(四) 发票的开具

根据《税收征收管理法》第二十一条的规定,"单位、个人在购销商品、提供或者接受经营服务以及从事其他经营活动中,应当按照规定开具、使用、取得发票。"

(1)一般情况下收款方应向付款方开具发票,特殊情况下也可由付款方向收款方开具发票。

(2)购买方按规定索取发票。

(3)纳税人进行电子商务必须开具或取得发票。

(4)开具发票应当按照规定的时限、顺序、栏目,"全部联次一次性如实开具",并加盖"发票专用章"。

(5)发票不得跨省、直辖市、自治区使用。发票限于领购单位和个人在本省、自治区、直辖市内开具。发票领购单位未经批准不得跨规定使用区域携带、邮寄、运输空白发票,禁止携带、邮寄或者运输空白发票出入境。

(6)开具发票要加盖财务印章或发票专用章。

(7)开具发票后,发生销货退回需开红字发票的,必须收回原发票并注明"作废"字样或取得对方有效证明;发生销售折让的,在收回原发票并证明"作废"后,重新开具发票。

(8)任何单位和个人不得有下列虚开发票行为:

1)为他人、为自己开具与实际经营业务情况不符的发票。

2)他人为自己开具与实际经营业务情况不符的发票。

3)介绍他人开具与实际经营业务情况不符的发票。

(9)代开发票。

需要临时使用发票的单位和个人,可以凭购销商品、提供或者接受服务以及从事其他经营活动的书面证明、经办人身份证明,直接向经营地税务机关申请代开。依照税收法律、行政法规规定应当缴纳税款的,税务机关应当先征收税款,再开具发票。税务机关根据发票管理的需要,可以按照税务总局的规定委托其他单位代开发票。禁止非法代开发票。

注:税务机关可以委托其他单位代开发票,但禁止非法代开。

(五) 发票的使用管理

任何单位和个人应当按照发票管理规定使用发票,不得有下列行为:

(1)转借、转让、介绍他人转让发票、发票监制章和发票防伪专用品。

(2)知道或者应当知道是私自印制、伪造、变造、非法取得或者废止的发票而受让、开具、存放、携带、邮寄、运输。

(3)拆本使用发票。

(4)扩大发票使用范围。

(5) 以其他凭证代替发票使用。

除国家税务总局规定的特殊情形外,发票限于领购单位和个人在本省、自治区、直辖市内开具。省、自治区、直辖市税务机关可以规定跨市、县开具发票的办法。

除国家税务总局规定的特殊情形外,任何单位和个人不得跨规定的使用区域携带、邮寄、运输空白发票。

禁止携带、邮寄或者运输空白发票出入境。

(六)发票保管的管理

根据发票管理的要求,发票保管分为税务机关保管和用票单位、个人保管两个层次,这两个层次都必须建立严格的发票保管制度,包括专人保管制度、专库保管制度、专账登记制度、保管交接制度和定期盘点制度。用票单位和个人应建立发票使用登记制度,不得擅自损毁或丢失发票。发票丢失应于当日书面报告纳税机关并公开声明作废,已开具的发票存根联和发票登记簿应保管5年。

【例11-3】 根据《发票管理办法》及其实施细则的规定,纳税人已开具的发票存根联和发票登记簿的保存期限是( )年。
A. 3   B. 5   C. 10   D. 15
【解析】B。已开具的发票存根联和发票登记簿应当保存5年。注意,发票的保存期限和发票登记簿的保存期限是不同的。

(七)增值税发票开具和使用的特别规定

(1)国家税务总局编写了《商品和服务税收分类与编码》,并在新系统中增加了编码相关功能。增值税纳税人应使用新系统选择相应的编码开具增值税发票。

(2)自2017年7月1日起,购买方为企业(包括公司、非公司制企业法人、企业分支机构、个人独资企业、合伙企业和其他企业)的,索取增值税普通发票时,应向销售方提供纳税人识别号或统一社会信用代码;销售方为其开具增值税普通发票时,应在"购买方纳税人识别号"栏填写购买方的纳税人识别号或统一社会信用代码。销售方开具发票时,通过销售平台系统与增值税发票税控系统后台对接,导入相关信息开票的,系统导入的开票数据内容应与实际交易相符,如不相符,应及时修改,完善销售平台系统。

(八)发票的检查

税务机关在发票检查中的权力:
(1)检查印制、领购、开具、取得、保管和缴销发票的情况。
(2)调出发票查验。

（3）查阅、复制与发票有关的凭证、资料。

（4）向当事各方询问与发票有关的问题和情况。

（5）在查处发票案件时，对与案件有关的情况和资料，可以记录、录音、录像、照相和复制。

印制、使用发票的单位和个人，必须接受税务机关依法检查，如实反映情况，提供有关资料，不得拒绝、隐瞒。税务人员进行检查时，应当出示税务检查证。

税务机关需要将已开具的发票调出查验时，应当向被查验的单位和个人开具发票换票证。发票换票证与所调出查验的发票具有同等的效力。被调出查验发票的单位和个人不得拒绝接受。税务机关需要将空白发票调出查验时，应当开具收据，经查无问题的，应当及时返还。

六、纳税申报制度

纳税申报是指纳税人、扣缴义务人、代征人为正常履行纳税、扣缴税款义务，就纳税事项向税务机关提出书面申报的一种法定手续，进行纳税申报是纳税人、扣缴义务人、代征人必须履行的义务。纳税人按照税法规定的期限和内容，向税务机关提交有关纳税事项书面报告的法律行为，是纳税人履行纳税义务、界定纳税人法律责任的主要依据，是税务机关征收管理信息的主要来源和税务管理的重要制度。

（一）纳税申报的对象

根据《税收征收管理法》第二十五条的规定，纳税申报的对象为纳税人和扣缴义务人。纳税人在纳税期内没有应纳税款的，也应当按照规定办理纳税申报。纳税人享受减税、免税待遇的，在减税、免税期间应当按照规定办理纳税申报。

（二）纳税申报的内容

纳税人和扣缴义务人的纳税申报或者代扣代缴、代收代缴税款申报的主要内容包括：税种、税目，应纳税项目或者应代扣代缴、代收代缴项目，计税依据，扣除项目及标准，适用税率或者单位税额，应退税项目及税额、应减免税项目及税额，应纳税额或者应代扣、代收税额，税款所属期限延期缴纳税款、欠税、滞纳金等。

（三）纳税申报的期限

《税收征收管理法》规定纳税人和扣缴义务人都必须按照法定的期限办理纳税申报。申报期限有两种：一种是法律、行政法规明确规定的；另一种是税务机关按照法律、行政法规的原则规定，结合纳税人生产经营的实际情况及其所应缴纳的税种等相关问题予以确定。两种期限具有同等的法律效力。

(四)纳税申报的方式

纳税人、扣缴义务人可以以表、IC 卡和微机录入卡等方式直接到主管税务机关办理纳税申报,亦可以采取邮寄、数据电文方式办理纳税申报。

1. 直接申报

直接申报也叫自行申报,是指纳税人、扣缴义务人、代征人在纳税申报期限内,自行直接到主管国家税务机关办理纳税申报、代扣代缴、代收代缴税款或委托代征税款。这是一种传统的申报方式。

2. 邮寄申报

纳税人到主管国家税务机关办理纳税申报有困难的,经主管国家税务机关批准,也可以采取邮寄申报。邮寄申报以寄出地的邮戳日期为实际申报日期。

3. 数据电文申报

数据电文申报,是指经税务机关批准,纳税人、扣缴义务人以税务机关确定的电话语音、电子数据交换和网络传输等电子方式进行纳税申报。这种方式运用了新的电子信息技术,代表纳税申报方式的发展方向,使用范围逐渐扩大。实行自核自缴,且有电传条件的纳税人,经主管国家税务机关批准,可以采取电传申报。纳税人、扣缴义务人采取数据电文方式办理纳税申报的,其申报日期以税务机关计算机网络系统收到该数据电文的时间为实际申报日期。

4. 其他方式

实行定期定额缴纳税款的纳税人,可以实行简易申报、简并征期等方式申报纳税。

(五)纳税申报的其他要求

纳税人、扣缴义务人按照规定的期限办理纳税申报或者报送代扣代缴、代收代缴税款报告表的确有困难,需要延期的,应当在规定的期限内向税务机关提出书面申请,经税务机关核准,在核准的期限内办理。

纳税人、扣缴义务人因不可抗力,不能按期办理纳税申报或者报送代扣代缴、代收代缴税款报告表的,可以延期办理,但是,应当在不可抗力情形消除后立即向税务机关报告。税务机关应当查明事实,予以核准。

经核准延期办理纳税申报、报送事项的,应当在纳税期限内按照上期实际缴纳的税额或者税务机关核定的税额预缴税款,并在核准的延期内办理税款结算。

【例 11-4】某企业按照国家规定享受 3 年内免纳企业所得税的优惠待遇。当税务局要求该企业进行纳税申报时,会计小王认为,既然本企业享受免税待遇,就不用办理企业所得税纳税申报了。

要求:分析小王的看法是否正确。

【解析】小王的看法不正确。根据税收征收管理法律制度的规定,纳税人享受减税、免税待遇的，在减税、免税期间仍应当按照规定办理纳税申报。法律做这样的规定，既有助于提高国民的纳税意识，也有利于税务机关及时掌握、分析税源情况。

第三节 税款征收

税款征收是税务机关根据相关法规和纳税人的财务状况，将纳税人的应纳税款通过不同方式征收入库的行为。税款征收是税收征收管理制度的中心环节。

一、税款征收的方式

（一）查账征收

查账征收是指税务机关根据纳税人提供的账表所反映的情况，依照税法相关规定计算征收税款的一种方式。它适用于经营规模较大，财务会计制度健全，能够如实核算和提供生产经营情况，并能正确计算税款，如实履行纳税义务的单位和个人。

（二）查定征收

查定征收是指税务机关根据纳税人的从业人员、生产设备、原材料耗用情况等因素，查实核定其在正常生产经营条件下应税产品的数量、销售额，并据以征收税款的一种方式。如果纳税人的实际应税产品数量超过查定数量，由纳税人报请补征；如果纳税人的实际应税产品数量未够查定产量，可由纳税人报请重新核定。在这种方式下，纳税人能很好地控制购进材料及相应产量，但这种方式适用于会计账册不健全、生产不稳定的从事产品生产的纳税人，如小型厂矿和作坊等。

（三）查验征收

查验征收是指税务机关对纳税人的应税产品，通过查验数量，按市场一般销售价格计算其销售收入并据以征税的方式。这种方式一般适用于经营品种比较单一，经营地点、时间和商品来源不固定的纳税单位。如城乡集贸市场的临时经营和机场、码头等场外经销商品的税款征收。

（四）定期定额征收

定期定额征收是指对一些营业额和所得额难以准确计算的小型工商户，经其自报评议，由税务机关调查核实其一定期限内的营业额、利润额，按照核定的营业额、利润额确定应纳税款的方式。这种方式适用于规模较小、账证不健全、难以提供完整的纳税资料的小型工商业户的税款征收。一般来说，由个体工商户自行申报。

【例 11-5】 税务机关针对纳税人的不同情况可以采取不同的税款征收方式。对于账册不健全，但能控制原材料、产量或进销货物的单位，适用的税款征收方式是（　　）。
A.查账征收　　　　B.查定征收　　　　C.查验征收　　　　D.定期定额征收
【解析】B。根据税收征收管理法律制度的规定，对账务不全，但能控制其材料、产量或进销货物的纳税单位或个人，税务机关可依据正常条件下的生产能力对其生产的应税产品查定产量、销售额并据以征收税款。

二、税款征收的制度

（一）代扣代缴、代收代缴税款制度

（1）对法律、行政法规没有规定负有代扣、代收税款义务的单位和个人，税务机关不得要求其履行代扣、代收税款义务。

（2）税法规定的扣缴义务人必须依法履行代扣、代收税款义务。如果不履行义务，就要承担法律责任。除按税收征管法及其实施细则的规定给予处罚外，应当责令扣缴义务人限期将应扣未扣、应收未收的税款补扣或补收。

（3）扣缴义务人依法履行代扣、代收税款义务时，纳税人不得拒绝。纳税人拒绝的，扣缴义务人应当及时报告主管税务机关处理。不及时向主管税务机关报告的，扣缴义务人应承担应扣未扣、应收未收税款的责任。

（4）扣缴义务人代扣、代收税款，只限于法律、行政法规规定的范围，并依照法律、行政法规规定的征收标准执行。对法律、行政法规没有规定代扣、代收的，扣缴义务人不能超范围代扣、代收税款，扣缴义务人也不得提高或降低标准代扣、代收税款。

（5）税务机关按照规定付给扣缴义务人代扣、代收手续费。代扣、代收手续费只能由县（市）级以上税务机关统一办理退库手续，不得在征收税款过程中坐支。

（二）延期缴纳税款制度

纳税人因有特殊困难，不能按期缴纳税款的，经省、自治区、直辖市税务局批准，可以延期缴纳税款，但最长不得超过3个月。在批准延期的时限内免予加收滞纳金。

（三）税收滞纳金征收制度

纳税人未按照规定期限缴纳税款的，扣缴义务人未按照规定期限解缴税款的，税务机关除责令限期缴纳外，从滞纳税款之日起，按日加收滞纳税款万分之五的滞纳金。

（四）税收减免制度

纳税人在享受减免税待遇期间，仍应按规定办理纳税申报，纳税人享受减税、免税的条件发生变化时，应当自发生变化之日起15日内向税务机关报告，经税务机关审核

后，停止其减税、免税待遇。对不报告，又不再符合减税、免税条件的，税务机关有权追回已减免的税款。

减免税项目分为报批类减免税项目和备案类减免税项目。报批类减免税项目是指应由税务机关审批的减免税项目；备案类减免税项目是指取消审批手续和不需税务机关审批的减免税项目。

纳税人同时从事减免税项目与非免税项目的应分别核算，不能分别核算的，不能享受减免税待遇。核算不清的，由税务机关按合理方法核定。

(五) 税额核定制度

纳税人（包括单位纳税人和个人纳税人）有下列情形之一的，税务机关有权核定其应纳税额：①依照法律、行政法规的规定可以不设置账簿的。②依照法律、行政法规的规定应当设置但未设置账簿的。③擅自销毁账簿或者拒不提供纳税资料的。④虽设置账簿，但账目混乱或者成本资料、收入凭证、费用凭证残缺不全，难以查账的。⑤发生纳税义务，未按照规定的期限办理纳税申报，经税务机关责令限期申报，逾期仍不申报的。⑥纳税人申报的计税依据明显偏低，又无正当理由的。税务机关核定税额的方法主要有：①参照当地同类行业或者类似行业中经营规模和收入水平相近的纳税人的税负水平核定。②按照应税收入额或成本费用支出额定率核定。③按照耗用的原材料、燃料、动力等推算或者测算核定。④按照其他合理的方法核定。

三、应纳税额的核定与调整

(一) 核定应纳税额的情形

纳税人有下列情形之一的，税务机关有权核定其应纳税额：
（1）依照法律、行政法规的规定可以不设置账簿的。
（2）依照法律、行政法规的规定应当设置但未设置账簿的。
（3）擅自销毁账簿或者拒不提供纳税资料的。
（4）虽设置账簿，但账目混乱，或者成本资料、收入凭证、费用凭证残缺不全，难以查账的。
（5）发生纳税义务，未按照规定的期限办理"纳税申报"，经税务机关责令限期申报，逾期仍不申报的。
（6）纳税人申报的计税依据明显偏低，又无正当理由的。

(二) 核定应纳税额的方法

为了减少核定应纳税额的随意性，使核定的税额更接近纳税人实际情况和法定的负担水平，税务机关有权采用下列任何一种方法核定应纳税额：

(1)参照当地同类行业或者类似行业中经营规模和收入水平相近的纳税人的税负水平核定。

(2)按照营业收入或者成本加合理的费用和利润的方法核定。

(3)按照耗用的原材料、燃料、动力等推算或者测算核定。

(4)按照其他合理方法核定。

当其中一种方法不足以正确核定应纳税额时,可以同时采用两种以上的方法核定。

【例11-6】下列情形中,税务机关有权核定纳税人应纳税额的有( )。
A.有偷税、骗税前科的 B.拒不提供纳税资料的
C.按规定应设置账簿而未设置的 D.虽设置账簿,但账目混乱,难以查账的

【解析】BCD。根据税收征收管理法律制度的规定,税务机关主要根据纳税人的财务管理状况确定是否对纳税人核定应纳税额。选项A不属于税务机关核定应纳税额的情形。

四、税款征收的措施

为了保证税款征收的顺利进行,《税收征收管理法》及其实施细则赋予了税务机关在税款征收过程中针对不同情况可以采取相应征收措施的职权。

(一)责令缴纳

(1)纳税人未按照规定期限缴纳税款,扣缴义务人未按照规定期限解缴税款的,税务机关可责令限期缴纳,并从滞纳税款之日起,按日加收滞纳金。逾期仍未缴纳的,税务机关可以采取税收强制执行措施。

(2)对未按照规定办理税务登记的从事生产、经营的纳税人,以及临时从事经营的纳税人,税务机关核定其应纳税额,责令其缴纳应纳税款。纳税人不缴纳的,税务机关可以扣押其价值相当于应纳税款的商品、货物。扣押后缴纳应纳税款的,税务机关必须立即解除扣押,并归还所扣押的商品、货物;扣押后仍不缴纳应纳税款的,经县以上税务局(分局)局长批准,依法拍卖或者变卖所扣押的商品、货物,以拍卖或者变卖所得抵缴税款。

(3)税务机关有根据认为从事生产、经营的纳税人有逃避纳税义务行为,可在规定的纳税期限之前责令其限期缴纳应纳税款。逾期仍未缴纳的,税务机关有权采取其他税款征收措施。

(4)纳税担保人未按照规定的期限缴纳所担保的税款,税务机关可责令其限期缴纳应纳税款,逾期仍未缴纳的,税务机关有权采取其他税款征收措施。

(二)责令提供纳税担保

纳税担保,是指经税务机关同意或确认,纳税人或其他自然人、法人、经济组织以

保证、抵押、质押的方式，为纳税人应当缴纳的税款及滞纳金提供担保的行为。具体包括经税务机关认可的有纳税担保能力的保证人为纳税人提供纳税保证，以及纳税人或者第三人以其未设置或者未全部设置担保物权的财产提供担保。

1. 适用纳税担保的情形

（1）税务机关有根据认为从事生产、经营的纳税人有逃避纳税义务行为，在规定的纳税期限之前经责令其限期缴纳应纳税款，在"限期内"发现纳税人有明显的转移、隐匿其应纳税的商品、货物以及其他财产或者应纳税收入的迹象，责成纳税人提供纳税担保的。

（2）欠缴税款、滞纳金的纳税人或者其法定代表人需要出境的。

（3）纳税人同税务机关在纳税上发生争议而未缴清税款，需要申请行政复议的。

（4）税收法律、行政法规规定可以提供纳税担保的其他情形。

2. 纳税担保的范围

纳税担保的范围包括税款、滞纳金，以及实现税款、滞纳金的费用。费用包括抵押、质押登记费用，质押保管费用，以及保管、拍卖、变卖担保财产等相关费用支出。

（三）采取税收保全措施

1. 适用税收保全的情形及措施

税务机关责令具有税法规定的情形的纳税人提供纳税担保而纳税人拒绝提供纳税担保或无力提供纳税担保的，经县以上税务局（分局）局长批准，税务机关可以采取下列税收保全措施：

（1）书面通知纳税人开户银行或者其他金融机构冻结纳税人的金额相当于应纳税款的存款。

（2）扣押、查封纳税人的价值相当于应纳税款的商品、货物或者其他财产。其他财产包括纳税人的房地产、现金、有价证券等不动产和动产。

2. 不适用税收保全的财产

个人及其扶养家属维护生活必需的住房和用品，不在税收保全措施的范围之内。需要注意的是，个人及其所扶养家属维护生活必需的住房和用品不包括机动车辆、金银饰品、古玩字画、豪华住宅或者一处以外的住房。个人所扶养家属，是指与纳税人共同居住生活的配偶、直系亲属以及无生活来源并由纳税人扶养的其他亲属。

税务机关对单价5 000元以下的其他生活用品，不采取税收保全措施。《全国税收征管规范（1.0版）》规定，税务机关在采取税收保全措施时，有权提前处理保全财产。税务机关对从事生产、经营的纳税人以前纳税期的纳税情况依法进行税务检查时采取扣押查封措施，在税收保全期内，已采取税收保全措施的财物符合提前处理法定情形的，制作《税务事项通知书》，书面通知纳税人及时协助处理。纳税人未按规定期限协助处理的，需要实施拍卖变卖的，拍卖、变卖所得由税务机关保存价款，继续实施税收保全措施。

《全国税收征管规范（1.0 版）》还对税收保全延期处理做了规定。税务机关在查处重大税收违法案件中，对已实施的税收保全措施，符合法定情形，需要延长税收保全期限的，应当逐级报请国家税务总局批准：①案情复杂，在税收保全期限内确实难以查明案件事实的；②被查对象转移、隐匿、销毁账簿、记账凭证或者其他证据材料的；③解除税收保全措施可能使纳税人转移、隐匿、损毁或者违法处置财产，从而导致税款无法追缴的。

【例 11-7】 下列各项中，属于税收保全措施的是（　　）。
A. 暂扣纳税人税务登记证
B. 书面通知纳税人开户银行从其存款中扣缴税款
C. 拍卖纳税人价值相当于应纳税款的货物，以拍卖所得抵缴税款
D. 查封纳税人价值相当于应纳税款的货物
【解析】D。纳税担保、税收保全及税收强制执行措施是有区别的。

（四）采取税收强制措施

从事生产、经营的纳税人、扣缴义务人未按照规定的期限缴纳或者解缴税款，纳税担保人未按照规定的期限缴纳所担保的税款，由税务机关责令限期缴纳，逾期信用证未缴纳的，经县以上税务局（分局）局长批准，税务机关可以采取下列强制执行措施：

（1）强制扣款，即书面通知其开户银行或者其他金融机构从其存款中扣缴税款。

（2）拍卖变卖，即扣押、查封、依法拍卖或者变卖其价值相当于应纳税款的商品、货物或者其他财产，以拍卖或者变卖所得抵缴税款。

税务机关采取强制执行措施时，对上述纳税人、扣缴义务人、纳税担保人未缴纳的滞纳金同时强制执行。个人及其所扶养家属维持生活必需的住房和用品，不在强制执行措施的范围之内。税务机关对单价 5 000 元以下的其他生活用品，不采取强制执行措施。

《全国税收征管规范（1.0 版）》还规定了申请法院强制执行和现金扣缴两种强制执行措施。当事人对税务机关的处罚决定逾期不申请行政复议也不向人民法院起诉，又不履行的，做出处罚决定的税务机关可以采取强制执行措施或申请人民法院强制执行；复议申请人逾期不起诉又不履行行政复议决定的，或者不履行最终裁决的行政复议决定的，税务机关可以依法申请人民法院强制执行。税务机关向法院提出申请后，由法院采取强制执行措施。法院强制执行完毕，通知税务机关将税款、滞纳金、罚款、罚金、没收违法所得征收入库时，通知征收开票部门将上述款项征收入库。

税务行政相对人未按限缴期限缴纳税款、滞纳金、罚款，且有处于保全状态或担保状态的现金的，税务机关通过内部审批文书报经有审批权限的税务局长批准后，决定对税务行政管理相对人采取现金扣缴措施，向其下达现金扣缴的书面文书，通知税务行政管理相对人扣缴税款、滞纳金及罚款决定和结果。

(五) 阻止出境

欠缴税款的纳税人或者其法定代表人出境前未按规定结清应纳税款、滞纳金或者提供纳税担保的，税务机关可以通知出境管理机关阻止其出境。

第四节 税务检查

一、税务检查的概念与意义

税务检查也称纳税检查，是税务机关以国家的法律、法规政策和税收征收管理制度为依据，对纳税人履行纳税义务情况及其逃避缴纳税款的行为的审核和查处行为的总称。税务检查是税收征收管理的重要内容，也是税务监督的重要组成部分。税务检查既有利于全面贯彻国家的税收政策，严肃税收法纪，加强纳税监督，查处偷税、漏税和逃骗税等违法行为，确保税收收入足额入库，也有利于帮助纳税人端正经营方向，促使其加强经济核算，提高经济效益。搞好税务检查，对于加强依法治税，保证国家财政收入，有着十分重要的意义。

二、税务检查的特点

税务检查是众多经济监督手段之一，与会计检查、审计检查、物价检查相比较，有着其自身的特点：

第一，特定的检查主体。税务检查的主体是税务机关，代表国家行使政治权力，依法对纳税人的所有经济行为和应税行为进行检查。

第二，特定的检查对象。税务检查的对象仅限于具有纳税义务的纳税人、扣缴义务人。

第三，特定的检查目的。税务检查的目的是保障国家财政收入的及时足额入库，严肃财经纪律，规范纳税秩序，实现税收职能。

第四，特定的检查依据。税务检查是依据国家税收法律、法规进行的，是以会计核算为前提，建立在会计制度的实施基础之上的一种经济监督活动。

三、税务检查的内容

税务检查的内容如下：
（1）检查纳税人履行纳税义务的情况。
（2）检查纳税人遵守财务、会计制度的情况。
（3）检查税务人员执行税收征管制度的情况。
（4）了解纳税人的生产经营情况。

四、税务检查的形式

1. 重点检查

重点检查是指对公民举报、上级机关交办或有关部门转来的有逃避缴纳税款行为或逃避缴纳税款嫌疑的，纳税申报与实际生产经营境况有明显不符的纳税人及有普遍逃税行为的行业的检查。

2. 分类计划检查

分类计划检查是指根据纳税人历来纳税情况、纳税人的纳税规模及税务检查间隔时间的长短等综合因素，按事先确定的纳税人分类、计划检查时间及检查频率而进行的检查。

3. 集中性检查

集中性检查是指税务机关在一定时间、一定范围内，统一安排、统一组织的税务检查，这种检查一般规模比较大，如以前年度的全国范围内的税收、财务大检查就属于这类检查。

4. 临时性检查

临时性检查是指由各级税务机关根据不同的经济形势、逃避缴纳税款的趋势、税收任务完成情况等综合因素，在正常的检查计划之外安排的检查，如行业性解剖、典型调查性的检查等。

5. 专项检查

专项检查是指税务机关根据税收工作实际，对某一税种或税收征收管理某一环节进行的检查。比如，增值税一般纳税专项检查、漏征漏管户专项检查等。

五、税务检查的方法

税务机关进行税务检查，一般采用以下三种方法：第一，税务查账，即对纳税人的会计凭证、账簿、会计报表以及银行存款账户等核算资料所反映的纳税情况所进行的检查，这是税务检查中最常用的方法；第二，实地调查，即对纳税人账外情况进行的现场调查；第三，税务稽查，即对纳税人对税务法律、法规、制度等的贯彻执行情况，纳税人生产经营活动及税务活动的合法性，偷、逃、抗、骗、漏税及滞纳情况进行专项检查的活动。具体来说有以下几种方法。

1. 全查法

全查法是对被查纳税人一定时期内所有会计凭证、账簿、报表以及各种存货进行全面、系统检查的一种方法。

2. 抽查法

抽查法是对被查纳税人一定时期内的会计凭证、账簿、报表以及各种存货，抽取一部分进行检查的一种方法。

3. 顺查法

顺查法与逆查法对称，是对被查纳税人按照其会计核算的顺序，依次检查会计凭证、账簿、报表，并将其相互核对的一种检查方法。

4. 逆查法

逆查法与顺查法对称，是指逆会计核算的顺序，依次检查会计报表、账簿及凭证，并将其相互核对的一种稽查方法。

5. 现场检查法

现场检查法与调账检查法对称，是指税务机关派人员到被查纳税人的机构办公地点对其账务资料进行检查的一种方法。

6. 调账检查法

调账检查法与现场检查法对称，是指将被查纳税人的账务资料调到税务机关进行检查的一种方法。

7. 比较分析法

比较分析法是将被查纳税人检查期有关财务指标的实际完成数进行纵向或横向比较，分析其异常变化情况，从中发现纳税问题线索的一种方法。

8. 控制计算法

控制计算法也称逻辑推算法，是指根据被查纳税人财务数据的相互关系，用可靠或科学测定的数据，验证其检查账面记录或申报的资料是否正确的一种检查方法。

9. 审阅法

审阅法是指对被查纳税人的会计账簿、凭证等账务资料，通过直观的审查阅览，发现在纳税方面存在问题的一种检查方法。

10. 核对法

核对法是指通过对被查纳税人的各种相关联的会计凭证、账簿、报表及实物进行相互核对，验证其在纳税方面存在问题的一种检查方法。

11. 观察法

观察法是指通过被查纳税人的生产经营场所、仓库、工地等现场，实地观察其生产经营及存货等情况，以发现纳税问题或验证账中可疑问题的一种检查方法。

12. 外调法

外调法是指对被查纳税人有怀疑或已掌握一定线索的经济事项，通过向与其有经济联系的单位或个人进行调查，予以查证核实的一种方法。

13. 盘存法

盘存法是指通过对被查纳税人的货币资金、存货及固定资产等实物进行盘点清查，核实其账实是否相符，进而发现纳税问题的一种检查方法。

14. 交叉稽核法

国家为加强对增值税专用发票的管理，应用计算机将开出的增值税专用发票抵扣联与存根联进行交叉稽核，以查出虚开及假开发票行为，避免国家税款流失。目前，这种方法通过"金税工程"来实现，对利用增值税专用发票逃避缴纳税款的行为起到了极大的遏制作用。

六、税务检查职责

税务检查职责如下：

（1）检查纳税人账簿、记账凭证、报表及有关资料的权力。

税务机关可以检查纳税人、扣缴义务人的账簿、记账凭证及与缴纳税款有关的其他资料。检查扣缴义务人的账簿、记账凭证和有关资料，必须限于与代扣代缴、代收代缴有关的账簿，与此无关的材料，扣缴义务人有权拒绝提供。

（2）检查纳税人、扣缴义务人的经营情况的权力。

通过到纳税人的生产、经营场所和货物存放地检查纳税人应纳税的商品、货物或者其他财产，可以最直接地掌握纳税人纳税的第一手资料，从而防止应纳税款的流失。

（3）责成纳税人、扣缴义务人提供与纳税或者代扣代缴、代收代缴税款有关的文件、证明材料和有关资料的权力。

（4）询问纳税人、扣缴义务人与纳税或者代扣代缴、代收代缴税款有关的问题和情况的权力。

（5）运输环节的检查权，即税务机关或者税务检查人员到车站、码头、机场、邮政企业及其分支机构检查纳税人托运、邮寄应纳税商品、货物或者其他财产的有关单据、凭证和有关资料的权力。

（6）关于银行账户、存款的检查权。经县以上税务局（分局）局长批准可以查询从事生产经营的纳税人、扣缴义务人在银行或者其他金融机构的存款账户。税务机关在调查税收违法案件时，经设区的市、自治州以上税务局（分局）局长批准，可以查询案件涉嫌人员的储蓄存款。税务机关调查税务违法案件时，对与案件有关的情况和资料，可以记录、录音、录像、照相和复制。

第五节　税务行政法制

一、税务行政复议

税务行政复议，是指纳税人和其他税务当事人对税务机关的税务行政行为不服，依法向上级税务机关提出申诉，请求上一级税务机关对原具体行政行为的合理性、合法性做出审议，复议机关依法对原行政行为的合理性、合法性做出裁决的行政司法活动。

（一）税务行政复议的受案范围

（1）税务机关做出的征税行为。

（2）税务机关做出的税收保全措施。具体包括：责令纳税人提交纳税保证金或者做出纳税担保行为；书面通知银行或者其他金融机构扣缴税款；扣押、查封商品、货物或者其他财产；通知出境管理机关阻止出境行为。

（3）税务机关做出的税收强制执行措施。具体包括：书面通知银行或者其他金融机构扣缴税款，拍卖所扣押、查封商品、货物或者其他财产以抵缴税款。

（4）税务机关做出的行政处罚。具体包括：罚款，没收违法所得，没收非法所得。

（5）税务机关拒绝颁发税务登记证、发售发票的行为。

（6）法律、法规规定的税务机关受理复议的其他具体行政行为。

申请人对具体的行政行为提出行政复议申请时不知道该具体行政行为所依据的规定的，可以在行政复议机关做出行政复议决定以前提出对该规定的审查申请。

【例 11-8】 下列选项中，纳税人可以申请行政复议的有（　　）。

A. 税务机关为其确认征税范围
B. 税务机关对其做出征收税款的决定
C. 税务机关对于具体贯彻落实税收法规的规定
D. 税务机关责令其提供纳税担保

【解析】ABD。根据税务行政复议规则的规定，复议机关只受理对具体行政行为不服提出的行政复议申请，换言之，即对抽象行政行为（规章、规定等）不服，不属于行政复议的受理范围。纳税人如果认为税务机关的具体行政行为所依据的规定不合法，可以向有关机关进行反映，或者在对具体行政行为申请行政复议时，一并向复议机关提出对该规定的审查申请，但不包括规章。

（二）税务行政复议管辖

1. 复议管辖的一般规定

（1）对各级国家税务局的具体行政行为不服的，向其上一级国家税务局申请行政复议。

（2）对各级地方税务局的具体行政行为不服的，可以选择向其上一级地方税务局或者该税务局的本级人民政府申请行政复议。

（3）省、自治区、直辖市人民代表大会及其常务委员会、人民政府对地方税务局的行政复议管辖另有规定的，从其规定。

（4）对国家税务总局的具体行政行为不服的，向国家税务总局申请行政复议。对行政复议决定不服，申请人可以向人民法院提出行政诉讼，也可以向国务院申请裁决。国务院的裁决为最终裁决。

2. 复议管辖的特殊规定

（1）对计划单列市税务局的具体行政行为不服的，向省税务局申请行政复议。

（2）对税务所（分局）、各级税务局的稽查局的具体行政行为不服的，向其所属税务局申请行政复议。

（3）对两个以上税务机关共同做出的具体行政行为不服的，向共同上一级税务机关申请行政复议；对税务机关与其他行政机关共同做出的具体行政行为不服的，向其共同上一级行政机关申请行政复议。

（4）对被撤销的税务机关在撤销以前所做出的具体行政行为不服的，向继续行使其职权的税务机关的上一级税务机关申请行政复议。

（5）对税务机关做出逾期不缴纳罚款加处罚款的决定不服的，向做出行政处罚决定的税务机关申请行政复议。对已处罚和加处罚款都不服的，一并向做出行政处罚决定的税务机关的上一级税务机关申请行政复议。

有前款第（2）(3)(4)(5)项所列情形之一的，申请人也可以向具体行政行为发生地的县级地方人民政府提交行政复议申请，由接受申请的县级地方人民政府依法转送。

（三）复议的程序

1. 申请复议的时间

（1）纳税人、扣缴义务人和其他税务当事人同国家税务机关在纳税上发生争议时，必须先依照国家税务机关根据法律、行政法规确定的税额缴纳解缴税款及滞纳金或提供纳税担保，然后可以在收到国家税务机关填发的缴款凭证之日或担保确认起60日内向上一级国家税务机关申请复议。

（2）申请人对国家税务机关做出的税收保全措施、税收强制执行措施及行政处罚行为不服，可以在接到处罚通知之日起或者国家税务机关采取税收保全措施、税收强制执行措施之日起60日内向上一级国家税务机关申请复议或直接向人民法院起诉。

（3）申请人对国家税务机关做出的阻止出境行为，拒绝颁发税务登记证、出售发票或不予答复的行为以及责令提交纳税保证金或提供纳税担保的行为不服，可以在知道上述行为之日起60日内向上一级国家税务机关申请复议。

2. 申请复议应当符合下列条件

（1）申请人认为具体行政行为直接侵犯了其合法权益。

（2）有明确的被申请人。

（3）有具体的复议请求和事实依据。

（4）属于申请复议范围。

（5）属于复议机关管辖。

（6）在提出复议申请前已经依照国家税务机关根据法律、行政法规确定的税额缴纳或者解缴税款及滞纳金或提供了纳税担保。

（7）复议申请是在法定期限内提出的。

3. 复议申请书应当载明下列内容

（1）申请人的姓名、性别、年龄、职业、住址等（法人或其他组织的名称、地址、法定代表人的姓名）。

（2）被申请人的名称、地址。

（3）申请复议的要求和理由。

（4）已经依照国家税务机关根据法律、行政法规确定的税额缴纳或者解缴税款及滞纳金的证明材料。

（5）提出复议申请的日期。

4. 复议申请人

（1）纳税人、扣缴义务人、纳税担保人和其他税务争议当事人应当以自己的名义申请复议。

（2）有权申请复议的公民死亡的，其近亲属可以申请复议。

（3）有权申请复议的公民是无行为能力或限制行为能力人的，其法定代理人可以代理申请复议。

（4）与申请复议的具体行政行为有利害关系的人或者组织，经复议机关批准，可以作为第三人申请参加复议。

5. 复议的受理

（1）申请复议的单位和个人必须按照税务行政复议的要求提交有关材料、证据并提出答辩书。

（2）申请复议的单位和个人在复议人员审理中可以申请回避，但要服从复议机关法定人员做出的是否回避的决定。

（3）申请复议的单位和个人可以向复议机关申请撤销、收回其复议申请，但必须经过复议机关的同意，复议申请的撤回才产生法律效力。

（4）复议申请人认为国家税务机关的具体行政行为侵犯了其合法权益并造成了损害，可以在提起复议申请的同时请求赔偿。

6. 复议的执行

（1）复议申请人接到复议决定书时必须签收。

（2）复议决定书经送达即发生法律效力，应当自觉执行复议决定。对复议决定不服的，可以向人民法院起诉。

（3）申请人逾期不起诉又不履行税务行政复议决定的，人民法院强制其执行。

二、税务行政诉讼

税务行政诉讼，是纳税人认为具体的税务行政行为侵犯其合法权益时，按照《中华人民共和国行政诉讼法》的有关规定，向人民法院提起诉讼，由人民法院进行审理并做出裁决的诉讼制度。

（一）税务行政诉讼的适用范围

（1）对税务机关做出的处罚决定不服的。

（2）对税务机关做出的税收保全措施不服的。

（3）对税务机关做出的税收强制执行措施不服的。

（4）对税务机关做出通知出境管理机关阻止出境不服的。

（5）认为税务机关不予依法办理或答复的。

（6）认为税务机关违法，要求履行义务的。

（7）对税务机关做出的征税行为发生争议，经税务复议机关复议，对复议决定不服的。

（8）对税务机关做出的其他具体行政行为不服的。

（二）税务行政诉讼管辖与时效

（1）对税务机关做出的具体行政行为不服的，纳税人和其他税务当事人可以在知道税务机关做出具体行政行为之日起3个月内，向该税务机关所在地的人民法院提起诉讼。

（2）经过税务行政复议，复议机关未改变原具体行政行为，纳税人和其他税务当事人对复议决定仍不服的，可以在收到复议决定书之日起15日内向做出原具体行政行为的税务机关所在地的人民法院提起诉讼。

（3）经过税务行政复议，复议机关改变原具体行政行为，纳税人和其他税务当事人对税务行政复议决定不服的，可在收到复议决定书之日起15日内向做出原具体行政行为的税务机关或复议机关所在地的人民法院提起诉讼。

（4）复议申请人对国家税务机关做出的不予受理其复议申请的裁决不服，可自收到不予受理裁决书之日起15日内，就复议机关不予受理的裁决本身向人民法院起诉。

（5）复议申请人对复议决定不服的，可以自接到复议决定书之日起15日内向人民法院起诉。

（6）纳税人和其他税务当事人对国家税务机关做出的税收保全措施、强制执行措施及行政处罚行为不服，可以在接到处罚通知书之日起或者国家税务机关采取税收保全措施、强制执行措施之日起3个月内向人民法院起诉。

本章小结

1.税务登记是税务机关对纳税人的生产经营进行登记管理的一项基本制度。税务登记的内容包括设立登记、变更登记、注销登记。从事生产、经营活动的企事业单位和个人，自领取营业执照之日起30日内，持有关证件，向税务机关申报办理税务登记。税务管理是税收征收管理制度的基础环节，税款征收是税收征收管理制度的中心环节，税务检查是税收征收管理制度的保障环节。

2.税款征收方式包括查账征收、查定征收、查验征收、定期定额征收。

3.税务机关做出的税收保全措施：书面通知银行或者其他金融机构冻结存款；扣押、查封商品、货物或者其他财产。

4.税务机关做出的强制执行措施包括书面通知银行或者其他金融机构从其存款中扣缴税款；变卖、拍卖扣押或查封的商品、货物或者其他财产。

练习题

一、单项选择题

1. 根据《税收征收管理法》的规定，从事生产经营的纳税人应当自领取税务登记证件之日起（　　）日内，将财务会计制度或财务会计办法报送税务机关备案。
   A. 7　　　　　　　B. 15　　　　　　　C. 30　　　　　　　D. 45

2. 根据《发票管理办法》及其实施细则的规定，纳税人已开具的发票和发票登记簿的保管期限为（　　）年。
   A. 3　　　　　　　B. 5　　　　　　　C. 10　　　　　　　D. 15

3. 甲企业生产规模较小，账册不健全，财务管理和会计核算水平也比较低，产品零星，税源分散，应采用的税款征收方式是（　　）。
   A. 查账征收　　　B. 查定征收　　　C. 查验征收　　　D. 定期定额征收

4. 下列各项属于税收保全措施的是（　　）。
   A. 责令纳税人暂停营业，限期缴纳税款
   B. 书面通知纳税人从银行存款账户中缴纳税款
   C. 书面通知纳税人从开户银行冻结纳税人金额相当于应纳税款的存款
   D. 依法拍卖纳税人的价值相当于应纳税款的商品，以拍卖所得抵缴税款

5. 根据规定，免税机关不能对（　　）实施检查。
   A. 纳税人的生产车间　　　　　　　B. 纳税人的私人住宅
   C. 纳税人的经营场所　　　　　　　D. 纳税人的货物存放地

6. 出租车司机李某给税务所长打电话说，如不答应减免应缴未缴的 3 万元税款，就将其撞死，该行为属于（　　）。
   A. 骗税行为　　　B. 抗税行为　　　C. 逃避缴纳税款行为　　　D. 逃税行为

7. 根据《税收征收管理法》的规定，纳税人逃避、拒绝、阻挠税务机关检查，税务机关有权采取的措施是（　　）。
   A. 责令改正并罚款　　　　　　　B. 查封账簿
   C. 冻结纳税人在银行的存款　　　D. 移送司法机关

8. 对于纳税人编造虚假计税依据的，（　　）。
   A. 税务机关责令其限期改正，处以 2 000 元以上 1 万元以下罚款
   B. 税务机关责令其限期改正，逾期不改的，处以 2 000 元以上 1 万元以下罚款
   C. 税务机关责令其限期改正，并处 5 万元以下罚款
   D. 税务机关责令其限期改正，逾期不改的，处 5 万元以下罚款

9. 《税收征收管理法》及其实施细则规定，从事生产经营的纳税人应当自领取（　　）之日起 15 日内，将其财务、会计制度或财务处理方法报送税务机关备案。
   A. 税务登记证件　　　B. 发票领购簿　　　C. 营业执照　　　D. 财务专用章

10. 下列不属于纳税申报方式的是（　　）。

A. 直接申报　　　　B. 邮寄申报　　　　C. 数据电文申报　　　D. 主动申报项目

二、多项选择题

1. 根据《税收征收管理法》的规定，需要办理税务登记的纳税人有（　　）。
   A. 领取营业执照从事生产经营活动的纳税人
   B. 财政局
   C. 只缴纳个人所得税的自然人
   D. 在外地设立分支机构的企业

2. 根据税收征收管理法律制度的规定，纳税人办理的下列事项中，必须提供税务登记证件的有（　　）。
   A. 纳税申报　　　B. 开立银行账户　　　C. 领购发票　　　D. 缴纳税务罚款

3. 下列选项中，应当办理注销税务登记的有（　　）。
   A. 纳税人停业、歇业　　　　　　　　B. 纳税人破产
   C. 纳税人被吊销营业执照　　　　　　D. 纳税人法人变更

4. 企业向税务机关办理税务登记时需要提供的资料有（　　）。
   A. 营业执照　　　　　　　　　　　　B. 法定代表人的身份证
   C. 企业章程　　　　　　　　　　　　D. 企业财务报表

5. 公司办理发票领购时，应向税务机关提供的资料有（　　）。
   A. 税务登记证件　　　　　　　　　　B. 经办人员身份证明
   C. 法定代表人身份证明　　　　　　　D. 财务印章或发票专用章印模

6. 根据发票管理法律制度的规定，下列关于发票开具和保管的表述中，符合法律规定的有（　　）。
   A. 不得为他人开具与实际经营业务不符的发票
   B. 已经开具的发票存根联和发票登记簿应当保存3年
   C. 取得发票时，不得要求变更品名和金额
   D. 开具发票的单位和个人应当建立发票使用登记制度，设置发票登记簿

7. 以下各项中属于税款征收方式的有（　　）。
   A. 查账征收　　　B. 查验征收　　　C. 定期定额征收　　　D. 核定、调整税额

8. 根据规定，税务机关有权核定应纳税额的情形包括（　　）。
   A. 依照法律、行政法规的规定可以不设置账簿的
   B. 纳税人拒不提供纳税资料
   C. 发生纳税义务，未按照规定的期限缴纳税款，经税务机关责令限期缴纳，逾期仍不缴纳
   D. 纳税人申报的计税依据明显偏低，但有正当理由

9. 下列关于税务机关核定应纳税额的方法中，正确的有（　　）。
   A. 参照当地同类行业中经营规模和收入水平相近的纳税人的税负水平核定

B. 参照当地类似行业中经营规模和收入水平相近的纳税人的税负水平核定

C. 按照营业收入核定，按照成本加合理的费用的方法核定

D. 按照耗用的原材料、燃料、动力等推算或者测算核定

E. 税务机关可以同时采用A、B、C三种方法核定

10. 根据税收征收管理法律制度的规定，税务机关在税款征收中可以根据不同情况采取相应的税款征收措施，下列各项中，属于税款征收措施的有（　　）。

　A. 罚款　　　　　　　　　　　B. 责令缴纳

　C. 阻止出境　　　　　　　　　D. 由税务机关核定，调整应纳税额

11. 根据税收征收管理法律制度的规定，下列各项中，属于纳税担保范围的有（　　）。

　A. 应纳税款　　　　　　　　　B. 实现税款的费用

　C. 税款滞纳金　　　　　　　　D. 实现税款滞纳金的费用

12. 根据税收征收管理法律制度的规定，税务机关有权责令纳税人提供纳税担保的情形不包括（　　）。

　A. 在规定的纳税期限之前税务机关有根据认为从事生产、经营的纳税人有逃避纳税义务行为

　B. 纳税期限届满纳税人不缴纳应纳税款，责令限期缴纳后，仍不缴纳

　C. 纳税人同税务机关发生争议，需要申请行政复议的

　D. 欠缴税款、滞纳金的纳税人需要出境的

13. 根据税收征收管理法律制度的规定，下列各项中，属于税收保全措施的有（　　）。

　A. 书面通知纳税人开户银行从其存款中直接扣缴税款

　B. 拍卖纳税人的价值相当于应纳税款的商品、货物或其他财产

　C. 书面通知纳税人开户银行冻结纳税人的金额相当于应纳税款的存款

　D. 扣押、查封纳税人的价值相当于应纳税款的商品、货物或者其他财产

14. 根据税收征收管理法律制度的规定，可以延长税收保全期限的情形有（　　）。

　A. 案情复杂，在税收保全期限内确实难以查明案件事实

　B. 被查对象转移、隐匿、销毁证据材料

　C. 被查对象积极提供相关情况配合检查

　D. 解除税收保全措施可能使纳税人转移财产，从而导致税款无法追缴

15. 根据税收征收管理法律制度规定，税务机关在实施税务检查时，可以采取的措施有（　　）。

　A. 检查纳税人的会计资料

　B. 检查纳税人货物存放地的应纳税商品

　C. 检查纳税人托运、邮寄应纳税商品的单据、凭证

　D. 到车站检查旅客自带物品

16. 根据税收征收管理法律制度的规定，纳税人的下列行为中，属于偷税的有（　　）。

　A. 采取转移或隐匿财产的手段，妨碍税务机关追缴欠缴税款

B. 伪造账簿，不缴应纳税款

C. 进行虚假纳税申报，少缴应纳税款

D. 按照规定应设置账簿而未设置的

17. 根据税收征收管理法律制度的规定，纳税人发生偷税行为时，税务机关可以行使的权利有（　　）。

A. 追缴税款　　　B. 加收滞纳金　　　C. 处以罚款　　　D. 处以罚金

18. 根据规定，下列关于纳税人违反税收法律制度的法律责任的说法中，错误的有（　　）。

A. 纳税人不办理税务登记，由税务机关提请工商机关吊销其营业执照

B. 纳税人未按照规定的期限办理纳税申报，税务机关可以处 2 000 元以下罚款

C. 扣缴义务人应扣未扣税款，由税务机关向扣缴义务人追缴税款，并处罚款

D. 纳税人以假报出口方式骗取国家出口退税，由税务机关追缴其骗取的退税款并处骗取税款 50% 以上 5 倍以下罚款

三、判断题

1. 企业在外地设立从事生产、经营的场所不需要办理税务登记。（　　）

2. 下岗职工王某开办了一商品经营部，按规定享受一定期限内的免税优惠，他认为既然免税就不需要办理税务登记，此观点正确。（　　）

3. 纳税人外出经营活动结束，应当向原税务机关填报《外出经营活动情况申报表》，并结清税款、缴销发票。（　　）

4. 企业在停业期间发生纳税义务的，应当在复业后及时申报纳税。（　　）

5. 外国企业在我国承包项目的，应在离开中国前 30 日内办理注销税务登记。（　　）

6. 增值税专用发票由国家税务总局确定的企业印制。（　　）

7. 纳税人在纳税期内没有应纳税款的，不需办理纳税申报。（　　）

8. 纳税人在减免税期间不需办理纳税申报。（　　）

9. 某球员转会国外一家俱乐部，在出境时，税务机关以其尚未结清应纳税款，又未提供担保为由，通知海关阻止其出境，税务机关的做法是正确的。（　　）